SIGAMOS

LENGUA Y CULTURA

McGraw·Hill

A Division of The **McGraw·Hill** *Companies*

This is an EBI **book**

Sigamos
Lengua y cultural

This book is printed on acid-free paper.

1 2 3 4 5 6 7 8 9 0 VNH VNH 9 0 0 9 8 7

ISBN 0-07-561060-4

Publisher: Thalia Dorwick
Developmental editor: Jennifer Valko
Marketing manager: Cristene Burr
Project manager: Michelle Lyon
Production supervisor: Richard DeVitto
Text designer: Diana Jean Parks
Cover designer: Amanda Kavanagh
Illustrations: Susan Detrich, Lori Heckelman
Art editor: Suzanne Montazer
Editorial Assistant: Christine Kmet
Compositor: Black Dot Graphics
Typeface: Garmond
Printer: Von Hoffman Press

The cover artist is Joan Miró (1893-1938), *Ciurana (The Path)*, 1917. Oil on canvas. Collection Tappendeck, Mouzay, France. Photo © ARS, NY.

Joan Miró nació en Barcelona, España, en 1893. Su arte es conocido internacionalmente, especialmente en Francia, donde presentó innumerables exposiciones desde el principio de su carrera. Allí conoció la estética del surrealismo, que influirìa en su obra. Miró murió el dìa de Navidad en 1938.

En *Ciurana,* (1917), se puede apreciar la extraordinaria habilidad de Miró para expresar fuertes emociones a través de formas sinuosas de gran colorido.

Library of Congress Cataloging-in-Publication Data

Vélez Román, Lydia.
    Sigamos : lengua y cultural / Lydia Vélez Román,
      Jacqueline M. Kiraithe-Córdova.
      p. cm.
    English and Spanish.
    "EBI book"—T.p. verso.
    ISBN 0-07-053783-6 (alk. paper). — ISBN 0-07-053788-7
      (instructor's ed. : alk. paper)
    1. Spanish language—Textbooks for foreign speakers—English.
  I. Kiraithe-Córdova, Jacqueline M.   II. Title.
PC4129.E5V45 1997
468.2'421—dc21

97-34964
CIP

Because this page cannot legibly accommodate all the copyright notices, page A-46 constitutes an extension of the copyright page.

http://www.mhhe.com

SIGAMOS

LENGUA Y CULTURA

LYDIA VÉLEZ ROMÁN

California State University, Fullerton

JACQUELINE M. CÓRDOVA

California State University, Fullerton

Boston   Burr Ridge, IL   Dubuque, IA   Madison, WI   New York   San Francisco   St. Louis
Bangkok   Bogotá   Caracas   Lisbon   London   Madrid
Mexico City   Milan   New Delhi   Seoul   Singapore   Sydney   Taipei   Toronto

CONTENTS ●

CAPÍTULO PRELIMINAR
¡A CONOCERNOS!   1

CAPÍTULO 2
TRADICIONES Y COSTUMBRES   50

CAPÍTULO 4
LA MUJER Y EL HOMBRE: TRADICIÓN Y CAMBIO   103

CAPÍTULO 8
LA GENTE QUE COOPERA

212

CAPÍTULO 6
LA SALUD Y LOS DEPORTES   159

CAPÍTULO 10
LA MÚSICA DE AYER Y HOY 262

UNIDAD SEIS
LA MAGIA DE LAS PALABRAS · 285

CAPÍTULO 11
LA LITERATURA EN ESPAÑOL EN LOS ESTADOS UNIDOS: LA NARRATIVA · 286

ENCUENTROS CULTURALES I

ENCUENTROS CULTURALES II

CAPÍTULO 12
LA LITERATURA EN ESPAÑOL EN LOS ESTADOS UNIDOS: TEATRO Y POESÍA   316

ENCUENTROS CULTURALES I

ENCUENTROS CULTURALES II

● PREFACE FOR INSTRUCTORS

Welcome to *Sigamos*, a program designed for intermediate-level Spanish students. Based on their extensive teaching experience, and drawing from surveys and questionnaires administered to students over several years, the authors have developed the *Sigamos* program as a student-centered approach to the teaching and learning of Spanish at the second-year level. The unit and chapter topics, suggested by students, provide the framework for a cultural focus on the Spanish-speaking world. In addition, these topics are related to other college courses students are taking thus providing a thematic correlation with other disciplines.

Sigamos provides the necessary balance long sought by instructors between the desire to achieve communicative competence and the need for accuracy in oral and written use of Spanish. In *Sigamos*, instructors will discover an engaging, well-coordinated program that is designed to help students develop not only cultural awareness but also the necessary skills of listening, speaking, reading, and writing. Communicative activities and concise grammar explanations will help students refine previously acquired skills and improve their language proficiency. Abundant activities in all components of the program will help students build receptive skills and expressive communicative competence in oral and written language. These activities are coordinated with vocabulary presentations, cultural readings and notes, and grammar explanations, all of which are user friendly and are designed to help students review first-year Spanish vocabulary and structures while adding refinements essential to progress at the second-year level.

The components of the *Sigamos* program include a core language text with **Instructor's Edition**, a workbook/laboratory manual, an optional literary/cultural reader, a tape program, a video program, and an **Instructor's Manual/Testbank**. An important feature of the program is the organization of the components, in which the same themes, grammatical structures, and basic vocabulary are included in related chapters of each. This structural coherence facilitates lesson planning and provides students with both a variety of exposure to material they must master as well as built-in review and reentry of the materials. It also provides opportunities for flexibility in making assignments for study in the language lab or media center or at home.

ORGANIZATION OF THE CORE LANGAUGE TEXT

Sigamos: Legua y cultura contains a preliminary chapter plus six units, each of which is divided into two chapters. Each unit begins with an opening page, a color photograph and questions to engage the student in thinking about the inclusive theme of the two chapters and closes with **Foro animado**, activities that challenge students to synthesize the themes, grammatical structures, and vocabulary introduced and practiced in the unit.

Each chapter is divided into two parts, as shown in the following chart.

Chapter Opening Page

FIRST HALF OF EACH CHAPTER:	SECOND HALF OF EACH CHAPTER:
ENCUENTROS CULTURALES I	ENCUENTROS CULTURALES II
Los nuevos amigos	Nuestros amigos nos escriben
Vocabulario de la lectura	Vocabulario de la lectura
Ambiente cultural I	Ambiente cultural II
Estructura verbal I	Estructura verbal II
Vocabulario del tema	Rodeo de cognados
Punto gramatical I	Punto gramatical II
	Temas y diálogos

Here is a brief description of major elements of each chapter:

- Chapter Opening Page: This section offers a color photograph or collage, accompanied by a brief description and questions that will involve students in the theme of the chapter as it is relates to the Spanish-speaking world and also to their own experiences.

- **Los nuevos amigos/Nuestros amigos nos escriben** sections begin each half of the chapter. **Los nuevos amigos**, coordinated with the student tape, introduces students to a college-aged student from the Hispanic world. Students can listen to the tape at home or in the media center; instructors can also play the tape in class. Comprehension activities range from those intended to be done by students working alone to interactive ones in which students work in pairs or small groups. The **Nuestros amigos nos escriben** sections begin with a letter from the same Hispanic student, followed by comprehension and discussion activities. Students have the chance to answer the letter in the **Cuaderno de ejercicios.**

- **Vocabulario de la lectura** sections preview vocabulary needed to understand the subsequent reading selection. Vocabulary items are listed by semantic categories. They are printed in boldface type in the practice activities that follow the lists and appear in the **Ambiente cultural** reading. **Mis propias palabras** boxes provide a place for students to jot down their own personal vocabulary words.

- **Ambiente cultural I** and **II** sections present engaging cultural and historical information as well as current events related to the Spanish-speaking world in the United States and abroad. To the extent possible the grammar topics presented in the chapter are used in the readings, so that the students can see them in a natural context. Several of the readings were written by college and university students. Comprehension and discussion activities follow the readings.

- Throughout the chapters, **Charlemos** (group) and **Entre nosotros** (partner/pair) activities provide opportunities for students to interact among each other, using the chapter's vocabulary and grammar to discuss aspects of the chapter theme and relate that theme to students own experiences. At least one **Entre nosotros** activity in each chapter is linked to a follow-up activity in the **Cuaderno de ejercicios.**

- **Estructura verbal I** and **II** sections provide a concise review of the forms and uses of Spanish verb tenses and moods. Mechanical verification exercises and communicative activities follow each section.

- **Punto gramatical I** and **II** sections review and develop points of grammar (other than verbs) that are considered essential second-year material. Mechanical exercises and communicative activities follow these sections as well.

- **Vocabulario del tema** (in the first half of the chapter) offers a review of first-year vocabulary linked to the chapter theme as well as expansion vocabulary. Communicative activities accompany this section.

- **Rodeo de cognados** (in the second half of the chapter) helps students learn to recognize cognates more easily and determine their meanings. False cognates (**Los «amigos falsos»**) are also presented.

- **Temas y diálogos** sections conclude each chapter and provide communicative practice using all of the chapter's material (vocabulary, verbs, other grammatical structures, and cultural content). Features of this section include **Charlemos** (conversation activities), **Dichos populares** (sayings or proverbs from the Spanish-speaking world), and **Letras e ideas** (brief, guided writing activities).

SUPPLEMENTARY MATERIALS

- ***Sigamos: Lecturas literarias y culturales*** parallels the structure and themes of ***Sigamos: Lengua y cultura***. The content has been class tested with readings chosen to introduce students to the beliefs, ideas, dreams, and realities of complex and engaging Hispanic peoples throughout the world. Reproductions of fine art by Hispanic painters add visual richness to the reader. The reader also offers up-to-date cultural information, ample vocabulary acquisition activities, a variety of activity formats, guided writing exercises, and many interactive exercises. Pre-reading and post-reading activities help make the readings accessible and enjoyable for students. See the **Preface to Instructors** in the reader text for a more detailed description of its content.

- **Cuaderno de ejercicios**, the combined workbook and laboratory manual, follows the chapter organization of the core language text making related materials easy to locate. Additional practice in listening, speaking, reading, and writing, as well as cultural input, are provided in this ancillary. The **Cuaderno de ejercicios** is coordinated with a set of audio cassette tapes that are available free of charge to adopting institutions. They are also available for purchase by students.

- **At-home and in-class listening comprehension tape** features the hispanic students presented in the **Los nuevos amigos** sections.

- **Instructor's Edition** bound into the front of ***Sigamos: Lengua y cultura***, explains the pedagogical philosophy of the core language text, describes the features of the text in more depth, and offers supplementary cultural information to instructors.

- **Instructor's Manual Testbank** includes: information on how to accommodate the needs of learners from various backgrounds or prior language learning experiences, suggested syllabi for two, three, or four day a week classes; suggestions for daily assessment and evaluation of student progress; tests, supplementary activities and suggestions for expanding existing activities; additional information on the real people highlighted in the text.

- **Video Program** presents a collection of interviews with people from various parts of the Spanish-speaking world about aspects of the chapters themselves. The video is designed to broaden students' cultural awareness by putting them in contact with real people and their ideas. Suggestions for using the video are included in the **Instructor's Manual.**
- **Spanish Partner** (in IBM and MAC formats) helps intermediate-level students master essential grammar and vocabulary. The program anticipates typical student mistakes and gives clear, thorough feedback.

ACKNOWLEDGEMENTS

A project like *Sigamos* benefits from the work and contributions of many people, and the coauthors would like to thank them most sincerely.

First, we acknowledge the value of the comments and suggestions made by the following professors from across the country who reviewed parts of the manuscript for the *Sigamos* program at an early stage of its development. The appearance of their names here does not constitute their endorsement of the *Sigamos* program.

José A. Escarpanter, *Auburn University*
Karen Smith, *The University of Arizona*
Steve Rivas, *California State University at Chico*
Salvatore M. Zumbo, *Towson State University*
Susan Knight, *Central Michigan University*
Deborah Baldini, *University of Missouri at St. Louis*
Diane Andrew, *University of Nebraska at Omaha*
Antonio Prieto, *Lehigh University*
Estelita Calderón-Young, *Richland College*
Jane Verm, *Rice University*
Hilda M. Kachmar, *Southern Methodist University*

Daniel Rangel-Guerro, *Western Washington University*
Luis C. Cano, *West Virginia University*

The coauthors would also like to thank the excellent staff at McGraw-Hill, whose valuable efforts helped this project develop and come to life. We especially acknowledge these individuals: Peggy Henderson, for her constant encouragement of and interest in this program; Laura Chastain, for her careful reading of two drafts of the manuscript and for helping to ensure the linguistic and cultural accuracy of the final project; Jennifer Valko, for her excellent work on the text's photographs and drawings and on many aspects of content; and Michelle Lyon for her careful supervision of the overall production process. Finally, our heartfelt thanks go to our editor and mentor, Thalia Dorwick, for consistently providing guidance, constructive criticism, and a wealth of ideas.

Several students gave us permission to use their compositions and provided fascinating cultural information. We are extremely pleased to acknowledge their contributions: Jacqueline Catalàn, Amy Keller, Melba Kirkham, Bethanie Nicholson, Melvyn Pérez, Ilia Rolón, Jorge Rolón Ojeda, and Pilar Valero-Costa.

No project can be complete without those who read the manuscript in various stages, offer positive comments and suggestions, and give constant encouragement. In this regard, we are grateful to out friends and colleagues Renée Andrade, Alice Arana, Nancy T. Baden, Piedad Burmaz, Ruth Egigian, Bea Malson, Ervie Peña, Yolanda Rosas, and the late Teresa Rozo-Moorhouse.

Our deepest debt of gratitude is owed to our family members who helped in ways too numerous to mention: Fernando R. Córdova, Jaime Dietz, Jim Dietz, Elana and Bill Trifos.

PREFACE FOR STUDENTS ●

In Spanish-speaking countries, people frequently say **¡Sigamos!** to invite others to accompany them on a project, in a conversation, or in the making of plans. Since you are now embarking on your second year of college- or university-level studies in Spanish, the title of this program extends the same invitation to you: **¡Sigamos!** Let's continue to develop knowledge of the Spanish language and the culture(s) of Spanish-speaking countries.

Not everyone in the class will have the same preparation as you. Some students will have had several years of high school Spanish. Others may be native speakers of Spanish or have lived abroad in Spanish-speaking countries. Some may have studied in grammar-based programs. Others will come from a program that emphasizes communicative competence. Whatever your preparation, you will find that the *Sigamos* program provides enrichment activities that meet your needs.

The language text, *Sigamos: Lengua y cultura* incorporates a wealth of vocabulary building activities, listening practice, grammar explanations, short readings, cultural information, and other activities that have been designed specifically to promote proficiency and communicative competence in Spanish. In *Sigamos: Lecturas literarias y culturales*, the reader text, you will find many engaging literary and cultural readings as well as accompanying activities that will help you build your vocabulary in Spanish and become a better reader and writer in that language.

HOW *SIGAMOS* WAS DEVELOPED

This program grew out of suggestions collected over many years from other second-year students, who were asked what topics they would most like to discuss and learn more about. The authors kept lists of the students' ideas and incorporated as many of them as possible into the design of this program. The interests were far-ranging, including ecology, computers, social problems, community service, literature, and dance, to name only a few. Perhaps those interests are similar to your own.

Not only did the authors listen to the positive suggestions of their students, but they also included several compositions written by them as readings in the core language text. In each case, the student writer is identified with a brief biographical note. These compositions may well inspire you to be more creative with your own speaking and writing in Spanish. The *Sigamos* reader includes readings to which intermediate students like you have responded with enthusiasm. We hope that your taste in reading will be similar to that of our students through the years.

THE DESIGN OF THE PROGRAM

Sigamos is a carefully coordinated program that includes the core language text, a literary/cultural reader, tapes for listening practice at home and in class, a **Cuaderno de ejercicios,** and videotaped interviews with representative Spanish speakers. Each of the program elements follows the same structure, so that it will be easy for you to move among components.

SIGAMOS LENGUA Y CULTURA

The language text contains a preliminary chapter **(Capítulo preliminar)** that offers a review of first-year Spanish material. It is also designed to help you become acquainted with your class-mates and give a mini view of the way the fol-lowing chapters are organized.

The main body of the text is made up of six units, each containing two chapters. Each chap-ter follows an identical structure, although the contents and activities are quite varied. Here is a brief description of each feature.

- The **Unit Opening** page starts you thinking about the content of the unit.
- The **Chapter Opening** page zeroes in on the theme of the chapter.
- The **Encuentros culturales I** and **II** head-ings divide the chapters into two parts.
- **Encuentros culturales I** begins with a **Los nuevos amigos** section, coordinated with a tape, that introduces you to one or more members of the global Hispanic community.
- **Encuentros culturales II** begins with a let-ter, **Nuestros amigos nos escriben**, from one of the people you "met" on the tape in **Los nuevos amigos.**
- **Vocabulario de la lectura** prepares you for the readings presented in the **Ambiente cul-tural** sections.
- **Ambiente cultural** provides historical, cul-tural, and social information about the Spanish-speaking world. It is in this section that you may find the writings of other inter-mediate-level Spanish students.

- **Estructura verbal** sections review verb con-jugations and usages, provide new informa-tion about the Spanish verb system, and encourage you to use grammar actively, to communicate with your classmates.
- **Vocabulario del tema** provides more vocab-ulary specifically related to the chapter theme.
- **Punto gramatical** sections provide informa-tion about specific grammar points in Spanish, followed by activities for using that information.
- **Rodeo de cognados** is designed to help you develop your detective skills in determining the meaning and usage of cognate words.
- **Temas y diálogos** is a synthesis section that includes a variety of activities related to the chapter topic, culture, vocabulary, and grammar.

In addition, the **Notas culturales** boxes pro-vide details about Hispanic people and cultures that will make the readings and taped passages more meaningful. **Mis propias palabras** boxes provide you with a place to write down key words that you, yourself, need most to discuss each reading or topic.

Each of the six units closes with a **Foro ani-mado** section. This feature is designed to help you discuss the unit topic in more detail. The headings **Práctica** (exercises), **Charlemos** (group work), and **Entre nosotros** (partner/pair activities) appear throughout most sections of the text, offering an abundance of opportunities for you to practice Spanish in different ways.

SIGAMOS LECTURAS LITERARIAS Y CULTURALES

The reader text follows a similar organization. The **Capítulo preliminar** will help you get started with reading real literature in Spanish and give you a preview of the features of the rest of the book. Following the preliminary chapter, six units, each containing two chapters, make up the book. Like the core language text, each chapter follows an identical structure, although, as with the language text, the contents and activities vary. Unit opening and chapter opening pages present attractive photographs and engaging questions on topics of interest.

Each chapter contains two readings, **Primera lectura** and **Segunda lectura.**

- **Primera lectura** offers a useful reading strategy (**Reading Strategies**).
- Both readings begin with **En síntesis** sections that orient you to the content of the reading and tell you a bit about the author. In **Antes de leer: ¡Conversemos!**, you will start to talk about the topic of the reading. If you study the **Vocabulario de la lectura** before trying the readings, you will probably find that the selections will be easier for you.
- **Después de leer** activities will help you talk about the reading, both your comprehension of it (**Comprensión**) as well as your opinions about it (**En otras palabras**). **Vocabulario en contexto** activities will help you practice vocabulary from the reading.
- **De tertulia** activities offer the chance to talk with other students in groups about the readings' content.

In the middle of each chapter, a section called **Paisajes y curiosidades** offers cultural information about the chapter's topic. As in the grammar text, **Charlemos** sections throughout offer opportunities for conversation, and **Notas culturales** provide additional information to help you appreciate aspects of the readings.

Finally, at the end of each chapter, **Lápices veloces** offer suggestions for becoming a better writer in Spanish (**Writing Strategies**). These sections will also give you the chance to try your hand at some creative writing.

¡SIGAMOS EL CAMINO HASTA LOGRAR EL ÉXITO!

On your road to continued success with Spanish, you will encounter in the *Sigamos* texts a variety of activity types designed to increase your proficiency with the language. Some are traditional and serve as quick checks on your understanding of a topic or reading. Others inspire you to "create" language and develop proficiency. Depending on your learning style, you may prefer the listening activities, the visually related activities, the reading/writing activities, or the oral activities. However, if you allow yourself to be fully engaged in each type of activity presented, you will be able to see, hear, and feel your own progress.

Join your classmates in this exciting overview of Spanish language, culture, history, literature, and current events. **¡Sigamos!**

● ABOUT THE AUTHORS

Lydia Vélez Román is a lecturer at California State University, Fullerton, where she teaches undergraduate courses in Spanish language, literature, and Latin American culture. She received her Ph. D. in Spanish American Literature from the University of California, Irvine, in 1986. Dr. Vélez Román has published numerous articles, short stories, and a book of poems called *Osadía de los soles truncos* (Editorial Betania, 1991). She was twice recognized as Teacher of Distinction by the Fullerton Institute of Religion (1992, 1993) and received a Meritorious Performance and Professional Promise Award from her university in 1988.

Jacqueline M. Córdova is Professor Emeritus at California State University, Fullerton, former Chair of the Department of Foreign Languages and Literatures, and a former coordinator of the Spanish area. Until 1996, she taught under-graduate and graduate courses in Spanish language and linguistics and in foreign language and TESOL teacher training. She is currently an invited professor, teaching graduate courses in Spanish linguistics and TESOL. She received her Ph. D. in Spanish and Portuguese, with emphasis in Hispanic Linguistics, from the University of California, Los Angeles, in 1971. Dr. Córdova is the coauthor of several textbooks, as well as a contributing author/editor to a number of ESOL and bilingual text series. She has served as a consultant for over 150 school districts in the United States, Mexico, and Ecuador, speaking on language teaching methodology, second language acquisition, bilingual education, TESOL, and related issues. She was honored by both the California Association of Bilingual Educators and the National Association of Bilingual Educators for her contributions in those areas.

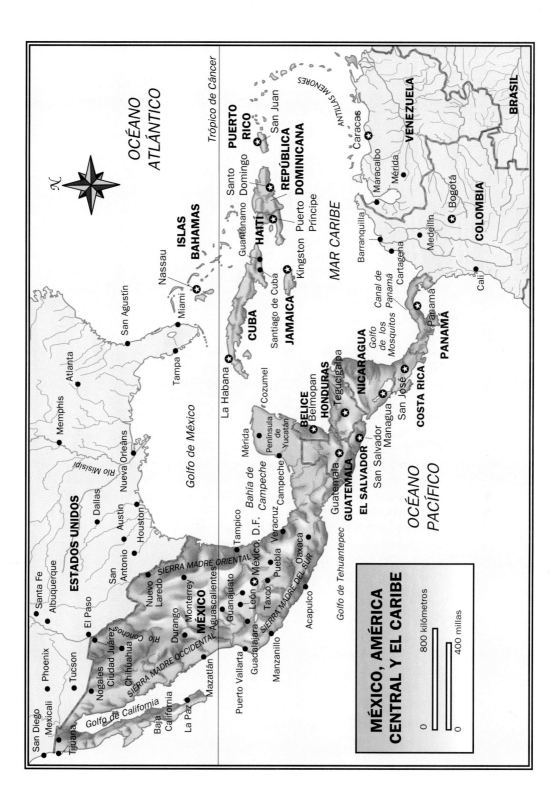

MÉXICO, AMÉRICA CENTRAL Y EL CARIBE

OCÉANO ATLÁNTICO

Trópico de Cáncer

OCÉANO PACÍFICO

MAR CARIBE

Golfo de México

Golfo de California

Bahía de Campeche

Golfo de Tehuantepec

Golfo de los Mosquitos

ESTADOS UNIDOS

MÉXICO

BELICE

GUATEMALA

EL SALVADOR

HONDURAS

NICARAGUA

COSTA RICA

PANAMÁ

CUBA

ISLAS BAHAMAS

JAMAICA

HAITÍ

REPÚBLICA DOMINICANA

PUERTO RICO

VENEZUELA

COLOMBIA

BRASIL

ANTILLAS MENORES

SIERRA MADRE ORIENTAL

SIERRA MADRE OCCIDENTAL

SIERRA MADRE DEL SUR

Baja California

Península de Yucatán

Canal de Panamá

Río Misisipi

Río Conchos

San Diego
Tijuana
Mexicali
Phoenix
Tucson
Nogales
Santa Fe
Albuquerque
El Paso
Ciudad Juárez
Chihuahua
La Paz
Mazatlán
Durango
Monterrey
Nuevo Laredo
San Antonio
Austin
Dallas
Houston
Nueva Orleáns
Memphis
Atlanta
San Agustín
Tampa
Miami
Nassau
Puerto Vallarta
Manzanillo
Guadalajara
Aguascalientes
León
Guanajuato
Taxco
México, D.F.
Puebla
Acapulco
Oaxaca
Veracruz
Tampico
Mérida
Campeche
Cozumel
La Habana
Santiago de Cuba
Belmopan
Guatemala
San Salvador
Tegucigalpa
Managua
San José
Panamá
Kingston
Guantánamo
Santiago de Cuba
Puerto Príncipe
Santo Domingo
San Juan
Caracas
Maracaibo
Mérida
Barranquilla
Cartagena
Medellín
Bogotá
Cali

MÉXICO, AMÉRICA
CENTRAL Y EL CARIBE

0   800 kilómetros

0   400 millas

MAR CARIBE

OCÉANO ATLÁNTICO

Maracaibo
Barranquilla
PANAMÁ
Caracas
GUYANA
VENEZUELA
Georgetown
Panamá
Medellín
Paramaribo
Cali
Bogotá
Río Orinoco
Cayena
Quito
COLOMBIA
SURINAME
GUYANA FRANCESA
Ecuador

Río Amazonas
ECUADOR
Belém
Guayaquil
Manaus

PERÚ
BRASIL
Recife

CORDILLERA DE LOS ANDES

Lima
Cuzco
La Paz
Brasília
Arequipa
BOLIVIA
Sucre

Antofagasta
PARAGUAY
Rio de Janeiro

CHILE
Asunción
Trópico de Capricornio
San Miguel
de Tucumán
São Paulo
La Serena

OCÉANO PACÍFICO
Córdoba
Rosario
OCÉANO ATLÁNTICO
URUGUAY
Valparaíso
ARGENTINA
Santiago
Buenos Aires
Montevideo
Concepción
Río de la Plata

Bahía Blanca

Puerto Montt
Bariloche
Chiloé

AMÉRICA DEL SUR

Islas Malvinas
0   1500 kilómetros
Estrecho de Magallanes
Punta Arenas
Tierra del Fuego
0   1000 millas
Cabo de Hornos

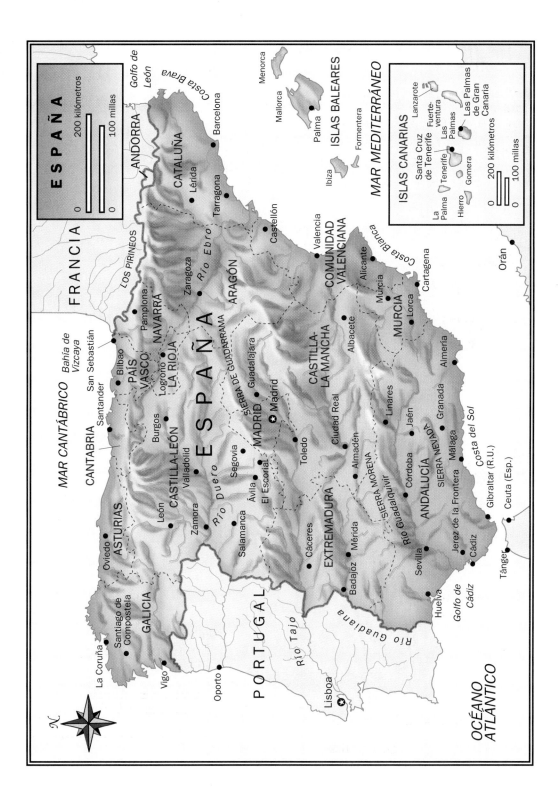

ESPAÑA

0   200 kilómetros

0   100 millas

OCÉANO ATLÁNTICO

FRANCIA

ANDORRA

PORTUGAL

MAR CANTÁBRICO

Bahía de Vizcaya

Golfo de León

Costa Brava

MAR MEDITERRÁNEO

ISLAS BALEARES

Menorca

Mallorca

Palma

Ibiza

Formentera

ISLAS CANARIAS

Lanzarote

Fuerte-ventura

Las Palmas

Las Palmas de Gran Canaria

Santa Cruz de Tenerife

Tenerife

La Palma

Gomera

Hierro

0   200 kilómetros

0   100 millas

GALICIA

ASTURIAS

CANTABRIA

PAÍS VASCO

NAVARRA

LA RIOJA

ARAGÓN

CATALUÑA

CASTILLA-LEÓN

MADRID

CASTILLA-LA MANCHA

COMUNIDAD VALENCIANA

EXTREMADURA

ANDALUCÍA

MURCIA

La Coruña

Santiago de Compostela

Vigo

Oporto

Oviedo

Santander

San Sebastián

Bilbao

Pamplona

Logroño

Zaragoza

Lérida

Tarragona

Barcelona

Castellón

Valencia

Alicante

Cartagena

Orán

Murcia

Lorca

Almería

Granada

Málaga

Jaén

Linares

Albacete

Ciudad Real

Almadén

Córdoba

Sevilla

Jerez de la Frontera

Cádiz

Huelva

Badajoz

Mérida

Cáceres

Toledo

El Escorial

Ávila

Segovia

Madrid

Guadalajara

Burgos

León

Zamora

Valladolid

Salamanca

Lisboa

Tánger

Gibraltar (R.U.)

Ceuta (Esp.)

Golfo de Cádiz

Costa del Sol

Costa Blanca

Río Tajo

Río Guadiana

Río Duero

Río Ebro

Río Guadalquivir

SIERRA DE GUADARRAMA

SIERRA MORENA

SIERRA NEVADA

LOS PIRINEOS

N

xxix

SIGAMOS

LENGUA Y CULTURA

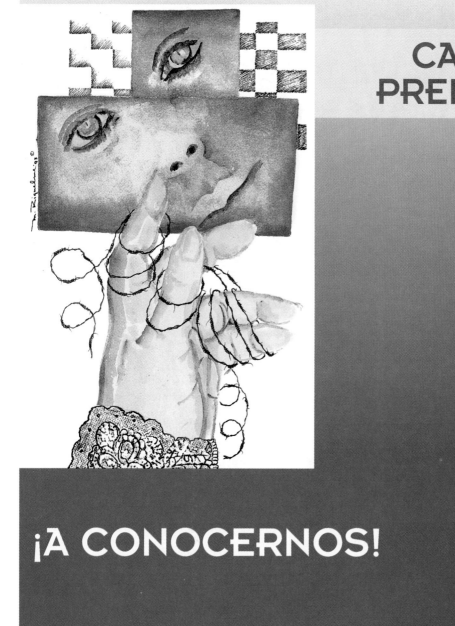

¡A CONOCERNOS!

Más de dos, 1993, de la artista puertorriqueña María Riquelme. ¿Cómo se imagina Ud. el físico de esta persona? ¿la personalidad? ¿la ropa?

ENCUENTROS CULTURALES I
Los nuevos amigos

«¡Hola, amigos! Me llamo José Alberto Alegría Esquivel. Yo también estoy comenzando mi semestre escolar en una universidad aquí en Salamanca, España, muy cerca de mi casa... »

ESCUCHAR Y COMPRENDER

Primero, escuche la **Parte A** de la cinta y siga las instrucciones para completar el ejercicio. Luego escuche la **Parte B** y siga las instrucciones.

Parte A: Comprensión. Escoja la mejor terminación.

1. José Alberto dice que le gusta mucho su...
   a. ciudad.   **b.** universidad.   **c.** casa.
2. Muchos estudiantes van a Salamanca a estudiar...
   a. leyes.   **b.** español y otros cursos.   **c.** sólo idiomas.
3. José Alberto piensa que su universidad es un lugar...
   a. fantástico.   **b.** de diversidad cultural.   **c.** todo lo anterior.
4. José Alberto tiene amigos...
   a. de toda España.   **b.** de Australia.   **c.** de diferentes culturas.
5. José Alberto se encuentra con un estudiante de...
   a. Cuba.   **b.** Argentina.   **c.** los Estados Unidos.

Parte B: Conversando con los amigos. Apunte los adjetivos y frases descriptivas que se mencionen en la **Parte B.** Luego, en clase, compare su lista con la de otro/a estudiante. ¿Qué adjetivos de su lista servirían para describir la universidad donde Ud. estudia? ¿Qué otros tiene Ud. que añadir?

CHARLEMOS

Converse con un compañero / una compañera sobre los siguientes temas.

1. ¿Te gusta nuestra universidad? ¿Por qué sí o por qué no?

2. ¿Es importante para ti hacer nuevas amistades este semestre? ¿Por qué sí o por qué no?
3. ¿Qué te gusta hacer en los veranos?

VOCABULARIO DE LA LECTURA

Expresiones

ahora mismo	right now
no cabe duda	there's no doubt
pasar una película	to show a movie

Sustantivos

la camiseta	T-shirt
el comienzo	beginning
la entrada	entrance
el estante	bookshelf
la estatura	height
la manga	sleeve
el noroeste	northwest

Adverbio

apresuradamente	hurriedly

Verbos

anunciar	to announce
encontrarse (ue) (con)	to meet (up with)
vestir (i, i)	to wear

Adjetivos

adiestrado/a	prepared
animado/a	animated
canadiense	Canadian
castaño/a	brown (*hair or eyes*)
espléndido/a	brilliant
estrecho/a	narrow, tight
lacio	straight (*hair*)
perdido/a	lost, confused
rizado/a	curly

Práctica

A Indique la palabra que no pertenece a la serie.

1. **la estatura** — el peso — la edad — la ocupación
2. **las mangas** — el suéter — **la camiseta** — el sombrero
3. **estrecho** — grande — enorme — gigantesco
4. orientado — confundido — **perdido** — desorientado
5. reunirse — verse — despedirse — **encontrarse**
6. **canadiense** — paciente — **espléndido** — **animado**
7. preparado — entrenado — **adiestrado** — ignorado
8. el anuncio — el camino — **el noroeste** — el horizonte
9. a **la entrada** — al frente — **al comienzo** — al final
10. en seguida — inmediatamente — mañana — **ahora mismo**

MIS PROPIAS PALABRAS

Escriba una lista de otras palabras que podrían ayudarlo/la a conversar sobre la lectura. Utilice un diccionario si es necesario.

_____

_____

_____

_____

_____

_____

_____

B Con sus compañeros de clase, use el vocabulario nuevo para contestar las siguientes preguntas.

1. ¿En qué situaciones caminas **apresuradamente?**
2. ¿Tiene alguien en tu familia el pelo **rizado? ¿lacio?** ¿Tiene alguien ojos **castaños?** Describa a esas personas.
3. ¿Cuándo te gusta **encontrarte** con tus amigos? ¿Dónde? ¿Por qué?
4. ¿Qué tipo de ropa prefiere **vestir** la juventud de hoy día? Descríbela.
5. ¿Qué tipo de libros tienes en tus **estantes?**
6. ¿Dónde **pasan las películas** en tu universidad? ¿Qué tipo de películas pasan? ¿Exhiben películas extranjeras? **¿Anuncian** las películas en el periódico estudiantil?
7. **No cabe duda** de que es útil aprender español, ¿verdad? ¿Qué otro idioma es también muy útil saber en el mundo de hoy?

AMBIENTE CULTURAL I

El primer día de clases

Estamos en el campus de la Universidad de Salamanca. Es el **comienzo** del semestre escolar y cientos de estudiantes caminan **apresuradamente** a sus clases. Son las diez menos cinco de una mañana **espléndida.**

Al **noroeste** del campus, está el Centro Estudiantil; es un edificio muy viejo pero tiene instalaciones modernas. **Ahora mismo,** frente a la mesa de orientación hay jóvenes **adiestrados** en contestar las numerosas preguntas de los estudiantes. Como es de esperar, ¡algunos se sienten **perdidos!** A la **entrada,** hay una enorme fotografía que **anuncia** una producción de *Yerma,* un drama de Federico García Lorca. A la izquierda, hay una sala donde están **pasando una película.** No **cabe duda** de que es un ambiente muy **animado.**

En la librería, Sonia, una joven **canadiense** de cabello negro y **rizado,** va caminando muy aprisa hacia los **estantes** de los libros de español. Sonia tiene ojos **castaños** muy grandes, y es de **estatura** mediana. Hoy **viste** una falda **estrecha** color azul y blusa blanca de **mangas** cortas. James, un estudiante extranjero, también va apresurado hacia los mismos estantes. Él es rubio, de pelo **lacio** y largo. Sus ojos son verdes y alegres, como si estuviera sonriendo[1] todo el tiempo. Es mucho más alto y delgado que Sonia. Viste pantalones cortos negros y **camiseta** blanca. **¿Se encontrarán?** ¿Llegarán a conocerse?

[1]como... *as if he were smiling*

COMPRENSIÓN

Indique si las siguientes oraciones son ciertas o falsas. Corrija las falsas.

1. Los estudiantes caminan apresuradamente por el campus.
2. En el Centro Estudiantil hay muchos estudiantes que hacen preguntas.
3. *Yerma* es una película excelente de Federico García Lorca.
4. Sonia camina hacia el Centro Estudiantil.
5. Ella es muy alta, rubia y de ojos azules.
6. James lleva camiseta blanca y pantalones cortos negros.

CHARLEMOS

Converse con un compañero / una compañera sobre los siguientes temas.

1. ¿Cómo haces nuevos amigos en la universidad regularmente?
2. ¿Cuáles son tus clases preferidas este semestre? ¿Por qué te gustan?

ESTRUCTURA VERBAL I • LOS USOS DEL VERBO *GUSTAR*

Para hablar de gustos y preferencias

You will understand how to use the Spanish verb **gustar** if you think first about the English verb *to disgust.* In English one can say: *It/That disgusts me; They disgust me;* and so on. The Spanish equivalent of *to disgust* is **disgustar,** and the Spanish equivalents of those phrases are: **Me disgusta. Me disgustan.**

The verb **gustar,** however, has no direct English equivalent; the closest English can come to expressing the meaning of **gustar** is the verb *to like.* In English, of course, one says: *I like it; I like them.* But because **gustar** functions like **disgustar** (*to disgust*), Spanish must express those phrases in this way: **Me gusta; Me gustan.** Literally, these phrases mean *It is pleasing to me; They are pleasing to me.*

The following chart shows you how the forms of **gustar,** used with indirect object pronouns, correspond to the Spanish pronoun system.

(yo—a mí)	**me** gusta	(a nosotros)	**nos** gusta
(tú—a ti)	**te** gusta	(a vosotros)	**os** gusta
(a él, a ella, a Ud.)	**le** gusta	(a ellos, a ellas, a Uds.)	**les** gusta

To express likes and dislikes, use **gustar** or **disgustar** + *the infinitive.*

Me **gusta conocer** a gente dinámica.	*I like to meet dynamic people.*
Me **disgusta comer** ciertas comidas.	*I don't like to eat certain foods.*

You can also use **gustar** or **disgustar** with a noun.

Le **gusta** la nueva película.	*She likes the new movie.*
Le **gustan** las películas españolas.	*He likes Spanish films.*
Me **disgusta** la situación.	*I don't like (am disgusted by) the situation.*
Nos **disgustan** las guerras.	*We don't like (are disgusted by) wars.*

Other verbs used like **gustar: caer bien / mal, encantar, fascinar, importar, interesar, molestar.**

Práctica

Un grupo de amigos comparte diversas opiniones. Exprese sus ideas, dando el pronombre y el verbo conjugado que se necesitan para completar cada oración.

> MODELO: (A mí) ——— (disgustar) trabajar los sábados. →
> *Me disgusta* trabajar los sábados.
> A Luis ——— (fascinar) los viajes largos. →
> A Luis *le fascinan* los viajes largos.

1. (A mí) ——— (disgustar) los políticos que hablan mucho.
2. A Lisa ——— (encantar) conocer a gente que ha viajado con frecuencia.
3. (A mí) ——— (molestar) el ruido cuando hay que estudiar.
4. (A nosotros) ——— (importar) obtener buenas notas.
5. A Tomás y a Olivia ——— (caer bien) los vecinos amistosos.
6. A Uds. ——— (interesar) estudiar diversas culturas.
7. (A mí) ——— (fascinar) la música moderna.
8. A ti y a Elsa ——— (gustar) comer comida mexicana.

Entre nosotros

Converse con un compañero / una compañera sobre las cosas que a Ud. le gusta o no le gusta hacer en las siguientes ocasiones.

1. el Día de Acción de Gracias
2. el día de tu cumpleaños
3. la despedida del Año (la Noche Vieja)
4. los sábados por la tarde

VOCABULARIO DEL TEMA •

Para saludar, presentarse y despedirse

Los saludos

FORMAL: —Buenos días, señor(a) Torres. ¿Cómo está Ud.?
—Buenos días, señora Martínez. Muy bien, ¿y Ud.?
—Bastante bien, gracias.

INFORMAL: —¿Qué tal te va, Armando? / ¿Qué (me) cuentas? / ¿Qué hubo?
—Bastante bien, ¿y tú? / Regular, ¿y tú? / Pues ahí, pasándola.

Las presentaciones

FORMAL: Quiero / Quisiera presentar**le** a mi amigo/a...
INFORMAL: Quiero presentar**te** a... / Permíteme presentarte a...

Respuestas

FORMAL: Mucho gusto, señor / señora / señorita...
Es un placer conocerlo/la, señor / señora / señorita...
INFORMAL: Mucho gusto. Soy Marcela. / El gusto es mío. / Encantado/a.

Las despedidas

FORMAL: Fue un placer conocerlo/la. / Adiós. Que le vaya bien.
Mucho gusto de haberlo/la conocido.
INFORMAL: Hasta luego. / Que lo pases bien. / Hasta pronto.

Práctica

En parejas, con un compañero / una compañera, escriba un diálogo para este dibujo. Incluya saludos, presentaciones y despedidas. Después, uno/a de Uds. puede leer su diálogo a la clase.

Entre nosotros

Hágale preguntas a un compañero / una compañera para conocerlo/la mejor. Luego, comparta con la clase los datos más interesantes. Apunte las respuestas para usarlas en el *Cuaderno de ejercicios.*

1. el nombre de su compañero/a
2. su campo de especialización académica
3. su lugar de nacimiento
4. algún dato sobre su familia
5. algo que le gusta hacer a él/ella
6. algunos lugares interesantes que ha visitado
7. tres de las características que lo / la describen mejor
8. por qué estudia español

Punto Gramatical I • Los Sustantivos, Los Adjetivos

Para describir cosas o personas

A. Nouns and Grammatical Gender

In Spanish, all nouns are grammatically masculine or feminine. In the following examples nouns are listed with their definite and indefinite articles.

1. Almost all nouns that end in **-a, -dad, -ión, -itis, -tad, -tud, -umbre,** and **-z** are grammatically feminine.

la (una) actitud	attitude
la (una) cama	bed
la (una) ciudad	city
la (una) costumbre	custom
la (una) libertad	liberty
la (una) sinusitis	sinusitis
la (una) televisión	television
la (una) paz	peace

2. Almost all nouns that end in **-o, -r,** and **-l** are grammatically masculine.

el (un) color	color
el (un) médico	doctor
el (un) papel	paper
el (un) principio	beginning

3. Some nouns that end in -**a** are grammatically masculine, and some that end in -**o** are grammatically feminine. Here are some examples.

-O
la (una) foto (from **fotografía**)   photo(graph)
la (una) mano   hand

-A
el (un) día   day
el (un) idioma   language
el (un) mapa   map
el (un) poeta   poet

Note: Many nouns that end in -**ma, -pa,** or -**ta** have Greek roots and are grammatically masculine. Here are some additional examples: **el drama, el poema, el problema, el programa, el sistema, el tema.**

4. Some nouns keep the same form for masculine or feminine people, but change the article.

el (un) estudiante, la (una) estudiante   student
el (un) cliente, la (una) cliente   client

5. Nouns are normally pluralized by adding an -**s** to those that end in a vowel and -**es** to those that end in a consonant.

la (una) entrada, las (unas) entradas   entrance, entrances
el (un) estante, los (unos) estantes   bookshelf, bookshelves
el (un) compás, los (unos) compases   compass, compasses
la (una) pared, las (unas) paredes   wall, walls

6. When a noun ends in -**z**, the -**z** is changed to -**c** and -**es** is added to form the plural.

el (un) pez → **los (unos) peces**   fish (fishes)
la (una) voz → **las (unas) voces**   voices

7. Accents must sometimes be added or deleted when forming plurals to maintain the stressed syllable of the singular form.

el joven	young person	→	**los jóvenes**	young people
el examen	exam	→	**los exámenes**	exams
el avión	airplane	→	**los aviones**	airplanes
el jardín	garden	→	**los jardines**	gardens

Práctica

A ¿Cuál es el artículo apropiado, *el* o *la*, para cada sustantivo? ¿Cómo se forma el plural?

1. camiseta	5. pared	9. clima
2. manga	6. examen	10. verdad
3. noroeste	7. pez	11. foto
4. ciudad	8. canción	12. costumbre

B Identifique las personas y los objetos indicados en el dibujo. Utilice la forma singular o plural, e incluya el artículo definido o indefinido.

MODELO: El número son las dos estudiantes.
El número tres es un estante.

B. Adjective Agreement

1. The function of an adjective is to describe a noun or a subject. Adjectives that end in **-o** or in **-a** must agree with the nouns or subjects they modify in two ways: in grammatical gender and in number. Observe the following examples.

   Es un amig**o** muy sincer**o**.   *He is a very sincere friend.*
   Son amig**as** muy sincer**as**.   *They are very sincere friends.*

2. Most adjectives that end in **-e** or a consonant have only one singular form: **azul, grande, horrible, amable,** and so on. They only agree in number. Adjectives that end in **-ista,** such as **optimista** and **pesimista,** also have only one singular form and agree only in number.

   Su hijo es muy **amable.**   *Her son is very nice.*
   Sus hijos son muy **amables.**   *Her sons are very nice.*

Ella es una persona **optimista.**	*She is an optimistic person.*
Carlos y Juan siguen siendo **optimistas.**	*Carlos and Juan continue to be optimistic.*

3. Certain adjectives have shortened forms before masculine singular nouns. They include **algún,* buen, gran, mal, ningún,* primer, tercer,** and **un.** Notice the following contrasts.

un **mal** amigo → un amigo **malo**	un **buen** amigo → un amigo **bueno**
un **gran** libro → un libro **grande**	el **primer** libro → el libro **primero**

Note: When **gran** precedes a masculine or feminine singular noun, it means *great in quality*; **grande** after the noun means *large in size.*

4. Adjectives that end in **-or, -ón, -án, ín** and adjectives of nationality that end in consonants add an **-a** to form the grammatically feminine singular form and a written accent is not normally required for that form. Notice the following contrasts.

Es un grupo **conservador.**	*It is a conservative group.*
Es una mujer **conservadora.**	*She is a conservative woman.*
Es un libro **francés.**	*It is a French book.* (from France)
Es una película **francesa.**	*It is a French movie.*
Oigo un sonido **chillón.**	*I hear a shrill sound.*
Oigo una voz **chillona.**	*I hear a shrill voice.*

Exceptions: The following adjectives of this type have only one singular form. Be sure you know their meanings.

anterior	**marrón**	**peor**
exterior	**mayor**	**posterior**
inferior	**mejor**	**superior**
interior	**menor**	**ulterior**

5. Plurals of adjectives are formed according to the rules for pluralizing nouns. If an adjective ends in a vowel, simply add **-s.** If an adjective ends in a consonant, add **-es.** As with nouns, you may need to add or delete an accent mark to retain the original stress of the adjective.

blanco → blanco**s**	**azul** → azul**es**
francés → frances**es**	**joven** → jóven**es**

---

*See **Capítulo 11** for a more detailed treatment of **algún** and **ningún.**

Práctica

Imagínese que Ud. está describiéndole su universidad a una persona que nunca la ha visto. Haga oraciones, usando las siguientes frases. Siga el modelo.

MODELO: Mi universidad tiene / ofrece...clases / variado e* interesante →
Mi universidad tiene *clases variadas e interesantes.*

Mi universidad tiene...

1. edificios / alto e impresionante
2. deportes / diario y semanal
3. horarios / flexible y razonable
4. árboles / hermoso y verde
5. un ambiente / amistoso y placentero
6. profesores / cuidadoso y exigente
7. una librería / amplia y moderno
8. comida / rápido y variado
9. actividades / divertido y cultural
10. una biblioteca / espacioso y cómodo

C. Position of Descriptive Adjectives

Descriptive adjectives are usually placed after the noun they modify. Adjectives of quantity usually precede the modified noun.

---

*Remember: **y** → **e** before the sound **i**.

DESCRIPTION	QUANTITY
Vivo en una ciudad **enorme.**	Hay **cinco** museos interesantes.
I live in a huge city.	*There are five interesting museums.*

When descriptive adjectives are used to emphasize or point out a unique or intrinsic quality, they may occur before the noun being modified.

Es una **extraordinaria** amiga.	*She is an extraordinary friend.*

D. Changes in Meaning

Certain adjectives have different English equivalents according to their position before or after the noun. The most frequently used adjectives of this type are **alto, grande, mismo, nuevo, pobre, único, viejo.** Observe the differences in the following chart.

ADJECTIVE	BEFORE THE NOUN	AFTER THE NOUN
alto	*important:* un alto funcionario	*tall:* un funcionario alto
gran, grande	*great:* mi gran amiga	*large:* un salón grande
mismo	*same:* el mismo director	*himself:* el director mismo
nuevo	*new to owner:* mi nueva casa	*brand new:* mi casa nueva
pobre	*unfortunate:* el pobre hombre	*without resources:* el hombre pobre
único	*only:* su única hija	*unique:* su hija única
viejo	*longstanding:* mi viejo amigo	*old in years:* mi amigo viejo

Práctica

A En parejas, escojan del árbol de la amistad las tres características que, en su opinión, son más apreciadas en un ser humano. Luego explíquele a la clase o a su pareja por qué son tan importantes.

honesto/a   fiel   creativo/a
compasivo/a   sincero/a   alegre
inteligente   compatible
trabajador(a)
amistoso/a   divertido/a

B En parejas, túrnense para describir a las siguientes personas o cosas. Usen dos frases descriptivas por lo menos. Relacionen las descripciones con experiencias de su propia vida.

MODELO: gran / amigo →
Deseo que conozcas a mi gran amigo, Rogelio. Él es muy simpático y le encanta bailar. Con frecuencia, él y yo vamos al cine juntos porque a ambos nos fascinan las películas de terror.

1. viejo / amigo
2. nuevo / texto de español
3. misma / amiga
4. plan / único
5. estudiantes / pobres
6. gran / actriz
7. boxeador / grande
8. pobres / víctimas

Entre nosotros

Busque la firma. ¿Quién en la clase...?

1. _____ se considera un buen deportista
2. _____ es muy tolerante
3. _____ hace trabajo voluntario
4. _____ es miembro de un conjunto musical
5. _____ es un lector ávido
6. _____ es un(a) estudiante brillante
7. _____ dice que es introvertido/a
8. _____ es compasivo/a
9. _____ piensa que es tacaño/a[1]
10. _____ se considera una persona extrovertida
11. _____ es muy talentoso/a, según su familia
12. _____ es chistoso/a[2]
13. _____ es muy trabajador(a)

[1]*stingy* [2]*funny*

ENCUENTROS CULTURALES II
Nuestros amigos nos escriben

Salamanca, 5 de septiembre

¡Hola, amigos!

Estos son días muy interesantes acá en Salamanca. El mes que viene, vamos a celebrar en nuestra universidad una feria internacional que siempre resulta fabulosa.

Los estudiantes venezolanos quieren participar en la feria y buscan a alguien que pueda bailar el joropo, un baile tradicional de Venezuela muy atractivo. Me doy cuenta de que sus bailes tradicionales son tan divertidos como los nuestros. Pero también les gustan los ritmos modernos tanto como a nosotros.

Estamos buscando a algunos caribeños que quieran hacer una presentación de salsa. También necesitamos a alguien que pueda bailar bien el merengue, un ritmo dominicano que es muy popular en todas partes. Creo que, con todos estos participantes, la feria va a tener un éxito estupendo.

Bueno, ahora tengo que estudiar para un examen de historia. Esto ocupará todo mi fin de semana. Espero que algún día puedan venir por acá, por Salamanca. Estoy seguro de que la pasarían de maravilla.

Sinceramente,
José Alberto

LEER Y COMPRENDER

Parte A: Comprensión. Indique si las siguientes oraciones son ciertas o falsas. Corrija las falsas.

1. Los estudiantes de la Universidad de Salamanca están celebrando una feria internacional.
2. En la feria van a presentar varios bailes tradicionales.
3. El merengue es un baile de Puerto Rico.
4. José Alberto necesita estudiar para un examen de matemáticas.

Parte B: Conversando con los amigos. Converse con un compañero / una compañera sobre los siguientes temas.

1. Describe algún evento al que esperas asistir o ver o en el cual vas a participar este semestre / trimestre.
2. ¿Qué baile folclórico te gusta mucho? ¿Te gusta verlo bailar solamente o prefieres bailarlo?

VOCABULARIO DE LA LECTURA

Expresiones

con anticipación	in advance, ahead of time
ni tanto	not so much, not so well

Sustantivos

el alboroto	clamor, confusion
el apuro	hurry; pressure
el bolígrafo	ballpoint pen
la cajera	cashier
el compás	compass
la ingeniería	engineering
el lapicero	automatic pencil
la librería	bookstore
la mochila	backpack

Verbos

arrepentir(se) (ie, i) (de)	to regret
pisar	to step on
rodear	to surround

Adjetivos

distraído/a	distracted
exigente	demanding
imprescindible	indispensable
vacío/a	empty

Adverbio

puntualmente	punctually

MIS PROPIAS PALABRAS

Escriba una lista de otras palabras que podrían ayudarlo/la a conversar sobre la lectura. Utilice un diccionario si es necesario.

_____

_____

_____

_____

_____

_____

_____

Práctica

A ¿Qué palabras del vocabulario asocia Ud. con las siguientes situaciones?

el alboroto, el apuro, arrepentirse, el bolígrafo, con anticipación, imprescindible, la librería, ni tanto, puntualmente

1. Hay mucho ruido y mucho movimiento.
2. Describe cosas que son muy necesarias para Ud.
3. Es necesario hacer algo antes de cierta hora o fecha estipulada.
4. Expresa lo opuesto de _muchísimo_.
5. Es un lugar donde se venden libros y otros útiles escolares.
6. Alguien ha hecho algo y ahora no está contento con lo que hizo.
7. Algo se hace a la hora o fecha debida.

B Haga una copia de la tarjeta de lotería en otra hoja. Escriba cada una de las siguientes palabras en cualquier espacio.

la cajera, el compás, distraído, exigente, la ingeniería, el lapicero, la mochila, pisar, rodear, vacío

En los espacios restantes, escriba otras dos palabras del vocabulario de la lectura. Su profesor(a) leerá una definición. Busque la palabra que corresponde a la definición y táchela (X). La primera persona que complete una línea de cuatro espacios vertical, horizontal o diagonal gana la lotería.

✶La Lotería✶

		Gratis	
	Gratis		
			Gratis
Gratis			

AMBIENTE CULTURAL II

Lo que puede pasar en la librería el primer día de clases

Hay días en que la **librería** se encuentra **vacía,** sin el **alboroto** y las voces de mucha gente. Hoy, como empieza el semestre, está llenísima.[1] Los estudiantes buscan desesperadamente los libros, **bolígrafos,** cuadernos, **lapiceros** y hasta las **mochilas**

[1]_packed_

que necesitan para las clases. Muchos de ellos **se arrepienten de** no haber comprado **con anticipación** estas cosas **imprescindibles.** Un estudiante de **ingeniería** encuentra el **compás** que le hace falta,[2] y corre a pagarle a la **cajera.**

En su **apuro** por llegar a los estantes de libros, los clientes ni piensan en la gente que los **rodea.** Sólo piensan en encontrar los libros necesarios, pagar, y llegar a clase **puntualmente.** En medio de tanto alboroto, Sonia accidentalmente le **pisa** el pie a James.

SONIA: Ay, perdóneme. Tengo tanta prisa que estoy un poco **distraída** y no lo vi.

JAMES: No se preocupe. Pero, dígame, ¿por qué tiene tanta prisa?

SONIA: Es que tengo una clase de español ahora, a las diez, con la profesora Ramos. Sólo vine a comprar mi libro de texto.

JAMES: Creo que tomo esa misma clase. ¿Es verdad que la profesora es muy **exigente?**

SONIA: Así me han dicho. Veo que tú ya hablas español muy bien.

JAMES: Bueno..., **ni tanto.** Pero el verano pasado fui a México a estudiar y eso me ayudó mucho. Quiero ser intérprete. Y tú, ¿por qué estudias español?

SONIA: Me fascina el español. Creo que es una lengua muy melódica y hermosa. Además, me será útil en cualquier carrera que elija.

JAMES: Es verdad. Oye, a propósito,[3] yo soy James. ¿Cómo te llamas?

SONIA: Me llamo Sonia. Es un placer conocerte.

JAMES: El gusto es mío. Bueno, necesito comprar otros libros, así que... ¡nos vemos en clase! ¡Adiós!

SONIA: Hasta pronto, James.

[2]le... *he needs*   [3]a... *by the way*

COMPRENSIÓN

Escoja la mejor respuesta o terminación.

1. ¿Cómo está la librería el primer día de clases?
   a. vacía   b. limpia   c. llenísima
2. ¿En qué piensa la mayoría de los estudiantes en la librería?
   a. en arrepentirse   b. en salir rápidamente   c. en charlar
3. Sonia y James comienzan a hablar porque Sonia...
   a. le pisa el pie a James...   b. saluda a James...   c. le sonríe a James...
4. ¿Adónde van Sonia y James?
   a. a la clase de inglés   b. a la clase de español   c. al Centro Estudiantil
5. James estudia español porque quiere
   a. estudiar en México...   b. ser intérprete...   c. ser médico...

CHARLEMOS

Converse con un compañero / una compañera sobre los siguientes temas.

1. ¿Por qué estudias español? ¿Qué esperas aprender en esta clase?
2. ¿Qué cosas compras en la librería cada semestre? ¿Para qué te sirven?

PUNTO GRAMATICAL II • LA *A* PERSONAL
Para hablar de la gente

In Spanish, whenever a direct object noun or subject pronoun refers to a definite person or persons, the personal **a** is required before it. Remember **a + el** becomes **al.**

¿Ves **a** la hermana de Julián?	*Do you see Julián's sister?*
No la veo **a** ella, pero sí veo **a** su amiga.	*I don't see her, but I see her friend.*
¿Conoces **al** nuevo presidente?	*Do you know the new president?*
No, pero conozco **a** su hermana.	*No, but I know his sister.*

When the direct object is not a specific person, the personal **a** is not required.

Busco un ingeniero bilingüe.	*I'm looking for a bilingual engineer.*

The personal **a** is also used before a direct object that refers to an intelligent or beloved pet, or to things that are personified by the speaker.

Fernando quiere **a** su gato Peluso.	*Fernando loves his cat Peluso.*
Amo **a** mi ciudad.	*I love my city.*

The personal **a** is also used with other words that refer to persons when they function as direct objects.

¿Viste **a** Tomás ayer?	*Did you see Tomás yesterday?*
No vi **a** ningún conocido allí.	*I didn't see anyone I knew there.*
¿**A** quién saludaste en la librería?	*Who did you greet in the bookstore?*

The personal **a** is not generally used after the verb **tener,** except when **tener** means *to have someone in a particular place.*

Sonia tiene 3 hermanos.	*Sonia has 3 brothers.*
Tengo **a** mi hijo en un colegio excelente.	*I have my son in an excellent school.*

Práctica

La historia de Sonia y James continúa. ¿Qué pasa ahora que se conocen? Complete la historia con *a* cuando sea necesario. Como Ud. sabe, Sonia conoció *a* James cuando se encontraron en la librería el primer día del semestre. Lo que Ud. no sabe es que, después de la clase de español, James le pidió *a* Sonia su número de teléfono y ella se lo dio. A continuación hay parte de su primera conversación por teléfono.

JAMES: La verdad, Sonia, es que cada vez que estoy en la biblioteca, veo ———[1] mucha gente conocida.[a] Ayer vi ———[2] mi amigo Juan, y me dijo que te conoce.

SONIA: ¡Ay, qué bueno que se acordó de mí![b] Ahora que lo recuerdo, necesito llamarlo para pedirle un libro prestado.

JAMES: ¿Sabes que Juan tiene ———[3] una hermana muy simpática?

SONIA: Sí, y me gustaría conocerla. Y esto me lleva a una idea que quiero compartir contigo, James. Ya que empieza el nuevo semestre, pienso invitar ———[4] algunos compañeros a una fiesta. ¿Qué te parece?

JAMES: ¡Genial! Puedes invitar ———[5] mucha gente que estudia con nosotros, y también ———[6] la hermana de Juan.

SONIA: ¡Perfecto! Por favor, dame una lista de las personas ———[7] quienes quieres que yo invite.

[a]gente... *people I know*   [b]se... *he remembered me*

Entre nosotros

A Converse con un compañero / una compañera sobre los siguientes temas.

1. ¿A quién recuerdas a veces? ¿Por qué?
2. ¿A cuál de tus amistades le gusta leer novelas históricas?
3. ¿Ves con frecuencia a algún compañero / alguna compañera de clase que estudió contigo el año pasado? ¿Quién es? ¿Cómo es?
4. En la universidad, ¿a quien te gustaría conocer? ¿Por qué?

B Hable con unos compañeros sobre alguna nueva persona en su vida, ya sea otro/a estudiante o un profesor / una profesora. Indique quién es, cómo es y por qué es interesante conocerlo/la.

PUNTO GRAMATICAL III • ADJETIVOS POSESIVOS

Para mostrar posesión

Spanish possessive adjectives can appear in either the short form or the long form. Each of these forms has specific uses.

A. Short Forms of Possessive Adjectives

The short forms of possessive adjectives precede and agree in number with the object possessed. **Nuestro/a/os/as** and **vuestro/a/os/as** also agree in grammatical gender.

yo → **mi(s)** *my*	nosotros/as →**nuestro/a/os/as**	*our*
tú → **tu(s)** *your* (fam.)	vosotros/as → **vuestro/a/os/as**	*your* (fam.)
él, ella, Ud., ellos, ellas, Uds. → **su(s)** *his, her, its, their, your* (form.)		

Because **su** and **sus** may refer to several different persons, it is often preferable to clarify their meaning by substituting phrases with **de: el libro de él, (el de él), los libros de Uds. (los de Uds.).**

Ya tengo **mis** libros y cuadernos
   para el primer día de clases.
Nuestra universidad está situada
   en un lugar interesante.
Miguel no usa **su** propia mochila;
   usa la **de ella.**

*I have my books and notebooks
   for the first day of class.
Our university is located in an
   interesting place.
Miguel doesn't use his own
   backpack; he uses hers.*

Práctica

En parejas, miren el dibujo y hablen de lo que está pasando en la librería. Use adjetivos posesivos.

MODELO: Juan José tiene en *su* bolsillo el dinero que necesita.

B. Long or Stressed Forms of Possessive Adjectives

When using the long or stressed forms, the article (definite or indefinite) is placed before the noun and the possessive adjective is found after it. The long forms agree in gender and number with the object possessed.

mío/a/os/as	*my, of mine*	**nuestro/a/os/as**	*our, of ours*
tuyo/a/os/as	*your, of yours* (fam.)	**vuestro/a/os/as**	*your, of yours* (fam.)
suyo/a/os/as	*his, of his; hers, of hers; theirs, of theirs; yours, of yours* (form.)		

The uses of the long forms are as follows.

1. The long or stressed forms give emphasis and distinguish among choices.

   Éstos son **los** invitados **nuestros.**   *These are our guests* (as opposed to the guests of others).

   Él quiere usar **la** bicicleta **suya.**   *He wants to use his bicycle* (not somebody else's).

2. To express *of (someone's)*, after a noun and without the article.

   Son compañeros **tuyos.**   *They are classmates of yours.*

3. In direct address, especially with **mío** and **nuestro.**

   Amor **mío,** escúchame, por favor.   *My love, please listen to me.*

Práctica

Pregúntele a un compañero / una compañera sobre varios objetos que están en el salón de clase. Él / Ella contestará, usando las formas largas de los adjetivos posesivos.

   MODELO: ¿Dónde está la mochila *tuya?* →
   La mochila *mía* está debajo del pupitre.

Entre nosotros

Entreviste a un compañero / una compañera.

1. ¿Compras las camisetas tuyas con la insignia de la universidad o no?
2. ¿Cuáles de tus profesores te parecen más exigentes? ¿Por qué?
3. ¿Algún profesor tuyo / Alguna profesora tuya te inspira mucho? ¿Por qué?
4. ¿Alguna amiga tuya obtiene «A» todas sus clases? ¿Quién es?

TEMAS Y DIÁLOGOS

CHARLEMOS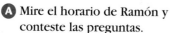

A Mire el horario de Ramón y conteste las preguntas.

1. ¿Qué clases tiene Ramón?
2. ¿A qué hora tiene la clase de español? ¿la clase de inglés? ¿la de biología?
3. ¿Cuándo tiene tiempo para comer?
4. ¿A qué hora va al trabajo?

Mi horario del semestre					
	lunes	martes	miércoles	jueves	viernes
8:00	español	español	español	español	español
9:00	inglés		inglés		inglés
10:00		biología		biología	
11:00		biología		biología	
12:00					
1:00	historia		historia		historia
2:00	tiempo libre para actividades de la universidad				
4-7:00	trabajo	libre	trabajo	trabajo	trabajo

B Hable con sus compañeros sobre el horario que ha escogido para este semestre. Diga qué clases tiene, por qué ha escogido ciertas horas de clase, cuáles son sus actividades sociales, sus horas de trabajo y otros compromisos.

DICHOS POPULARES

Dime con quién andas y te diré quién eres.

En círculos, busquen una explicación para este dicho. Después, piense en su mejor amigo/a y haga una lista de las características que Uds. tienen en común y otra lista de las que les diferencian. Comparta esta información con la persona a su lado.

LETRAS E IDEAS

Escriba una descripción detallada de una persona que está en su clase de español, sin nombrar a esa persona. Después, lea su descripción a la clase. Sus compañeros tratarán de adivinar a quién describe Ud.

La juventud del mundo hispano le da a Ud. la bienvenida a este encuentro cultural. ¿En qué se parece Ud. a estas personas? ¿En qué se diferencia? ¿Puede Ud. describir algunos de los trajes regionales? ¿Sabe de dónde son los trajes?

EL COLORIDO
DE LAS CULTURAS

CAPÍTULO 1

LA DIVERSIDAD CULTURAL

La juventud del mundo hispano tiene mucho en común con Ud. Aquí, unos jóvenes conversan en el Fox Delicias Mall de Ponce, Puerto Rico. ¿Qué diversiones prefiere Ud.?

ENCUENTROS CULTURALES I
Los nuevos amigos

ESCUCHAR Y COMPRENDER

Primero, escuche la **Parte A** de la cinta y siga
las instrucciones para completar el ejercicio. Luego escuche la
Parte B y siga las instrucciones.

Parte A: Comprensión. Escoja la mejor terminación.

1. Desde sus primeros años, a Rosalía le fascinaban...
   a. los colores y el inglés. **b.** los colores y las formas.
   c. Miami y Cuba.
2. Además de sus estudios académicos, Rosalía tuvo que
   aprender...
   a. español. **b.** francés. **c.** inglés.
3. Rosalía vivió primero en Miami y después en...
   a. Iowa. **b.** Ontario. **c.** Ohio.
4. En la universidad, Rosalía se especializó en...
   a. música. **b.** lenguas extranjeras. **c.** arte.
5. Para Rosalía sus antepasados son importantes porque
   son...
   a. positivos. **b.** cubanos.
   c. una parte importante de su formación.
6. A ella le gusta viajar porque quiere conocer...
   a. a sus antepasados. **b.** a más cubanos. **c.** otras culturas.
7. Rosalía sale pronto para montar una exposición en...
   a. España. **b.** Cuba. **c.** Miami.

Parte B: Conversando con los amigos. Termine las oraciones con sus
propias palabras.

> MODELO: La persona que llama a Rosalía es... →
> La persona que llama a Rosalía es su amiga Gloria.

1. Gloria quiere invitar a Rosalía a una exposición de...
2. La exposición va a incluir las obras de...
3. Lam era un pintor...
4. En su obra, Lam combinaba elementos...
5. Rosalía y Gloria van a ir a la exposición el...
6. Después de la exposición, van a...

*Me llamo Rosalía Sánchez y soy
pintora. Nací en Cuba, pero vine a
los EE.UU. a la edad de 13 años.*

Nota cultural

**Wifredo Lam
nació en 1902.
Vivió muchos
años en Madrid y
París. Fue amigo
de Pablo Picasso
y otros surrealis-
tas. Lam expresó:
«Quería con todo
mi corazón pintar
el drama de mi
país.»**

CHARLEMOS

Converse con un compañero / una compañera sobre los siguientes temas.

1. ¿Son importantes para ti tus antepasados? ¿Por qué sí o por qué no? ¿De qué culturas vienen?
2. ¿Sabías desde tus primeros años la carrera que querías estudiar? ¿Cuáles de tus planes han cambiado? ¿Cuáles no cambiaron?

VOCABULARIO DE LA LECTURA

Expresiones

es decir	in other words
por último	finally

Sustantivos

la atracción	attraction
el choque cultural	culture shock
la disolución	dissolution, disappearance
el mercado	market
el modo de vida	way of life
la necesidad	necessity
la novedad	novelty, newness
el recurso	resource
el ser	(human) being

Verbos

enviar	to send
obligar	to oblige, obligate
romper	to break
soñar (ue) (con)	to dream (about), hope (for)

Adjetivos

indocumentado/a	undocumented (*not having legal status in a country*)
propio/a	one's own

Adverbios

constantemente	constantly
diariamente	daily

MIS PROPIAS PALABRAS

Escriba una lista de otras palabras que podrían ayudarlo/la a conversar sobre la lectura. Utilice un diccionario si es necesario.

_____

_____

_____

_____

_____

_____

_____

Práctica

A Empareje cada palabra con el significado o sinónimo correspondiente.

1.	**enviar**	a.	_____	tener la ilusión
2.	**el mercado**	b.	_____	sin documentos de inmigración
3.	**obligar**	c.	_____	la persona
4.	**soñar**	d.	_____	la desintegración
5.	**el ser**	e.	_____	hacer necesario
6.	**es decir**	f.	_____	mandar
7.	**propio**	g.	_____	la tienda
8.	**la disolución**	h.	_____	cada día
9.	**indocumentado**	i.	_____	en otras palabras
10.	**por último**	j.	_____	de uno
11.	**diariamente**	k.	_____	al final

B Defina las siguientes palabras o expresiones según lo que cada una significa en su vida para hacer su propio «biodiccionario». Luego explíquele sus ideas a un compañero / una compañera.

MODELO: **la atracción** →
Para mí los anuncios de viajes tienen una atracción enorme porque tengo muchas ganas de viajar.

1. **la atracción**
2. **constantemente**
3. **obligar**
4. **el recurso**
5. **el modo de vida**

6. **romper**
7. **la necesidad**
8. **la novedad**
9. **soñar con**
10. **el choque cultural**

AMBIENTE CULTURAL I

¿Por qué cruzamos las fronteras?

Las fronteras hispanoamericanas se cruzan **diariamente** por varias razones. La más obvia de ellas es la gran **atracción** que mucha gente siente por conocer otros **modos de vida** y diferentes paisajes. A veces viajan millas de distancia para satisfacer este deseo. Todos los años, muchos estudiantes ahorran dinero para poder viajar y, durante los veranos, se ven con sus coloridas mochilas al hombro en las aduanas,[1] aeropuertos, museos, montañas y valles del continente. Son miles de **seres** ansiosos por ver las **novedades** que hay más allá de las fronteras.

Otro elemento que contribuye a la **disolución** de las fronteras es el hecho de que las grandes compañías internacionales siempre buscan nuevos **mercados,** mano de obra[2] barata y **recursos** naturales en otros países. Algunas de estas compañías **envían** a sus **propios** empleados a los lugares donde éstas tienen sus negocios o sucursales.[3] Por eso, hoy

La gente hace cola para revisar sus pasaportes en un aeropuerto de Guatemala.

día, numerosos estudiantes **sueñan con** empleos que les permitan viajar y conocer las múltiples culturas hispanoamericanas.

Por último, los conflictos políticos y las **necesidades** económicas a veces **obligan** a la

[1]*customs (at border)*   [2]mano... *work force*   [3]*branches*

gente a emigrar. **Es decir** que mucha gente se siente presionada a **romper** las fronteras para establecerse en otro país. Varias películas se basan en este tema. La película *El Norte,* por ejemplo, muestra los problemas que confrontan unos inmigrantes **indocumentados** guatemaltecos que pasan por México rumbo a los EE.UU. en busca de trabajo. Esta película enfoca no solamente en sus necesidades económicas, sino también en el **choque cultural** que experimentan. *Caijin,* por otro lado, es una crónica de la inmigración japonesa al Brasil a principios del siglo XX.

Sea cual sea[4] la razón, las fronteras parecen traspasarse[5] **constantemente.** Este contacto continuo entre personas de diversos países hace que los colores de las diferentes culturas pinten y enriquezcan el mundo entero.

[4]Sea... *Whatever*   [5]cruzarse

COMPRENSIÓN

Escoja las palabras *en bastardilla* que indican la respuesta apropiada.

1. Mucha gente siente una gran atracción por *ver la frontera / conocer otros modos de vida.*
2. Según la lectura, todos los veranos se ven miles de estudiantes en las aduanas, *aeropuertos y museos / los cines y cafés* del continente.
3. Las compañías transnacionales buscan nuevos *mercados / métodos.*
4. El tema de las películas *El Norte* y *Caijin* es *la inmigración / el trabajo.*

CHARLEMOS

En parejas o con toda la clase, conversen sobre los siguientes temas.

1. ¿Adónde te gustaría viajar para conocer otros modos de vida? ¿Por qué?
2. ¿Quieres obtener un empleo en una compañía internacional? ¿Por qué sí o por qué no?
3. ¿Por qué crees que mucha gente busca establecerse en otro país?

ESTRUCTURA VERBAL I • EL PRESENTE DE INDICATIVO

Para hablar de acciones en el presente

A. Uses of the Present Indicative

In both Spanish and English, the present indicative performs the following functions.

1. To describe what is customarily done.

> Siempre **tomo** café con crema.   *I always drink coffee with cream.*

2. To describe the condition in which something is found.

> La casa se **ve** bonita hoy.   *The house looks great today.*

3. To describe a state of being.

> Mario **está** muy cansado.   *Mario is very tired.*
> El perro **tiene** hambre.   *The dog is hungry.*

4. To talk about a past action with a sense of immediacy.

> **Es** el año 1492. Cristóbal Colón se   *It is 1492. Christopher*
> **prepara** para su viaje.   *Columbus is getting ready for his voyage.*

This use is called the historical present in English.

B. Differences: Spanish and English Present Indicative

1. The Spanish present indicative frequently describes an action that is occurring at the moment of speaking. English expresses a similar function with the present progressive (*to be* + *-ing*) rather than with the simple present indicative.

> Tomás **va** al cine.   *Tomás is going to the movies.*
> **Estudio** para la clase de español.   *I'm studying for my Spanish class.*

2. The Spanish present indicative can be used to indicate a future event (near or far in the future). Once again, English expresses the same concept with the present progressive.

> El año próximo, **vamos** a España.   *Next year we are going to Spain.*
>
> **Voy** a estudiar este fin de semana.   *I'm going to study this weekend.*

C. Present Tense Forms of Regular Verbs

	-ar viajar	-er beber	-ir vivir
yo	via**jo**	be**bo**	vi**vo**
tú	via**jas**	be**bes**	vi**ves**
Ud.	via**ja**	be**be**	vi**ve**
él, ella	via**ja**	be**be**	vi**ve**
nosotros/as	via**jamos**	be**bemos**	vi**vimos**
vosotros/as	via**jáis**	be**béis**	vi**vís**
Uds.	via**jan**	be**ben**	vi**ven**
ellos, ellas	via**jan**	be**ben**	vi**ven**

PRESENTE DE INDICATIVO: VERBOS REGULARES

Práctica

A Gilberto visita la granja[1] de sus parientes en Venezuela. Éstas son sus respuestas a las preguntas que Ud. va a inventar. Use verbos regulares en el presente de indicativo y trate de hacer más de una pregunta.

MODELO: *Visito* a mis parientes en Venezuela. →
¿A quién *visitas,* Gilberto?
¿Dónde *visitas* a tus parientes, Gilberto?

1. Me levanto a las seis de la mañana.
2. Siempre como frutas frescas en el desayuno.
3. Camino por la granja con mis primos y ayudo con los quehaceres.[2]
4. Regreso a casa un poco después de mediodía para comer.
5. Descanso un rato después de la comida.
6. Luego hablo con mis parientes.
7. A veces le escribo cartas a mi familia en los EE.UU.
8. Frecuentemente las amistades[3] nos visitan en la tarde.
9. A eso de las ocho de la noche cenamos algo liviano.[4]
10. Nos acostamos antes de las diez.

[1]*farm, ranch* [2]*chores* [3]*family friends* [4]*light*

B Imagínese que Ud. y un grupo de amigos planean un viaje a Costa Rica en el verano. ¿Cómo tienen que prepararse antes del viaje? Cambie la forma del verbo, según el modelo.

MODELO: yo / *buscar* el pasaporte →
Yo *busco* el pasaporte.

1. yo / comprar el boleto
2. todos / decidir la fecha del viaje
3. Hilda / ahorrar dinero
4. Elvira / hablar con el agente de viajes

5. mis amigos / comprar una maleta grande
6. todos nosotros / estudiar español
7. Jorge y Marta / planear el itinerario
8. Eduardo / buscar la dirección de una prima que vive en Costa Rica

Entre nosotros

Entreviste a un compañero / una compañera para saber qué opina sobre los viajes a otros países. Luego comparta la información con sus compañeros de clase.

1. Cuando vas de viaje, ¿prefieres ir con una excursión, con unos amigos o solo/a? ¿Por qué?
2. ¿Te gusta más viajar por tren, por avión o en auto? ¿Por qué?
3. ¿Algún día, esperas visitar un país donde se habla español? ¿Por qué sí o por qué no? ¿Ya has visitado un país de habla española?
4. ¿Te gusta más la idea de trabajar en otro país que la idea de viajar como turista? ¿Por qué sí o por qué no?
5. Cuando viajas, ¿siempre compras regalos interesantes para tu familia o tus amigos? Describe un regalo que compraste en otro lugar.

VOCABULARIO DEL TEMA
Para hablar de los viajes

La ciudad

la bocacalle	street intersection
el cruce	crosswalk
la cuadra	(city) block
la esquina	(street) corner
la parada de autobuses	bus stop
el semáforo	traffic light
el teléfono público	telephone booth

El aeropuerto

la aduana	customs
el equipaje	luggage
facturar / entregar el equipaje	to check / to hand over the luggage
las maletas	suitcases
el mostrador (de la línea aérea)	(airline) ticket counter

el vuelo internacional	international flight

El hotel

el botones	page, bellhop
el/la gerente	manager
la habitación sencilla / doble	single / double room
hacer / cancelar / verificar las reservaciones	to make / to cancel / to verify reservations
el huésped	hotel guest
la propina	tip
la recepción	front desk
enfrente (de)	in front (of)
entre	between, within
lejos de	far from

Práctica

A Mire el dibujo y conteste las preguntas.

MODELO: ¿Qué hace el señor alto? Usa... →
Usa el teléfono público.

1. ¿Dónde está el semáforo? Está...
2. ¿Quiénes están en el cruce? Una señora y...
3. ¿Qué hace la joven de pelo rizado? Factura...
4. ¿Quién está detrás del mostrador de la línea aérea? El agente...
5. ¿Qué hace el gerente del hotel? El gerente...
6. ¿Dónde están los huéspedes del hotel? Están...
7. ¿Que tiene el botones? Tiene...

B Con un compañero / una compañera, preparen un minidiálogo utilizando el **Vocabulario del tema.** Después representen su diálogo enfrente de la clase.

MODELO: —¿Dónde entregan el equipaje?
—Allí, detrás de la puerta abierta.
—Después de recoger mis maletas, ¿tengo
que pasar por la aduana?
—Sí. La aduana es donde revisan el equipaje.
¡Es imposible salir de un aeropuerto
internacional sin pasar por la aduana!

Elías trabaja **por** mí este lunes.
Cecilia se sacrifica **por** su
familia.

Elías trabaja **para** el Sr. Rojas.
Cocina **para** los invitados.

5. Before an infinitive, to indicate
something *about to* occur

Tu hermana está feliz porque
su novio está **por** llegar.

5. Before an infinitive, to indicate
intention, goal, or purpose (*in
order to*)

Para llegar, tiene que tomar
un vuelo internacional.

6. *Because of, as the result of*

El joven es sabio **por** sus
estudios.

6. Comparison or expressing
something unusual (*for*)

El joven es sabio **para** su
edad.

B. Other Uses of *por*

1. *By* whom (passive voice)*

La obra es dirigida **por** la
escritora mexicana Laura
Esquivel.

*The (theatrical) work is directed
by the Mexican writer Laura
Esquivel.*

2. *By (means of)*

Célida va **por** tren.
Mando las cartas **por** avión.

Célida is going by train.
I send the letters (by) airmail.

3. *For, in exchange for*

Carlitos dice que pagó cuarenta
dólares **por** su libro de
matemáticas.

*Carlitos says he paid forty
dollars for his math book.*

4. *For, in search of*

Antonio va **por** la señora que
nos arregla el viaje.

*Anthony is going to get the
woman who is arranging the
trip for us.*

5. *Times (multiplied by)*

Cinco **por** seis son treinta.

Five times six are thirty.

C. Other Uses of *para*

1. To indicate *as for*

Para mí, es un placer viajar.

*As for me (As far as I am con-
cerned), traveling is a pleasure.*

---

*See **Capítulo 12** for a discussion of the passive voice in Spanish.

PUNTO GRAMATICAL I • LOS USOS DE *POR* Y *PARA*

Para indicar ciertas relaciones

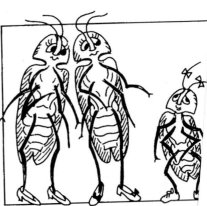

LUCI 1: Amiga, ¿por qué
     tienes tanta experiencia?

LUCI 2: Es **por** mis años de
     trabajo.

LUCI 1: ¿Cómo está la menor de
     tus hijas?

LUCI 2: Estamos encantados con ella. F
     muy brillante **para** su edad.

The prepositions **por** and **para** are translated by *for* in English. It is importar
understand when each is used in Spanish. **Por** and **para** also have other Eng
translations, some of which are noted in this section.

A. Contrasts Between *por* and *para*

POR

1. Duration of an action (*for*)

> Viajamos **por** dos meses.

2. Movement *through, along* or *by*
   an area

> Miriam pasa **por** Lima.
> El ladrón entra **por** la ventana.

3. To express *why?, for what
   reason?*

> ¿**Por** qué estudias español?

4. *For (the sake of), on behalf of, in
   place of*

PARA

1. Time limit (translated *by, o
   for*)

> Necesitamos los boleto
> mañana.

2. Movement *to* or *toward* ;
   nation

> Miriam va **para** Lima
> El ladrón va **para** la ¡

3. To express *why?, for wh
   pose?*

> ¿**Para** qué quieres a
> español?

4. *For (an intended recip*

2. To indicate the intention, goal, or purpose (*in order to be, to be, so that*). This usage sometimes requires the use of the conjunction **para que.**[*]

Pepe estudia **para** (ser) médico.	*Pepe is studying to be a doctor.*
Les digo esto **para que** sepan lo que pasó.	*I'm telling you this so that you will know what happened.*

Práctica

A Llene los espacios con *por* o *para.*

DE VIAJE SIN PELIGRO

La gente frecuentemente habla de los problemas que puede tener al viajar[a] en otras ciudades o países. Por lo tanto, cuando viaje _____[1] lugares extraños o nuevos, es bueno que tome ciertas precauciones. Por ejemplo, no es buena idea que camine de noche _____[2] parques ni zonas muy oscuras o solitarias. _____[3] ir a los museos o de paseo, no es necesario que lleve mucho dinero en efectivo.[b]

Si Ud. está _____[4] cambiar sus planes de viaje, avise a su familia _____[5] que sepan dónde va a estar Ud. Recuerde: _____[6] tener un buen viaje, siempre tenga cuidado. Ah, y una cosa más. No se olvide de comprar recuerdos _____[7] su familia y sus buenos amigos.

[a]al... *when they travel*   [b]dinero... *cash*

B A Gisela le fascina la cultura mexicana. Con el fin de prepararse mejor para su futura carrera, estudia cursos de antropología cultural y sociología. Exprese los objetivos de Gisela. Conjugue los verbos y combine los elementos dados con la preposición *por* o *para,* según el modelo.

MODELO: practicar diariamente / poder hablar mejor / el español →
Yo practico diariamente *para* poder hablar mejor el español.

1. estudiar español / poder comunicarme bien / con los mexicanos
2. prometer estudiar español / otros tres años como mínimo
3. desear / viajar a México / continuar mis estudios allí en una universidad
4. tener que / viajar / todo el país
5. necesitar / tener experiencia personal / entender bien todo lo relacionado con esa cultura
6. ir a / leer muchos libros escritos / los expertos en el campo
7. después de mis viajes, / desear regresar a mi país / escribir mi tesis
8. ¿ ? (Invente un objetivo para Gisela.)

---

[*]See **Capítulo 10** for a discussion of **para que** and similar conjunctions.

D. Phrases with *por* and *para*

EXPRESIONES CON **POR** Y **PARA**			
Por			
darse por vencido/a	*to give up, surrender*	**por lo tanto**	*therefore, for this reason*
por aquí	*around here; this way*		
por completo	*completely*	**por lo visto**	*evidently*
por desgracia	*unfortunately*	**por otra parte**	*on the other hand*
por ejemplo	*for example*	**por si acaso**	*just in case*
por eso	*for that reason*	**por suerte**	*luckily*
por fin	*finally*	**por todos lados**	*everywhere*
por lo menos	*at least*	**(todas partes)**	
Para			
estar para	*to be in the mood to (do something)*		
no es para tanto	*it's not that important*		
para siempre	*forever*		
sin qué ni para qué	*without rhyme or reason*		

Práctica

Imagínese que Ud. tiene que resolver un problema inmediato y, para eso, habla con un amigo / una amiga. Termine las siguientes oraciones.

MODELO: Por lo visto, lo que tengo que hacer es... →
Por lo visto, lo que tengo que hacer es planear mi horario mejor.

1. Por lo visto, mi problema más grande es...
2. Por desgracia, no voy a resolverlo muy...
3. Mis amigos me dicen que no es para tanto, pero a mí me parece muy...
4. Yo no me doy por vencido/a porque soy una persona...
5. Por lo tanto, lo que tengo que hacer es...
6. Para resolver mi problema por completo, tengo que hablar con... Por eso...
7. No estoy para escuchar muchos consejos, pero por suerte tú siempre me dices...
8. Por eso, te pido que me des tu...

Entre nosotros

Entreviste a un compañero / una compañera para conocerlo/la mejor. Apunte las respuestas para usarlas en el *Cuaderno de ejercicios.*

1. ¿Por qué partes de la ciudad donde tú vives prefieres caminar?
2. ¿Para quiénes compras regalos de cumpleaños?
3. ¿Por quién fue escrito tu libro favorito?
4. ¿Cómo prefieres comunicarte con tus amigos que están lejos, por teléfono o por carta? ¿Por qué?

5. ¿Qué estudias para prepararte en tu campo de especialización?
6. ¿Cuáles son por lo menos dos de tus actividades preferidas?
7. ¿Crees que es posible que una amistad dure para siempre?

ENCUENTROS CULTURALES II
Nuestros amigos nos escriben

Madrid, 29 de septiembre

¡Hola, amigos!

Les escribo mientras estoy sentada frente a un café, muy cerca de la Plaza Mayor aquí en Madrid. Cada día en este bello país me trae nuevas experiencias.

Anoche fui a ver un espectáculo fabuloso de bailes gitanos.[1] Una señora a mi lado me comentó que muchos descendientes de los gitanos de España ahora viven en todas partes de América. Como otros inmigrantes, los gitanos fueron allá en busca de mayor libertad y bienestar[2] económico. Por lo general, se casan con miembros de su propia cultura para conservar sus costumbres. En realidad, admiro mucho a las personas que luchan por su identidad cultural.

Hoy he visto la extraordinaria colección de pinturas del Museo del Prado, incluyendo las obras de los pintores españoles Velázquez, El Greco, Goya y otros. Las pinturas de Picasso también son impresionantes, sobre todo el cuadro[3] «Guernica» que él pintó como protesta contra la Guerra Civil española. Este cuadro me hace pensar de veras en la necesidad de encontrar soluciones pacíficas a los conflictos del mundo.

Tengo que despedirme.[4] Es un día espléndido y mis amigos me esperan para ir a la Plaza de España, donde

El monumento en honor de la obra del escritor español Miguel de Cervantes.

[1]*gypsy*   [2]*success*   [3]*painting*   [4]*say good-bye*

La impresionante pintura Guernica, *de Pablo Picasso.*

está la estatua del gran escritor Miguel de Cervantes, autor de la extraordinaria novela «Don Quijote de la Mancha». Quiero ver todo lo que pueda de España durante este viaje.

Saludos cariñosos de su amiga,
Rosalía Sánchez

LEER Y COMPRENDER

Parte A: Comprensión. Conteste las preguntas.

1. ¿Dónde está Rosalía cuando escribe la carta?
2. ¿Qué aprendió Rosalía sobre los gitanos?
3. ¿Cómo son las pinturas del Museo del Prado?
4. ¿Qué hay en la Plaza de España?

Parte B: Conversando con los amigos. Converse con un compañero / una compañera sobre los siguientes temas.

1. ¿Qué es lo que más te gusta ver cuando vas de viaje?
2. ¿Te gusta visitar museos de arte o de antropología? ¿Por qué sí o por qué no?
3. Rosalía escribe sobre su visita a Madrid. Si alguien viniera a visitar tu ciudad, ¿qué lugares le enseñarías?

VOCABULARIO DE LA LECTURA

Expresiones

en el fondo	at heart, deep-down, basically
hacer lo imposible	to do everything possible

Sustantivos

el estereotipo	stereotype
el intercambio	exchange
la juventud	youth
la mezcla	mixture
la portada	cover (*of a publication*)
la preocupación	worry
el rasgo	feature
el rostro	face

la semejanza	resemblance, similarity
la vivienda	housing

Verbos

conseguir (i, i)	to get, obtain
crear	to create
negar (ie)	to deny
sorprender	to surprise

Adjetivos

débil	weak
dedicado/a	dedicated
esbelto/a	slim
indígeno/a	indigenous, native
musculoso/a	muscular

Práctica

A Mire el siguiente dibujo. Busque una palabra de la lista del **Vocabulario de la lectura** que describa más apropiadamente a cada persona u objeto numerado en el dibujo. Luego invente una oración utilizando la palabra.

MODELO: **esbelto** → El joven **esbelto** usa una computadora.

MIS PROPIAS
PALABRAS

Escriba una lista de otras
palabras que podrían
ayudarlo/la a conversar
sobre la lectura. Utilice un
diccionario si es necesario.

_____

_____

_____

_____

_____

_____

_____

B Con un compañero / una compañera, diga cuál de estos verbos o
expresiones usaría para nombrar cada acción de la siguiente lista.

conseguir, crear, hacer lo imposible, negar, sorprender

1. decir lo contrario
2. inventar algo artístico
3. obtener lo que se necesita
4. hacer algo inesperado
5. tratar de conseguir algo por todos los medios

C Empareje cada palabra con la definición correspondiente.

1. **dedicado**   a. _____ la cara
2. **en el fondo**   b. _____ la inquietud
3. **el estereotipo**   c. _____ la gente joven
4. **el intercambio**   d. _____ enfocado, que tiene una meta
5. **la juventud**   e. _____ el cliché
6. **la mezcla**   f. _____ cambio recíproco
7. **la portada**   g. _____ la mixtura
8. **la preocupación**   h. _____ fundamentalmente
9. **el rostro**   i. _____ la tapa de un libro
10. **la semejanza**   j. _____ el parecido

AMBIENTE CULTURAL II

No somos muy diferentes

¿Cómo es la típica mujer latina? Para muchos, es **esbelta**, morena y de ojos color café. Esta misma descripción puede aplicarse al típico hombre latino, agregando el adjetivo **musculoso**. ¿Pero es esto verdad?

En el otoño de 1993, la revista norteamericana *Time* publicó una edición especial **dedicada** al nuevo **rostro** estadounidense que ha resultado de la mezcla de la gran variedad de inmigrantes que hay en los Estados Unidos. En la **portada** apareció una cara que nos parece conocida. Se usó una computadora para **crear** un rostro nuevo que se basa en los **rasgos** de todas las razas del mundo. En realidad, este rostro bien podría ser el de un individuo típico del mundo hispano, resultado también de las migraciones y las **mezclas** continuas de razas desde la Edad Antigua en España hasta nuestros días.

A través de[1] los siglos, la Península Ibérica fue conquistada por varios grupos, incluyendo los fenicios,[2] cartagineses,[3] griegos,[4] celtas,[5] romanos,[6] godos[7] y bereberes.[8] Cada invasión dejó elementos culturales y contribuyó a la mezcla racial con nuevos rasgos físicos. El proceso siguió cuando los españoles llegaron a lo

[1]*A... Down through*   [2]*Phoenicians*   [3]*Carthaginians*   [4]*Greeks*   [5]*Celts*   [6]*Romans*   [7]*Goths*   [8]*Berbers*

que ahora es América Latina. Los **indígenas** se mezclaron con los españoles y más tarde con los portugueses, africanos, chinos, japoneses y otra gente de diversas culturas europeas. Hoy en día la variedad de tipos es tan enorme que dificulta el **estereotipo.**[9]

No es de **sorprender,** entonces, que, en el rostro que publicó *Time* se encuentre algo que demuestre nuestra humanidad en común. No se puede **negar** que existan diferencias. Hay gente alta, baja, gorda, flaca, musculosa, **débil,** morena o rubia, y estas diferencias hacen más interesante la vida. Pero, **en el fondo** no somos muy diferentes.

Hay **semejanzas** notables entre **las preocupaciones** de la gente de América. Por ejemplo, a pesar de algunas diferencias culturales, la familia sigue siendo el núcleo más importante de la sociedad para todos. Los padres quieren una vida mejor para sus hijos, y muchos **hacen lo imposible** por **conseguir**lo. También todos quieren satisfacer las necesidades básicas: tener comida y **vivienda,** así como familia y amistades.

En cuanto a la **juventud** de América, aunque se conservan costumbres locales, los jóvenes tienen acceso ahora a un **intercambio** inmediato de culturas debido al cine, la radio y la televisión, los deportes y el Internet. Por lo

¿De dónde es esta joven?

tanto, la juventud puede reconocer las diferencias individuales y, a la vez,[10] aspirar a un mundo en el cual las diferencias sean bienvenidas.

[9]dificulta... *it makes it difficult to generate a stereotypical image (of Hispanics)*   [10]a... *at the same time*

COMPRENSIÓN

Indique si las siguientes oraciones son ciertas o falsas. Corrija las falsas.

1. La cara en la portada de *Time* es la de una persona latina.
2. Las diferencias entre los individuos hacen más interesante la vida.
3. No existen semejanzas entre la gente de América.
4. Uno de los deseos de la gente de América es tener mucho dinero para comprar ropa.
5. La juventud sueña con un mundo en el cual las diferencias entre los seres se vean de una manera positiva.

CHARLEMOS

Converse con un compañero / una compañera sobre los siguientes temas.

1. ¿Por qué crees que existen los estereotipos?
2. ¿Qué tienen tú y tus amigos en común con la juventud de Hispanoamérica?

ESTRUCTURA VERBAL II • MÁS SOBRE EL PRESENTE DE INDICATIVO: VERBOS IRREGULARES

Para hablar de acciones en el presente

VERBOS IRREGULARES DE USO FRECUENTE								
	yo	**tú**	**Ud.**	**él, ella**	**nosotros/as**	**vosotros/as**	**Uds.**	**ellos, ellas**
decir	digo	dices	dice	dice	decimos	decís	dicen	dicen
estar	estoy	estás	está	está	estamos	estáis	están	están
ir	voy	vas	va	va	vamos	vais	van	van
oír	oigo	oyes	oye	oye	oímos	oís	oyen	oyen
ser	soy	eres	es	es	somos	sois	son	son
tener	tengo	tienes	tiene	tiene	tenemos	tenéis	tienen	tienen
venir	vengo	vienes	viene	viene	venimos	venís	vienen	vienen

Práctica

A Ponga este párrafo en la primera persona del singular **(yo).** Ojo con las palabras *en bastardilla.*

Alex[1] siempre *va*[2] a la universidad temprano para llegar puntualmente a *sus*[3] clases. Con frecuencia *tiene*[4] prisa y casi no *oye*[5] el adiós de *su*[6] compañero de cuarto. La verdad es que *Alex está*[7] muy contento los días de clase. La radio está a todo dar cuando *viene*[8] por la autopista. *Sus*[9] amigos dicen que *Alex es*[10] una persona que goza de la vida. Naturalmente, *Alex*[11] les *concede*[12] la razón.

B Complete los siguientes minidiálogos con las formas apropiadas del presente de indicativo de los verbos entre paréntesis.

¡A GUATEMALA!
—Amanda, ¿sabes que yo _____[1] (ir) a Guatemala pronto?
—¿De veras, Lola? Dicen que _____[2] (ser) un país muy interesante. ¿Con quién _____[3] (ir)?

—Mi hermana me acompaña. ____[4] (Estar: *nosotras*) muy emocionadas con la idea de viajar a un lugar que nunca hemos visto.

LA MÚSICA DE OTROS PAÍSES

—Alberto, ¿____[5] (tener) muchos discos de música latinoamericana?

—Sí. Siempre los ____[6] (oír) mientras hago la tarea de español. ¡Tienen un ritmo fantástico! Además, en mi casa nosotros ____[7] (tener) música de muchos países del mundo.

—¿Qué ____[8] (decir: *tú*) si hacemos un cambio: yo te doy cuatro de los míos, que tú no ____[9] (tener), y tú me das cuatro de los tuyos?

—¡____[10] (Decir: *yo*) que es una idea excelente! ¿Cuando ____[11] (venir) a mi casa para hacer el cambio?

¡A BAILAR FLAMENCO!

—¿Sabes una cosa, Olga? Mi amiga Rosalía ____[12] (estar) en España. Dice que todas las noches ____[13] (oír) música folclórica.

—¿Ella ____[14] (ir) a bailar flamenco también?

—Ella no me ____[15] (decir) nada de esto en sus cartas. Pero, como a ella le encanta bailar, me imagino que sí. ¿Por qué no, ya que ____[16] (tener) la oportunidad?

VERBOS IRREGULARES: **YO**		
caer → ca**igo**	poner → pon**go**	traer → tra**igo**
dar → d**oy**	saber → s**é**	ver → v**eo**
hacer → ha**go**	salir → sal**go**	

Práctica

A ¿Qué hace Ud. los sábados? Conteste estas preguntas, usando los verbos indicados.

1. Los sábados, ¿*tiene* Ud. un día de mucha actividad?
2. ¿A qué hora *sale* de la casa en la mañana?
3. ¿*Trae* libros a la biblioteca para estudiar?
4. ¿Qué tarea *hace* primero?
5. ¿Siempre *sabe* cómo se hace la tarea?
6. En la tarde, ¿*ve* a algunos de sus amigos?
7. Después de tanta actividad, ¿*cae* Ud. muerto/a de cansancio?

B Ud. va a pasar un fin de semana fuera de la ciudad. Complete las oraciones, según el modelo.

MODELO: *poner* / en mi maleta →
Pongo toda la ropa necesaria en mi maleta.

1. primero hacer / los quehaceres de la casa
2. después ver / el reporte del tiempo en la televisión
3. me aseguro de que saber / por qué ruta tengo que manejar
4. darle / la llave de mi casa a la vecina
5. traer / unos libros para leer
6. poner las maletas / en el auto
7. salir / a las 6 de la tarde

Entre nosotros

Entreviste a un compañero / una compañera para saber qué hace durante el semestre / trimestre.

1. ¿Por qué ruta vienes a la universidad?
2. Si vienes en auto, ¿en qué estación pones la radio? ¿Por qué?
3. ¿Qué traes siempre en tu mochila?
4. ¿Cómo te preparas para tus clases? ¿Qué haces?
5. ¿Qué le dices a tu profesor(a) cuando olvidas la tarea en casa?
6. ¿Sales con tus amigos los fines de semana? ¿Qué hacen?
7. ¿Sabes qué vas a hacer el próximo fin de semana? ¿Qué planes tienes?

RODEO DE COGNADOS

¡Detective de significados!

Para aprender una nueva lengua rápidamente, hay que ser un buen detective de significados. Hay claves importantes para reconocer un cognado:

- la palabra se parece mucho a una palabra ya conocida en inglés (*circle* = **círculo**)
- se escribe casi de la misma manera (*television* = **televisión**), aunque la pronunciación es un poco diferente según el sistema de cada lengua
- es una forma más corta o más larga de una palabra ya conocida (*stupendous—stupendously* = **estupendo—estupendamente**)

Práctica

En la sección **Vocabulario de la lectura**, hay varios cognados que se pueden entender al hacer una pequeña investigación. Posiblemente es más fácil reconocer las palabras que terminan con **-ción** o **-sión**, que, por regla general, corresponden a las palabras en inglés terminadas en *-sion* o *-tion* (**atención** = *attention*, **expresión** = *expression*). Ahora, póngase su disfraz de Sherlock Holmes para descubrir el significado de estos cognados.

1. la negociación	5. la atracción	9. la televisión
2. la inmigración	6. la desintegración	10. la obligación
3. la disolución	7. la tensión	11. la situación
4. la compasión	8. la refrigeración	12. la confusión

PUNTO GRAMATICAL II • *SER* Y *ESTAR*

Para hablar de tiempo, lugar, estados y condiciones

A. Contrasts Between *ser* and *estar*

Two of the most frequently used Spanish verbs that express English *to be* are **ser** and **estar**. The following are basic contrasts in usage.

SER

1. Time and location of events.

   > El baile **es** a las 9:00.
   > **Es** en el Centro Estudiantil.

2. Personality traits or characteristics.

   > Susana **es** una persona amistosa.
   > La mesa **es** de madera.
   > El niño no **es** alto.

3. To express passive voice.*

   > El libro **fue** escrito por Miguel.

ESTAR

1. Location of a person or other entity.

   > Adriana **está** en España.
   > Sus padres **están** con ella.

2. A change from the norm.

   > Susana es una persona alegre, pero hoy **está** triste.
   > La mesa **está** en malas condiciones.
   > ¡Qué alto **está** el niño ahora!

3. To express an action in progress (**estar** + **-ndo**).†

   > Miguel **está** escribiendo otro libro ahora.

---

*See **Capítulo 12** for a discussion of the passive voice.
†See **Capítulo 2** for a discussion of the present progressive.

B. Other uses of *ser*

1. Origin or nationality: Adriana **es** española. **Es** de España.
2. Description: **Es** un día agradable y fresco.
3. Possession: Estos libros **son** míos.
4. In impersonal expressions such as **es cierto, es imposible, es posible, es probable** and **es verdad:**

> **Es** cierto. Así **es** como empiezan los grandes amores.

> *It's true. That's the way great loves begin.*

C. Other uses of *estar*

1. To talk about health

> Mi hermana **está** enferma y por eso no puede ir a ver la película.

> *My sister is sick and therefore can't go to see the film.*

2. In many fixed expressions

estar de acuerdo (con)	*to be in agreement (with)*
estar de pie, sentado/a	*to be standing, sitting*
estar de prisa	*to be in a hurry*
estar de viaje, de vacaciones	*to be on a trip, on vacation*
estar obligado/a	*to be obligated, obliged*
estar tentado/a a hacer algo	*to be tempted to do something*

Práctica

Ⓐ Óscar habla de la reunión que tiene lugar hoy. Complete las oraciones con la forma apropiada de **ser** o **estar.**

1. La reunión _____ a las 5:30 de la tarde, en la sala de conferencias.
2. Quiero ver si todo _____ listo.
3. _____ preferible usar la mesa grande porque va a venir mucha gente.
4. Parece que las sillas todavía no _____ en su lugar.
5. Veo que la gente empieza a llegar. ¡Ojalá que venga Ana Berta! _____ una persona muy activa y siempre tiene buenas ideas. Pero hoy parece que _____ molesta por algo.
6. Voy a preguntarle qué _____ molestándole.

Ⓑ Describa a una persona que Ud. conoce de otro lugar o de otra cultura. Utilice la forma apropiada de **ser** o **estar** para contestar cada pregunta.

> MODELO: ¿De dónde *es* la persona? →
> *Es* de El Salvador.

1. ¿De dónde es la persona?
2. ¿De qué color es su pelo?
3. ¿Cómo es él o ella?
4. ¿Sabe Ud. dónde se encuentra ahora?
5. ¿Dónde está su casa?
6. ¿Dónde está el lugar donde vivía antes?

C Ud. le explica la posición geográfica de Centroamérica a Gerardo, un vecinito de 10 años. Complete las oraciones con la forma apropiada de *ser* o *estar.*

1. Vamos a empezar, Gerardo. Nosotros ——— en los EE.UU., al norte de México y de Centroamérica.
2. Este país ——— muy grande.
3. Mira bien el mapa, Gerardo, y señálame dónde ——— México.
4. ¡Bien! México ——— al suroeste de los EE.UU., y Centroamérica ——— al sureste de México.
5. ¿——— México más grande o más pequeño que los EE.UU.?
6. El país que ——— directamente al sur de México ——— Guatemala.
7. Dos de los países más grandes de Centroamérica ——— Nicaragua y Honduras, y dos de los más pequeños ——— El Salvador y Belice.
8. El país al norte de Nicaragua ——— Honduras, y Costa Rica y Panamá ——— al sur de Nicaragua.

D. Adjectives That Change Meaning When Used with *ser* or *estar*

Certain adjectives have different meanings depending on whether they are used with **ser** or **estar.** Note the following differences.

	SER	**ESTAR**
aburrido/a	*boring*	*bored*
despierto/a	*bright, alert*	*awake*
divertido/a	*amusing*	*amused*
listo/a	*smart, clever*	*ready*
loco/a	*silly, crazy* (by nature)	*insane, crazy* (because of illness)
malo/a	*bad, evil*	*sick, in poor health*
nuevo/a	*newly made, brand new*	*unused, like new*
pálido/a	*pale* (complexion)	*pale* (illness or emotion)
verde	*green* (in color)	*green* (unripe)
vivo/a	*lively, quick-witted*	*alive*

Práctica

¿Cuál de los adjetivos usados con *ser* o *estar* es apropiado en los siguientes casos?

> MODELO: alguien que siempre dice cosas chistosas →
> *Es* una persona *divertida.*

1. una persona inteligente
2. una situación que nos hace sonreír
3. una fruta que no se puede comer todavía
4. alguien que está en la cama pero no está dormido
5. una situación que cansa
6. una persona que no tiene su color natural
7. un coche recién fabricado
8. un animal que no está muerto

Entre nosotros

Es un día muy aburrido. Ud. y su compañero/a conversan sobre lo que pueden hacer para pasar el tiempo. Conteste las siguientes preguntas y use la forma apropiada de *ser* o *estar.*

1. ¿Qué te gusta hacer cuando estás aburrido/a?
2. ¿En qué parte del periódico encuentras una lista de actividades interesantes?
3. ¿A qué hora son los partidos de fútbol? ¿Quieres verlos?
4. ¿Sabes dónde dan una película interesante?
5. ¿Dónde hay un restaurante con comida buena? ¿Quieres ir a comer allí?

TEMAS Y DIÁLOGOS

CHARLEMOS

A Imagínese que un estudiante de Honduras acaba de llegar a la universidad donde Ud. estudia. Escriba una lista de las preguntas que Ud. le haría sobre las diferencias culturales que él ha notado, el sistema educativo y las razones que tuvo para venir a estudiar a su universidad. En la siguiente clase, comparta sus preguntas con la clase.

B Busque la firma. ¿Quién en la clase... ?

1. ——— tiene un vecino / una vecina de otro país
2. ——— ha vivido fuera de los EE.UU.

3. _____ ha vivido en otro estado de los EE.UU.
4. _____ viaja mucho
5. _____ conoce bien otra cultura
6. _____ desea conocer otra cultura
7. _____ conoce a personas hispanoparlantes
8. _____ ha visitado un país hispano
9. _____ favorece el intercambio cultural
10. _____ preferiría vivir con menos prisa

DICHOS POPULARES

El hábito no hace al monje.

Aunque la mona se vista de seda, mona se queda.

En dos círculos (A y B), escojan uno de los dichos y pónganse de acuerdo sobre lo que significa. Después compartan la explicación con los miembros del otro grupo.

LETRAS E IDEAS

Escriba una composición breve para la sección «Editoriales» que se publica en el periódico *La voz del pueblo*. En el primer párrafo, indique tres aspectos positivos sobre las fronteras entre los países; en el segundo, indique tres aspectos negativos.

Al terminar, siga los siguientes pasos.

1. Intercambie su tarea con otro/a estudiante.
2. Lea el trabajo de su compañero/a con cuidado. Haga las correcciones necesarias. Busque dos formas de mejorar la composición, revisando, por ejemplo, el uso de las transiciones, los adjetivos y la concordancia. Devuélvale su trabajo.
3. Revise y pase en limpio su propio trabajo. Preste atención a los cambios que ha sugerido su compañero/a.
4. Entregue su trabajo a su profesor(a).

CAPÍTULO 2

TRADICIONES Y COSTUMBRES

El encierro, o corrida de los toros, es uno de los eventos más interesantes de las Fiestas de San Fermín, en Pamplona, España. ¿Le gustaría ver esta fiesta alguna vez? ¿Qué celebraciones interesantes hay en la ciudad donde Ud. vive? ¿Cómo se celebran?

ENCUENTROS CULTURALES I

Los nuevos amigos

ESCUCHAR Y COMPRENDER

Primero, escuche la **Parte A** de la cinta y siga las instrucciones para completar el ejercicio. Luego, escuche la
Parte B y siga las instrucciones.

Parte A: Comprensión. Complete las oraciones.

1. Arturo sabe (<u>mucho</u> / poco) de las tradiciones
   colombianas.
2. Trabaja en una (librería / <u>discoteca</u>).
3. Planea viajar a (Colombia / Pamplona).
4. Sus primos dicen que hay muchas cosas
   interesantes que hacer durante las
   (Navidades / <u>vacaciones</u>).
5. Arturo espera divertirse mucho en el ambiente
   (nocturno / del campo).

Parte B: Conversando con los amigos. Indique
con una X la información que *no* aparece en el diálogo.

1. ___X___ Arturo dice que su familia también irá a
   Colombia.
2. _____ Griselda dice que los toros son peligrosos.
3. ___X___ Griselda dice que Arturo no debe trabajar tanto.
4. _____ Arturo dice que él quiere ir a bailar a Colombia.
5. _____ El 7 de julio sacan los toros a las calles en Pamplona.
6. _____ Griselda va para Pamplona.

«*Hola. Soy Arturo Méndez. Nací en Pamplona
y, aunque soy español, mis padres son colombianos.*»

CHARLEMOS

1. ¿Cuál es la fiesta tradicional más importante para su familia? ¿Cómo la
   celebra?
2. ¿Cómo ayudan los miembros de su familia con los preparativos de una
   fiesta? ¿Qué le toca hacer a cada uno? Por ejemplo: Mi hermano limpia el
   patio y escoge la música.
   Sugerencias: cocinar, comprar, invitar a los amigos, planear el menú

VOCABULARIO DE LA LECTURA

Expresiones

común y corriente	ordinary
llamar la atención	to attract attention
prender fuego	to set fire

Sustantivos

la campanada	stroke of a bell
la carroza	float; decorated cart
la cubeta	bucket
el espectáculo	spectacle, show
el fuego pirotécnico	fireworks
el hombro	shoulder
el maquillaje	makeup
la máscara	grotesque face or mask
el muñeco	doll
el velo	veil
la viuda	widow

Verbos

desfilar	to parade, file by
disfrazarse (de)	to disguise oneself (as)
gozar (de)	to enjoy
morir (ue, u)	to die
sonar (ue)	to sound
sufrir	to suffer

Adjetivos

distinto/a	different
impresionante	impressive
relleno/a	stuffed

Adverbios

casi	almost
inconsolablemente	unconsolably

MIS PROPIAS PALABRAS

Escriba una lista de otras palabras que podrían ayudarlo/la a conversar sobre la lectura. Utilice un diccionario si es necesario.

Sentir—
Sentar—
útil—"useful"
contestar—"to answer"

Práctica

A Indique si las siguientes oraciones son ciertas o falsas. Corrija las falsas.

1. Generalmente, el carnaval no es un **espectáculo común y corriente.**
2. Muchos niños juegan con **muñecos rellenos.**
3. Es útil tener una **cubeta** llena de agua para regar[1] las plantas.
4. Si alguien llora **inconsolablemente** es porque no está triste.
5. Hay jóvenes que llevan ropa extravagante para no **llamar la atención.**
6. En los mercados modernos se vende **casi** de todo.
7. El 4 de julio se **prenden fuegos pirotécnicos.**
8. También **desfilan** muchas orquestas el 4 de julio.
9. Se debe contestar cuando **suena** el teléfono.

[1]_watering_

B ¿A qué palabras del **Vocabulario de la lectura** corresponden estas explicaciones?

1. pasarlo bien, estar alegre
2. el sonido de las campanas
3. luces de colores en el espacio
4. un vehículo decorado
5. la pintura que se pone en la cara
6. lo que cubre la cara (dos palabras)

7. sentir una tristeza profunda
8. vestirse para representar algo
9. dejar de existir
10. diferente

11. la mujer cuyo esposo ha muerto
12. que causa admiración
13. parte del cuerpo humano

AMBIENTE CULTURAL I

Los buenos recuerdos

No cabe duda que algunas de las memorias más agradables de nuestra vida tienen que ver con las tradiciones. En todos los países del mundo hay celebraciones que, en cierta forma, simbolizan la identidad colectiva de los habitantes. **Casi** siempre, el propósito de estas celebraciones es celebrar o conmemorar algo de importancia en la cultura del lugar o simplemente **gozar de** la vida. Algunas de las celebraciones principales de los países de habla española son el Día de las Madres, el Día de los Padres, el Día de los Muertos y la Navidad.

Otra fiesta que se observa en casi todo el mundo hispano es la despedida[1] del año viejo y la llegada del nuevo, que se celebra de **distintas** maneras en cada país. En España y en muchos países latinoamericanos, existe la costumbre de comer «las doce uvas[2] de la felicidad» antes de que terminen de **sonar** las doce **campanadas** de la medianoche del 31 de diciembre. Y en Cuba, se tira[3] una **cubeta** de agua fuera de la casa para simbolizar que se está lavando el pasado en preparación para el futuro.

A continuación, Melba Kirkham explica cómo se celebra el Año Viejo en el Ecuador. Es realmente una fiesta que **llama la atención** de muchas personas. Melba es una estudiante ecuatoriana que actualmente vive en California. Escribió esta composición en un curso de español.

«El Año Viejo» por Melba Kirkham

El día 31 de diciembre, último día del año, se celebra en todo el mundo hispano con extraordinario entusiasmo. Pero en el Ecuador, se celebra de una forma muy diferente y muy divertida.

Los preparativos comienzan más o menos dos semanas antes del 31 de diciembre. La atracción principal es el «Año Viejo». El famoso «Año Viejo» es un muñeco de trapo,[4] del tamaño de un adulto, **relleno** de paja,[5] **fuegos pirotécnicos** y mucha sal. Este **muñeco**

representa el año que está por terminar. Muchas veces a este muñeco se le viste y se le pone una **máscara** que imita a algún personaje conocido o famoso. Otras veces, simplemente se le da la forma de un hombre **común y corriente.**

Otra figura típica de esta fiesta es la **viuda.** Es generalmente algún muchacho joven que **se disfraza de** mujer, es decir, de viuda. Lleva

---

[1]*farewell*   [2]*grapes*   [3]*se... they throw*   [4]*cloth*   [5]*straw*

ropa de luto,[6] un vestido y un **velo** negro y zapatos de tacón alto. Su **maquillaje** es muy extravagante. El propósito de la viuda es dar la impresión de que está **sufriendo** muchísimo porque su esposo, el Año Viejo, va a **morir** pronto.

Más o menos a las seis de la tarde del día 31, diferentes grupos de personas **desfilan** por las calles, llevando a su «Año Viejo» en los **hombros** o en una **carroza** especial. Junto a ellos va la viuda llorando **inconsolablemente.** La verdad es que es un **espectáculo** de lo más divertido.[7]

A las doce de la noche, ponen a todos los «Años Viejos» en el centro de la calle y les **prenden fuego.** Ahí es cuando comienza a reventar[8] todo lo que tienen por dentro. Por otro lado, las personas que participan en esta festividad comienzan a prender sus propios fuegos pirotécnicos. El cielo se pone tan brillante que se parece a la celebración del 4 de julio en los Estados Unidos. Es algo muy **impresionante.**

[6]*mourning*   [7]*de... very amusing*   [8]*explode*

COMPRENSIÓN

Escoja la mejor terminación.

1. Algunas de las celebraciones hispanas son...
   a. el Día de las Madres y el Día de los Padres.
   b. el Día de los Muertos y el Día de Año Viejo.
   c. todo lo anterior.
2. El muñeco que representa el Año Viejo en el Ecuador...
   a. es de trapo relleno de sal.   b. es como un bebé.
   c. está hecho de pan.
3. Este muñeco representa...
   a. la confusión.   b. el año que va a terminar.   c. el pueblo.
4. A las seis de la tarde del día 31, la gente...
   a. canta en coro.   b. desfila por las calles.   c. baila.
5. A las doce de la noche la gente...
   a. llora.   b. baila.   c. les prende fuego a todos los «Años Viejos».

CHARLEMOS

En parejas o con toda la clase, conversen sobre los siguientes temas.

1. ¿Cómo celebra tu familia la llegada del Año Nuevo?
2. ¿Qué celebración prefieres, la del Año Nuevo en los EE.UU. o la del Año Viejo en el Ecuador? ¿Por qué?

ESTRUCTURA VERBAL I • MÁS SOBRE EL PRESENTE DE INDICATIVO: VERBOS DE CAMBIO RADICAL

Para hablar de lo que hacemos regularmente

In the present-tense conjugation of some Spanish verbs, called *radical-change* or *stem-change verbs,* the vowel in the verb stem (or radical) changes when the stem is stressed (**yo, tú, Ud., él/ella, Uds., ellos/ellas** forms). There is no stem change when the stem vowel occurs in an unstressed syllable (**nosotros/as, vosotros/as** forms).

Stem- or radical-change verbs fall into three categories: those that change the stem vowel **-o-** to **-ue-**, those that change **-e-** to **-ie-**, and those that change **-e-** to **-i-**.

CHANGES FROM -O- TO -UE-

A typical verb is **dormir.** Notice the changes in the stressed syllables.

yo	duermo	nosotros/as	dormimos
tú	duermes	vosotros/as	dormís
Ud.	duerme	Uds.	duermen
él, ella	duerme	ellos, ellas	duermen

Other frecuently used verbs of this type include:

acordarse (de) — to agree / to remember   **morir**   **sonar** — to sound
acostarse — to get to bed   **poder**   **soñar** — to dream
almorzar   **recordar**   **volver**
contar — to relate / to tell

Note that **jugar** is the only verb in Spanish that changes **-u-** to **-ue-**.

Práctica

Ponga este párrafo en la tercera persona del plural (**Uds.**). Ojo con las palabras *en bastardilla.*

Nosotros celebramos[1] el aniversario de bodas de *mis*[2] padres el día 20 de enero. Siempre *recordamos*[3] la fecha porque es el mismo día del cumpleaños de *mi*[4] mamá. Ese día *almorzamos*[5] en un hotel frente al mar. Cuando *sonamos*[6] la campana, todos *hacemos*[7] un brindis[a] y luego *contamos*[8] anécdotas de la familia. Más tarde, *volvemos*[9] a la casa y *soñamos*[10] con otras celebraciones tan alegres como éstas. Generalmente, los tíos se quedan para pasar el resto del día con *nosotros.*[11] Esa noche *nos acostamos*[12] muy tarde.

se acuestan

[a]*toast*

CHANGES FROM -E- TO -IE-

A typical verb is **cerrar.** Notice the changes in the stressed syllables.

yo	cierro	nosotros/as	cerramos
tú	cierras	vosotros/as	cerráis
Ud.	cierra	Uds.	cierran
él, ella	cierra	ellos, ellas	cierran

Other frequently used verbs of this type include:

despertarse	**encender**	**preferir**
divertirse	**entender**	**querer**
empezar (a)	**pensar**	**sentir**

Remember that **tener** follows the -e- to -ie- rule, except in the first-person singular (**tengo**). So do verbs derived from **tener,** such as **contener, mantener,** and **sostener.**

CHANGES FROM -E- TO -I-

All verbs in this category end in -**ir.** A typical verb is **pedir.** Notice the changes in the stressed syllables.

yo	pido	nosotros/as	pedimos
tú	pides	vosotros/as	pedís
Ud.	pide	Uds.	piden
él, ella	pide	ellos, ellas	piden

Other frequently used verbs of this type include:

freír	**seguir**	**sonreír***
reír(se)*	**servir**	**vestir(se)**

Práctica

A Es el último día del año. Efraín y sus amigos quieren celebrar la llegada del Año Nuevo juntos. Dé la forma apropiada de los verbos entre paréntesis para saber lo que pasa.

MODELO: El despertador de Efraín (sonar) a las ocho de la mañana. →
El despertador de Efraín *suena* a las ocho de la mañana.

1. Efraín (despertarse) muy temprano para planearlo todo bien.
2. Inmediatamente (empezar) a hacer llamadas telefónicas.

---

*Note the accents on forms of **reír(se)** and **sonreír: (son)río, (son)ríes, (son)ríe, (son)reímos, (son)reís, (son)ríen.**

3. Cada uno de sus amigos (querer) hacer algo diferente, pero finalmente se ponen de acuerdo.
4. Todos (preferir) reunirse en la casa de Alejandro y Matilde.
5. Después, (querer) ir a bailar a un lugar que se llama Siglo Veintiuno.
6. Ellos (vestirse) con ropa nueva pero sencilla.
7. Efraín (preferir) manejar por la ruta de menos tráfico.
8. En el camino, Efraín (recordar) cosas que han pasado durante el año.
9. A la medianoche todos se abrazan y después (seguir) bailando. —siguen
10. En la madrugada,[1] (volver) a sus casas muy cansados, pero contentos.
11. Ellos no (querer) acostarse todavía, pero tienen mucho sueño.

[1]*dawn*

B Complete las oraciones para saber qué planes tienen Nati y Laura. Use los siguientes verbos.

acostarse, dormir, pensar, querer, recordar, reírse, sentir

LAURA: Nati, ¿———[1] (tú) que vayamos mañana a nadar a la playa?
NATI: ¡Claro que sí, Laura! ¿A qué hora nos vamos?
LAURA: Tony y Angy ———[2] que debemos salir a las 8:00 de la mañana.
NATI: ¡A las ocho! ¡Están locos! Los sábados yo ———[3] hasta las diez.
LAURA: Pues yo lo ———[4] mucho, pero ellos ———[5] divertirse todo el día.
NATI: Ay, pues, está bien. Tal vez si me ———[6] temprano, me pueda levantar más temprano.
LAURA: Tony y Angy se ríen ———[7] cuando les digo que tú ———[8] ocho horas los sábados.
NATI: Ay, Laura, no es para tanto.

Entre nosotros

Entreviste a un compañero / una compañera sobre sus actividades diarias. Hágale preguntas, usando las siguientes frases.

MODELO: ¿Qué prefieres hacer cuando... →
¿Qué prefieres hacer cuando *estás de vacaciones?*

1. ¿Cuántas horas duermes cuando...
2. ¿A qué hora almuerzas si...
3. ¿Qué prefieres hacer los...
4. ¿Qué pides en un restaurante...
5. ¿Qué haces cuando no entiendes...
6. ¿A qué hora vuelves de...
7. ¿Qué deporte juegas para...

Vocabulario del tema

Para hablar de los días festivos

Note: The religious holidays listed here are commonly celebrated in the Spanish-speaking world. Consult a dictionary or ask your instructor how to express religious holidays celebrated by your religion or ethnic group.

Las fiestas religiosas

el Día de los Inocentes	Innocent's Day; April Fool's Day
el Día de los Muertos	Day of the Dead
el Día de los Reyes Magos	Day of the Three Wise Men
el Día de Todos los Santos	All Saints' Day
el Domingo de Pascua	Easter Sunday
la Misa del Gallo	Midnight Mass
la Navidad	Christmas
la Nochebuena	Christmas Eve
la Semana Santa	Easter week (Holy Week)
el Viernes Santo	Holy Friday

Las fiestas familiares

el Año Viejo	New Year's Eve
el bautismo	baptism
la boda / el matrimonio	wedding
las Bodas de Oro (50 años)	Golden Anniversary
las Bodas de Plata (25 años)	Silver Anniversary
el cumpleaños	birthday
el Día de Año Nuevo	New Year's Day
el Día de las Madres	Mother's Day
el Día de los Padres	Father's Day

Práctica

En parejas, escojan una de las celebraciones de la lista anterior e imagínense que Uds. siempre la celebran con una gran fiesta. Hablen de...

1. quiénes son sus invitados
2. qué regalos traen
3. qué tipo de música escuchan
4. qué comidas prefieren

Punto gramatical I • *SABER Y CONOCER*

Para expresar conocimiento

The English verb *to know* is expressed in Spanish with two verbs—**saber** and **conocer.** Each has specific uses in Spanish.

A. Uses of *saber*

1. To express knowledge and concrete facts.

    Ellos **saben** de las tradiciones.   *They know about traditions.*

2. To express *to know how to* in combination with an infinitive.

    Yo **sé** disfrazarme.   *I know how to disguise myself.*
    Pepe **sabe** del espectáculo.   *Pepe knows about the show.*

B. Uses of *conocer*

1. To express *to know* or *be acquainted with* a person or place.

    Conozco a la viuda.   *I know the widow.*
    Él **conoce** bien la ciudad.   *He is well-acquainted with the city.*

2. To express *to meet for the first time.*

    Hoy vamos a **conocer**lo.   *Today we are going to meet him.*

Práctica

Complete el párrafo con la forma apropiada de **saber** o **conocer**.

Hoy es la fiesta del Año Viejo en el Ecuador y yo me divierto muchísimo con los preparativos para celebrarla. Mi amiga Maribel ___cono___[1] la ciudad de Quito muy bien y me lleva a las fiestas más interesantes. Ella y yo ———[2] a la gente que hace los muñecos de trapo para representar el Año Viejo esta noche. Yo ———[3] que esa es la tradición que a ella le gusta más. Maribel tiene un primo que yo no ———,[4] pero lo voy a ———[5] esta noche. Él ———[6] dónde se puede ver el espectáculo más interesante. Me alegro de que Ud. ya ———[7] en qué consiste esta tradición.

Entre nosotros

Encuesta. ¿Quién en la clase...?

1. ——— conoce una ciudad extranjera muy bien
2. ——— sabe cómo se celebra el Día de los Padres en el mundo hispano
3. ——— sabe de qué país es Gloria Estefan
4. ——— sabe los nombres de seis capitales hispanas
5. ——— sabe en qué consiste la tradición de los Reyes Magos
6. ——— conoce a un matrimonio que ya celebró sus Bodas de Plata
7. ——— conoce a alguien que hizo un brindis en una celebración
8. ——— sabe dónde comprar buenas tarjetas de Navidad
9. ——— conoce a una familia que siempre celebra la despedida del año
10. ——— sabe preparar platos típicos

ENCUENTROS CULTURALES II
Nuestros amigos nos escriben

Cali, Colombia, 15 de diciembre

¡Hola, amigos!

¿Cómo están? Me imagino que ya se estarán preguntando[1] cómo estoy pasando las vacaciones aquí, en Cali. Mi familia en Pamplona tenía razón. Esto es... ¡el cielo! Voy de sorpresa en sorpresa.

Uno de los lugares súper aquí es la calle Sexta. Los fines de semana se llena de chicos que van a bailar. Mi discoteca favorita es «The Factory». Ahí tocan de todo: house, Reggae y merengue. ¡No hay manera de que te quedes sentado!

Hoy es sábado y esta noche vamos a un concierto de Vilma Palma e[2] Vampiros. Es un conjunto estupendo de Rock Pop. Pero primero voy con un grupo grandísimo de primos a dar un paseo en «la chiva»[3]... No, no se lo crean.[4] No es un animal. Es un autobús viejísimo y sin ventanas. Los asientos son bancos. Eso es parte de la diversión. Te llevan por todos los lugares más interesantes de la ciudad.

La familia de mi prima Maricela es miembro de un club que tiene canchas de ping-pong, piscina, tenis, caballos, ¡de todo! Ahí vamos el domingo temprano... ¡si es que puedo despertarme a tiempo! ¡Qué les cuento! Estoy divirtiéndome en grande.

Recuerdos para todos,
Arturo Méndez

[1]ya... *you are probably already asking yourselves*   [2]e = y   [3]*goat*   [4]no... *just joking*

LEER Y COMPRENDER

Parte A: Comprensión. Indique si las siguientes oraciones son ciertas o falsas. Corrija las falsas.

1. Arturo piensa que Cali es una ciudad estupenda.
2. En Colombia, la juventud sólo baila cumbia.

3. «La chiva» es un medio de transporte para divertirse.
4. El domingo temprano Arturo va a las montañas.

Parte B: Conversando con los amigos. Converse con un compañero / una compañera sobre los siguientes temas.

1. De las actividades de Arturo, ¿cuáles te interesan más? ¿Por qué?
2. ¿Crees que hay diferencia entre la forma de divertirse de los jóvenes colombianos y la manera en que tú te diviertes? Explica tu respuesta.

VOCABULARIO DE LA LECTURA

Expresiones

a fines de	at the end of
a principios de	at the beginning of

Sustantivos

la calabaza	pumpkin
la calavera	skull
el difunto / la difunta	dead person
la esquela de muerte	death announcement
el maíz	corn

el respeto	respect

Verbos

asemejarse (a)	to be similar (to)
burlarse (de)	to make fun (of)

Adjetivos

chistoso/a	funny, amusing
jocoso/a	jolly, funny
tallado/a	carved

Práctica

A Complete las oraciones con la forma correcta de la palabra apropiada de la lista.

a fines de, asemejarse, burlarse, respeto, esquela, jocoso, tallado

1. Una _____ anuncia la muerte de alguien.
2. Nosotros siempre _____ de las cosas ridículas. ¿No te parece?
3. _____ diciembre se celebra el Año Viejo.
4. La calabaza _____ es uno de los símbolos típicos de *Halloween*.
5. Es muy importante tratar a las personas con _____.
6. Las culturas hispanas _____ en muchos aspectos.
7. Las cosas _____ nos hacen reír.

B Indique la palabra que *no* pertenece a la serie.

1. parecerse	**asemejarse**	verse igual	distinto
2. el poema	**la esquela**	el muerto	**el difunto**
3. **la calavera**	el bautismo	el esqueleto	**el difunto**
4. divertido	aburrido	cómico	**chistoso**
5. el fruto	el tomate	**la calabaza**	**el maíz**
6. **a fines de**	**a principios de**	el terminar	finalizar
7. llamado	pintado	dibujado	**tallado**

MIS PROPIAS PALABRAS

Escriba una lista de otras palabras que podrían ayudarlo/la a conversar sobre la lectura. Utilice un diccionario si es necesario.

AMBIENTE CULTURAL II

En broma y en serio

A quí yace[1]
Don Pedro Fulano de Tal.[2]
El pobre flaco[3] murió del mal
de mucho bailar, locamente sin cesar.
Su mujer le decía que debía pausar.
Pero obstinado y terco[4] hasta el final,
siguió bailando, y así se acabó[5] don Pedro Fulano de Tal.
Que descanse en paz.[6]

En México, la **calabaza,** además de ser el fruto de una planta, es un nombre que se da a una **esquela** como la que Ud. acaba de leer. Este tipo de «calabaza» es una manera cómica, propia de los mexicanos, de **burlarse** de la vida, y también de la muerte. Estas esquelas **chistosas** son una tradición muy popular. Aparecen cada año en los periódicos de México **a fines de** octubre y **a principios de** noviembre. En su formato, se parecen a las verdaderas esquelas de defunción,[7] pero su intención no es igual. La mayoría de estas «calabazas» son críticas fuertes que hacen a los políticos sus enemigos o sus oponentes. Otras son burlas llenas de humor que se hacen a una persona muy conocida del pueblo por determinada característica.

En este país, hay una tradición en que se usan las calabazas de verdad. Se trata de la calabaza **tallada** de la fiesta de *Halloween,* que en cierto sentido **se asemeja a** la fiesta **jocosa** de la tradición mexicana. Nuestra tradición, sin embargo, viene de los celtas antiguos, quienes celebraban la recolección de las cosechas[8] y la llegada del invierno, mientras que la tradición mexicana expresa para los mexicanos la íntima relación entre la vida y la muerte.

En México, igual que en los demás países hispanoamericanos, hay una tradición que tiene que ver con el **respeto** a la memoria de los parientes y amigos **difuntos.** Es el Día de los Muertos, que se celebra los dos primeros días de noviembre. Las familias llevan flores o símbolos especiales al cementerio o camposanto para poner sobre las tumbas de los familiares muertos. En México, algunas familias preparan dulces hechos en forma de **calaveras,** o esqueletos, a veces, con el nombre de una persona querida ya muerta. También preparan una bebida típica de chocolate y **maíz** que se conoce como «champurrado».

[1]*lies*   [2]Don... *John Doe*   [3]*thin man*   [4]*stubborn, hard-headed*   [5]*se... ended up*   [6]Que... *May he rest in peace*   [7]*death*   [8]*harvest*

COMPRENSIÓN

Escoja la mejor respuesta.

1. ¿Qué es una «calabaza» mexicana?
   a. Es una esquela chistosa.   **b.** Es una crítica fuerte.   **c.** todo lo anterior
2. ¿A quién se critica en las calabazas?
   a. a algún político conocido   **b.** a los amigos   **c.** a la familia
3. ¿Cuál es el origen de *Halloween*?
   a. Es una fiesta céltica.   **b.** Es una fiesta de primavera.   **c.** Es un baile.
4. ¿De qué manera los mexicanos muestran su respeto por sus familiares muertos?
   a. con música y flores   **b.** con champurrado   **c.** todo lo anterior

CHARLEMOS

1. ¿Cree Ud. que la costumbre mexicana de las «calabazas» sería aceptada en los Estados Unidos? ¿Por qué sí o por qué no?
2. Imagínese que su familia y sus mejores amigos están celebrando una gran fiesta en este momento. ¿Quién está...?

   1. bailando alegremente
   2. comiendo un pastel
   3. cantando
   4. sirviendo una comida sabrosa
   5. hablando con los invitados
   6. tomando refrescos

ESTRUCTURA VERBAL II • EL PRESENTE PROGRESIVO

Para hablar de lo que está ocurriendo en un momento específico

The present progressive indicates an activity that is in progress at the moment of speaking.

A. Formation of the Present Progressive

1. The present progressive is formed with **estar** + the present participle (**-ar** verbs with **-ando; -er** or **-ir** verbs with **-iendo**).

Ellos **están comprando** disfraces.	*They are buying costumes.*
Ella **está escribiendo** las invitaciones.	*She is writing the invitations.*

2. **-ir** stem-changing verbs change to **-e-** → **-i-** and **-o-** → **-u-** in the present participle.

E → I	O → U
sentir sintiendo	dormir durmiendo
pedir pidiendo	morir muriendo

Other verbs of this type: **decir, mentir, pedir, poder, servir.**

3. Verbs that have **-i-** between vowels change the **-i-** to **-y-** in the present participle.

construir   →   construiendo   →   construyendo
leer   →   leiendo   →   leyendo

Other verbs of this type: **distribuir, huir, incluir, oír, traer.**

B. Uses of the Present Progressive

1. To focus on the progress of a present action, in contrast to the present indicative.

Hablamos español.	*We speak Spanish* (now or customarily).
Estamos hablando español.	*We are speaking Spanish* (at this very moment).

2. The present progressive is never used to talk about a future time or action as occurs in English. Spanish uses the present indicative in these cases.

Elsa se gradúa en mayo.	*Elsa is graduating in May.*

C. Other Verbs + Present Participle

The present participle can also be used with other auxiliary verbs. In all cases, the ongoing nature of the action is stressed.

1. With **seguir** or **continuar,** to indicate that an action is continuing to happen.

Carmencita no quiere callarse. **Sigue (Continúa) cantando.**	*Carmencita won't be quiet. She keeps on singing.*

2. With **andar, ir,** and **venir,** to indicate an action in progress, especially over an indefinite period of time.

Yo siempre **ando haciendo** muchas cosas al mismo tiempo.	*I'm always doing a lot of things at the same time.*
Jorge hace mucho esfuerzo; por eso **van mejorando** sus notas.	*Jorge puts out a lot of effort, and his grades are improving.*
Durante la celebración, los niños **vienen desfilando.**	*During the celebration, the children come parading.*

D. Limits on the Use of the Present Progressive

The present progressive is not usually used in Spanish with verbs that indicate a physical position: **acostar(se), parar(se), reclinar(se), sentar(se). Estar** + the past participle is used in these cases.

Josefina **está acostada** ahora porque está muy cansada.

Josefina is lying down now because she is very tired.

Práctica

A En parejas, indiquen lo que están haciendo estas personas ahora y dónde lo están haciendo.

MODELO: la actriz / *actuar* →
La actriz *está actuando en el teatro.*

1. el médico / examinar
2. el artista / tallar una calabaza
3. la ingeniera / construir
4. la gerente / supervisar
5. la viuda / llorar
6. el basquetbolista / practicar

B Marcos, un costarricense, está contándole a Rodrigo lo que está pasando en su país en estos días. Ponga los verbos entre paréntesis en el presente progresivo para indicar lo que está diciéndole.

MODELO: El gobierno (planea) bien el desarrollo económico. →
El gobierno *está planeando* bien el desarrollo económico.

El gobierno...

1. (pedir) la cooperación de todos los ciudadanos.
2. (crear) institutos de entrenamiento técnico.
3. (distribuir) información sobre la conservación de la energía.
4. (diseminar) información sobre asuntos de la salud.
5. (reconocer) la necesidad de más planificación urbana.
6. (construir) un nuevo aeropuerto.

La gente...

7. (celebrar) un carnaval nacional.
8. no (sufrir) grandes necesidades.
9. (oír) más noticias internacionales.
10. (leer) más sobre ecología.

Entre nosotros

En parejas, imagínense que Uds. están en otro lugar en este momento.
Imagínense lo que están haciendo. Hagan apuntes de sus respuestas para usarlas
en el *Cuaderno de ejercicios.*

> MODELO: en la casa →
>
> Estoy descansando en mi casa. Estoy mirando la televisión y
> pensando en la tarea de mañana. En la televisión, alguien está
> explicando cómo se celebra el Día de la Independencia en México.
> Está diciendo que ese día encienden muchos fuegos pirotécnicos.

Sugerencias: en una boda, en el cine, una fiesta, en una feria, en el parque, en la
playa, en un restaurante, en el trabajo

RODEO DE COGNADOS
Cognados fáciles de identificar

En este capítulo, Ud. encontrará muchos cognados que se identifican fácilmente
con un poco de imaginación. Por ejemplo:

el espectáculo *show (spectacle)*	**inconsolable** *inconsolably*
impresionante *impressive*	**reconocer** *to recognize*

Práctica

Vamos a seguir con la tarea de Sherlock Holmes. Primero, trate de encontrar el
significado de estas palabras. Después, compare sus resultados con los de otro
estudiante.

1. el círculo
2. el espíritu
3. crear
4. militar

5. la condición
6. respetuosamente
7. el esqueleto
8. famoso

PUNTO GRAMATICAL II • COMPARANDO ADJETIVOS, SUSTANTIVOS, VERBOS Y ADVERBIOS
Para hacer comparaciones

Comparisons contrast two or more qualities, people, actions, items, and so on.

La Catedral de México es más antigua que la misión de San Juan Capistrano, en California.

A. Comparisons of Inequality (*desigualdad*)

In English, comparisons of inequality are expressed with the suffix *-er* (bigger, taller) or with the words *more* and *less* (more intelligent, less attractive). In Spanish, comparisons of inequality are generally expressed with the words **más** or **menos** and the connector **que.**

1. **más (menos)** + adjetivo + **que**

Guatemala es **más** grande **que** El Salvador.	*Guatemala is larger than El Salvador.*
Mi pueblo es **menos** interesante **que** la ciudad donde estudio ahora.	*My hometown is less interesting than the city where I'm studying now.*

2. **más (menos)** + sustantivo + **que**

En aquella playa hay **más** nadadores **que** en ésta.	*On that beach there are more swimmers than on this one.*
Mario tiene **menos** tiempo **que** yo para preparar su fiesta.	*Mario has less time than I to prepare his party.*

3. verbo + **más (menos)** + **que**

Su familia se **divierte más que** la de Teresa.	*Your family enjoys itself more than Teresa's (family does).*
Mis objetos de arte **valen menos que** los suyos.	*My art objects are worth less than yours.*

4. **más de** + **número**

Tenemos **más de cien** años de luchar por la independencia.	*We have been fighting for independence for more than 100 years.*

B. Superlatives (*superlativos*)

In English the superlative concept is expressed with -*est* (tallest, biggest) or *most/least* (most/least intelligent). Spanish expresses this concept with the definite article plus **más/menos** plus adjective and the connector **de.**

La cordillera de los Andes es **la más larga del** mundo.	*The Andes range is the longest in the world.*
La catedral de San Juan es **la más antigua de** Hispanoamérica.	*The Cathedral of San Juan is the oldest in Spanish America.*

Práctica

A Haga comparaciones de desigualdad. Siga el modelo.

MODELO: Yo tengo dos invitaciones y Miguel dice que tiene tres. →
Miguel tiene *más* invitaciones *que* yo.
Yo tengo *menos* invitaciones *que* Miguel.

1. Clara necesita dos disfraces pero Julia sólo necesita uno.
2. Yo escribo dos calabazas muy chistosas y Terry escribe tres.
3. Héctor pide un refresco y nosotros pedimos tres.
4. Mi amigo conoce tres discotecas excelentes pero yo sólo conozco dos.

B Haga oraciones con las palabras entre paréntesis. Siga el modelo.

MODELO: La sopa de ajo es muy popular. (de la fiesta de San Fermín, España) →
La sopa de ajo es *la más popular de* la fiesta de San Fermín, España.

1. La Paz, capital de Bolivia, es muy, muy alta. (de Latinoamérica)
2. El desierto Atacama, en el norte de Chile, es muy seco. (del mundo)
3. La jota es un baile muy hermoso. (de Aragón)
4. La Semana Santa es una celebración muy interesante. (de Sevilla)

C En parejas. Isabel y Dionicio son excelentes amigos, aunque son muy diferentes. Lea los siguientes párrafos. Luego dígale a un compañero / una compañera cuatro oraciones con comparaciones de desigualdad entre Isabel y Dionicio.

MODELO: Dionicio tiene *menos* amigos *que* Isabel.

Isabel tiene treinta y dos años. Es muy tranquila y tiene mucho interés en las costumbres y valores de otras culturas. A ella le gusta viajar y le gusta mucho ver documentales sobre otros países. Va al cine con mucha frecuencia y, por lo general, elige películas extranjeras. Sus conversaciones no son muy animadas, pero sí muy interesantes. Su mejor amigo es Dionicio.

Dionicio acaba de cumplir treinta y cuatro años el viernes pasado. Sus amigos saben que es un hombre tradicional. Nunca viaja a ningún sitio. Dionicio tiene pocos amigos. Casi nunca va al cine, pero le gusta la música. Por eso los programas musicales son sus favoritos. Siempre está hablando de los conjuntos musicales contemporáneos, y, claro, Isabel lo escucha con mucho interés.

C. Comparisons of Equality (*igualdad*)

These comparisons express similarities. In English, they are expressed with *as . . . as:* as tall as (adjective), as much money as (noun), talks as much as (verb), as quickly as (adverb). In Spanish they are expressed with **tan** or **tanto / tanto/a/os/as** and the connector **como.**

1. **tan** + adjetivo + **como**

Los españoles son **tan** espontáneos **como** los caribeños.	*Spanish people are as spontaneous as Caribbean people.*

2. **tanto/a/os/as** + sustantivo + **como**

Raquel tiene **tantos** disfraces impresionantes **como** Gloria.	*Raquel has as many impressive disguises as Gloria.*
Nelson tiene **tanta** paciencia **como** José Antonio.	*Nelson has as much patience as José Antonio does.*

3. verbo + **tanto** + **como**

En Caracas **bailan tanto como** en Pamplona.	*They dance as much in Caracas as in Pamplona.*

4. verbo + **tan** + adverbio + **como**

Ella **habla tan rápidamente como** Nicolás.	*She speaks as rapidly as Nicolás does.*

Práctica

A Luis y Luisa no sólo son hermanos sino que también se parecen mucho. Llene los espacios en blanco con las siguientes comparaciones de igualdad para saber en qué se parecen (*tan / como*), (*tanto(a) / como*), (*tantos(as) / como*).

1. Todos saben que Luisa es _____ responsable _____ su hermano Luis.
2. Luis está _____ ocupado con sus estudios _____ Luisa.
3. Luisa asegura que colecciona _____ objetos folclóricos _____ Luis.
4. Ciertamente, él tiene _____ recuerdos de Madrid _____ ella.
5. Luis ama a su país _____ intensamente _____ Luisa.
6. Luisa conoce a _____ gente de diferentes culturas _____ su hermano.

¿Puede Ud. hacer tres comparaciones más entre Luisa y Luis?

B Haga comparaciones de igualdad según los modelos.

MODELOS: el Día de Año Nuevo / el Día de las Madres (interesante) →
El Día de Año Nuevo es *tan* interesante *como* el Día de las Madres.

los chilenos tienen muchas tradiciones / los paraguayos →
Los chilenos tienen *tantas* tradiciones *como* los paraguayos.

las cataratas del Iguazú / las del Niágara (sorprenden) →
Las cataratas del Iguazú *sorprenden tanto como* las del Niágara.

1. los vestidos típicos de las guatemaltecas tienen colorido / los vestidos típicos de las peruanas
2. las playas de Mar del Plata / Acapulco (impresionantes)
3. el flamenco / el pasodoble (fascinante)
4. el champurrado tiene azúcar / el pastel de manzana
5. el presidente hace muchos viajes / la primera dama
6. el 4 de julio / el 16 de septiembre (importante)
7. nuestro profesor de historia sabe de Latinoamérica / el profesor de español
8. las ruinas de Machu Picchu nos impresionan / las ruinas de Chichén Itzá
9. las novelas de García Márquez nos gustan / las novelas de William Faulkner

D. Adjectives: Irregular Comparatives

bueno → mejor   Sin duda, tu mapa de España es **mejor que** el mío.

malo → peor   Es triste, pero tu situación económica es **peor que** la mía.

viejo → mayor   Creo que tu padre es **mayor que** mi padre.

joven → menor   Sé que nuestro alcalde es **menor que** el de tu ciudad.

Práctica

Todos dicen que Ud. y Ramón son muy diferentes en todo y es verdad. Complete las oraciones para saber cuáles son las diferencias.

1. Ramón y yo vamos a la universidad en autos muy distintos. El auto de Ramón es un Porsche y el mío es un (¿———?). Su auto es ——— ——— el mío.
2. Yo pienso que el frío es malo, pero él piensa que es horrible. Para él, el frío es ——— ——— el calor.
3. Nuestros amigos dicen que él y yo tenemos la misma edad, pero en verdad, yo tengo (¿———?) años y él tiene 22. Yo soy ——— ——— él.

Entre nosotros

Dígale a un compañero / una compañera dos comparaciones de igualdad y dos de desigualdad entre Ud. y algunos miembros de su familia.

MODELO: generoso/a → Yo soy *tan* generoso/a *como* mi madre.

1. simpático/a	**3.** dinero	**5.** disciplinado/a
2. estudiar	**4.** ayudar	**6.** tiempo libre

TEMAS Y DIÁLOGOS

CHARLEMOS

Prepare una descripción de una tradición o celebración que Ud. disfruta mucho y hable de ésta con su compañero/a.

DICHOS POPULARES

Si a Roma fueres haz lo que vieres.

En dos círculos (A y B), pónganse de acuerdo sobre lo que significa este dicho. Luego, un estudiante del grupo A se reúne con un estudiante del grupo B para compartir ideas.

LETRAS E IDEAS

En los Capítulos 1 y 2, Ud. ha conversado bastante sobre las tradiciones y conmemoraciones. Ahora va a escribir dos párrafos comparando dos de las celebraciones que Ud. disfruta mucho todos los años. Compare las comidas, las actividades con los amigos y con la familia, los regalos, las visitas, etcétera. Siga las intrucciones.

Primer párrafo: Mencione las similaridades entre ambas celebraciones.

EJEMPLO: *Tanto el día de ——— como el día de ——— se sirve ———.*
O haga alguna otra comparación. Puede usar algunas frases de enlace como las siguientes: *al mismo tiempo, de igual manera, igualmente.*

Sugerencias: la Fiesta de las Luces (Jánuca); Navidad; Día de Acción de Gracias, de San Valentín, de las Madres, de los Inocentes, de los Reyes Magos, del Año Nuevo, del Año Viejo.

Segundo párrafo: Mencione las diferencias entre las dos celebraciones.

EJEMPLO: *En cambio, el día de ——— a diferencia del día de ——— no se acostumbra...* Use frases de enlace como las siguientes: *en contraste, por otro lado, sin embargo.*

Antes de comenzar:

1. Seleccione las dos fiestas que le interesen más.
2. Genere las ideas según vayan llegando a su mente[1] y escríbalas en un papel.
3. Seleccione las mejores ideas. Después, busque en un diccionario las palabras nuevas que podrían mejorar sus ideas.
4. Ahora, organice sus ideas de acuerdo con lo que necesita para cada párrafo.
5. Escriba sus dos párrafos a doble espacio.
6. Lea los párrafos en voz alta para ver si contienen lo que Ud. se propone comunicar.
7. Escoja un título apropiado para su composición.

[1]*brainstorm*

Al terminar, siga los siguientes pasos.

1. Revise las concordancias de artículo, género, adjetivo y verbo.
2. Con un compañero / una compañera, intercambien ideas sobre cómo mejorar su composición.
3. En su casa, escriba el último borrador.[1]
4. En la próxima clase, lea su trabajo o intercámbielo con otro/a estudiante.

[1]*final draft*

FORO ●

ANIMADO

A **¡Qué conflicto!** Hace algún tiempo, algunas naciones europeas intentaron eliminar el requisito del pasaporte para viajar de un país a otro. En América, en cambio, se está hablando de ser más firmes con respecto a la indocumentación. Divídanse en dos grupos iguales. El grupo **A** hablará sobre las ventajas que aporta a un país el hecho de tener fronteras y el grupo **B** hablará de las desventajas. Cada grupo debe prepararse para apoyar su opinión respecto al tema. Luego un(a) estudiante de **A** se juntará con uno/a de **B** para defender su propio punto de vista.

Sugerencias: Pueden hablar de asuntos como la salud, la vivienda, la mano de obra barata, la diversidad cultural, los empleos, el intercambio de ideas.

B **Hablando de fiestas.** Divídanse en dos círculos. Cada círculo debe determinar cuál de estas dos fiestas nacionales es más importante y por qué. Uno de Uds. resumirá la conversación para presentarla a la clase.

1. el Día de la Independencia
2. el Día de Año Nuevo

Sugerencias: Pueden opinar sobre cuántas personas celebran ese día, si las familias se juntan o no, qué hacen, a cuál de las dos fiestas le da más publicidad del mundo de los negocios y cómo afecta esto la celebración.

En el mundo hispano moderno, algunas personas trabajan en el campo de la alta tecnología. Otras desarrollan negocios regionales o internacionales mientras que otras se ganan la vida con trabajos tradicionales. ¿Conoce Ud. a alguien que desempeñe un trabajo tradicional? ¿En qué trabaja? ¿Conoce Ud. a alguien que desempeñe un trabajo en el campo de la alta tecnología? ¿En qué trabaja?

EL MUNDO MODERNO
Y SU GENTE

CAPÍTULO 3

Un padre ayuda a su hija con sus tareas en Buenos Aires, Argentina.

LAS PUERTAS DE LA EDUCACIÓN

Las puertas de la educación son puertas al mundo. Los jóvenes hispanos estudian, siguen carreras, trabajan en varias empresas y sueñan con el futuro. ¿Ya decidió Ud. qué carrera va a seguir? ¿Por qué la escogió? ¿Cuáles son sus sueños para el futuro? ¿y los de sus compañeros?

ENCUENTROS CULTURALES I

Los nuevos amigos

ESCUCHAR Y COMPRENDER

Primero, escuche la **Parte A** de la cinta y siga las instrucciones para completar el ejercicio. Luego escuche la **Parte B** y siga las instrucciones.

Parte A: Comprensión. Escoja la mejor terminación.

1. De niño, la mayoría de los amiguitos de Melvyn hablaban (español / inglés).
2. A Melvyn sus padres le enseñaron la importancia de (hablar dos lenguas / ganar dinero).
3. Melvyn estudió (artes y ciencias / arte y periodismo) en la secundaria.
4. Melvyn estudió arte comercial en (la universidad / un instituto de arte).
5. Los estudios de arte lo ayudaron a conseguir un buen (empleo / mercado).

Parte B: Conversando con los amigos.

Indique si las siguientes oraciones son ciertas o falsas. Corrija las falsas.

1. _____ Nicolás fue de viaje a Bolivia.
2. _____ Consiguió una beca para estudiar allí.
3. _____ Llegó exactamente durante la temporada de verano.
4. _____ El baile típico de Oruro se llama Las Diabladas.
5. _____ A nadie le gusta ver ese espectáculo hoy día.
6. _____ Los que bailan, saltan enérgicamente.
7. _____ El baile representa el encuentro entre los españoles y los indígenas.
8. _____ Nicolás llamará a Melvyn para invitarlo a ir al cine.

«¡Hola! Soy Melvyn Pérez. Nací y vivo en Nueva Jersey. Desde pequeño, mis padres me estimularon para que aprendiera su idioma, el español.»

Nota cultural

Las Diabladas es uno de los bailes folclóricos más típicos de Bolivia. Aunque el baile tiene sus raíces en el pasado, la gente moderna de Bolivia sigue gozando de esta tradición, incorporándola como momento culminante de muchas actividades sociales. En realidad, sirve para unir el pasado con el presente.

CHARLEMOS

En grupos, conversen sobre los siguientes temas.

1. ¿Qué les interesaba más en la secundaria?
2. ¿Por qué decidió cada persona estudiar en esta universidad?
3. ¿Cuál es el campo de especialización de las personas de su grupo?
4. ¿Qué ventajas esperan obtener como resultado de la decisión de estudiar aquí?

VOCABULARIO DE LA LECTURA

Sustantivos

la espalda	back
el hueso	bone
el manojo	handful, bunch
el nieto / la nieta	grandchild
la posada	inn; lodging

Adjetivos

ardiente	ardent, burning
disperso/a	dispersed

lejano/a	far off
sagrado/a	sacred

Verbos

abonar	to fertilize
acariciar	to caress
amontonar	to pile, heap up
calmar	to calm
enterrar (ie)	to bury
llorar	to cry
regatear	to bargain (for)
reposar	to rest, repose

MIS PROPIAS PALABRAS

Escriba una lista de otras palabras que podrían ayudarlo/la a conversar sobre la lectura. Utilice un diccionario si es necesario.

_____

_____

_____

_____

_____

_____

Práctica

A Empareje cada palabra con la definición correspondiente.

1. _____ **el hueso**
2. _____ **la posada**
3. _____ **regatear**
4. _____ **lejano**
5. _____ **la espalda**
6. _____ **amontonar**
7. _____ **enterrar**
8. _____ **ardiente**
9. _____ **sagrado**
10. _____ **disperso**

a. tratar de comprar más barato
b. poner bajo tierra
c. separado, diseminado
d. encendido, muy caliente
e. digno de respeto
f. lugar para descansar
g. lo opuesto de *cerca*
h. parte posterior del cuerpo humano
i. acumular
j. parte del esqueleto humano

B Las noticias de la radio son interrumpidas intermitentemente por una tormenta. Complete las noticias sobre los efectos de otra tormenta con las siguientes palabras. Conjugue los verbos cuando sea necesario.

abonar, acariciar, calmar, lejano, llorar, manojos, nieta, reposar

En un lugar no muy ———,[1] los rancheros están desesperados. Despúes de ———[2] bien sus campos, esperaban una buena cosecha.[a] Sin embargo, la tormenta ha causado muchos daños.[b] Hay montones de lodo[c] y se ven ———[3] de pasto[d] que van flotando en el río. Es muy claro que los rancheros tienen mucho trabajo por delante,[e] y no van a ———[4] tranquilamente esta noche.

En noticias relacionadas, se han encontrado a la señora de Ávila, una joven abuela, y a su ———[5] en un árbol donde se habían subido para tratar de escapar los daños de las aguas. Tenían unos cuantos objetos de valor en las manos. La chiquilla ———[6] a su osito de peluche[f] y ———[7] del miedo que sentía. La abuela la ———[8] con palabras cariñosas. En este momento parece que llega un helicóptero que puede rescatarlas.

[a]*harvest*   [b]*damage*   [c]*mud*   [d]*fodder, feed*   [e]*por... ahead of them*   [f]*osito... stuffed toy bear, Teddy bear*

AMBIENTE CULTURAL I

Rigoberta Menchú

Rigoberta Menchú es una de las figuras más importantes del mundo hispano contemporáneo. Nació en Guatemala en 1959. Su familia, que era extremadamente pobre, fue víctima del genocidio durante las décadas de los años setenta y ochenta.

Rigoberta comprendió que debía luchar para que los indígenas de Latinoamérica pudieran un día lograr el bienestar que se merecen. Por eso, a los veinte años, aprendió español para poder hablar de la opresión que sufrían los indígenas de su país. Aprendió tan bien el español que hasta puede expresar sus sentimientos más profundos en esa lengua. En 1992 obtuvo el Premio Nobel de la Paz por su lucha en beneficio de las culturas indígenas del mundo.

En su poema, «Mi tierra», Menchú expresa tiernamente el amor que siente por su patria, sus raíces y sus antepasados.[1] De igual forma enfatiza la importancia de las comidas típicas y

la belleza de la naturaleza de su patria. También expresa su tristeza al recordar a los guatemaltecos que viven en el exilio.

[1]*ancestors*

Mi tierra

Madre tierra, madre patria,
aquí **reposan** los **huesos** y
memorias de mis antepasados
en tus **espaldas** se **enterraron**
los abuelos, los **nietos** y los hijos.

Aquí se **amontonaron** huesos tras huesos
de los tuyos, los huesos, de las
lindas patojas,[2] de esta tierra,
abonaron el maíz, las yucas,
las malangas, los chilacayotes,
los ayotes, los güicoyes y los güisquiles.[3]

Aquí se formaron mis huesos,
aquí me enterraron el ombligo[4]
y por eso me quedaré[5] aquí
años tras años
generaciones tras generaciones.

Tierra mía, tierra de mis abuelos

tus **manojos** de lluvias,
tus ríos transparentes
tu aire libre y cariñoso,
tus verdes montañas y
el calor **ardiente** de tu Sol.
Hicieron crecer y multiplicar
el **sagrado** maíz y formó los
huesos de esta nieta.

Tierra mía, madre de mis abuelos,
quisiera **acariciar** tu belleza
contemplar tu serenidad y
acompañar tu silencio,
quisiera **calmar** tu dolor
llorar tu lágrima al ver
tus hijos **dispersos** por el mundo
regateando posada en tierras
lejanas sin alegría, sin paz,
sin madre, sin nada.

[2]*young girls* (affectionate term, used in Central America)   [3]yucas... plantas y tubérculos comestibles de Guatemala   [4]*belly button* (la frase **enterrarse el ombligo** significa que la persona nació en el lugar a que se hace referencia)   [5]me... *I will stay*

COMPRENSIÓN

Escoja la mejor terminación.

1. En su poema, Menchú dice que se quedará en su patria generación tras generación porque...
   a. es muy bonita y allí hay muchas frutas.   b. allí se formaron sus huesos.
2. Los huesos de los antepasados de Rigoberta reposan...
   a. en la tierra de Guatemala.   b. en paz.
3. Para Rigoberta, el maíz es...
   a. una comida deliciosa.
   b. el símbolo de la conexión entre la gente guatemalteca y la tierra.
4. Al ver a los hijos de la patria dispersos por el mundo, Rigoberta...
   a. siente alegría.   b. siente tristeza.
5. La idea principal de la autora del poema es expresar...
   a. el amor y el dolor que siente por su patria.
   b. la importancia de los huesos.

CHARLEMOS

Converse con un compañero / una compañera sobre los siguientes temas.

1. ¿Por qué crees que Rigoberta compara la patria con una madre?
2. ¿Por qué es una ventaja ser bilingüe?
3. ¿Qué importancia tiene para ti saber español?

ESTRUCTURA VERBAL I • EL IMPERFECTO

Para hablar del pasado (1)

A. Uses of the Imperfect

The imperfect focuses on the duration of a past action without specifying the beginning or the end of the action. For example:

1. Actions that took place habitually in the past, or that were ongoing for an unspecified period of time.

Siempre me **levantaba** temprano, me **vestía**, me **despedía** de la familia y **caminaba** a la escuela.	*I always got up early, got dressed, said good-bye to the family, and walked to school.*

2. Actions that were in progress at a point in the past (although the action may have ended at some point).

Nosotros **leíamos** el periódico cuando recibimos la noticia.	*We were reading the newspaper when we received the news.*

3. To describe ongoing mental states or physical conditions in the past.

Melvyn **gozaba** de su buena suerte.	*Melvyn enjoyed his good luck.*
Cecilia **estaba** enferma todo el tiempo.	*Cecilia was always sick.*

4. To talk about time, weather, and age in the past.

Eran las 8 de la mañana, pero **hacía** mucho calor.	*It was 8 a.m., but it was very hot.*
Cuando **tenía** 15 años, a Carmen le gustaba estudiar.	*When she was 15, Carmen liked to study.*

B. Forms of the Imperfect

THE CONJUGATION OF REGULAR VERBS IN THE IMPERFECT			
	amar	**leer**	**sentir**
yo	amaba	leía	sentía
tú	amabas	leías	sentías
Ud.	amaba	leía	sentía
él, ella	amaba	leía	sentía
nosotros/as	amábamos	leíamos	sentíamos
vosotros/as	amabais	leíais	sentíais
Uds.	amaban	leían	sentían
ellos, ellas	amaban	leían	sentían

The irregular form **hay** (*there is, there are*), from the verb **haber,** is regular in the imperfect. The plural form **habían** is never used to mean *there were.*

Había muchos estudiantes en la sala de clase.

There were many students in the classroom.

THREE VERBS IRREGULAR IN THE IMPERFECT			
	ver	**ser**	**ir**
yo	veía	era	iba
tú	veías	eras	ibas
Ud.	veía	era	iba
él, ella	veía	era	iba
nosotros/as	veíamos	éramos	íbamos
vosotros/as	veíais	erais	ibais
Uds.	veían	eran	iban
ellos, ellas	veían	eran	iban

Práctica

A **Paso 1.** Observe el uso del imperfecto en el siguiente párrafo.

Yo *era* muy tímido cuando *estaba* en la secundaria. Ahora me doy cuenta de que *conversaba* poco y sólo *tenía* dos o tres amigos. Cuando me *invitaban* a las fiestas, siempre *inventaba* alguna excusa para no ir. En verdad, *prefería* actividades más tranquilas, como ir al cine o leer. Por eso mis amigos me *llamaban* «el hermitaño».[1] Hoy en día, he cambiado bastante y paso mucho tiempo con mis amigos.

[1]*hermit*

Paso 2. Ahora, recuerde cómo era Ud. cuando estaba en la escuela secundaria y cuénteselo a un compañero / una compañera.

1. ¿Cómo se vestía? ¿Qué color(es) y qué estilo(s) de ropa prefería?
2. ¿Era estudioso/a? ¿Cuándo estudiaba? ¿Cuándo no lo hacía?
3. ¿Era amistoso/a? ¿Quiénes eran sus amigos preferidos? ¿Por qué?
4. ¿Qué tipo de actividades prefería? Describa una de ellas.
5. ¿Adónde iba para divertirse? ¿Iba al cine? ¿a los bailes? ¿a los partidos atléticos? ¿a las reuniones de grupos o clubes?

B José Ramón cuenta algunas de sus experiencias en la escuela primaria. Complete sus oraciones con verbos en el tiempo imperfecto.

MODELO: mis amigos y yo / *dibujar* / casitas en la escuela primaria. →
           Mis amigos y yo *dibujábamos* casitas en la escuela primaria.

1. antes de salir para la escuela, mis padres se / despedir / de mí cariñosamente
2. mis amigos y yo / llegar / temprano a la escuela
3. yo / preferir / jugar en el patio de recreo
4. cuando / empezar / las clases, nosotros / escribir / poemas cortos
5. los maestros nos / ayudar / con las palabras difíciles
6. nos / gustar / mucho cuando / poder / salir temprano
7. después de la escuela, algunos estudiantes / ir / al parque
8. en cambio yo / ir / directamente a casa porque me / esperar / mi familia

C Imagínese que conoce a dos hermanos, Óscar y Rafael. En los últimos 10 años su familia y sus amigos han cambiado. Lea lo que hacen ahora, y después complete la oración con un verbo en el tiempo imperfecto para indicar lo que hacían cuando eran más jóvenes. Invente la información necesaria.

MODELO: Óscar *vive* en Guadalajara ahora, pero antes... →
           Óscar *vive* en Guadalajara ahora, pero antes *vivía* en Madrid.

1. Óscar es alto ahora, pero de niño...
2. En su tiempo libre, Rafael toca la guitarra tres horas al día, pero antes...
3. Ahora su familia va de vacaciones a las montañas, pero antes...
4. Óscar y Rafael estudian en la biblioteca en estos días, pero antes...
5. Un amigo suyo dispone ahora de mucho dinero, pero en el pasado...
6. Una amiga suya viaja mucho durante los veranos, pero hace 10 años...
7. Algunos de sus compañeros de clase participan en deportes acuáticos, pero antes...
8. Rafael ahora celebra su cumpleaños con varios amigos, pero antes...
9. Su hermana María tiene interés en aprender ciencias, pero antes...
10. Óscar dice: —Estamos muy ocupados últimamente, pero antes...

Entre nosotros

Converse con un compañero / una compañera para saber de sus experiencias cuando era más joven. Háganse preguntas y formulen respuestas, utilizando verbos en el tiempo imperfecto. Después, compartan la información con la clase.

MODELO: ¿Qué libros *leías* cuando eras niño/a? →
         Leía cuentos de aventuras.

Sugerencias: actividades con la familia, los estudios, las actividades después de las clases, los juegos preferidos, los amigos, la música y los libros preferidos

VOCABULARIO DEL TEMA •

Para hablar de la universidad

Los cursos y los títulos

la asignatura / materia	course (of study)
asistir (a)	to attend, go to
el bachillerato	Bachelor's degree*
los cursos electivos / obligatorios	elective / required courses
los derechos de la matrícula	registration fees
el estudiantado	student body
graduarse, obtener un título (en México, recibirse)	to graduate
la licenciatura	degree (*usually a B.A.*)
la maestría	Master's degree
el profesorado	faculty
el promedio	average (GPA)
el requisito	prerequisite
sacar buenas / malas notas / calificaciones	to get good / bad grades

La facultad de...

Arquitectura	Architecture
Bellas Artes	Fine Arts
Ciencias	Science
Enfermería	Nursing
Filosofía y Letras	Humanities
Leyes / Derecho	Law
Medicina	Medicine
Pedagogía	Education
Periodismo	Journalism
Turismo	Tourism

Algunas profesiones

el/la abogado/a	lawyer, attorney
el/la entrenador(a) (de deportes)	coach (of sports)
el/la ingeniero/a	engineer
el/la mecánico/a	mechanic
el/la médico/a, doctor(a)	doctor (of medicine)
el/la hombre / mujer de negocios	businessman, businesswoman
el/la piloto/a	pilot
el/la técnico/a de computadoras	computer technician
el/la técnico/a de rayos X (radiografías)	X-ray technician
el/la traductor(a), intérprete	translator, interpreter

---

*En los países hispánicos y en la mayor parte de Europa, el bachillerato equivale a los estudios de la escuela secundaria en los EE.UU. Esta diferencia afecta la revalidación de estudios hechos en otro país.

Práctica

A En parejas, miren con atención los dibujos y completen los minidiálogos con el **Vocabulario del tema.**

—Gloria, ¿qué ———¹ (materias / facultades) estudiabas el semestre pasado?

—Como pienso ser maestra de primaria, tenía clases de ———² (pedagogía / filosofía).

—¿Tenías muchas materias electivas?

—No, todos mis cursos eran ———³ (electivos / obligatorios).

—¿Dónde están las ———⁴ (calificaciones / radiografías) del señor Gil?

—El ———⁵ (técnico / mecánico) las tiene en su oficina. ¿Las necesita Ud. inmediatamente?

—¡Claro que sí! El pobre hombre está muy enfermo y el ———⁶ (técnico / médico) tiene que atenderlo inmediatamente.

B En parejas, utilicen el **Vocabulario del tema** para escribir un minidiálogo. Hablen particularmente de lo que estudian, la facultad en que estudian y su futura carrera. Luego representen su minidiálogo frente a la clase.

C ¿Hay discriminación social entre los sexos en el mundo moderno? ¿Con qué sexo asocia Ud. las siguientes profesiones y trabajos? (Se da aquí sólo la forma masculina.)

	MASC.	FEM.		MASC.	FEM.
abogado	☐	☐	maestro de		
ama de casa	☐	☐	escuela primaria	☐	☐
bailarín	☐	☐	mecánico	☐	☐
cantante	☐	☐	piloto	☐	☐
entrenador			profesor	☐	☐
de deportes	☐	☐	senador	☐	☐
ingeniero	☐	☐	soldado	☐	☐

¿Cuáles de las profesiones anteriores se han considerado, tradicionalmente, masculinas o femeninas? ¿Cuáles se consideran masculinas o femeninas hoy en día? En su opinión, ¿hay algunas en las que nunca va a haber cambios?

PUNTO GRAMATICAL I • PRONOMBRES DEL COMPLEMENTO DIRECTO

Para reemplazar el complemento directo

A. Forms and Uses of Direct Object Pronouns

A direct object pronoun replaces the previously named direct object of an action, just as in English.

Jaimito aprendió español rápidamente.	*Jaimito learned Spanish rapidly.*
Él **lo** aprendió con su mamá.	*He learned it with his mother.*
Ilia dictó la conferencia en español.	*Ilia gave the conference in Spanish.*
La dictó en una escuela secundaria.	*She gave it at a high school.*

DIRECT OBJECT PRONOUNS			
me	(yo)	**nos**	(nosotros/as)
te	(tú)	**os**	(vosotros/as)
lo	(él, Ud. masculino; *it*)	**los**	(ellos, Uds.; *them*)
la	(ella, Ud. femenino; *it*)	**las**	(ellas, Uds.; *them*)

B. Placement of the Direct Object Pronouns

1. Before a conjugated verb.

Ayer traduje la carta.	*Yesterday I translated the letter.*
Ayer **la** traduje.	*Yesterday I translated it.*

2. When there is a conjugated verb and an infinitive in the same clause or sentence, there are two possibilities for placement of the direct objects: before the main verb or after the infinitive.

Espero recibir las notas.	*I expect to receive the grades.*
Las espero recibir.	*I expect to receive them.*
Espero recibir**las.**	

3. There are also two possibilities for placement with a present participle: before the main verb or after the participle.

Estoy comprando unos libros.	*I am buying some books.*
Los estoy comprando.	*I am buying them.*
Estoy comprándo**los.**	

4. The direct object pronoun follows and is attached to an affirmative command.

Estúdia**lo**. (tú)	*Study it.*
Estúdie**lo**. (Ud.)	*Study it.*

However, the direct object pronoun precedes a negative command.

No pidas la tarea.	*Don't ask for the homework.*
No **la** pidas.	*Don't ask for it.*
No pida Ud. la tarea.	*Don't ask for the homework.*
No **la** pida.	*Don't ask for it.*

Práctica

A El año pasado, Piedad era la encargada de organizar las conferencias[1] en la universidad. Una amiga que tiene interés en desempeñar el mismo trabajo le pide detalles a Ud. sobre lo que hacía Piedad en su trabajo. Imagínese que Ud. lo sabe y conteste las siguientes preguntas. Utilice complementos directos.

MODELO: —¿Preparaba *las invitaciones?* →
—Sí, siempre *las* preparaba.

1. ¿La mandaba el decano a sacar copias del anuncio de las conferencias?
2. ¿Ponía las invitaciones en el correo?
3. ¿Siempre daba la gente su respuesta puntualmente?
4. ¿Confirmaba la reservación el director del teatro?
5. ¿Recibía los mensajes la secretaria?
6. ¿Mandaban la confirmación de las conferencias a su oficina?
7. ¿Hacía los arreglos para la sala de conferencias?

[1]*(campus-wide) lectures*

B En parejas, Ud. y un compañero / una compañera quieren saber más acerca de las posibilidades de empleo en el mercado latinoamericano. Por eso van a buscar información en la biblioteca. Conteste las preguntas afirmativamente, utilizando el complemento directo. Su compañero/a contestará negativamente.

MODELO: Vamos a la biblioteca esta tarde. ¿Piensas acompañar*nos?* →
ESTUDIANTE 1: Sí, pienso acompañar*los/las*. Sí, *los / las* pienso acompañar.
ESTUDIANTE 2: No pienso acompañar*los/las*. No, no *los / las* pienso acompañar.

1. Buscaré libros sobre empleos en Latinoamérica. ¿Voy a encontrarlos?
2. Espero que la bibliotecaria[1] me ayude. ¿Me va a atender?
3. Mi amigo quiere sacar copias de muchas revistas. ¿Puede hacerlo?

[1]*librarian*

4. Otros compañeros van a la biblioteca también. ¿Van a hablarnos?
5. La bibliotecaria me pide que repita una pregunta. ¿No me puede oír?
6. Hablamos en voz alta. ¿Nos van a regañar?
7. Una compañera necesita mucha información. ¿La va a encontrar?
8. Mi mochila está llena de libros. ¿Podré levantarla?

Entre nosotros

Imagínese que Ud. y su compañero/a son las personas del dibujo. Formule preguntas con verbos en el tiempo imperfecto para saber qué hacía su compañero/a el mes pasado. Su compañero/a contestará usando complementos directos.

MODELO: ¿Siempre hacías *planes detallados?* →
Sí, siempre *los* hacía.
No, no *los* hacía nunca.
Los hacía a veces.

Sugerencias: planear bien las horas de estudio, hablar por teléfono, mirar la televisión, escribir muchas composiciones para la clase de español, hacer ejercicios, comprar libros de texto, estudiar español, conversar con su compañero/a de cuarto, comer por la noche, acostarse tarde

ENCUENTROS CULTURALES II
Nuestros amigos nos escriben

Nota cultural

Muchas de las calles, edificios y lugares históricos en el Viejo San Juan datan de hasta 400 años atrás. La mayoría de estos lugares han sido restaurados siguiendo los modelos originales. El Viejo San Juan es un lugar turístico que atrae tanto a los puerto-rriqueños como a los extranjeros.

La playa de Luquillo, al noreste de Puerto Rico, es una de las playas más frecuentadas del Caribe.

Nueva Jersey, 3 de octubre

¿Qué tal, amigos?

Quiero contarles que estoy muy contento porque ahora trabajo para una agencia de publicidad aquí en Nueva Jersey. Esta compañía necesitaba a alguien que pudiera traducir anuncios y avisos, además de dibujar. Como soy bilingüe y dibujo bastante bien, me fue fácil obtener el empleo.

El verano pasado fui a visitar a mi familia en Puerto Rico y tuve la oportunidad de practicar bastante el español. Cuando caminaba por las calles, me di cuenta de algo interesante: vi que muchos negocios tenían nombres en inglés. Sin embargo, a veces cuando entraba en uno de esos lugares, los empleados hablaban español solamente. Por otro lado, cuando iba a la playa oía a mucha gente hablar inglés. Creo que esto se debía principalmente a que allí había muchos turistas y puertorriqueños residentes en los EE.UU.

Siempre me divierto mucho cuando voy a Puerto Rico y creo que el verano que viene pasaré mis vacaciones allá. Tal vez Uds. también puedan ir algún día.

*Se despide cariñosamente
su amigo,
Melvyn Pérez*

LEER Y COMPRENDER

Parte A: Comprensión. Indique la información que *no* se encuentra en la carta de Melvyn.

1. Melvyn está contento porque ha encontrado trabajo en Nueva Jersey.
2. El verano pasado Melvyn trabajó en Puerto Rico.
3. Lo que le llamó la atención en Puerto Rico fue ver a muchos ingleses.
4. Oía hablar inglés en la playa porque estaba en los EE.UU.
5. A Melvyn no le gusta pasar tiempo en Puerto Rico.

Parte B: Conversando con los amigos. Converse con un compañero / una compañera sobre los siguientes temas.

1. ¿Qué cosas interesantes notaste en tu último viaje?
2. ¿Con quién practicaste el español el año pasado?

VOCABULARIO DE LA LECTURA

Sustantivos

la barrera	barrier
el certificado de mérito	certificate of merit
el comportamiento	behavior
el desalojo	displacement
la etapa	stage
la ventaja	advantage

Verbos

atrofiar	to atrophy
enfatizar	to emphasize
otorgar	to bestow; to authorize
reprimir	to repress, curb

Adjetivos

innoble	ignoble, unworthy
lírico/a	lyric, poetic
obligado/a	obliged, obligated
repleto/a	full, complete

Práctica

A Indique cuál de estos adjetivos se usaría en las situaciones indicadas. Luego haga una oración original usando ese adjetivo.

innoble, lírico/a, obligado/a, repleto/a

En la clase de literatura...
1. muchos estudiantes tienen la mochila llena de libros.
2. Uds. leen una obra poética.
3. se habla del personaje de un cuento que hace algo despreciable.
4. hay que hacer la tarea.

Ahora indique cuál de estos verbos se usaría en las situaciones indicadas. Luego haga una oración original usando ese verbo.

atrofiar, enfatizar, otorgar, reprimir

Hay un examen y...
5. el profesor repite algo enérgicamente.
6. un compañero dice algo chistoso; Ud. trata de no reírse.
7. ¡Ud. cree que se le debilita el cerebro!
8. el profesor dice que no le dará ningún premio a nadie.

B Imagínese que cada semana el periódico de la universidad publica artículos interesantes sobre algunos estudiantes. Entreviste a un compañero / una compañera con el fin de obtener datos para un artículo. Su compañero/a contestará con oraciones originales.

1. ¿Experimentaste el **desalojo** cultural cuando empezaste a estudiar aquí?
2. ¿Qué tipo de temas **enfatizan** en tu campo de especialización?
3. ¿Qué **ventajas** tienes si obtienes una maestría en tu campo?
4. ¿En qué **etapa** de tu vida te sentiste **obligado/a** a cambiar tu **comportamiento** y a estudiar mucho?
5. ¿Te **otorgaron** alguna vez un **certificado de mérito?** ¿Por qué te lo dieron?
6. ¿Qué **barreras** has superado en tu vida estudiantil?

MIS PROPIAS PALABRAS

Escriba una lista de otras palabras que podrían ayudarlo/la a conversar sobre la lectura. Utilice un diccionario si es necesario.

_____

_____

_____

_____

_____

_____

_____

AMBIENTE CULTURAL II

Las ventajas del bilingüismo

Ilia Rolón se graduó Magna Cum Laude en la Universidad del Estado de California, Long Beach. Obtuvo un premio por excelencia académica y por servicios a la comunidad. Actualmente, Ilia es ayudante ejecutiva en una agencia de salud y piensa continuar sus estudios para obtener la maestría. Escribió esta composición sobre las **ventajas** del bilingüismo en una clase de español.

Lo que ha significado ser bilingüe para mí

Al empezar mi educación primaria, ya podía comunicarme en español e inglés. Pero sé que mi conocimiento del inglés era mínimo antes de recibir instrucción bilingüe en una escuela en el Sur del Bronx. (Todavía me acuerdo cuando leí en voz alta y pronuncié la palabra «laughing» como «logging», lo cual divirtió muchísimo a mis compañeritos.) Mi habilidad para el inglés mejoró durante los primeros tres años, y mi maestro de segundo grado me **otorgó** un **certificado de mérito.** También fui la Maestra de Ceremonias de mi graduación de Pre-escolar.

A la vez que aprendía inglés, continuaba aumentando mi vocabulario en español. Todos los veranos, durante mi viaje anual a Puerto Rico, aprendía palabras que me ayudaban a expresarme con más facilidad y variedad. Esos veranos, al igual que el año que estudié en una escuela católica en Puerto Rico, formaron mi bilingüismo para siempre.

Aun así hubo una **etapa** en mi vida durante la cual el poder hablar español me parecía una característica **innoble.** Esta etapa coincidió con mis estudios secundarios en California. Por varios años, me sentí **obligada** a **reprimir** una gran parte de mi identidad (la parte latina) como si fuera posible existir simultáneamente en dos mundos desconectados. Yo no quería ser diferente en mi manera de vestir, en mi **comportamiento** o en el hablar. A causa de esto, mi habilidad con el español se fue **atrofiando** poco a poco.

Al comenzar mis estudios universitarios, ya no sentía la necesidad de **enfatizar** mis diferencias y peculiaridades. El año pasado tomé un

curso titulado «Español para hispanos». El curso me hizo ver que mi situación no era única, que existían otros individuos con sentimientos de **desalojo** cultural. Por primera vez en largo tiempo, me sentí muy orgullosa de poder comunicarme en un lenguaje tan **lírico** y noble como el español. No es coincidencia que, al liberarme de esa **barrera** emocional, mi español mejorara.

En realidad, para mí el español ha sido como un puente entre dos maneras de vivir y pensar. El hablar ambos[1] idiomas me ha permitido examinar dos culturas muy diferentes con mayor perspectiva, y ser bilingüe a pesar de haber vivido casi toda la vida en los Estados Unidos, es un gran triunfo.

Jamás podré ser completamente latina o completamente estadounidense. Soy lo que soy: un ser con un vocabulario de orígenes mixtos y con sueños **repletos** de imágenes tropicales al igual que urbanas, que vive la vida constantemente a través de un cristal multicolor.[2]

[1]*both*   [2]*a... through a multicolored glass*

COMPRENSIÓN

Las siguientes son las ideas principales de la lectura. Escriba los números de 1 a 6 para indicar la secuencia de los acontecimientos.

1. ——— Ilia tomó un curso titulado «Español para hispanos» en la universidad.
2. ——— Cuando Ilia comenzó la escuela primaria, hablaba más español que inglés.
3. ——— Durante la escuela secundaria tuvo el conflicto de reprimir parte de su identidad.
4. ——— Lo que la ayudó a hacerse bilingüe fueron sus viajes a Puerto Rico.
5. ——— Recibió instrucción bilingüe en una escuela en el Sur del Bronx.
6. ——— Ella cree que el español es un puente entre dos culturas.

CHARLEMOS

Ⓐ 1. ¿Cuáles son los problemas de una persona que tiene que aprender una segunda lengua?
2. ¿Para qué carrera se prepara una de sus amistades? ¿Por qué escogió esa carrera?

Ⓑ Imagínese que Ud. es maestro/a de una clase en la cual hay varios niños que hablan otras lenguas. Ayer fue un día muy difícil, pero al mismo tiempo interesante. Escriba una lista de algunas de las cosas que ocurrieron e incluya los siguientes datos: (1) a qué hora empezó la clase, (2) qué escribían o pintaban los niños, (3) qué lenguas se oían en la sala, (4) por qué se interrumpía el horario, (5) por qué se pelearon dos niños, (6) qué sintió Ud. cuando por fin terminó su trabajo. Compare su lista con sus compañeros.

ESTRUCTURA VERBAL II • EL PRETÉRITO

Para hablar del pasado (2)

A. Uses of the Preterite

The preterite tense focuses attention on the beginning and/or end of a completed past action. The use of the Spanish preterite is very similar to the use of the simple past in English.

<table>
<tr><td>Ayer estudié (por) dos horas.</td><td>Yesterday I studied for two hours.</td></tr>
<tr><td>Rigoberta escribió un poema.</td><td>Rigoberta wrote a poem.</td></tr>
</table>

B. Regular Forms of the Preterite

	PRETERITE OF REGULAR VERBS		
	-ar **cantar**	**-er** **correr**	**-ir** **vivir**
yo	cant**é**	corr**í**	viv**í**
tú	cant**aste**	corr**iste**	viv**iste**
Ud.	cant**ó**	corr**ió**	viv**ió**
él, ella	cant**ó**	corr**ió**	viv**ió**
nosotros/as	cant**amos**	corr**imos**	viv**imos**
vosotros/as	cant**asteis**	corr**isteis**	viv**isteis**
Uds.	cant**aron**	corr**ieron**	viv**ieron**
ellos, ellas	cant**aron**	corr**ieron**	viv**ieron**

Práctica

Ⓐ Paso 1. Observe el uso del pretérito en la siguiente narración.

El verano pasado para sus vacaciones, Marilyn *viajó* a la Ciudad de México. Allí *se reunió* con su mejor amigo, Aníbal. Él le *mostró* la ciudad y, juntos, *visitaron* muchos museos y *bailaron* en discotecas estupendas. Ella *conoció* a nuevas personas con quienes *practicó* el español todo el tiempo. *Regresó* muy contenta y les *contó* a todos sus fabulosas aventuras.

Paso 2. Ahora recuerde un viaje que Ud. ha hecho recientemente y cuénteselo a un compañero / una compañera. Incluya la siguiente información: qué lugar *visitó,* quién le *acompañó,* qué *vieron,* en qué actividades *participaron,* cómo *viajaron* y cuándo *regresaron.*

B Complete la narración de Diana. Utilice verbos en el pretérito.

Todos los años cuando empieza un nuevo semestre en la universidad, se nos presentan problemas que nos preocupan. El otro día, cuando yo ———[1] (regresar) a casa después de las clases, ———[2] (encontrar) a mi amiga Sofía esperándome. Yo la ———[3] (notar) un poco nerviosa y le ———[4] (preguntar: yo): —¿Qué te pasa, Sofía? Ella me ———[5] (contestar) rápidamente: —Ay, Diana, ¡si tú supieras!a Es que todos los que estamos en la clase de Estudios Latinoamericanos ———[6] (recibir) una mala noticia. El profesor Vásquez dijo hoy en la clase que quiere que compremos otros libros de texto además del libro que ———[7] (escoger: él) antes. No sé qué hacer porque (yo) ya ———[8] (gastar) el dinero que tenía para los libros de texto.

Sofía y yo ———[9] (conversar) un rato y después yo le ———[10] (ofrecer) prestarle el poco dinero que me quedaba. Luego (yo) la ———[11] (invitar) a tomar un café en un lugar tranquilo cerca de aquí. Sofía ———[12] (aceptar), y después de un rato, parece que ella se ———[13] (olvidar) del problema. Pero ahora soy yo quien está preocupada. ¡Voy a inscribirme en la misma clase el próximo semestre!

a¡si... *if you only knew!*

Entre nosotros

Entreviste a dos compañeros/as para saber lo que hicieron ayer. Apunte las respuestas para usarlas en el *Cuaderno de ejercicios.*

¿Quién...

1. se despertó antes de las 7? ¿después de las 7?
2. se desayunó? ¿Quién no se desayunó? ¿Qué tomó la persona que se desayunó?
3. manejó a la universidad? ¿Quién no manejó? ¿Cómo llegó la persona que no manejó?
4. se encontró con sus amigos en la universidad? ¿Quiénes eran?
5. cenó en casa? ¿en otro lugar?
6. escribió una tarea antes de acostarse? ¿Quién no escribió nada?
7. se acostó antes de las 10 de la noche? ¿después de las 10?
8. no soñó? ¿Quién sí soñó? ¿Qué soñó?

C. Preterite of Radical-Changing Verbs

Radical- or stem-changing verbs that end in **-ar** or **-er** do not have stem changes in the preterite. The stem vowel of the infinitive is retained throughout all persons of the preterite conjugation.

cerrar (ie): cerré, cerraste,...   **volver (ue):** volví, volviste,...

Radical-change verbs that end in **-ir** do have a change in the preterite, in the third-person singular and plural forms. The stem vowel **-e-** changes to **-i-**, and the stem vowel **-o-** changes to **-u-**. In vocabulary lists, this change is indicated in parenthesis after the present-tense change: **mentir (ie, i), dormir (ue, u).**

	mentir	**dormir**
yo	mentí	dormí
tú	mentiste	dormiste
Ud.	mintió	durmió
él, ella	mintió	durmió
nosotros/as	mentimos	dormimos
vosotros/as	mentisteis	dormisteis
Uds.	mintieron	durmieron
ellos, ellas	mintieron	durmieron

Other verbs of this type include:

e → i: conseguir, despedirse, elegir, medir, pedir, preferir, (son)reír, repetir, seguir, sentir, servir, sugerir, transferir, vestirse

o → u: morir

Práctica

Ⓐ El domingo pasado, Dionicio y Julia visitaron a unos amigos y compartieron unas noticias con ellos. Llene los espacios en blanco para saber lo que pasó.

1. El domingo pasado, Julia _____ (preferir) levantarse temprano.
2. En cambio, Dionicio _____ (dormir) hasta muy tarde.
3. A mediodía, los dos _____ (salir) para Pasadena en auto.
4. Al llegar a la casa de sus amigos, éstos les _____ (servir) refrescos.
5. Sus amistades _____ (elegir) la mejor vajilla[1] para el almuerzo.
6. Julia y Dionicio _____ (preferir) tomar té en vez de café.
7. Al final, Dionicio _____ (anunciar) que tenía una sorpresa.
8. Dijo que _____ (conseguir) trabajo en Chile en una empresa internacional.
9. Todos se _____ (sentir) muy contentos cuando él describió los detalles de su nuevo trabajo.

[1]*set of dinnerware*

Ⓑ Ponga las siguientes oraciones en el tiempo pretérito para saber qué hizo Ricardo ayer en su trabajo y luego en casa.

MODELO: *Entro* a trabajar a las 4 de la tarde. →
Entré a trabajar a las 4 de la tarde.

1. Al llegar, saludo a mi supervisor.
2. Yo le pregunto sobre las prioridades del día.
3. Él me indica que había que traducir una carta para una compañía internacional en Venezuela, y me pide hacerlo.
4. Le respondo que sí, y termino la traducción rápidamente.
5. Después el supervisor me pide hacer lo mismo con otra correspondencia.
6. Yo le contesto: —Con mucho gusto.
7. Mi supervisor me sonríe y me repite dos veces: —¡Buen trabajo! ¡Buen trabajo!
8. Yo me siento muy orgulloso, y continúo mi trabajo.
9. A las 8 de la noche, me despido y regreso a la casa.
10. Ceno y, después de estudiar un rato, me acuesto y me duermo.

Entre nosotros

Mire los siguientes dibujos para determinar cuál representa mejor los detalles de su graduación en la escuela secundaria. Utilice las siguientes frases como guía y cuéntele a un compañero / una compañera lo que pasó aquel día. Puede combinar detalles de los cuatro dibujos si es necesario.

1. la familia se sintió feliz / se rió durante la ceremonia
2. un estudiante / un invitado dijo el discurso de graduación
3. sirvieron / no sirvieron comida en la recepción
4. se despidieron todos muy temprano / muy tarde
5. la familia consiguió una limosina / trajo el carro viejo para regresar a casa

RODEO DE COGNADOS

Palabras que terminan en -nte

Un gran número de palabras españolas que terminan en **-ante** o **-ente** son casi idénticas a sus cognados en inglés. Entre ellas se encuentran los siguientes ejemplos.

el/la cliente	*client*
el/la elefante	*elephant*
transparente	*transparent*
el/la presidente	*president*

Sin embargo, es necesario tener mucho cuidado, ya que algunos cognados con **-nte** tienen otra formación en inglés. Por ejemplo:

amante	*loving, fond* (adj.); *lover* (n)
ardiente	*burning*
convincente	*convincing*
excitante	*exciting*
gratificante	*gratifying*
traficante	*trafficker*

Práctica

En parejas, busquen una manera de indicar el significado de los siguientes cognados terminados en *-nte.*

MODELO: *competente* → capaz de hacer cierta cosa bien
              el/la presidente → José María es el presidente del Club de español.

1. el/la agente
2. permanente
3. sorprendente
4. importante
5. inteligente
6. el/la residente
7. el/la superintendente
8. el colorante
9. fascinante

PUNTO GRAMATICAL II • PRONOMBRES DEL COMPLEMENTO INDIRECTO

Para indicar a quién, por quién, *o* para quién

A. Forms and Uses of Indirect Object Pronouns

The indirect object pronouns refer to people or things that have a relationship to the action expressed by the verb. They answer the questions *to whom?* or *for whom?* the action takes place.

Marta **me** arregló el pelo.

*Marta arranged (fixed) my hair
for me.*

¿Quién **te** regaló la camisa nueva?

Who gave (to) you the new shirt?

INDIRECT OBJECT PRONOUNS			
me	*(to, for me)*	**nos**	*(to, for us)*
te	*(to, for you)*	**os**	*(to, for you)*
le	*(to, for him, her,* Ud.*)*	**les**	*(to, for them,* Uds.*)*

B. Placement of Indirect Object Pronouns

1. Before conjugated verbs and negative commands.

La profesora de ingeniería **le**
explicó el problema.
Por favor, no **me** escriba más
poemas.

*The engineering professor
explained the problem to him.
Please don't write (to) me any
more poems.*

2. After and attached to affirmative commands.

Por favor, cómpre**me** una
computadora nueva.

Please buy me a new computer.

3. With a two-verb phrase (infinitive or present participle) there are two place-
ments possible: (1) before the main verb or (2) after and attached to the infinitive or the present participle.

La profesora de matemáticas **le**
quería hablar del problema.
La profesora de matemáticas
quería hablar**le** del problema.

*The mathematics professor
wanted to talk to him about
the problem.*

José estaba cantándo**nos** su
nueva canción.
José **nos** estaba cantando su
nueva canción.

*José was singing us his new
song.*

C. Special Considerations Related to the Use of Indirect Object Pronouns

1. **Le** may refer to **él, ella, Ud.,** and **les** may refer to **ellos, ellas,** and **Uds.**
Therefore, it is sometimes necessary to clarify which person is involved in the
action. Such clarification may add more emphasis.

Les mandamos las cartas a **ellos.**
Le prometimos a **Ud.** llegar a
tiempo.

*We sent the letters to them.
We promised you that we would
arrive on time.*

2. The use of the indirect object with verbs such as **quitar** and **robar,** and sometimes **comprar,** is translated to English as **from** instead of **to** or **for.**

La maestra **le** quitó el lápiz.	*The teacher took the pencil away from him.*
Me robaron el coche con todos los trabajos que había preparado.	*They stole my car (from me) with all the work that I had prepared.*

Práctica

Ⓐ Esta mañana pasaron varias cosas en una clase de español. Descríbalo, sustituyendo la frase *en bastardilla* por un pronombre indirecto.

MODELO: Elisa escribió un poema en español *para sus amigos.* →
Elisa *les* escribió un poema en español.

1. Hilda prestó un nuevo cuaderno *a su amiga Carmela.*
2. Las secretarias mandaron un mensaje urgente *al profesor.*
3. No presté mi tarea *a mis compañeros de clase.*
4. Buscamos un diccionario *para el profesor.*
5. El profesor aclaró los ejercicios *para mí.*
6. Pablo guardó un asiento *para Daniel.*

Ⓑ Haga oraciones, usando un verbo en el pretérito y un pronombre de objeto indirecto, para hablar de algunos de sus planes para el futuro.

MODELO: escribir a / *amigo* / diciendo que necesito un empleo →
Le escribí a un amigo diciéndole que necesito un empleo.

1. hablar con / familia / sobre el tipo de trabajo que busco
2. describir a / mis amigos / la información que leí en el periódico
3. pedir a / mis profesores / cartas de recomendación
4. contar a / mi hermano / los esfuerzos que hago para buscar trabajo
5. compartir con / mis padres / cómo fue mi primera entrevista
6. escribir a / mis primas / sobre las estrategias necesarias para conseguir un buen trabajo

Entre nosotros

Imagínese que su amigo/a no asistió a clase un día en que tenía un examen. ¡Claro que se sorprendió mucho cuando, más tarde el mismo día, se encontró con el profesor! Hágale las siguientes preguntas. Su amigo/a inventará respuestas creativas.

1. ¿Qué pensaste cuando viste al profesor en la tarde?
2. ¿Qué le contaste a él?
3. ¿Cómo les describiste el asunto a tus amigos?
4. ¿Se burlaron de ti o entendieron tu situación?
5. ¿Qué te prometiste hacer en el futuro?

TEMAS Y DIÁLOGOS

CHARLEMOS

A En parejas, imagínese que Ud. obtuvo un premio de reconocimiento por algo que hizo en años pasados. Piense en los premios que se otorgan: escolásticos, medallas de grupos atléticos o sociales, de organizaciones comunitarias o clubes para jóvenes. Cuéntele a su compañero/a cómo ocurrió todo y en qué consistió el premio.

1. ¿Qué tipo de premio obtuvo Ud.? ¿Por qué se alegró de recibirlo?
2. ¿Qué organización le ortogó el premio? ¿Cuál es el propósito principal de esa organización?
3. ¿Qué cosa notable hizo Ud.? ¿Fue algo en beneficio de la comunidad?
4. ¿Cómo le notificaron del premio?
5. ¿Asistió a una ceremonia para recibir el premio? ¿Cómo fue esa ceremonia?

B En parejas, Ud. es un consejero / una consejera en una universidad y su compañero/a es un estudiante que quiere saber sobre los distintos tipos de empleo. Su compañero/a le preguntará sobre las siguientes posibilidades de tipos de trabajo y Ud. le explicará las ventajas y desventajas de cada una.

1. trabajar para sí mismo / trabajar para otro
2. buscar empleo en una compañía grande / buscar empleo en una compañía pequeña
3. administrar el negocio / ser el encargado de las ventas
4. trabajar para el gobierno / trabajar en el sector privado

DICHOS POPULARES

A buen entendedor, pocas palabras bastan.

Del dicho al hecho, hay gran trecho.

En dos círculos (A y B), escojan uno de los dichos y conversen sobre el significado del dicho, dando ejemplos que lo ilustren, basándose en su propia experiencia. Después compartan sus ejemplos con los miembros del otro grupo.

LETRAS E IDEAS

Piense en una amiga, pariente, maestro o profesora que directa o indirectamente lo / la ayudó a iniciar o a continuar sus estudios de español. Escríbale una nota de agradecimiento a esa persona.

1. Salude cordialmente a la persona en el primer párrafo.
2. En el segundo párrafo, dígale cómo lo / la ayudó y cuánto aprecia Ud. esa ayuda.
3. En el tercer párrafo, cuéntele algo sobre la vida suya en el presente.
4. Al final, déle las gracias otra vez y despídase.

CAPÍTULO 4

En esta foto vemos a Jacqueline Catalán desfilando el día de su graduación de la Universidad del Estado de California, Fullerton, acompañado de su hija.

LA MUJER Y EL HOMBRE: TRADICIÓN Y CAMBIO

Hoy en día, la mujer sabe que la educación es una manera efectiva de progresar y de hacer un aporte (contribuir con algo) a la sociedad. ¿Era común hace cincuenta años ver una escena como la de esta foto? ¿Por qué sí o por qué no? ¿Hay en su familia personas casadas que asistan a la universidad?

ENCUENTROS CULTURALES I
Los nuevos amigos

ESCUCHAR Y COMPRENDER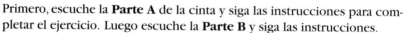

Primero, escuche la **Parte A** de la cinta y siga las instrucciones para completar el ejercicio. Luego escuche la **Parte B** y siga las instrucciones.

Parte A: Comprensión. Indique si las oraciones son ciertas o falsas. Corrija las falsas.

1. _____ Amy se especializó en historia.
2. _____ En sus ratos libres escribió canciones.
3. _____ Escribió sobre el amor y la desigualdad entre el hombre y la mujer.
4. _____ Cree que en algunas sociedades la mujer no ha progresado lo suficiente.
5. _____ Amy viajó a España para mejorar su español.

«Hola, amigos. Soy Amy Keller. El semestre pasado obtuve un bachillerato con especialización en negocios internacionales.»

Nota cultural

Frida Kahlo (1907–1954) fue una pintora mexicana cuya vida y arte continúan despertando un interés extraordinario. Su aportación a la sociedad mexicana no se limita a las artes. También luchó por la afirmación de la identidad nacional mexicana y por el progreso de las clases pobres. Su *Autorretrato con pelo suelto* fue vendido por el precio más alto que hasta ahora se ha pagado por un cuadro de un pintor latinoamericano. En Hollywood, se están filmando películas sobre la vida de esta talentosa mujer. Su casa en Coyoacán, cerca de la capital mexicana, es ahora un museo.

Parte B: Conversando con los amigos. Escoja la mejor terminación.

1. Javier dijo que...
   a. iban a ver una exposición de pinturas.   **b.** iban a una escuela de pintura.
2. Javier también dijo que hace unos días, habían ido al...
   a. Museo de Arte Moderno.   **b.** Museo Frida Kahlo.
3. Amy se interesó muchísimo por...
   a. escribir sobre la vida de Frida Kahlo.
   b. saber más sobre la vida de Frida Kahlo.
4. Amy inmediatamente compró...
   a. la biografía de Frida Kahlo.   **b.** fotografías de Frida Kahlo.
5. Javier mencionó los ... de esta pintora mexicana.
   a. autorretratos   **b.** dibujos
6. Javier dijo que...
   a. ya se estaba haciendo tarde.   **b.** ya iban a cerrar el museo.

CHARLEMOS

Converse con un compañero / una compañera sobre los siguientes temas.

1. ¿Crees que Amy tiene razón cuando dice que la mujer no ha progresado suficientemente en algunas sociedades? ¿Por qué sí o por qué no? Sugerencias: Hablen de las profesiones y los salarios, la libertad personal, las responsabilidades en el hogar y asuntos sociales.
2. Háblale a su compañero/a de alguna película, novela o anécdota en la que se ve la desigualdad entre ambos sexos. ¿Qué pasó? ¿Cuál era la actitud de los protagonistas? ¿Cómo se manifestaba la desigualdad? ¿Qué opinan Uds. del caso?

VOCABULARIO DE LA LECTURA

Expresiones

desde que el mundo es mundo	from the beginning of time
ganar terreno	to make progress

Sustantivos

la amenaza	threat
la firmeza	strength
la humillación	humiliation

Verbos

amarrar	to tie up
destacarse	to excel
exigir	to demand
interrumpir	to interrupt
propagar	to propagate, disseminate (*an idea*)
quedar(se)	to stay, remain
someter	to submit
vencer	to conquer; to win

Adjetivos

encarcelado/a	imprisoned
perseguido/a	pursued; persecuted
quemado/a	burned

Escriba una lista de otras palabras que podrían ayudarlo/la a conversar sobre la lectura. Utilice un diccionario si es necesario.

_____

_____

_____

_____

_____

_____

Práctica

Ⓐ Indique con una X si estas ideas son lógicas o no.

		SÍ	NO
1.	Para combatir las desigualdades sociales, hay que **exigir** cambios.	☐	☐
2.	**Desde que el mundo es mundo,** la mujer ha luchado por sus derechos.	☐	☐
3.	No se debe **interrumpir** a una persona que esté hablando.	☐	☐
4.	Para poder **ganar terreno** en algún proyecto, es necesario ser negligente.	☐	☐
5.	Para **destacarse** hay que ser muy disciplinado.	☐	☐
6.	Hoy día, muchas mujeres **se destacan** en las ciencias.	☐	☐
7.	La persona que habla con **firmeza** es muy débil de carácter.	☐	☐
8.	Una persona que resulta **quemada** en un incendio necesita atención médica.	☐	☐
9.	La gente **encarcelada** siempre está contenta.	☐	☐
10.	Para **amarrar**le las manos a una persona, necesitamos mucha agua.	☐	☐

Ⓑ Indique la palabra que *no* pertenece a la serie.

1.	**quedarse**	irse	alejarse	despedirse
2.	**firmeza**	vigor	impotencia	fuerza
3.	distinguido	**perseguido**	admirado	respetado
4.	**propagar**	esconder	diseminar	explicar
5.	**amenaza**	protección	auxilio	salvación
6.	adoración	admiración	**humillación**	veneración
7.	liberar	**someter**	dominar	reprimir
8.	ganar	**vencer**	triunfar	perder

AMBIENTE CULTURAL I
La lucha por el cambio

Desde que el mundo es mundo, muchísimas mujeres han tenido que **vencer** grandes obstáculos para poder educarse. En los Estados Unidos, por ejemplo, durante la época colonial, muchas mujeres fueron **sometidas** a graves **humillaciones.** Se creía que una mujer con educación formal **interrumpía** el orden doméstico y que era una **amenaza** para la comunidad. En aquellos tiempos, a las mujeres se les permitía aprender a leer, pero no a escribir, porque se pensaba que eso era suficiente para leer la Biblia y enseñarles los valores morales a los hijos.

En general, se **propagó** la admiración por la mujer silenciosa, y las mujeres que actuaban de una manera diferente eran **perseguidas.** Algunas eran **quemadas** en la hoguera[1] o las **amarraban** y las dejaban bajo un sol asfixiante todo el día. En los EE.UU., la colonialista inglesa Ann Hutchinson (1591?–1643) fue perseguida y **encarcelada** por diseminar ideas libertadoras para la mujer.

En la cultura española, la historia de la mujer también es interesante. En la España del siglo XIX las mujeres no podían participar en la política de su país. Se les hacía creer que la política era algo impropio[2] y que, por lo tanto, era mejor que se abstuvieran de participar en ella y que **se quedaran** en la casa. Para hacerlas sentir importantes se les llamó «ángeles del hogar[3]». Esta situación creó un concepto exagerado de la importancia del papel de la mujer como madre. Aún existen fuertes creencias sobre la desigualdad entre el hombre y la mujer, aunque últimamente las cosas han comenzado a cambiar.

En el mundo hispano, los logros[4] son evidentes a pesar de tratarse de una cultura en la que el dominio del sexo masculino es muy fuerte. En el siglo XIX, **se destacó** en España la escritora Emilia Pardo Bazán, la primera mujer en ser aceptada como miembro de la Real Academia de la Lengua Española. También se

¿Cómo se imagina la vida de esta cirujana de la Cuidad de México? ¿Cómo cree que es su rutina diaria? ¿Cree Ud. que, si está casada, regresa al hogar a cumplir con otras responsabilidades?

destacó Concepción Arenal, quien logró reformas en la educación femenina y en el sistema penal de la mujer española. En Hispanoamérica, la escritora y monja[5] mexicana Sor Juana Inés de la Cruz (1651–1695) escribió y se manifestó en favor de la educación de la mujer. En 1945, la poeta chilena Gabriela Mistral obtuvo el Premio Nobel de Literatura, y en 1992 la guatemalteca Rigoberta Menchú obtuvo el Premio Nobel de la Paz. El comité sueco[6] que seleccionó a Menchú para el premio la llamó «símbolo vivo de la paz y la reconciliación» por su lucha en favor de las culturas indígenas del continente americano y del mundo.

Las mujeres han ido **ganando terreno** a paso lento,[7] pero con **firmeza.** Entre otras cosas, esto se debe a que la educación que ellas han **exigido** comienza a dar buenos resultados. Sin duda, todas estas mujeres demuestran cómo el sexo femenino puede contribuir a un mundo mejor.

[1]*stake* (lit. *bonfire*)   [2]*unsavory*   [3]*hearth* (*home*)   [4]*improvements*   [5]*nun*   [6]*Swiss*   [7]*a... slowly*

COMPRENSIÓN

Éstas son algunas de las ideas principales de la lectura. Indique el orden en que aparecen, del 1 al 5. Luego escoja una de estas ideas y explíquesela a un compañero / una compañera.

1. _____ A la mujer española del siglo XIX se le llamó «ángel del hogar» para hacerla sentir importante.
2. _____ En general, en el pasado se **propagó** la admiración por la mujer silenciosa.
3. _____ Muchas mujeres fueron **sometidas** a graves **humillaciones.**
4. _____ Concepción Arenal logró reformas en el sistema de educación para la mujer española.
5. _____ En el mundo hispano, los logros en cuanto a los derechos de las mujeres son evidentes.

CHARLEMOS

Converse con un compañero / una compañera sobre los siguientes temas.

1. En tu opinión, ¿cuáles son tres de las ventajas y tres de las desventajas de que el padre y la madre trabajen fuera de la casa?
2. ¿Crees que, en tu familia, las mujeres son tratadas con igualdad? ¿Tienen los mismos derechos que los hombres de la familia?

ESTRUCTURA VERBAL I • EL PRETÉRITO

Para hablar del pasado (3)

A. Irregular Preterite Stems and Endings

1. Many verbs in the preterite have irregular stems to which the following endings are added: **-e, -iste, -o, -imos, isteis, -ieron.**

andar:	and**uv**-	yo	and**uve**
estar:	est**uv**-	tú	anduv**iste**
poder:	p**ud**-	Ud.	anduv**o**
poner:	p**us**-	él, ella	anduv**o**
querer:	q**uis**-	nosotros/as	anduv**imos**
tener:	t**uv**-	vosotros/as	anduv**isteis**
caber:	c**up**-	Uds.	anduv**ieron**
saber:	s**up**-	ellos, ellas	anduv**ieron**
venir:	v**in**-		

Study

2. The following verbs take the same set of endings as above, except they use **-eron,** rather than **-ieron,** in the third-person plural.

conducir:	conduj-	**-eron**
decir:	dij-	**-eron**
traducir:	traduj-	**-eron**
traer:	traj-	**-eron**

The preterite of **hay (haber)** is **hubo** (*there was/were*). The plural form **hubieron** is never used to mean *there were*.

El mes pasado **hubo** una exposición de cuadros mexicanos en la universidad.

B. Frequently Used Irregular Verbs

	ir	**ser**	**dar**	**hacer**
yo	fui	fui	di	hice
tu	fuiste	fuiste	diste	hiciste
Ud.	fue	fue	dio	hizo
él, ella	fue	fue	dio	hizo
nosotros/as	fuimos	fuimos	dimos	hicimos
vosotros/as	fuisteis	fuisteis	disteis	hicisteis
Uds.	fueron	fueron	dieron	hicieron
ellos, ellas	fueron	fueron	dieron	hicieron

Note: The preterite forms of **ir** and **ser** are identical. Context allows the reader or listener to know which verb is being used.

Fuimos a la playa.   *We went to the beach.*
Fuimos colegas en aquel   *We were colleagues back then.*
   entonces.

C. Verbs with Spelling Changes

Some verbs require spelling changes in the preterite in order to maintain the appropriate pronunciation.

1. Changes only in the **yo** form.

	yo
c → qu	**buscar** → busqué
g → gu	**castigar** → castigué
z → c	**comenzar** → comencé

Other verbs like...
buscar: explicar, multiplicar, sacar, tocar
castigar: jugar, llegar, pagar, rogar, tragar
comenzar: abrazar, alcanzar, almorzar, empezar

2. Changes for the **Ud. – Uds.** forms, and for the third-person singular and plural forms in verbs that have a vowel before -**er** or -**ir.**

creer	Ud. → creyó	Uds. → creyeron
	él, ella → creyó	ellos, ellas → creyeron

Other verbs like **creer: caer, construir, disminuir, distribuir, huir, influir, instruir, leer, oír, proveer, sustituir**

D. Changes in Meaning in the Preterite

The following verbs change in meaning in the preterite when translated to English: **conocer, poder, querer, saber.** Note the contrast with the imperfect, which retains the original meaning of the infinitive.

Ella **conocía** a la directora del programa.

She knew the program director.

Ella **conoció** a la directora del programa.

She met the program director. (Focus on the beginning of becoming acquainted.)

Nadie **podía** comprender la lección.

Nobody could understand the lesson.

Después de practicar, todos **pudieron** comprenderla.

After practicing, everybody could understand (succeeded in understanding) it. (Focus on the completion or end of the task.)

Yo no **quería** confesar la verdad.

I didn't want to confess the truth.

Yo no **quise** confesar la verdad.

I refused to confess the truth. (Focus on the beginning of the action.)

Rogelio no **sabía** de la publicación de ese libro.

Rogelio didn't know about the publication of that book.

Rogelio **supo** de la publicación de ese libro.

Rogelio found out about the publication of that book. (Focus on the act of finding out.)

Práctica

A Hermes y Maritza se conocieron en el restaurante *La Casa de Piedra* el fin de semana pasado. Conjugue los verbos en el pretérito para saber lo que pasó.

Según Hermes, todo ocurrió así: Cuando la ———¹ (ver: *yo*), me ———² (saltar) el corazón increíblemente. No sé cómo explicarlo, pero instantáneamente ———³ (saber: *yo*) que ella era la muchacha de mis sueños. De inmediato, me ———⁴ (proponer) llamar su atención. En seguida ———⁵ (buscar) la mejor oportunidad para acercarme a ella. No niego que al principio ———⁶ (tener: *yo*) un poco de miedo, pero ella me ———⁷ (sonreír) de una manera muy especial y yo me ———⁸ (poner) muy contento y me sentí más valiente. Así que ———⁹ (sacar) fuerzas y ———¹⁰ (ir) a saludarla. ¡Qué suerte! Ella ———¹¹ (empezar) a hacerme preguntas y comenzamos a hacernos amigos. Al despedirnos, yo le ———¹² (rogar) que nos viéramos otra vez y ella me ———¹³ (dar) su dirección. No la ———¹⁴ (abrazar), aunque quería hacerlo. En verdad, esto ———¹⁵ (ser) amor a primera vista. ¿No lo creen Uds.?

B La Sra. Quintero preparó un informe para su jefa. Conjugue los verbos entre paréntesis para saber cuáles fueron las tareas de la semana.

MODELO: Ayer yo (estar) ocupada entrevistando a los candidatos. →
Ayer yo *estuve* ocupada entrevistando a los candidatos.

1. El lunes (hacer) los informes que Ud. me pidió.
2. Por la tarde (poder) comunicarme con el director de Relaciones Públicas.
3. El martes (venir) a trabajar, pero (tener) que irme temprano.
4. Al llegar (poner) los documentos para su viaje en orden.
5. El miércoles por la mañana (dar) una conferencia.
6. En la tarde (buscar) las cartas que me pidió, pero no las encontré.
7. El jueves (comenzar) el informe para la tesorera.
8. El viernes en la mañana (pagar) las cuentas.
9. Más tarde le (explicar) al secretario los nuevos reglamentos.
10. A mediodía, (almorzar) con la Junta de Directores para finalizar asuntos del campamento de verano.

Entre nosotros

En parejas, imagínense cuándo y/o con quién(es) Uds. hicieron las siguientes cosas.

MODELO: por fin, / poder / almorzar... →
Por fin, el viernes *pude* almorzar sin prisa con mis amigos.

Sugerencias: anoche, anteayer, el domingo, el mes pasado, el año pasado

1. empezar / a trabajar
2. oír / música
3. jugar / deportes
4. ir / a una fiesta
5. sacar / mala nota
6. tener que / salir temprano
7. buscar / algo
8. poder / hacer algo

VOCABULARIO DEL TEMA
Para hablar de las relaciones interpersonales

Sustantivos		Verbos	
el abrazo	embrace	**amarse**	to love each other
el beso	kiss	**casarse (con)**	to get married (to)
la boda	wedding	**divorciarse**	to get divorced
el cariño	affection	**enamorarse (de)**	to fall in love (with)
la cita	date	**enojarse**	to get angry
el matrimonio	married couple	**llevarse bien**	to get along
el novio/a	groom, bride	**reconciliarse**	to make peace
la pareja	couple; one member of a couple		
		Adjetivos	
el/la prometido/a	fiancé(e)	**amoroso/a**	amorous, loving
		enamorado/a	in love

Nota: En el mundo de habla española, se le llama *novio* al prometido y *novia* a la prometida.

Práctica

A En parejas, hablen de Adriana y Félix. Ellos se aman mucho pero la semana pasada tuvieron un desacuerdo. Con su compañero/a, inventen su propia historia de lo que pasó, contestando las siguientes preguntas.

1. ¿Por qué creen Uds. que Adriana y Félix se enojaron?
2. ¿Cómo se sintieron ellos después de esta conversación?
3. ¿Cómo se resolvió todo?

B ¿En qué orden se desarrollan, lógicamente, las relaciones sentimentales? Enumeren los siguientes verbos del 1 al 8, según sus respuestas y expliquen por qué.

_____ llamarse		_____ reconciliarse	
_____ enojarse		_____ casarse	
_____ enamorarse		_____ conocerse	
_____ abrazarse		_____ divorciarse	

C En parejas, conversen sobre la primera vez que Uds. tuvieron un desacuerdo con un novio / una novia.

1. ¿Qué pasó? ¿Qué dijo o hizo Ud.?
2. ¿Qué hizo o dijo su pareja?
3. ¿Cómo se sintió Ud.?
4. ¿Cómo se resolvió todo?

PUNTO GRAMATICAL I • LOS COMPLEMENTOS DEL OBJETO DIRECTO E INDIRECTO JUNTOS

Para evitar repeticiones

1. Whenever the direct and indirect object pronouns occur in the same phrase or sentence, the indirect object always precedes the direct object pronoun.

Ricardo compró **el anillo para ti.**	*Ricardo bought the ring for you.*
Ricardo **te lo** compró.	*Ricardo bought it for you.*
Me pediste un **abrazo** y estoy dándo**telo.**	*You asked for an embrace and I am giving it to you.*
Me hiciste una **promesa** y sé que vas a cumplír**mela.**	*You made me a promise, and I know you are going to keep it.*

2. The indirect object pronouns **le** and **les** change to **se** when they occur in combination with a third-person singular or plural direct object pronoun.

Le conté **el secreto a Tomás.**	*I told the secret to Tómas.*
Se lo conté.	*I told it to him.*
Compré **el regalo para ellos.**	*I bought the present for them.*
Se lo compré.	*I bought it for them.*

Note: Since the pronouns **le** and **les** (and, by extension, **se**) can refer to **él, ella,** and **Ud.,** and to **ellos, ellas,** and **Uds.** respectively, it is sometimes necessary to clarify them by adding a phrase with **a** + pronoun. The same pattern is used to show emphasis.

Le conté el secreto **a él.**	*I told him the secret.*
Se lo conté **a él.**	*I told you the secret.*

Práctica

A Carlos y Brenda se van a casar. Imagínese que Ud. es el encargado / la encargada de los preparativos. La fecha de la boda se acerca y todos le hacen muchas preguntas a Ud. Contéstelas, reemplazando los objetos directos e indirectos por complementos. Conteste afirmativamente.

MODELO: *¿Les* recordó Ud. *la fecha de la boda a los primos?* →
Sí, *se la* recordé.

1. *¿Les* llevó Ud. *los arreglos florales a Lucila?*
2. *¿Le* pagó Ud. *los gastos de la cena al gerente del restaurante?*
3. *¿Le* compró Carlos *los anillos que Brenda* quería?
4. *¿Nos* preparó Ud. *el informe de los gastos de la recepción?*
5. *¿Arreglaron Zulema y Jorge la sala para los invitados?*
6. *¿Buscó Ud. el dinero de los refrescos para Paco?*

Ahora imagínese que Ud. y la persona que le hace las preguntas son amigos. Conteste negativamente, utilizando la forma familiar.

7. ¿*Me* mandaste *el contrato con los músicos*?
8. ¿*Me* pagaste *la reservación del hotel*?
9. ¿*Me* diste *la lista de los nombres de los invitados*?
10. ¿*Me* hiciste *la cita con la dueña de la floristería*?

B Imagínese que la semana pasada Ud. y sus amigos hicieron trabajo voluntario en una cocina comunal.[1] Sustituya las palabras *en bastardilla* por complementos directos e indirectos para contar lo que hicieron. Primero, cambie los verbos entre paréntesis al pretérito.

MODELO: Iris y Reynaldo (cuidar) *a los niños de las familias.* →
Iris y Reynaldo *cuidaron* a los niños de las familias.
Iris y Reynaldo *se los* cuidaron.

1. Las hijas de Carmen (traer) *los asientos para la gente.*
2. Después, la Sra. Ramos (preparar) *la sopa para los niños.*
3. El Sr. Ramos (distribuir) *el pan entre todos.*
4. Giny y yo (poner) *los cubiertos en la mesa para ellos.*
5. Yo (buscar) *aspirinas para un niño.*
6. La Sra. Román (traer) *los platos para mí.*
7. Por la tarde, ella (escribir) *un informe para ti.*

[1]cocina... *soup kitchen*

Entre nosotros

En parejas, háganse las siguientes preguntas, y contéstenlas usando los complementos apropiados.

MODELO: ¿A quién le pedías dinero cuando eras niño? →
Se lo pedía a mis padres.

1. ¿A quién le contabas tus secretos?
2. ¿A quiénes les prestabas tus discos?
3. ¿Quiénes te hacían regalos el día de tu cumpleaños?
4. ¿Quiénes te enseñaban a leer?
5. ¿Quién te daba consejos?
6. ¿A quiénes les pedías consejos tú?

ENCUENTROS CULTURALES II
Nuestros amigos nos escriben

Nota cultural

Las ruinas incaicas de Machu Picchu, en el Perú, fueron descubiertas en 1911. Es una ciudad de aproximadamente 5.000 millas cuadradas que comprende templos, palacios, fuentes y torres. Hoy día, estas ruinas son visitadas por turistas de todo el mundo.

Arizona, 11 de noviembre

Hola, amigos. ¿Cómo están?

Hoy les tengo buenas noticias. Estoy muy contenta porque cuando regresé de México obtuve un empleo en una compañía que importa productos textiles del Perú y en el trabajo me va muy bien.

El mes pasado, me reuní allá con los directores de la compañía. Tan pronto como llegué, ellos me hicieron muchísimas preguntas. Yo les expliqué cómo está organizado nuestro trabajo acá en Arizona y les entregué los documentos que esperaban. Dos días antes de regresar a Arizona fui a las ruinas de Machu Picchu. En verdad, es un lugar fascinante que vale la pena visitar.

En general, el viaje fue muy interesante, pero estuve ocupadísima la mayor parte del tiempo. Mi próximo viaje será en enero, y ya comencé a prepararme, porque quiero visitar otros lugares de ese país.

A pesar de que tengo mucho trabajo, a veces dedico tiempo a otras cosas que me interesan. Les envío un poema que escribí recientemente. En este poema hablo de la identidad femenina como algo que incluye la esencia de las generaciones femeninas pasadas.

Les deseo mucho éxito en todo. Hasta pronto,

Amy Keller

Soy la niña.
Soy la madre.
Soy la abuela.
Soy la hija de mi madre.
Soy la nieta de mis abuelas.
Soy la combinación
de las generaciones.
He enseñado los secretos
de las mujeres
en las cocinas
con las ollas ruidosas.°   ollas... *noisy pans*
He visto la belleza
de las flores de nuestro jardín°   *garden*
en el florero° en la mesa.   *flower vase*
Mi forma está llenita.°   *rounded (in a feminine way)*
Mi sangre° es rica y roja   *blood*
y dice la historia de la mezcla°   *mixture, combination*
de todas mis vidas.
En fin,
soy la suma femenina.
Entonces,
soy la mujer.

LEER Y COMPRENDER

Parte A. Comprensión. Conteste las preguntas.

1. ¿En qué tipo de compañía obtuvo empleo Amy? ¿Qué hace allí?
2. ¿Adónde viajó Amy?

3. ¿Qué les explicó ella a los directores?

4. ¿Qué le fascinó?

Parte B: Conversando con los amigos. Converse con un compañero / una compañera sobre los siguientes temas.

1. ¿Qué crees que significa el verso «soy la suma femenina» en el poema de Amy?

2. ¿Cuál de las mujeres de tu familia representa mejor los valores y las creencias de toda la familia? ¿Por qué?

VOCABULARIO DE LA LECTURA

Expresiones		encontrar (ue)	to find
de tiempo parcial	part-time	mudar(se)	to move, change one's address
Sustantivos		sostener	support
las señales	signals	**Adjetivos**	
el valor	value	dado/a a	given to (*doing something*)
el varoncito	young male		
Verbos		satisfecho/a	satisfied
cuidar	to take care of		

Práctica

Ⓐ Asocie cada palabra **en negrilla** con una de las numeradas.

cuidar, dado/a a, encontrar, mudarse, satisfecho/a, señales, sostener, tiempo parcial, varoncito

1. irse a vivir a otro lugar
2. indicios
3. apoyar, ayudar
4. parte del tiempo
5. contento
6. hallar
7. niño
8. atender
9. que tiene la tendencia a

Ⓑ En parejas, háganse las siguientes preguntas.

1. En tu familia, ¿quién es más **dado a** los estudios?
2. ¿Trabajaste **tiempo parcial** el año pasado? ¿Piensas hacerlo en el futuro?
3. ¿Estás **satisfecho/a** de la vida en este momento?
4. ¿Estarías dispuesto/a a **sostener** a tu familia si fuera necesario?
5. ¿Crees que los **valores** en las sociedades contemporáneas cambian rápidamente? ¿Por qué sí o por qué no?

MIS PROPIAS PALABRAS

Escriba una lista de otras palabras que podrían ayudarlo/la a conversar sobre la lectura. Utilice un diccionario si es necesario.

_____

_____

_____

_____

_____

_____

AMBIENTE CULTURAL II

Seguimos cambiando

Valparaíso

Chiloé

CHILE

Cada día se ven más y más **señales** de que los papeles tradicionales del hombre y de la mujer están cambiando. Hoy en día la mujer se educa y el hombre la apoya y ayuda con los quehaceres de la casa y la crianza de los hijos. Un ejemplo es el caso del matrimonio Ocasio. Se conocieron cuando los dos estudiaban en la Universidad de Santiago de Chile. Al terminar su carrera se casaron y comenzaron a buscar empleo. Como había pocos puestos en su especialización, ellos tuvieron que aceptar trabajo en diferentes ciudades. La Sra. Ocasio **se mudó** a Valparaíso y su esposo consiguió trabajo en Chiloé, mucho más al sur. Para poder verse, ellos tuvieron que viajar constantemente por dos años. Por esta razón, decidieron no tener hijos hasta que pudieran **encontrar**le una solución a la situación. Afortunadamente, después de muchos sacrificios, ellos consiguieron trabajo en la misma ciudad y tuvieron una hija.

Otra pareja, los Delgado, aunque eran muy **dados al** cambio, deseaban mantener los **valores** tradicionales de la familia. Ellos se casaron hace ocho años y pronto tuvieron dos hijos: una niña que hoy tiene siete años y un **varoncito** que tiene seis. Cuando se casaron, ella era secretaria y él tenía dos trabajos **de tiempo parcial.** De esta manera, él tenía tiempo libre para dedicarse a lo que le gusta, las artes gráficas. Durante los primeros años de su matrimonio, trataron de desempeñar[1] los

papeles[2] tradicionales de los padres de familia. Sin embargo, ninguno de los dos se sentía **satisfecho** con esta situación.

Al cabo de un tiempo, tomaron una decisión importantísima que ha cambiado sus vidas. Él empezó a ser el que **cuidaba** a los niños, preparaba la cena y limpiaba la casa a cambio de[3] no tener que trabajar fuera del hogar. Dedicaba las horas libres, sobretodo cuando los niños estaban dormidos, a practicar su arte, y una noche a la semana iba a la universidad para continuar sus estudios. Ella se matriculó en un programa para maestros bilingües y logró su meta en solamente cuatro años, aunque ahora dice que no sabe cómo pudo hacerlo. Ella es quien **sostiene** económicamente a la familia, y además, ayuda a su esposo con los quehaceres de la casa. Ellos se respetan y se quieren mucho y los niños entienden su forma de vida.

Como se puede ver, algunas parejas de hoy día hacen ajustes[4] en la vida familiar para poder realizar sus sueños y aspiraciones, aunque, a pesar de todos los cambios, lo más importante es que la familia sea feliz.

[1]*fill*   [2]*roles*   [3]a... *in exchange for*   [4]*adjustments*

Los Ocasio comparten las tareas domésticas.

COMPRENSIÓN

Empareje las frases de la columna **A** con las de la columna **B.**

A	B
1. _____ Los papeles tradicionales del hombre y de la mujer	a. son muy felices.
	b. tardaron en tener hijos.
2. _____ El Sr. y la Sra. Ocasio	c. mantener los valores tradicionales.
3. _____ Los Ocasio tuvieron que aceptar	d. van cambiando.
4. _____ Los Sres. Delgado deseaban	e. trabajo en diferentes ciudades.
5. _____ La Sra. Delgado	f. estudió para maestra bilingüe.
6. _____ Ambas parejas	

CHARLEMOS

Conteste las siguientes preguntas.

1. ¿Cómo es el modo de vida de los matrimonios que Ud. conoce?
   Sugerencias: Puede hablar sobre sus diversiones, tareas del hogar, empleos, cuidado de los niños.
2. ¿Cómo fue su propia niñez y adolescencia?
   Sugerencias: Puede hablar sobre su vida como estudiante, amigos, intereses.

ESTRUCTURA VERBAL II • EL CONTRASTE ENTRE EL PRETÉRITO Y EL IMPERFECTO

Para hablar del pasado (4)

The preterite and the imperfect are both used in Spanish to talk about past actions. Sometimes, the choice of the preterite or the imperfect depends on how the speaker views the action, or on which aspect of the action he/she wants to emphasize. In general, the imperfect is used to emphasize the duration of a past action, or to describe what was going on. The preterite is used to narrate and to emphasize the beginning or the end of a past action. Note the following specific contrasts:

PRETERITE

1. Focuses on the beginning or end of a completed past action, no matter how long that action may have lasted.

IMPERFECT

1. Focuses on the habitual nature of a past action, without specifying the beginning or end.

Ella se **vistió** y **salió** rápidamente.
She got dressed and left rapidly.

Ellos lo **planearon** por tres años.
They planned it for three years.

2. Narrates a sequence of events.

Entré, saludé a todos y me **senté.**
I came in, greeted everyone, and sat down.

3. Expresses the termination of a past condition or a physical or mental state.

Estuve cansada toda la semana.
I was tired all week.

Él siempre **propagaba** ideas nuevas.
He always propagated new ideas.

Yo siempre **limpiaba** mi despacho.
I always used to clean my office.

2. Describes actions in progress in the past.

Mientras yo **leía,** ella **cantaba.**
While I was reading, she was singing.

3. Describes physical or emotional past conditions or states.

Gabriel **tenía** una sonrisa agradable.
Gabriel had a pleasant smile.

Ellos se **querían** mucho.
They loved one another.

4. Describes time, weather, and age.

Eran las diez y **hacía** sol.
It was ten o'clock and it was sunny.

Tenía sólo veinte años.
He was only twenty years old.

When telling a story, sometimes the writer or speaker sets the background with the imperfect, describing what was going on, then switches to the preterite to relate the action.

Práctica

Ⓐ **Paso 1.** Observe el contraste entre el pretérito y el imperfecto en este párrafo.

Cuando mi hermano Ismael *estaba*[1] en la secundaria, él *hacía*[2] trabajo voluntario en un hogar para gente pobre de la comunidad. En las mañanas, siempre se *levantaba*[3] muy temprano y les *distribuía*[4] el desayuno a los desamparados. En las tardes, *iba*[5] a los mercados y *pedía*[6] alimentos para el día siguiente. Ismael siempre *decía*[7] que *iba*[8] a ser trabajador social y nosotros lo *creíamos.*[9] Cuando por fin se *graduó,*[10] *decidió*[11] que mejor *estudiaba*[12] para médico.

Estudió[13] dos años en la universidad, pero *cambió*[14] de idea otra vez: esta vez nos *dijo*[15] que *quería*[16] ser abogado. Finalmente, mi hermano *estudió*[17] para maestro de matemáticas. ¡Quién lo hubiera dicho!

Paso 2. Los siguientes números corresponden a la explicación de los usos del pretérito y el imperfecto (páginas 119–120). Estudie cada uno para explicar el uso de estos tiempos en el párrafo anterior.

PRETÉRITO

1 = el comienzo o fin de una acción
2 = una secuencia de acontecimientos
3 = el fin de una condición o estado mental

IMPERFECTO

1 = una acción repetida
2 = una acción en progreso
3 = una condición física o mental
4 = la hora, el tiempo, la edad

B Complete el párrafo con la forma apropiada del verbo entre paréntesis.

Cuando yo era adolescente, mis padres eran muy estrictos conmigo. Ellos nunca me ——[1] (permitir) salir sin la compañía de mi hermano mayor, Rafael. Cuando yo ——[2] (recibir) una invitación para una fiesta, ellos ——[3] (llamar) a la casa de la familia que me invitaba, para asegurarse de que todo estaba en orden. Por eso, yo siempre ——[4] (sentirse) atrapada.

El año pasado, mi hija de 15 años y yo ——[5] (ir) a visitar a mis padres y ellos ——[6] (sorprenderse) de que mi hija tuviera tanta libertad. Mi padre me ——[7] (decir) que yo no ——[8] (saber) criar a mis hijos. Varios días después, él me ——[9] (regalar) un libro sobre la crianza de los hijos. Mamá, en cambio, ——[10] (reírse) de todo esto y me ——[11] (decir) que no me preocupara, que las cosas saldrían bien.

C Imagínese que las siguientes oraciones forman un resumen del contenido de un libro que Ud. leyó recientemente sobre la familia. Sustituya los infinitivos por una forma del pretérito o el imperfecto. Luego termine las oraciones lógicamente.

1. Antes, las familias (tener)...
   a. más tiempo para compartir.   b. menos tiempo para compartir.
2. Entonces, las mujeres no (trabajar)...
   a. fuera de la casa.   b. en el jardín.
3. (Comenzar: *yo*) a comprender que la sociedad...
   a. ha cambiado.   b. no ha cambiado.
4. Poco a poco los hombres (acostumbrarse)...
   a. al deseo de progreso de la mujer.   b. a la pasividad de la mujer.
5. Yo (leer) que hoy en día hay...
   a. más mujeres profesionales.   b. menos mujeres profesionales.
6. Yo (tener) la impresión de que la situación...
   a. había cambiado aun más.   b. había cambiado poco.

Entre nosotros

Entreviste a un compañero / una compañera sobre un acontecimiento importante en la vida de él / ella. Haga apuntes de sus respuestas para usarlas en el *Cuaderno de ejercicios.* Utilice la siguiente guía para sus preguntas y pida detalles después de cada respuesta.

1. fecha y lugar del acontecimiento
2. descripción del lugar y las personas
3. lo que ocurrió
4. su reacción a todo lo que pasó

RODEO DE COGNADOS

El sufijo -mente

En español y en inglés, los adverbios se forman añadiendo un sufijo al adjetivo: **-mente** en español, *-ly* en inglés. En español, si el adjetivo termina en **-o,** hay que sustituirlo por **-a** antes de añadir **-mente.** También se retiene el acento escrito al agregar **-mente** (**rápido → rápidamente**).

Práctica

Cambie cada forma adjetival por la forma adverbial con **-mente.**

MODELO: mutuo → *mutuamente*

1. obvio	3. insistente	5. frecuente
2. claro	4. fácil	6. sincero

PUNTO GRAMATICAL II • LAS CONSTRUCCIONES REFLEXIVAS

Para indicar que el sujeto es objeto de la acción

A. Reflexive Pronouns (los pronombres reflexivos)

yo	**me**	nosotros/as	**nos**
tú	**te**	vosotros/as	**os**
Ud.	**se**	Uds.	**se**
él, ella	**se**	ellos, ellas	**se**

B. Some Verbs Used Reflexively

bañarse	*to take a bath*
desayunarse	*to have breakfast*
despertarse (ie)	*to wake up*
dormirse (ue, u)	*to fall asleep*
lavarse	*to get washed, wash up*
lavarse los dientes	*to brush one's teeth*
levantarse	*to get up*
ponerse la ropa	*to dress, put on clothing*
quitarse la ropa	*to undress, take off clothing*
vestirse (i, i)	*to get dressed*

C. The Uses and Placement of the Reflexive Pronouns

1. The most frequent use of the reflexive construction is to indicate that the subject and the direct object are the same person; that is, the subject performs an action that relates to himself / herself.

2. The placement of reflexive pronouns in a sentence is exactly the same as that of other object pronouns.

   a. Before a conjugated verb or a negative command.

Ellos no **se** olvidaron de nada.	*They didn't forget anything.*
No **te** pongas obstinado.	*Don't be stubborn.*

   b. After, and attached to, an infinitive, or before the two-verb phrase.

No queríamos olvidar**nos** de ti.	
No **nos** queríamos olvidar de ti.	*We didn't want to forget about you.*

   c. After, and attached to, a present participle, or before the two-verb phrase.

Estaba acordándo**me** de él.	
Me estaba acordando de él.	*I was remembering him.*

   d. After, and attached to, an affirmative command.

¡Alégra**te**! Aquí vienen todos.	*Be happy! Here comes everybody.*

3. The reflexive construction also has several uses in which the subject is not capable of doing the action to itself.

   a. When discussing an act of nature.

El río Amazonas **se** desbordó.	*The Amazon river overflowed.*
El cielo **se** nubló.	*The sky got cloudy.*

b. To emphasize an unusual action.

El tren **se** salió de los rieles.	*The train went off the tracks.*
El ladrón **se** metió en la casa.	*The robber entered (forced his way into) the house.*

c. To indicate reciprocal or mutual actions, using the plural reflexive pronouns **nos, os, se** to show actions done by two or more persons to one another.

Se miraron sorprendidos.	*They looked at one another in surprise.*

Some verbs that are commonly used in reciprocal fashion are the following:

abrazarse	casarse	escribirse
amarse	comprometerse	llamarse
ayudarse	conocerse	pelearse
besarse	despedirse (i, i)	saludarse

D. Meaning Changes with Reflexive Pronouns

Although any transitive verb (a verb that may have a direct object) can be used in a reflexive construction, some display a change in meaning in English. Verbs of this type include the following:

aburrir	*to bore (someone)*	aburrirse	*to be bored*
acordar (ue)	*to agree*	acordarse (ue) de	*to remember*
alegrar	*to cheer (someone) up*	alegrarse (de)	*to be glad, rejoice (about)*
casar	*to marry (someone off)*	casarse (con)	*to get married (to)*
conducir	*to drive*	conducirse	*to behave (in a particular way)*
despedir (i, i)	*to dismiss*	despedirse (i, i) de	*to say good-bye (to)*
dormir (ue, u)	*to sleep*	dormirse (ue, u)	*to fall asleep*
ir	*to go*	irse	*to go away, leave*
levantar	*to lift*	levantarse	*to get up (in the morning); to stand up*

negar (ie)	*to deny*	negarse (ie)	*to refuse*
parecer	*to seem*	parecerse a	*to resemble*
poner	*to put, place*	ponerse	*to put on* (*clothing*); *to become + adj.*
preocupar	*to cause* (*someone*) *to worry*	preocuparse (de)	*to worry* (*about*)
quitar	*to take away*	quitarse	*to take off* (*clothing*)

Práctica

A **¿Qué hicieron?** Mire con atención los dibujos e imagínese que Ud. conoce a estas personas. Elija un verbo y diga qué hicieron en los momentos indicados.

MODELO: ayer / (levantar / levantarse) →
Ayer Ana María *se levantó* muy tarde.

1. anoche (preocupar / preocuparse)
2. el viernes (despedir / despedirse)
3. el fin de semana (acordar / acordarse)
4. ayer (levantar / levantarse)
5. en el pasado (conducir / conducirse)
6. en el concierto (aburrir / aburrirse)

Ana María

1.

Alicia

2.

Fabián y Margot

3.

¿Qué tal si nos vemos en el cine a las 8:00?

Claro que sí. No hay problema.

Diana y Trina

4.

Denise

5.

Juan José

6.

Paquito

B Sergio y Gloria son esposos y ambos son policías. Ayer hubo una celebración muy importante en la comunidad y ellos tuvieron un horario de trabajo muy ocupado. Con un compañero / una compañera, hagan oraciones para decir lo que ellos hicieron a las horas indicadas.

MODELO: despertarse   6:00 de la mañana →
Se despertaron a las seis de la mañana.

1. levantarse y vestirse   6:15 de la mañana
2. irse   7:00 de la mañana
3. desayunarse   10:00 de la mañana
4. quedarse en la estación de policía   1:00 de la tarde
5. darse cuenta de que tenían hambre   2:30 de la tarde
6. reunirse para almorzar   3:15 de la tarde
7. acordarse de que tenían una junta   5:45 de la tarde
8. alegrarse de regresar a la casa   7:38 de la tarde

Entre nosotros

A Busque la firma. ¿Quién en la clase...?

1. ——— se acostó muy tarde ayer
2. ——— se durmió muy cansado/a anoche
3. ——— se despertó a las 6:00 de la mañana hoy
4. ——— se levantó a las 7:00 de la mañana hoy
5. ——— se desayunó con su familia hoy
6. ——— se puso la ropa rápidamente hoy
7. ——— se alegró de venir hoy a la clase de español

B En parejas, imagínense que Uds. se encontraron en las siguientes situaciones. ¿Qué hicieron en cada caso? Escojan el verbo apropiado según corresponda.

MODELO: Era muy tarde y tenía mucho sueño. Por eso... (acostar / acostarse) →
Por eso *me acosté*.

1. Eran las 7:30 de la mañana y el despertador sonó. (levantar / levantarse)
2. Eran las 8:00 de la mañana y su hermana le había pedido que la despertara. (despertar / despertarse)
3. Su hermanito de siete meses necesitaba un baño. (bañar / bañarse)
4. Hacía mucho calor y Ud. tenía un suéter puesto. (quitar / quitarse)
5. Ud. estaba atrasado para su primera clase. (ir / irse)
6. Su auto no funcionó y Ud. consultó el problema con sus padres / su esposo/a. (acordar / acordarse)

TEMAS Y DIÁLOGOS

CHARLEMOS

Imagínese cómo continuaron las siguientes historias y cómo terminaron. Fíjese en los años en que ocurrieron. Añada por lo menos cuatro ideas más para describir cada situación.

1. Era el año 1950. Sofía y Gabriel se conocieron en la iglesia. Los padres de ambos eran muy estrictos. Por fin, después de seis meses, los permitieron ir al cine juntos. Después, ellos...

2. Era el año 1995. Manuel y Amarilis se conocieron en una discoteca. A las dos semanas, ellos...

DICHOS POPULARES

Los agravios del amor son males de corazón.

En martes, ni te cases ni te embarques.

Primero, determine el significado de cada uno de los dichos. Después, camine por la clase para ver cuántos estudiantes opinan como Ud.

LETRAS E IDEAS

Escriba dos párrafos sobre una mujer y un hombre del pasado que Ud. admira.

Párrafo 1: Diga quién es la mujer que Ud. admira, qué hizo y a quién(es) benefició con lo que hizo. Puede comenzar así: **La mujer que más admiro se llama** ———.

Párrafo 2: Escriba sobre un hombre del pasado igualmente admirable. Conteste las mismas preguntas del primer párrafo.

No se olvide de ponerle título a sus párrafos y de revisar los verbos y la concordancia de género y número.

● **ANIMADO**

FORO

Ⓐ **Las lenguas extranjeras: ¿Cuándo y dónde?** En grupos, converse con sus compañeros sobre el siguiente tema: *La enseñanza de las lenguas extranjeras en la escuela primaria.* Después un(a) estudiante de cada grupo hará una breve presentación para la clase.

Sugerencias: Pueden hablar sobre la edad apropiada para aprender otra lengua, las ventajas y desventajas de aprender dos lenguas a la vez, el enriquecimiento del vocabulario, el tiempo necesario para aprender otra lengua.

Ⓑ **La mujer: ¿Cuál es su papel?** La clase se divide en dos grupos iguales y cada grupo apoya una de las siguientes ideas:

Grupo A: La mujer debe educarse y dar sus contribuciones a la sociedad.
Grupo B: La mujer que es madre debe dedicarse al cuidado de la familia solamente.

Después, busque un estudiante del grupo contrario y trate de convencerlo/la de que acepte su punto de vista.

En el mundo hispano, es costumbre que la familia y las amistades se reúnan para celebrar el cumpleaños o el día del santo de una persona. En algunos países, se le lleva serenata a la persona festejada. En México, en las serenatas, los mariachis cantan una canción tradicional: «Las mañanitas». ¿Cómo se celebran los cumpleaños en su casa?

PARA UNA VIDA FELIZ

CAPÍTULO 5

LOS AMIGOS Y LA FAMILIA

Es placentero mirar juntos fotos que nos traen memorias gratas, ¿verdad? ¿Ha visto Ud. alguna vez una foto interesante de sus antepasados? ¿Puede describírsela a la clase? ¿Tiene fotos que le recuerden momentos agradables que ha gozado con la familia o con las amistades? ¿Qué ocasiones le recuerdan?

ENCUENTROS CULTURALES I

Los nuevos amigos

ESCUCHAR Y COMPRENDER

Primero escuche la **Parte A** de la cinta y siga las instrucciones
para completar el ejercicio. Luego escuche la **Parte B** y siga las
instrucciones.

Parte A: Comprensión. Escoja la mejor terminación.

1. Marcos y Nancy siempre han vivido en...
    a. lugares distantes.   b. un barrio de México.
    c. el mismo barrio.
2. Las familias de Marcos y Nancy son...
    a. parientes.   b. amigas.   c. científicos.
3. En la universidad, Marcos y Nancy...
    a. se divertirán.   b. se conocerán.
    c. compartirán lo que aprendan.
4. Después de sus estudios, Marcos se dedicará al
    desarrollo de...
    a. computadoras.   b. nuevas medicinas.
    c. varias industrias.
5. Marcos cree que Nancy será... algún día.
    a. su ayudante   b. doctora en medicina   c. su novia
6. El campo de especialización de Nancy será...
    a. la pedagogía.   b. la medicina veterinaria.   c. la pediatría.

*«¡Hola! Soy Marcos Muñoz. Mi
amiga es Nancy Torres, una amiga
de la infancia. Nuestra amistad es
muy importante para los dos.»*

Parte B: Conversando con los amigos. Indique si las siguientes oraciones
son ciertas o falsas. Corrija las falsas.

1. Nancy buscó a Marcos en el departamento de biología. F
2. Marcos tendrá un examen sobre el uso de las computadoras. C
3. El mundo hispano ya se incorpora a la tecnología moderna. C
4. GARDEL, el Server de la Red de Argentinos, le será útil a todo el mundo. F
5. El Internet es una manera única de romper los contactos culturales. F
6. Un estudiante pide admisión en la universidad y no en la facultad que
    elige. F
7. Nancy se despide de Marcos porque quiere ir de compras. F   que

El mundo hispano no se queda atrás en cuanto a la tecnología moderna. Éstos son ejemplos tomados de las *home pages* del Internet de México y de GARDEL, el server de la Red de Argentinos.

CHARLEMOS

¿Tiene Ud. una amistad de toda la vida? Con su compañero/a, intercambien descripciones de una amistad verdadera o imaginaria. Usen las siguientes preguntas como guía. Luego compartan sus ideas con la clase.

1. ¿Cómo es tu amigo/a?
2. ¿Por cuánto tiempo se han conocido?
3. ¿Qué ideas han compartido?
4. ¿Qué actividades han hecho o hacen juntos?

VOCABULARIO DE LA LECTURA

Expresiones

sean quienes sean	whoever they may be

Sustantivos

el afecto	affection
el/la aficionado/a	fan
la ciencia ficción	science fiction
el criterio	criterion
el OVNI (Objeto Volador No Identificado)	unidentified flying object (UFO)
la peña	club; gathering place
la tertulia	social gathering, get-together
el/la universitario/a	university student

Verbos

agradar	to please
confiar (en)	to trust (in)
fortalecer	to strengthen

Adjetivos

arraigado/a	firmly established
nocturno/a	nocturnal
placentero/a	pleasant
recíproco/a	reciprocal, mutual
rotundo/a	categorical; firm, absolute

Adverbios

cariñosamente	lovingly, affectionately

Práctica

A Empareje cada palabra o expresión con la definición correspondiente.

1. _____ tipo de cuento o novela
2. _____ el cariño
3. _____ hacer más fuerte una cosa
4. _____ mutuo
5. _____ norma para juzgar una cosa
6. _____ indicar que da igual si son unas personas u otras
7. _____ referente a la noche
8. _____ reunión regular de un grupo de amigos
9. _____ lugar donde se escucha música

a. **fortalecer**
b. **sean quienes sean**
c. **nocturno**
d. **la tertulia**
e. **el afecto**
f. **el criterio**
g. **recíproco**
h. **la peña**
i. **la ciencia ficción**

MIS PROPIAS PALABRAS

Escriba una lista de otras palabras que podrían ayudarlo/la a conversar sobre la lectura. Utilice un diccionario si es necesario.

_____
_____
_____
_____
_____
_____
_____

B Defina las siguientes palabras o expresiones según lo que significa cada una en su vida para hacer su propio «biodiccionario». Luego explíquele sus ideas a un compañero / una compañera.

MODELO: *cariñosamente* →
Siempre recuerdo *cariñosamente* a mi familia, porque son las personas que más me ayudan en la vida.

1. **el OVNI**
2. **agradar**
3. **placentero**
4. **el aficionado**
5. **confiar (en)**
6. **rotundo/a**
7. **arraigado/a**
8. **cariñosamente**
9. **el universitario**

AMBIENTE CULTURAL I

La amistad, valor universal

Cada persona tiene su propia definición de lo que es un buen amigo o una amistad verdadera. Según el diccionario, «amigo» es una persona con la que se tiene una relación en la que hay **afecto** y confianza **recíprocos.** Con frecuencia se escuchan comentarios como los siguientes.

—Para mí, un amigo es una persona **en** quien se puede **confiar** y que lo comparte todo con uno.

—Para mí, el amigo es quien siempre lo apoya[1] a uno, en cualquier circunstancia, especialmente en momentos de necesidad.

—Yo creo que los mejores amigos son los perros y los gatos, porque ellos siempre dan amor sin condiciones.

—El amigo es la persona que siempre dirá la verdad, aunque a uno no le **agrade,** y que nos recibe **cariñosamente** en todo momento.

—El mejor amigo o amiga es la madre o cualquier pariente o una persona que lo comprende a uno mejor que la misma familia.

Como se ve, hay varias maneras de definir a un buen amigo. **Sean quienes sean,** escogemos a nuestros amigos según nuestro propio **criterio,** y cada quien tiene su propia manera de hacer nuevas amistades.

En los países hispanos es igual, ya que los amigos son una parte íntegra de la vida de una persona, desde la juventud hasta la vejez. Con frecuencia, los **universitarios** forman grupos casi inseparables que se reúnen para intercambiar ideas, ir al cine, bailar o pasar un tiempo agradable en las **peñas,** lugares **nocturnos** donde se conversa y se escucha música. La **tertulia,** otra costumbre muy **arraigada** en la cultura hispana, ofrece la oportunidad de compartir unas horas **placenteras** al reunirse regularmente los parientes y amistades para hablar

---

[1]*supports*

de temas que incluyen asuntos[2] políticos, religiosos y sociales.

También hay gente del mundo hispano que piensa en la posibilidad de hacer amistades en el futuro con seres de otros planetas. Son los **aficionados** a los cuentos de **ciencia ficción** y a las películas sobre **OVNIs,** o sea, Objetos Voladores No Identificados. La película argentina *Hombre mirando al sureste,* que trata de un hombre extraterrestre, fue un éxito **rotundo.** Quizás por la influencia de tales libros y películas exista la idea de que algún día alguien se encontrará con un ser extraterrestre.

Sin embargo, es mucho más segura la posibilidad de viajar y ver de cerca las costumbres de otros países. Probablemente los viajes serán con destino a algunos de los países hispanos, y habrá la oportunidad de hacer nuevas amistades al conocer más a fondo[3] a la gente y su cultura. Lo cierto es que la amistad nace y se **fortalece** con el trato.[4] Sólo después de haber compartido experiencias juntos y descubrir que se puede confiar en la otra persona, nos damos cuenta de haber encontrado a un verdadero amigo. Al final de cuentas,[5] la amistad es un valor universal.

[2]*topics, events*   [3]*a... in depth*   [4]*contact*   [5]*Al... In the final analysis*

COMPRENSIÓN

1. ¿Cuáles son dos de las ideas que se mencionan en la lectura sobre los verdaderos amigos?
2. Según la lectura, ¿cuáles son dos de los tipos de actividades que comparten los amigos en el mundo hispano?
3. ¿De qué se trata la película *Hombre mirando al sureste*?

CHARLEMOS

Ⓐ Converse sobre los siguientes temas con un compañero / una compañera.

1. Lo que te hace saber que un nuevo conocido será tu amigo.
2. Tu opinión sobre tres de las características de los buenos amigos.
3. Tu opinión sobre cuáles de tus amigos actuales lo serán también en el futuro y por qué.

Ⓑ En parejas, imagínense un encuentro suyo con un habitante de otro planeta. Conversen sobre la apariencia de ese ser, cómo se va a encontrar con él, la manera de hacerse entender, quién de Uds. dos va a tener miedo al principio y si van a formar una amistad duradera.[1] Compartan sus ideas con la clase.

[1]*lasting*

ESTRUCTURA VERBAL I • EL TIEMPO FUTURO

Para hablar del futuro

A. Uses of the Future Tense

The future tense indicates an action that is definitely going to happen, or one that the speaker expects to carry out without any doubt. The Spanish future tense is equivalent to the English future (*will, shall,* or *going to*).

Rosita y Luis se **encargarán** de los arreglos para la tertulia.

Rosita and Luis will be in charge of the arrangements for the get-together.

El grupo se **reunirá** a las 8 de la noche.

The group is going to meet at 8 p.m.

Yo también **iré.**

I shall (will) also go.

B. Other Ways to Talk about the Future in Spanish

Remember that, in Spanish, the simple present tense or the **ir a +** infinitive structure may be used to talk about the future.

Mañana **comemos** en casa de nuestros primos.

Tomorrow we are going (will go) to eat at our cousins' house.

El viernes **vamos a bailar** hasta las 10 de la noche.

Friday we are going to (will) dance until 10 p.m.

C. Future Tense of Regular Verbs

The future tense for **-ar, -er,** and **-ir** verbs is formed with the infinitive + the indicated suffixes.

	jurar	**vender**	**existir**
yo	juraré	venderé	existiré
tú	jurarás	venderás	existirás
Ud.	jurará	venderá	esistirá
él, ella	jurará	venderá	existirá
nosotros/as	juraremos	venderemos	existiremos
vosotros/as	juraréis	venderéis	existiréis
Uds.	jurarán	venderán	existirán
ellos, ellas	jurarán	venderán	existirán

Práctica

A Complete el siguiente párrafo con las formas correctas del verbo en el tiempo futuro.

Soy Irene, y me gusta pensar en cómo *será* mi vida futura. Más que nada, puedo visualizar a los miembros de mi familia. Me imagino cómo *será* su apariencia física y su personalidad, la ropa que *usarán,* y lo que *estarán* haciendo cuando hayan pasado 20 años.

Primero, me imagino cómo se _____¹ (ver) mi mamá con el pelo completamente blanco, y la veo muy bonita así. Como ya se habrá jubilado,ª no _____² (ir) más a trabajar. _____³ (Estar) en la casa con mi papá, y los dos _____⁴ (gozar) de sus amistades y _____⁵ (viajar). Por supuesto, mi papá se verá y se _____⁶ (sentir) mejor que nunca.

Mis hermanitos gemelosᵇ ya _____⁷ (ser) adultos. Alberto se _____⁸ (vestir) de una manera extravagante, ya que siempre le ha gustado la ropa de colores vivos y llevar grandes cadenas de oro. En cambio, Alfonso _____⁹ (llegar) a ser un hombre de negocios, muy serio, y _____¹⁰ (llevar) ropa formal.

Por mi parte, yo _____¹¹ (ser) una mujer muy independiente. Tendré una carrera fantástica, y todo el mundo _____¹² (reconocer) mi talento. Mi esposo Juan Carlos y yo nos _____¹³ (adorar). Para nosotros, nuestros hijitos _____¹⁴ (ser) el centro de nuestro mundo. Ellos, por su parte, nos _____¹⁵ (amar) y nos _____¹⁶ (dar) grandes satisfacciones. Esto no es más que un sueño, pero... soñar no cuesta nada, ¿verdad?

ªya... *she will have already retired*   ᵇ*twin*

B Imagínese que Ud. puede predecir el futuro. Conjugue los verbos en el futuro y agregue las palabras necesarias para formular oraciones originales que describan cómo será su familia y lo que harán algunos de sus parientes y amigos dentro de 10 años.

MODELO: mi familia, consistir en →
Mi familia *consistirá en muchísimos parientes.*

1. mi amigo (nombre) _____, ser
2. mi amiga _____, pensar
3. mi padre, vender
4. mis tíos, vivir
5. mi familia, consistir (en)
6. una de mis primas, asistir a
7. mi hermano, comprar
8. mis compañeros y yo, jurar
9. yo, confiar (en)
10. mis amigos _____ y _____, volar

D. Verbs Irregular in the Future Tense

Verbs irregular in the future use the same suffixes as regular verbs. However, the infinitives are shortened or changed.

1. The stem of the infinitive is shortened.

    decir → **dir-**   hacer → **har-**

2. The thematic vowel of the infinitive is eliminated.

    cab~~e~~r → **cabr-**   pod~~e~~r → **podr-**   sab~~e~~r → **sabr-**
    hab~~e~~r → **habr-**   quer~~e~~r → **querr-**

3. The thematic vowel of the infinitive is eliminated and an extra **-d-** is added.

    pon~~e~~r → **pondr-**   ten~~e~~r → **tendr-**   ven~~i~~r → **vendr-**
    sal~~i~~r → **saldr-**   val~~e~~r → **valdr-**

Other verbs like **tener: contener, mantener, sostener**

Práctica

A ¡En el futuro todo será diferente! Imagínese cómo serán las cosas dentro de varios años. Conjugue el verbo en el tiempo futuro y termine la oración de una manera original.

   MODELO: El antiguo reloj de mi tío vale ahora $500. En el futuro, (valer)... →
              En el futuro *valdrá por lo menos $945*.

1. Hoy soy estudiante. En el futuro, (ser)...
2. Mis amigos salen a bailar con frecuencia. En el futuro, (salir)...
3. Mi casa siempre se mantiene bien. En el futuro, se (mantener)...
4. Tengo un amigo que siempre dice tonterías. En el futuro, (decir)...
5. Normalmente vosotros hacéis poco trabajo. En el futuro, (hacer)...
6. Mis primos vienen a la casa una vez al mes. En el futuro, (venir)...
7. Hay pocos árboles alrededor de nuestra casa. En el futuro, (haber)...
8. Tenemos una sala pequeña y no cabe toda la familia. En el futuro, (tener, caber)...
9. Quiero mucho a todos mis amigos. En el futuro, (querer)...
10. Ahora sabemos algo sobre las computadoras. En el futuro, (saber)...

B La familia Torrejuelas está preparando la cena para celebrar el cumpleaños de su hija menor. Escriba junto al número la letra de la terminación que corresponde a cada frase. Después conjugue el verbo en el tiempo futuro para formar una oración completa.

1. _____ Toda la familia (venir)...
2. _____ No (caber) toda la familia...
3. _____ La Sra. Torrejuelas (querer)...
4. _____ El Sr. Torrejuelas (tener)...
5. _____ Todos los primos (salir)...
6. _____ Pilar (poner)...
7. _____ Las tías (hacer)...
8. _____ (Haber) suficiente comida...
9. _____ Nosotros (decir)...
10. _____ La celebración (ser)...

a. que buscar más sillas y mesas.
b. a charlar en el patio.
c. varios platos típicos.
d. en el comedor.
e. para que todos coman bien.
f. para celebrar el cumpleaños.
g. un recuerdo muy grato.
h. que todos estén cómodos.
i. los platos en la mesa.
j. que lo pasamos muy bien.

E. The Future to Express Possibility or Probability

DAVID: ¡Mira esta estatua que te compré! ¿No crees que parece una auténtica escultura griega?

SILVIA: Será por su antigüedad...

The future tense also expresses possibility or probability. These functions are expressed in various ways in English.

—¿Quién **será** aquel muchacho moreno y guapo?
—**Será** el hermano de Patricia.

"Who can that dark, handsome boy be?"
"He must be Patricia's brother."

—¿Qué hora **será?**
—**Serán** las cuatro. Tengo que irme. ¿Dónde **estarán** las llaves del coche?

"What time can it be?"
"It's probably four o'clock. I have to go. Where do you suppose the car keys are?"

Práctica

Imagínense que Ud. y su compañero/a hablan de un amigo que acaba de graduarse en la universidad y se ha ido lejos en busca de empleo. Contesten las siguientes preguntas con oraciones originales, utilizando el futuro para expresar probabilidad.

1. ¿Dónde estará su amigo ahora?
2. ¿Con quién(es) vivirá?
3. ¿Empezará una nueva carrera?
4. ¿Tendrá éxito en lo que está haciendo ahora?
5. ¿Le servirá de mucho el título o será una desventaja para él?

Entre nosotros

Háganse preguntas sobre lo que planean hacer durante las próximas vacaciones. Utilicen verbos regulares e irregulares en el futuro, y el futuro para expresar probabilidad. Luego compartan la información con la clase.

Sugerencias: el lugar adonde irán, qué cosas y qué ropa llevarán, con quién(es) irán, en qué actividades participarán y con quién(es) se encontrarán

VOCABULARIO DEL TEMA

Para hablar de la familia

la nieta   el yerno   la abuela   el abuelo   el padre   la madre

la hermana mayor de la madre   la hermana menor de la madre   los gemelos   la tía   el tío

Una familia puertorriqueña se reúne después del bautizo de los gemelitos. Identifique a los miembros de la familia.

Los parientes

el abuelo, la abuela	grandfather, grandmother
el bisabuelo, la bisabuela	great-grandfather, great-grandmother
el tatarabuelo, la tatarabuela	great great-grandfather, great great-grandmother
el padre (papá), la madre (mamá)	father (dad), mother (mom)
el padrastro, la madrastra	stepfather, stepmother
el padrino, la madrina	godfather, godmother
los gemelos, las gemelas	twins

el hijo, la hija	son, daughter
el hermano, la hermana	brother, sister
el nieto, la nieta	grandson, granddaughter
el tío, la tía	uncle, aunt
el primo, la prima	cousin
el primo hermano, la prima hermana	first cousin
el suegro, la suegra	father-in-law, mother-in-law
el yerno, la nuera	son-in-law, daughter-in-law
el cuñado, la cuñada	brother-in-law, sister-in-law

Práctica

A En parejas, escojan a dos miembros de su familia y dígale a su compañero/a quiénes son, cómo se llaman, cómo son ahora y cómo serán dentro de veinte años.

MODELO: Mi padre se llama Ramón. Es de estatura mediana y tiene pelo y ojos color café. En veinte años, tendrá canas.[1] Ahora es flaco, pero creo que en el futuro se pondrá un poco gordito. Todo el mundo dice que mis dos hermanos, Raymundo y Carlos, se parecen mucho a él. Ellos también tendrán canas. Los tres son buenos amigos, además de ser parientes.

[1]*gray hair*

B En parejas, conversen con un compañero / una compañera sobre lo que estarán haciendo sus primos, tíos u otros parientes suyos en este momento.

MODELO: ¿Dónde *estarán* tus primos? → *Estarán* de viaje por el Caribe.
¿De qué *hablarán?* → *Hablarán* de lo que esperan ver.

PUNTO GRAMATICAL I • EXPRESIONES CON *TENER*

Para expresar estados o condiciones

Many expressions with **tener** express a person's or animal's temporary state or condition. Those that deal with physical or mental states are frequently translated with English *to be.* Here are some common expressions with **tener.**

tener (número) años   *to be... years old*
tener calor   *to be warm, feel warm*
tener celos   *to be jealous*
tener cuidado   *to be careful*
tener derecho (a)   *to have the right (to)*
tener dolor de cabeza (de muelas,...)   *to have pain (headache, toothache, etc.)*
tener en cuenta   *to have, keep in mind*
tener frío   *to be cold*

tener ganas de (+ *inf.*)   *to feel like (doing something)*
tener hambre   *to be hungry*
tener la culpa   *to be at fault, be blamed*
tener lástima (de)   *to feel pity (for)*
tener lugar   *to take place*
tener miedo   *to be afraid*
tener presente   *to have, keep in mind*
tener prisa   *to be in a hurry*
tener que ver con   *to have something to do with*

tener razón / no tener razón	tener suerte *to be lucky, have*
to be right / to be wrong	*good luck*
tener sed *to be thirsty*	tener tiempo *to have time*
tener sueño *to be sleepy*	tener vergüenza *to be ashamed*

Práctica

A ¿Cuál de estas expresiones con **tener** asocia Ud. con la situación indicada? Indique la expresión correspondiente y después haga una oración original.

tener... años, tener frío, tener hambre, tener lugar, tener miedo, tener prisa, tener razón, tener sed

MODELO: cuando uno no ha comido por varias horas →
tener hambre / Siempre *tengo hambre* después de un examen difícil.

1. cuando uno necesita ponerse un suéter o abrigo
2. cuando se habla de cuándo y/o dónde va a celebrarse algo
3. cuando ya son las 7:45 y hay que llegar a un lugar antes de las 8:00
4. cuando sentimos la necesidad de comer
5. cuando tenemos la boca y la garganta secas
6. cuando queremos indicar la edad de alguien en años
7. cuando algo nos horroriza
8. cuando lo que dice una persona es lógico, verdadero

B **Paso 1.** En parejas, imagínese que Ud. y un compañero / una compañera asistirán a la inauguración de un nuevo parque en la ciudad donde viven. Habrá música para bailar y el alcalde[1] de la ciudad hablará de los planes de añadir cosas de interés al parque en el futuro. Indique cuáles de las siguientes situaciones son probables y cuáles no.

[1]*mayor*

	PROBABLE	IMPROBABLE
1. No tendremos frío porque el evento será en enero.	☐	☐
2. La inauguración tendrá lugar a las 4 de la mañana.	☐	☐
3. Sus amigos Rubén y Raúl tendrán prisa por llegar, como siempre.	☐	☐
4. Como a sus amigas Elena y Rubí les fascina el baile, es seguro que tendrán ganas de bailar.	☐	☐
5. Nadie llevará comida, porque no tendremos hambre.	☐	☐
6. Alguien llevará bebidas, porque todos tendremos sed.	☐	☐

	PROBABLE	IMPROBABLE

7. El alcalde hablará de la necesidad de tener
   presente el tamaño del lugar cuando se trata
   de planes futuros.   ☐   ☐
8. Al llegar la noche, todo el mundo tendrá sueño. ☐   ☐

Paso 2. Ahora comparen sus respuestas con las de otra pareja. Luego conversen sobre lo que podrán hacer durante el evento, utilizando el tiempo futuro y las expresiones con *tener*.

Entre nosotros

Imagínese que Ud. tiene una niña, Susana, de ocho años de edad. Ha llevado a su hija y un grupo de los amiguitos de ella al cine para ver una película juvenil muy popular. En este momento están en el vestíbulo del cine, comprando dulces y refrescos y los niños hacen exactamente lo que les da la gana. Hágale a su compañero/a las siguientes preguntas. Él/Ella contestará usando expresiones con *tener* y el futuro de probablidad.

MODELO: ¿Por qué come Susana ahora? → *Tendrá hambre.*

1. ¿Por qué le quita Eduardo los dulces a Rodolfo?
2. ¿Por qué se quitan Rosa y Esmeralda los suéteres?
3. ¿Por qué se toma Felipe su refresco ahora?
4. ¿Por qué gritan aquellos niños cuando ven el cartel de una película de horror?
5. ¿Por qué pide Ceci aspirina?
6. ¿Por qué algunos niños no quieren comer palomitas de maíz?

ENCUENTROS CULTURALES II
Nuestros amigos nos escriben

San Antonio, 5 de noviembre

Queridos amigos,

Hace días que quería escribirles pero estoy ocupadísimo con mis estudios de biología. Mis profesores son muy exigentes, y Uds. saben cuánto me gusta cumplir con todo y sacar buenas notas. Sin embargo, sería fabuloso si tuviera tiempo para hacer todo lo que me interesa: iría al cine, leería novelas de ciencia ficción, jugaría al baloncesto ¡y descansaría!

Ayer tuve dos exámenes difíciles, así que durante el fin de semana tendré un poquito de libertad. Pienso pasar el sábado gozando de la compañía de mis amigos Nancy, Julián y Diana. Los cuatro queremos aprender a usar más eficientemente el Internet. Como Julián es el más diestro de todos, nos enseñará todo lo que él sabe hacer con la computadora. Después, iremos a comer a un nuevo restaurante peruano donde tienen fama de preparar una comida verdaderamente deliciosa.

No recuerdo si les había contado que durante las vacaciones de Navidad podré visitar a mis parientes y amigos en México. Iré a la graduación de mi prima Tania, quien se graduará el día 20. De la Ciudad de México saldremos para Puebla y les daremos una sorpresa a nuestros parientes. Anticipo tanto el viaje que a veces quisiera que se acabará más rápidamente el semestre. Sin embargo, todavía faltan varias semanas.

to order

Me despido ahora porque quiero mandar la carta antes de que se cierre el correo. Prometo escribirles muy pronto.

cerrar — to close/shut

Con mucho cariño,
Marcos Muñoz

LEER Y COMPRENDER

Parte A: Comprensión. Conteste las preguntas.

1. ¿Por qué dice Marcos que tiene muy poco tiempo para escribir?
2. ¿Qué otras cosas le gustaría hacer?
3. ¿Con qué amigos piensa reunirse el sábado? ¿Qué harán?
4. ¿Adónde piensa ir durante las vacaciones de Navidad?
5. ¿A quiénes conoce Marcos en México y en Puebla?

Parte B: Conversando con los amigos. ¿Con cuáles de sus amigos piensa reunirse este fin de semana? Conversen en grupos sobre qué piensan hacer, incluyendo información sobre con quién(es) piensan reunirse y por qué prefieren pasar parte del fin de semana con ellos.

VOCABULARIO DE LA LECTURA

Sustantivos

el cartel	show bill, poster
la lata	tin (can)
el osito de peluche	stuffed toy bear
la patineta	skateboard
las pertenencias	belongings
el polvo	dust; powder
el rincón	corner
el soldadito	little (toy) soldier

Verbos

abandonar	to abandon, leave behind
arrancar	to pull up, wrench
plantear	to set forth, raise (_a question_)
repartir	to distribute, hand out
tirar	to throw
torcer(se)	to twist; to become twisted

Adjetivos

costoso/a	expensive
descosido/a	torn (_unsewn_)
llamativo/a	attention-getting
pensativo/a	pensive, thoughtful
valioso/a	valuable

Escriba una lista de otras palabras que podrían ayudarlo/la a conversar sobre la lectura. Utilice un diccionario si es necesario.

_____

_____

_____

_____

_____

_____

_____

Práctica

A Indique si las siguientes oraciones son falsas o verdaderas. Corrija las falsas.

1. Un **cartel** es una caja grande.
2. Un **rincón** es la parte interior de una esquina.
3. Se usa una **patineta** para salir del agua.
4. Cuando el cuarto se llena de **polvo,** hay que limpiarlo.
5. Se conservan muchos tipos de comida en **latas.**
6. Un **osito de peluche** podría ser **pensativo,** feroz y peligroso.
7. Algunas personas creen que sus **pertenencias** no tienen valor, mientras que otras las consideran muy **valiosas.**
8. Algunas veces las colecciones de **soldaditos** mueren en la guerra.
9. Una señorita que tiene el vestido **descosido** se siente muy atractiva.
10. A muchos jóvenes les gustan los autos **llamativos** y **costosos.**

B ¿Cuál de estos verbos usaría en las siguientes situaciones?

abandonar, arrancar, plantear, repartir, tirar, torcer(se)

1. Ud. tiene una opinión y quiere proponerla a sus amigos.
2. Ud. decide dar sus pertenencias a unos amigos queridos.
3. Un amigo se cae y se lastima el tobillo.[1]
4. Su compañero/a de cuarto va a poner las cosas viejas en la basura.
5. Unas personas se van y dejan su casa con todo lo que contiene.
6. Hay mucha mala hierba[2] que crece cerca de su casa.

[1]*ankle*   [2]mala... *weeds*

Nota cultural

Con frecuencia en los países hispanos, la situación socio-política ha causado que mucha gente tenga que hacer cambios drásticos en su vida. En los casos extremos, algunas personas sienten la necesidad de huir[1] de su país para ir a establecerse en otro. A causa de la estrecha unidad familiar y el gran cariño por los amigos, la emigración provoca mucha tristeza e intranquilidad. En la siguiente lectura, Laura, una joven guatemalteca, recuerda sus experiencias previas a su emigración a los EE.UU.

[1]*flee*

AMBIENTE CULTURAL II

Esos pequeños tesoros

Yo sabía que mi papá no estaba de acuerdo con la política actual de nuestro país, pero esta idea no me causaba inquietud hasta el día en que me informó que era preciso **abandonar** nuestra casa y a los seres queridos con quienes habíamos compartido tantas cosas. Para protegernos, nos iríamos lejos, como lo han hecho tantos refugiados políticos. La verdad es que, antes de aquel momento, yo no había pensado en el valor de mis **pertenencias.** Es decir, hasta el día en que mi primo Orlando me **planteó** la idea así:

—Laura, no puedes llevar mucho contigo en el viaje. ¿Piensas **repartir** tus cosas más **valiosas.** ¿Me regalarás algo como recuerdo tuyo?

¿Qué le daría a Orlando? No estaba segura de que él se conformaría con un **cartel** del roquero de moda.[1] Pensé en un **osito de peluche** sucio y **descosido** que todavía dormía conmigo, pero sabía que éste me lo llevaría conmigo. Tal vez le agradaría la colección de poemas que escribí cuando tenía doce años...

—Pero Orlando, ¡esto me **arranca** el corazón! Nunca había pensado en irme a vivir a otro lugar ni mucho menos repartir mis cosas.

—Lo sé, Laura. Esto te hará pensar en las cosas que más aprecias.

—Realmente hasta ahora no lo había pensado. ¿Y tú? ¿Qué me regalarás para que tenga algo tuyo de recuerdo?

Orlando se quedó **pensativo.** Después me dijo que su colección de **soldaditos,** aunque llena de **polvo,** todavía conservaba los colores vivos. Pero él sabía que a mí eso no me interesaría. En cambio, pensó que las pistolitas de agua me gustarían porque yo las coleccionaba cuando era pequeña, aunque la verdad es que ahora las **tiraría** a la basura, porque me ha entrado un terrible desagrado por todo lo que simbolice la violencia. Orlando también se preguntó si me entusiasmaría la **patineta.** Después decidió que no, porque esa fue la que yo montaba el día en que me **torcí** un tobillo y ya no pude acompañar a mis primos a la playa el resto del verano. Entonces, Orlando me dijo:

—Ay, Laura, de veras no encuentro nada de valor para ti.

Ni Orlando ni yo pensamos en las cosas **costosas.** Yo no recordé ni mis discos compactos, ni el radio que había comprado para llevar a la playa. Por su parte, Orlando no pensó ni por un minuto en su equipo de sonido ni en el mueble **llamativo** donde lo pone.

Ahora que me encuentro tan lejos de mi tierra, me doy cuenta de que, para mucha gente, las cosas que más se aprecian no tienen valor monetario. Si se les preguntara cuáles son sus pequeños tesoros, posiblemente la mayoría pensaría en cosas de valor sentimental. Algunos mencionarían recuerdos traídos de otros países, regalitos y juguetes de la infancia, viejas cartas de amor y fotos. Ésos son pequeños tesoros como los que tengo guardados en una vieja cajita de **lata.** Son los que siempre llevo conmigo, y que esperan pacientes un lugar privilegiado en los **rincones.**

[1]de... *hottest*

COMPRENSIÓN

1. ¿Qué situación hizo que Laura se pusiera a pensar en repartir las cosas de valor que tenía?
2. ¿En qué cosas pensó ella? ¿Por qué decidió no regalarlas?
3. Y Orlando, ¿en qué objetos pensó?
4. ¿En qué objetos no pensaron ninguno de los dos?
5. ¿Cuál es la conclusión de Laura?

CHARLEMOS

En parejas, conversen sobre los objetos de más valor para Ud. y su compañero/a. ¿Cuáles son? Si tuvieran que repartirlos, ¿a quién(es) se los darían? ¿Por qué? Compartan sus ideas con la clase.

ESTRUCTURA VERBAL II • EL TIEMPO CONDICIONAL

Para hablar de lo que podría pasar

A. Uses of the Conditional

The conditional tense is used to transmit information about what one would or would not do or what would or would not happen.

Normalmente, él no **hablaría** con una persona desconocida.	*Normally, he wouldn't talk to an unknown person.*
Creí que el baile **tendría** lugar a las 9 de la noche.	*I thought that the dance would take place at 9 p.m.*

The conditional tense is also used in the following cases:

1. To indicate actions that depend on another circumstance.

Le **regalaría** un reloj si tuviera suficiente dinero.	*I would give him a watch if I had enough money.*

Note: This usage, frequently linked to the use of the past subjunctive, is explained in more detail in **Capítulo 8.**

2. To indicate supposition or uncertainty about a past event.

—¿Adónde **irían** ellos tan tarde en la noche?	*"Where would they have gone so late at night?"*
—Me imagino que **tendrían** una emergencia.	*"I suppose they must have had an emergency."*

3. To make courteous requests or statements.

¿**Sería** Ud. tan amable de llamar a mis padres?

Would you be kind enough to call my parents?

Le **agradecería** que firmara los papeles hoy mismo.

I would be grateful to her if she signed the papers this very day.

B. Additional Ways to Express English *would*

Just "would"

1. The use of the imperfect tense to express repeated events in the past is often translated with *would* to convey the meaning *used to*.

Yo **iba** a la universidad todos los días.

I would go to the university every day.

La familia se **reunía** con mucha frecuencia.

The family would get together frequently.

2. English *should* may indicate the use of conditional (*would*) or **deber** (*ought to*).

Me **gustaría** viajar.

I should (would) like to go.

Debo visitar a mis primos.

I should (ought to) visit my cousins.

3. The verb **querer** is used in the conditional to indicate desire in the past. Notice the contrast in the following sentences:

Arturo dijo que no **quería** vender su guitarra.

Arturo said that he would not (did not want to) sell his guitar.

conditional

No **quiso** hacerlo.

He would not (refused to) do it.

would

C. Conditional Tense of Regular Verbs

The conditional tense is formed with the infinitive + the following suffixes below. The same endings are used for -**ar**, -**er**, and -**ir** verbs.

plantear

yo	plantearía	nosotros/as	plantearíamos
tú	plantearías	vosotros/as	plantearíais
Ud.	plantearía	Uds.	plantearían
él, ella	plantearía	ellos, ellas	plantearían

Práctica

Ⓐ Beatriz y Marcial conversan frente a una cafetería en el centro. Complete su conversación con la forma correspondiente del verbo entre paréntesis en el tiempo condicional.

BEATRIZ: Marcial, conoces a Delia, ¿verdad? ¿Te ——*gustaría*[1] (gustar) ir conmigo a visitarla esta noche?

MARCIAL: Me ——*encantaría*[2] (encantar) pero mañana tengo que levantarme muy temprano. Sin embargo, yo ——*iría*[3] (ir) si Uds. insistieran.

BEATRIZ: Gracias. Me ——[4] (gustar) que fuera Ana también. Pero, no sé qué le ——[5] (pasar) desde la última vez que la vi. Casi nunca me llama.

MARCIAL: Podría ser que estuviera muy ocupada. Sabes que tiene un nuevo trabajo, y su jefe es muy exigente. De todos modos, yo le hablaré por teléfono esta tarde. Oye, Beatriz, ¿——*sería*[6] (ser) posible que me hicieras un favor?

BEATRIZ: Pues, vamos a ver. Dime.

MARCIAL: Olvidé mi dinero en la casa. ¿Me ——*podrías*[7] (poder) prestar cinco dólares?

BEATRIZ: Con gusto. Aquí los tienes, Marcial.

Ⓑ Mire los dibujos y formule preguntas usando el tiempo condicional. Luego, piense en una respuesta adecuada.

MODELO: ADELA: ¿deber comprar auto?

TONY: poder comprar un auto / necesitar dinero →

ADELA: ¿No crees que *debería* comprar un auto para ir al trabajo?

TONY: Sí. *Podrías* comprar un auto pero necesitarías más dinero.

1. FELIPE: ¿gustarle? ¿playa?
    FLOR: gustarme / prefirir
    practicar con el coro

2. JUANA: ¿agradarte? ¿nadar en
    el lago?
    JOSÉ: ser buena idea / preferir
    nadar antes de comer

3. BRIANA: ¿ir al cine? ¿a las tres?
    ISABEL: poder ir / preferir ir más
    temprano

4. TINA: ¿regalarme? ¿el perrito de
    peluche?
    ROBERTO: gustarme / querer regalarlo
    a mi hermano

D. Verbs Irregular in the Conditional Tense

Verbs that are irregular in the future are also irregular in the conditional. They use
the normal conditional suffixes with infinitives that have been changed in the
same ways as those of the future tense.

1. The stem of the infinitive is shortened.

    decir → **dir-**   diría   hacer → **har-**   haría

2. The thematic vowel of the infinitive is eliminated.

cab_e_r → **cabr-**	cabr**ía**	quer_e_r → **querr-**	querr**ía**
hab_e_r → **habr-**	habr**ía**	sab_e_r → **sabr-**	sabr**ía**
pod_e_r → **podr-**	podr**ía**		

3. The thematic vowel of the infinitive is eliminated and an extra **-d-** is added.

pon_e_r → **pondr-**	pondr**ía**	val_e_r → **valdr-**	valdr**ía**
sal_i_r → **saldr-**	saldr**ía**	ven_i_r → **vendr-**	vendr**ía**
ten_e_r → **tendr-**	tendr**ía**		

Other verbs like **tener: contener, mantener, sostener**

Práctica

A José y Nora hablan con sus parientes y amigos de lo que éstos podrían hacer para sentirse más satisfechos de la vida. Conjugue los verbos en el tiempo condicional.

MODELO: Nora le dijo a Pedro / poder obtener mejores notas en sus clases →
Le dijo a Pedro que *podría* obtener mejores notas en sus clases.

Nora le dijo a...
1. su primo / poder visitar a sus parientes
2. Elizabet / encontrar la felicidad al conocer a la persona ideal
3. su tía / poner menos sal en la comida para cuidar su salud
4. su padre / darle las buenas noticias sobre la herencia de Manuel

José le dijo a...
5. su hermana / haber muchas oportunidades para reunirse con la familia
6. toda la familia / mantener contacto con sus amigos
7. su novia / hablar por teléfono con su hermana una vez a la semana
8. su amigo / la vida no valer tanto sin la familia y las amistades

B Imagínese que Ud. y sus amistades pertenecen a un club social y benéfico. Ud. es el nuevo presidente / la nueva presidenta. ¿Qué cambios haría para mejorar el club? Conjugue el verbo en el condicional y busque la frase correspondiente para terminar la oración.

MODELO: tesorero del club / comprar calculadora para (hacer cuentas) →
El tesorero del club *compraría* una calculadora para hacer las cuentas.

1. los miembros / presentar / ideas...
2. un benefactor / donar dinero...
3. el director social / organizar actividades...
4. nosotros / servir refrescos...
5. los nuevos miembros / poder participar...
6. yo / planear / calendario de eventos...
7. nosotros / estar muy ocupados...
8. el club / planear / campaña para reclutar...

a. sociales y benéficos
b. nuevos miembros
c. en todas las actividades
d. con tantos eventos
e. a nuestra tesorería
f. en cada reunión
g. para nuestra consideración
h. como bailes y fiestas

Entre nosotros

Converse con un compañero / una compañera sobre la importancia de la unión familiar. Hágale las siguientes preguntas para que conteste en el tiempo condicional. Haga apuntes de sus respuestas para usarlas en el *Cuaderno de ejercicios.*

1. En tu opinión, ¿cómo (ser) la familia ideal del futuro?
2. ¿Qué actividades (poder) compartir los miembros de la familia ideal?
3. ¿De qué manera (deber) ayudar los hijos a los padres?
4. ¿Con quién de tu familia (compartir) las responsabilidades diarias?
5. ¿Con qué miembro de la familia (querer) comunicarte con más frecuencia? ¿y con menos frecuencia? ¿Por qué?
6. ¿(Leer) tú libros sobre la unión familiar? ¿Por qué sí o por qué no?

RODEO DE COGNADOS •

Sustantivos que terminan en -o

En el idoma español hay una gran cantidad de sustantivos que terminan en **-o** que son muy parecidos a las formas correspondientes del inglés. Los cognados que terminan en **-o** normalmente son de dos tipos: sustantivos y adjetivos. Con frecuencia la palabra presenta otro pequeño cambio en su formación, pero casi siempre se reconoce fácilmente. En este capítulo, hay varios sustantivos de este tipo: **comentario, criterio, miembro, objeto.** Entre los adjetivos se encuentran: **recíproco, fanático, identificado.**

Práctica

En pares, utilicen estos cognados en oraciones que muestren su significado.

> MODELO: fanático →
> Raymundo Gómez es *fanático* de los libros de ciencia ficción. Los lee constantemente.

1.	miembro	4.	mutuo	7.	objeto
2.	criterio	5.	identificado	8.	idéntico
3.	comentario	6.	artrítico	9.	ficticio

Punto gramatical II • Mandatos formales e informales

Para dar mandatos o hacer sugerencias con tono de mando

Imperative forms are used to give commands or to make strong suggestions.

A. Formation of Formal Commands

Formal commands for **Ud.** and **Uds.** (except for five irregular verbs and verbs that require spelling changes to reflect pronunciation) are formed by using the first-person singular of the present indicative as the base form. The final **-o** is dropped and **-e, -en** is added for **-ar** verbs, **-a, -an** for **-er** and **-ir** verbs.

infinitivo	1ª pers. sing. indicativo	imperativo
cantar	canto	cante(n) / no cante(n)
beber	bebo	beba(n) / no beba(n)
escribir	escribo	escriba(n) / no escriba(n)
tener	tengo	tenga(n) / no tenga(n)
cerrar	cierro	cierre(n) / no cierre(n)
volver	vuelvo	vuelva(n) / no vuelva(n)
pedir	pido	pida(n) / no pida(n)
seguir	sigo	siga(n) / no siga(n)
traducir	traduzco	traduzca(n) / no traduzca(n)

Por favor, no se **siente** tan lejos.	*Please don't sit so far away.*
Infórmele de los resultados del examen.	*Inform her (him) of the results of the exam.*
Vuelva Ud. tan pronto como pueda.	*Come back as soon as you can.*

B. Verbs with Irregular Formal Commands

dar	**doy**	**dé(n)**	saber	**sé**	**sepa(n)**
estar	**estoy**	**esté(n)**	ser	**soy**	**sea(n)**
ir	**voy**	**vaya(n)**			

C. Verbs with Spelling Changes in the *Ud.–Uds.* Command Forms

buscar	busco	bus**que(n)**
empezar	empiezo	empie**ce(n)**
jugar	jue**g**o	jue**gue(n)**

Other verbs like...
buscar: marcar, multiplicar, sacar
empezar: comenzar, forzar, trazar
jugar: castigar, colgar, llegar, negar

D. Formation of Informal Commands

The singular informal command (**tú**) for regular verbs is identical to the third-person singular of the indicative. The negative command is formed in the same way as the affirmative and negative commands for **Ud.–Uds.**, with **-s**.

tú canta / no cantes	bebe / no bebas	escribe / no escribas
tú piensa / no pienses	traduce / no traduzcas	juega / no juegues

E. Irregular *tú* Commands

Verbs that have irregularities in **tú** affirmative commands follow the normal pattern for negative commands.

decir	**di** / no **digas**	saber	**sé** / no **sepas**
hacer	**haz** / no **hagas**	salir	**sal** / no **salgas**
ir	**ve** / no **vayas**	tener	**ten** / no **tengas**
poner	**pon** / no **pongas**	venir	**ven** / no **vengas**

F. Position of Object Pronouns

Object pronouns are attached at the end of affirmative commands and precede negative commands, as indicated in **Capítulo 4.** When both the direct and indirect complements are used, the indirect complement always precedes the direct complement.

UD.: Tráiga**melo.** No **me lo** traiga.
TÚ: Tráe**melo.** No **me lo** traigas.

Práctica

A En parejas, imagínese que su familia ha invitado a varios amigos y conocidos a una tertulia mensual. Hay bastante confusión, porque llegan muchas personas, suena el teléfono y todavía no hay suficientes sillas. Ud. trata de organizar la tertulia. Dé mandatos afirmativos a cada persona indicada. Su compañero/a dará el mandato negativo.

MODELO: al Dr. Matasanos / sentarse allí→
ESTUDIANTE 1: Dr. Matasanos, *siéntese allí,* por favor.
ESTUDIANTE 2: Dr. Matasanos, *no se siente allí,* por favor.

1. a los Sres. Pérez / tomar una taza de café
2. a su amigo (tú) / hablar con los Sres. Pérez
3. a su madre (Ud.) / contestar el teléfono
4. a unos compañeros / traer más sillas
5. al Dr. Matasanos / decirle al Sr. Pérez cuáles fueron los resultados de su examen médico
6. a una amiga (tú) / bajar el volumen de la música
7. a un primo (tú) / ir a la tienda para comprar más refrescos
8. a todos los invitados / escuchar la lectura de la poesía
9. a los niños pequeños de la familia / acostarse antes de las 10 de la noche
10. a su familia / despedirse de los invitados

B Una escena familiar. ¿Qué consejos les darían los padres a los jóvenes en las siguientes situaciones? Utilice mandatos informales.

MODELO: María come rápidamente. →
María, *no comas* tan rápidamente.
María, *come* más despacio.

1. María siempre regresa tarde a la casa.
2. Julián fuma y esto es malo para su salud.
3. Pedro maneja sin precaución cuando sale con María.
4. Ricardo y Flor no estudian con dedicación y sacan malas notas.
5. Rosana no es puntual.
6. Trina y Manuel no visitan a sus abuelos.
7. Flor sale con amigos que no conoce muy bien.
8. Julián debe reunirse con sus tíos mañana.

Entre nosotros

Paso 1. Es el año 2050. Ud. dirige una nave espacial que acaba de aterrizar en un lugar desconocido. Para su gran sorpresa, hay habitantes en el lugar. Dos compañeros harán el papel de los miembros de la tripulación, quienes le harán a Ud. muchas preguntas. Conteste utilizando mandatos formales y los complementos necesarios.

MODELO: *¿Saludo* a aquellos seres? (sí) → Sí, *salúdelos.*

¿Saludamos a aquellos seres? (sí) → Sí, *salúdenlos.*

1. ¿Nos *acercamos* a ellos? (sí)
2. *¿Traigo* las cámaras? (sí)
3. ¿Debemos *estar* callados? (sí)
4. *¿Seremos* cordiales? (sí)
5. ¿Les *indicaremos* de dónde somos? (no)
6. *¿Oímos* las transmisiones de radio? (no)

Paso 2. Ahora conversen sobre lo que Uds. harían en una situación similar. Háganse preguntas originales y contéstenlas con mandatos formales.

TEMAS Y DIÁLOGOS

CHARLEMOS

A ¿Qué problema tiene el marido? Véase unas sugerencias en la página 158.

En grupos, háganse preguntas sobre la tira cómica. Utilicen verbos en el tiempo futuro y el futuro para expresar probabilidad.

MODELO: ¿En qué pensará el marido? →
Pensará en su computadora.

Sugerencias: qué tipo de trabajo tendrá el marido, dónde estarán las personas en cada dibujo, por qué busca medicina, qué lee en la etiqueta de cada botella, qué piensa la mujer, qué hará el marido, qué le pasará por fin

B En parejas, imagínense que Ud. y un compañero / una compañera quieren escribir un libro de consejos sobre cómo cultivar una amistad duradera. ¿Cuál sería el título del libro? ¿Dónde se publicaría? ¿Qué consejos incluirían? ¿Quién(es) lo compraría(n)?

DICHOS POPULARES

Mejor andar solo que mal acompañado.

Un amigo en la necesidad es un amigo de verdad.

En parejas, conversen sobre el significado de estos dichos. Háganse preguntas sobre sus propias experiencias y decidan si las ideas expresadas en los dichos son una buena descripción de la realidad. Compartan sus ideas con la clase.

LETRAS E IDEAS

Imagínese que Ud. tiene una familia muy grande, pero todos viven en diferentes ciudades. Escríbales una carta.

Párrafo 1: Salúdelos y pregúnteles cómo están y qué hacen.
Párrafo 2: Hábleles un poco de Ud. y de las cosas que hará próximamente.
Párrafo 3: Proponga que la familia se reúna muy pronto en un lugar que sería conveniente para todos. Indique algunas cosas que podrían hacer juntos. No olvide despedirse de ellos. Use el condicional lo más que pueda.

CAPÍTULO 6

Manuel Patarroyo es un científico colombiano que descubrió la primera vacuna eficaz contra la malaria. En vez de vender la patente de su descubrimiento, Patarroyo se la cedió a la Organización Mundial de la Salud.

LA SALUD Y LOS DEPORTES

Este hispano se ha destacado en las ciencias. ¿Conoce Ud. a alguna persona famosa? ¿De dónde es? ¿Por qué es famoso/a?

ENCUENTROS CULTURALES I
Los nuevos amigos

«*Hola, me llamo Regina Salessi. Soy argentina, pero vivo ahora en España. Mi gran pasión es el tenis.*»

ESCUCHAR Y COMPRENDER

Primero escuche la **Parte A** de la cinta y siga las instrucciones para completar el ejercicio. Luego escuche la **Parte B** y siga las instrucciones.

Parte A: Comprensión. Indique con una X la información que *no* aparece en la cinta.

1. _____ Los padres de Regina se alegran de que ella sea una tenista profesional.
2. _____ Ellos le aconsejan que se distraiga con sus amigos de vez en cuando.
3. _____ Le regalaban muchas raquetas de tenis cuando era pequeña.
4. _____ Regina está muy contenta de que su hermano sea campeón de baloncesto.
5. _____ Regina le dice a Jorge que practique el tenis.
6. _____ Regina cree que hay que tener perseverancia en todo.

Parte B: Conversando con los amigos. Escoja la mejor terminación.

1. El tema principal de la conversación es...
   a. los deportes y la comida.   **b.** los sitios de interés turístico.
2. Regina dice que es necesario que ella...
   a. lleve una dieta rigurosa.   **b.** coma más carne.
3. Sus amigos supieron de ella...
   a. a través de la televisión.   **b.** a través del periódico.
4. Regina se alegra de que ellos estén de visita aunque sea por...
   a. mucho tiempo.   **b.** poco tiempo.
5. Jorge se lamenta de que Regina no coma...
   a. dulces.   **b.** platos típicos argentinos.

CHARLEMOS

Converse con un compañero / una compañera sobre los siguientes temas.

1. ¿Qué le sugieres a una persona que quiere competir en las Olimpiadas? ¿Le sugieres que escoja un buen lugar para entrenarse? ¿Le recomiendas que

entrene con perseverancia? ¿que descanse suficiente? ¿que practique con entusiasmo?

2. ¿Qué les aconsejas a algunos de tus amigos respecto a su salud? ¿Les aconsejas que reduzcan la cantidad de grasa en las comidas? ¿Por qué? ¿Les recomiendas que hagan ejercicio regularmente? ¿que eviten el azúcar? ¿Por qué?

VOCABULARIO DE LA LECTURA

Expresiones

claro está (que)	it's clear (that . . .)
guardar la línea	to be in good shape (*physically*)
hacerle caso (a)	to listen or pay attention to

Sustantivos

la cautela	caution
el daño	damage, harm
el ejercicio	exercise
la siesta	nap
el vigor	energy; health

Verbos

mantener	to maintain

Adjetivos

aislado/a	isolated
encargado/a	in charge
nocivo/a	harmful
ocupado/a	occupied, busy

Adverbios

con recelo	suspiciously

Práctica

mano

A Empareje las siguientes palabras con las palabras enumeradas que tienen un significado similar.

> **la cautela, claro está,** con trabajo, **el daño,** la energía, **hacerle caso (a),** remoto, **nocivo**

1. _____ el mal
2. _____ **ocupado**
3. _____ malo
4. _____ **el vigor**
5. _____ poner atención
6. _____ el cuidado
7. _____ es obvio
8. _____ **aislado**

B Con un compañero / una compañera, escriba una lista de palabras que se puedan asociar con las siguientes palabras del vocabulario.

MODELO: **la siesta** → dormir, cansado, la tarde

1. **mantener**
2. **el ejercicio**
3. **guardar la línea**
4. **encargado**
5. **con recelo**
6. **la siesta**

MIS PROPIAS PALABRAS

Escriba una lista de otras palabras que podrían ayudarlo/la a conversar sobre la lectura. Utilice un diccionario si es necesario.

_____

_____

_____

_____

_____

_____

AMBIENTE CULTURAL I

Mente sana[1] en cuerpo sano

Los hispanos siempre han recurrido a[2] formas variadas de **mantener** la salud. Por ejemplo, mientras que en las ciudades más modernas la mayor parte de la gente prefiere la medicina científica, en los lugares más **aislados** todavía se utilizan los remedios caseros.[3] Algunas personas combinan la medicina científica con la natural. Aunque muchos hispanos miran la medicina natural **con recelo,** el caso es que en los últimos años ésta ha tenido más aceptación. En parte, esto se debe a que algunas compañías extranjeras han solicitado permiso para fabricar medicinas a base de plantas que en las culturas hispanas se han estado utilizando por siglos.

Otra de las maneras tradicionales de mantener la salud ha sido a través del descanso.[4] En muchas ciudades de Hispanoamérica, todavía existe la costumbre de cerrar los lugares de trabajo de 2 a 4 de la tarde, porque a la gente le gusta dormir la **siesta** y tomar la vida con calma. Además, en las ciudades menos industrializadas, la gente acostumbra salir a pasear o a charlar con los amigos después de la cena, olvidándose así por unas horas de las preocupaciones de la vida diaria.

Hoy en día, muchos están conscientes de la importancia de un dieta equilibrado y de evitar el uso de substancias **nocivas,** no sólo para **guardar la línea** sino para mantenerse sano.

ÍNDICE DE RAYOS ULTRAVIOLETAS

Valores de intensidad del sol		Tiempo máximo que una persona con piel sensible debe estar al sol	Tiempo máximo que una persona con piel más resistente debe estar al sol
Mínimo	0–2	30 minutos	> 120 minutos
Bajo	3	20 minutos	90 minutos
	4	15 minutos	75 minutos
Moderado	5	12 minutos	60 minutos
	6	10 minutos	50 minutos
Alto	7	8.5 minutos	40 minutos
	8	7.5 minutos	35 minutos
	9	7 minutos	33 minutos
Muy alto	10	6 minutos	30 minutos
	11	5.5 minutos	27 minutos
	12	5 minutos	25 minutos
	13	< 5 minutos	23 minutos
	14	4 minutos	21 minutos
	15	< 4 minutos	20 minutos

Fuente: NOAA y EPA

Las agencias **encargadas** de la salud pública aconsejan limitar el consumo de proteínas de origen animal y advierten que algunos alimentos pueden causar **daño** si se consumen sin **cautela.** Por otro lado, el control del tabaco y el alcohol tiene ahora gran prioridad, puesto que se sabe de los efectos nocivos de estas sustancias. Indudablemente, para conservar la salud se ha hecho necesario romper con los viejos hábitos y adoptar nuevos.

Hasta años recientes, hacer **ejercicio** no era la manera más popular de mantener la salud y

[1]Mente... *A sound mind* [2]han... *have used, taken advantage of* [3]*home* [4]*rest*

el **vigor.** Hoy en día las cosas han cambiado mucho. Por eso, en los parques públicos siempre se ve a gente jugando al fútbol, baloncesto, béisbol y otros deportes. En muchos lugares hay ahora gimnasios modernos donde la gente puede hacer ejercicios aeróbicos, karate, judo, levantar pesas y hasta nadar.

Las agencias de salud pública también aconsejan que es vital no descuidar la salud mental:

hay que tener una actitud positiva, mantenerse **ocupado** en algo útil y rodearse de[5] buenos amigos que, **claro está,** son un apoyo muy valioso en los momentos más críticos de la vida. En fin, hay que **hacerle caso a** estas recomendaciones, pues están basadas en investigaciones científicas respecto a la mejor manera de mantener la salud.

[5]rodearse... *surround oneself with*

COMPRENSIÓN

Indique si las siguientes descripciones se aplican a los hispanos. Explique por qué sí o por qué no.

		SÍ	NO
1.	En todos los lugares del mundo hispano la gente prefiere la medicina científica.	☐	☐
2.	Miran con recelo la medicina natural.	☐	☐
3.	No les gusta hacer ejercicio.	☐	☐
4.	Les gusta mucho ir a los parques.	☐	☐
5.	Ahora tienen nuevos hábitos alimentarios.	☐	☐
6.	Nunca duermen la siesta.	☐	☐
7.	Prefieren ver la televisión en vez de charlar con los amigos.	☐	☐

CHARLEMOS

1. ¿Es necesario que Ud. haga más ejercicio para mantenerse en buena salud? ¿que tenga una dieta equilibrada? ¿que se distraiga de vez en cuando? ¿que reduzca las tensiones?

2. ¿Qué le recomienda Ud. a su familia respecto a la salud y los deportes?

ESTRUCTURA VERBAL I • EL MODO SUBJUNTIVO (1)

Estudia

Para hablar de lo desconocido o subjetivo

A. Introduction to the Subjunctive

When the indicative mood is used, actions are perceived as real in relationship to daily events and the objective world. In contrast, the subjunctive mood expresses the subjective point of view of the speaker. It may also indicate a lack of experience or knowledge of a topic or anticipation (without sure knowledge) of the future.

The subjunctive normally occurs in the dependent clause when the subject of that clause is different from the subject of the independent clause. Four major conditions predict the use of the subjunctive.

1. **Voluntad:** will, desire, suggestions, and persuasion

Ellos **quieren** que tú **termines** la competencia con éxito.	*They want you to finish the competition successfully.*
Te **aconsejo** que **estudies** más si quieres continuar en el equipo.	*I advise you to study more (that you study more) if you want to stay on the team.*

2. **Negación, duda e incertidumbre:** denial, doubt, uncertainty

Su papá **niega** que él **esté** interesado en otro equipo.	*His father denies that he is interested in another team.*
Dudo que Martín **juegue** con los Tigres.	*I doubt that Martin plays for the Tigers.*
Busco a una entrenadora que **sea** española.	*I'm looking for a Spanish coach. (But I don't know if I can find one who is Spanish.)*

3. **Emoción:** happiness, sadness, fear, and hope

Me alegro tanto de que tu tío **tenga** tan buena salud.	*I am so glad that your uncle has such good health.*
La niña **teme** que a su tío no le **vaya** a gustar el regalo que le ha comprado.	*The child is afraid that her uncle will not like the present that she bought for him.*

Note: Other uses of the subjunctive will be reviewed in **Capítulos 7, 8, 9, 10** and **11.**

B. The Present Subjunctive of Regular Verbs

To form the present subjunctive of regular verbs, drop the final **-o** from the first-person singular of the present tense, and then add **-e** to **-ar** verbs and **-a** to **-ir / -er** verbs. (Note that these rules are identical to those that you learned in **Capítulo 5** for forming the **Ud./Uds.** and negative **tú** commands. This is because those command forms—but not the affirmative **tú** commands—are part of the subjunctive verb system in Spanish.)

	cantar	comer	subir
yo	cante	coma	suba
tú	cantes	comas	subas
Ud.	cante	coma	suba
él, ella	cante	coma	suba
nosotros/as	cantemos	comamos	subamos
vosotros/as	cantéis	comáis	subáis
Uds.	canten	coman	suban
ellos, ellas	canten	coman	suban

If the verb is irregular in the first-person singular of the present indicative, this irregularity is maintained in all persons of the present subjunctive.

agradecer	agradezco	agradezca, agradezcas...
caber	quepo	quepa, quepas...
decir	digo	diga, digas...
hacer	hago	haga, hagas...
poner	pongo	ponga, pongas...
traer	traigo	traiga, traigas...

C. The Subjunctive of Spelling-Change Verbs

Some verbs require a spelling change to preserve the pronunciation of the final stem consonant. In the present subjunctive, these changes affect all persons.

	buscar	(-car → -que)		
yo	busque	nosotros/as		busquemos
tú	busques	vosotros/as		busquéis
Ud.	busque	Uds.		busquen
él, ella	busque	ellos, ellas		busquen
	llegar	(-g- → -gue)		
yo	llegue	nosotros/as		lleguemos
tú	llegues	vosotros/as		lleguéis
Ud.	llegue	Uds.		lleguen
él, ella	llegue	ellos, ellas		lleguen
	alcanzar	(-z- → -c-)		
yo	alcance	nosotros/as		alcancemos
tú	alcances	vosotros/as		alcancéis
Ud.	alcance	Uds.		alcancen
él, ella	alcance	ellos, ellas		alcancen

(handwritten: to reach; attain — next to alcanzar)

Other verbs like ...
buscar: atacar, indicar, sacar, tocar
llegar: entregar, jugar (ue), pagar, rogar (ue)
alcanzar: abrazar, comenzar (ie), empezar (ie), lanzar

(handwritten annotations: to ask for; to beg, plead — near rogar; to embrace/hug — near abrazar; to begin, to start — near comenzar; to begin, to start — near empezar; to pitch — near lanzar)

D. The Present Subjunctive: Expressions of Will

The subjunctive is used in the dependent clause after expressions that indicate will, desire, suggestions, and explicit or implicit commands. Some of these expressions are the following: **espero que, exijo que, es necesario que, ojalá que, pido que, quiero que, recomiendo que, sugiero que,** and so on.

Queremos que ellos **participen** en los deportes acuáticos.	*We want them to participate in aquatics.*
Os recomiendo que **escuchéis** el partido esta noche.	*I recommend that you listen to the game tonight.*

Práctica

Ⓐ ¿Qué es necesario que hagan las personas en las siguientes situaciones?

MODELO: Su vecina dice que está aburrida. (*divertirse* con sus amigos) →
Es necesario que *se divierta* con sus amigos.

1. Su primo le dice que tiene un médico que siempre llega tarde. (*buscar* otro médico)
2. Sus padres quieren comenzar a hacer ejercicio. (*caminar* todos los días)
3. Su vecino insiste en trabajar día y noche. (*descansar* con más frecuencia)
4. Su hermano/a toma muy poca agua. (*tomar* ocho vasos de agua al día)
5. Su tío sufre de tensión nerviosa a causa del mucho trabajo. (*contratar* más empleados)
6. Su vecino come dulces todo el día. (no *comprar* dulces)
7. Su padre prefiere usar el auto para ir a todas partes. (*manejar* menos y caminar más)

Ⓑ Conversando con un amigo, Ud. hace sugerencias o comentarios a todo lo que él/ella dice. Haga los cambios necesarios.

MODELO: Quiero encontrarme con Susana en el partido de béisbol.
Te sugiero que la (*invitar*) → Te sugiero que la *invites*.

1. Es muy importante que hable con Susana.
Te recomiendo que la (*llamar*)
2. Necesito comprar los boletos del partido.
Te sugiero que (*buscar* dinero)
3. Quiero ir al partido, porque sé que a Susana le gusta el béisbol.
Espero que no (*cambiar* de idea)
4. Supe que Ramón y Susana fueron novios.
Te sugiero que no (*escuchar* chismes)
5. Tengo una cita con ella y ya es muy tarde. ¡Adiós!
Ojalá que no (*llegar* tarde / hasta luego)

E. The Present Subjunctive of Stem-Changing Verbs: *-e-* → *-ie-*, *-o-* → *-ue-*

Stem-changing verbs ending in **-ar** and **-er** have the same pattern in the subjunctive as in the present indicative: the stem change affects all persons except for the **nosotros** and **vosotros** forms.

	pensar (-e- → -ie-)	**poder (-o- → -ue-)**
yo	piense	pueda
tú	pienses	puedas
Ud.	piense	pueda
él, ella	piense	pueda
nosotros/as	pensemos	podamos
vosotros/as	penséis	podáis
Uds.	piensen	puedan
ellos, ellas	piensen	puedan

Other verbs like . . .

pensar -e- → -ie-: comenzar, defender, encender, entender, perder, querer, recomendar, sentarse

poder -o-(-u-) → -ue-: contar, devolver, jugar, oler, recordar, resolver, soñar, volver

Note: **comenzar** (com<u>ie</u>nce), **jugar** (j<u>ue</u>gue), **oler** (h<u>ue</u>la)

Práctica

A En parejas, digan qué recomendarían en cada una de las siguientes situaciones.

MODELO: El mucho sol le causa dolor de cabeza al tío de Pedro.
(evitar / sol) →
Le aconsejo que *evite el sol.*

1. David está en un campamento de verano. De pronto tiene una reacción alérgica, pero no sabe qué se la causó.
   Le aconsejo que...
   a. recordar bien / síntomas
   b. sentarse / descansar
   c. no oler / flores
   d. no jugar / afuera

2. Delia y Pedro quieren bajar de peso.
   Les recomiendo que...
   a. contar / las calorías
   b. comenzar / una dieta
   c. volver / al gimnasio
   d. practicar / algún deporte

B Doris es una amiga con mucho sentido común. Por eso sus amigos siempre le están pidiendo consejos. Invente los consejos de Doris, emparejando las frases de la derecha con las oraciones de la izquierda.

MODELO: A Teresa le duele la garganta. (ir al médico) →
          Doris le aconseja que *vaya al médico.*

1. ___f___ Fernando y Rosa están enojados.   a. recordar sus triunfos
2. ___d___ Gladys le debe dinero a Doris.   b. volver a estudiar
3. ___b___ Gloria no entiende la lección de biología.   c. contar el secreto
4. ___a___ Ramón perdió un campeonato.   d. devolver el dinero
5. ___c___ Julia y Lucy guardan un secreto.   e. jugar en un equipo
6. ___e___ A Reyes le gusta el fútbol.   f. resolver sus diferencias

Entre nosotros

En parejas, cambien los verbos entre paréntesis por la forma apropiada del subjuntivo. Después, háganse las preguntas. Expliquen sus respuestas.

1.   ¿Esperan tus padres (hijos) que (resolver) tus problemas por ti mismo/a?
2.   ¿Te recomiendan que (volver) temprano de las fiestas?
3.   ¿Te piden que los (entender) y (comunicarse) con ellos?
4.   ¿Te sugieren tus amigos que no (perder) contacto con ellos?
5.   ¿Te aconsejan que (hacer) más ejercicio?

VOCABULARIO DEL TEMA

Para hablar de las partes del cuerpo, de los alimentos y de las visitas al médico

Las partes del cuerpo

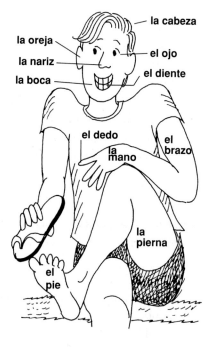

la cabeza
la oreja
la nariz
la boca
el ojo
el diente
el dedo
la mano
el brazo
la pierna
el pie

Práctica

El cuento de nunca acabar.[1] Pregúntele a un compañero / una compañera para qué usa alguna parte del cuerpo. Trate de dar respuestas muy detalladas de acuerdo con sus propias experiencias. Después, algunos voluntarios dirán su respuesta a la clase.

MODELO: ¿Para qué usas los ojos? →

Uso los ojos para mirar la televisión con mucha atención, todas las noches, a las 8:00, en la sala de mi casa, junto a mis dos hermanos mayores y mi hermana menor ¡que siempre está comiendo mientras oyen los programas!

[1]Expresión popular para significar que algo es interminable.

Los alimentos
nourishment

Note: These food words are only a selection of those that you may need to talk about what you like to eat. Consult a dictionary or ask your instructor if you need more vocabulary. And be sure that you know the meaning of all the words listed here.

Las frutas: la fresa, la manzana, el melocotón (durazno), el melón, la naranja, la pera, la piña, la sandía, la uva

Las verduras o legumbres: los frijoles (porotos o habichuelas), la lechuga, el maíz, la remolacha (el betabel), el repollo, el tomate, la zanahoria

Los mariscos y las carnes: el camarón, la carne de res (pollo, cerdo), la langosta, el pescado

Los cereales y platos a base de cereales: el arroz, la avena, la cebada, el centeno, las galletas, el pan, el panqueque, las tostadas de maíz, el trigo

Las bebidas: la cerveza, el jugo, el refresco, la sidra, el vino

Los productos lácteos: la crema agria, la leche, el queso, el queso de crema

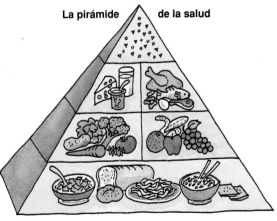

La pirámide de la salud

Práctica

A Mire bien la pirámide de la salud y luego entreviste a un compañero / una compañera.

1. ¿De qué grupo de alimentos se sugiere que comamos más?
2. ¿De qué grupo es necesario que comas menos?
3. ¿De qué grupo es necesario que comas más?

B En parejas, imagínense que Uds. tienen cuarenta invitados para una cena en su casa. Escriban una lista de los platos principales, los postres y las ensaladas que van a servir. Después, comparen su lista con la de otra pareja.

C Hágale las siguientes preguntas a un compañero / una compañera.

1. ¿Qué almuerzas regularmente cuando estás en la universidad?
2. ¿Qué desayunas los sábados y domingos?
3. En tu opinión, ¿de qué alimentos se compone una cena ideal?
4. ¿A quién le gusta cocinar en tu familia? ¿Qué platos cocina? ¿En qué ocasiones los prepara?

En el consultorio médico

tener dolor de: cabeza, garganta, muelas, oídos

tener: escalofríos, fiebre, gripe, infección intestinal, náuseas, resfrío (resfriado), tos

sentirse: cansado/a, débil, deprimido/a, mareado/a

Práctica

En parejas, digan qué le recomiendan Uds. a una persona que (a quien)...

1. se siente deprimida.
2. le duele la garganta.
3. tiene gripe.
4. se siente débil.

PUNTO GRAMATICAL I • LAS EXCLAMACIONES

Para expresar sorpresa, admiración y otras emociones

Some Spanish interrogative words are used to form exclamatory phrases.

¿Cómo...? → **¡Cómo... !**   *How ...! (in what manner)*
¡Cómo corren esos jugadores!   *How those players run!*

¿Cuánto...? →
   ¡Cuánto/a/os/as... !   *How much ...! (to what extent),*
                                                     How many ...! (quantity)

¡Cuánto admiro a los atletas!	*How I admire athletes!*
¡Cuántos fanáticos hay en la cancha!	*There are so many fans on the court!*
	How many fans (there are) on the court!

¿Qué...? → **¡Qué... !**	*What a (an) …! How …!*
¡Qué gran sugerencia!	*What a great suggestion!*
¡Qué lástima! ¡Qué pena!	*What a pity! What a shame!*
¡Qué idea más buena!	*What a great idea!*
¡Qué fantástico!	*How fantastic!*
¡Qué horrible!	*How horrible!*
¡Qué cosa más grande!	*How incredible!*

Algunas exclamaciones más

¡No me digas!	*You don't say!*
¡Qué ridículo!	*How ridiculous!*
¡Qué bien!	*That's great!*
¡Esto es demasiado!	*This is too much!*
¡No faltaba más!	*This is the last straw!*
¡Menos mal!	*Thank goodness!*

Práctica

A En parejas, imagínense que Uds. conocen muy bien a Georgina, una mujer *muy* emotiva. Digan qué exclamaría ella en las siguientes situaciones.

1. Georgina está mirando un torneo de tenis por la televisión y le enoja que haya tantos anuncios.
2. Alejandro, su mejor amigo, la llama y le sugiere que vayan a ver un partido de béisbol.
3. Georgina mira por la ventana y ve que está lloviendo fuertemente.
4. Su hermanito más pequeño quiere acompañarla al partido de béisbol.
5. Va a hacer mal tiempo y tal vez ella no pueda salir.
6. Alejandro la llama otra vez y le dice que él no puede ir.
7. En su casa todos están hablando a la vez.

B Mire el dibujo y conteste las preguntas.

1. ¿Qué le desagrada a esta niña?
2. ¿Qué frases puede utilizar para expresar sus emociones?

Entre nosotros

Formulen cinco oraciones sobre cosas que puedan causar sorpresa. Su compañero/a debe responder con una frase apropiada. Haga apuntes para usarlas en su *Cuaderno de ejercicios.*

Sugerencias: pueden hablar sobre la política, la salud, los deportes, las artes, la educación

ENCUENTROS CULTURALES II
Nuestros amigos nos escriben

Nota cultural

La hermosa ciudad de Córdoba, en la Argentina, se fundó en 1573 y es la segunda ciudad más grande del país. Allí se fundó la primera universidad de la nación en 1613. Córdoba es ahora un importante centro industrial.

Buenos Aires, 27 de enero

¡Hola, amigos!

-¿Cómo están? Quiero contarles que en estos días me estoy entrenando para mi próximo torneo... ¡en la Argentina! Ojalá que tenga buena suerte y que gane esta competencia. Sé que para sentir más confianza en mí misma, es necesario que me entrene por lo menos seis horas diarias.

Anoche hablé por teléfono con Marta y Jorge. Ellos están de vacaciones en Córdoba. Me sugieren que descanse y, sobretodo, que tenga fe en mis habilidades. Espero que algún día yo pueda demostrarles mi agradecimiento y mi cariño. Por ahora, es importante que trabaje con mucha dedicación.

La semana pasada vi un partido fantástico de tenis de la dominicana Mary Joe Fernández. Era un partido especial a beneficio de los niños con impedimentos físicos, y el estadio estaba lleno de aficionados. He leído que a Mary Joe también le gustan el golf y el esquí acuático, dos deportes que a mí también me gusta practicar.

Ojalá que todo les vaya bien en la universidad y que de vez en cuando tengan tiempo para disfrutar de algún deporte.

Sinceramente,
Regina Salessi

Nota cultural

En las Olimpiadas de 1992, la puertorriqueña Gigi Fernández y la dominicana Mary Joe Fernández ganaron la Medalla de Oro en la categoría de tenis dobles. En 1985, a los 14 años Mary Joe Fernández ganó el U.S. Open, siendo así la jugadora más joven en ganar dicho campeonato.

LEER Y COMPRENDER

Parte A: Comprensión. Conteste las preguntas.

1. ¿Cuántas horas al día se entrena Regina?
2. ¿Qué le sugieren Jorge y Marta?
3. ¿A quién vio jugar al tenis?
4. ¿Qué premios ha ganado Mary Joe Fernández?

Parte B: Conversando con los amigos. Converse con un compañero / una compañera sobre los siguientes temas.

1. ¿Cuál es la meta más importante en tu vida? ¿Desde cuándo tienes esta meta?

2. ¿Qué es necesario que hagas para lograrla? ¿Cuándo crees que la lograrás?
3. ¿Qué deportista(s) te gustaría ver jugar? ¿Sabes de dónde es / son?

VOCABULARIO DE LA LECTURA

Expresiones

anotar puntos	to score points
dar vivas	to cheer
echar una ojeada	to take a quick look

Sustantivos

el apoderado	manager
el atletismo	track events
la canasta / el canasto	basket
la cancha	court
el clavado	dive
el cuadrangular	home run
la entrada	inning
el entrenador	coach

la gradería	bleacher, tier of seats or steps
la hazaña	great deed
la justa	joust; competition
el lanzador	pitcher
la liga	league
el torneo	tournament

Verbos

alentar (ie)	to encourage

Adjetivos

invernal	winter, wintry
mundial	worldwide
predilecto/a	favorite

MIS PROPIAS PALABRAS

Escriba una lista de otras palabras que podrían ayudarlo/la a conversar sobre la lectura. Utilice un diccionario si es necesario.

_____

_____

_____

_____

_____

_____

Práctica

Ⓐ Indique la palabra que *no* pertenece a la serie.

1. **el entrenador** **el apoderado** el jugador el coliseo
2. la piscina el béisbol **el clavado** la natación
3. el fracaso el éxito el triunfo **la hazaña**
4. **las ligas** **los torneos** **las justas** las visitas
5. estimular **dar vivas** **alentar** **echar una ojeada**
6. **el lanzador** el pintor el jugador **el entrenador**
7. **la canasta** **la gradería** **la cancha** **el apoderado**
8. el béisbol el bate el fútbol **el cuadrangular**
9. **invernal** otoñal local primaveral

Ⓑ En parejas, háganse las siguientes preguntas.

1. Algunas personas creen que en las competencias **mundiales** se gasta demasiado dinero que podría utilizarse en cosas más importantes. ¿Qué opinas?

2. Las competencias de **atletismo** llaman mucho la atención de los televidentes. ¿Las ves tú? ¿Por qué sí o por qué no?

3. Para poder **anotar puntos** en la **cancha,** un baloncestista tiene que ser muy ágil. ¿Puedes seguir con la vista fácilmente un partido de baloncesto o de fútbol? ¿Te gustan estos deportes?

4. En Hispanoamérica, **las justas** intercolegiales son una parte importante de la vida estudiantil. ¿Hay competencias deportivas en tu universidad? ¿De qué deportes? ¿Cuál es tu deporte **predilecto?**

5. ¿Te aburrirías viendo un partido de béisbol de 16 **entradas?**

AMBIENTE CULTURAL II

Los hispanos en los deportes

JULIA: A menos que lleguemos a las **graderías** rápidamente, no encontraremos buenos asientos.

MARCELO: No te olvides que el **entrenador** quiere que **demos vivas** para **alentar** a los atletas cuando **anoten puntos.** ¡Ojalá que ganemos!

JULIA: ¡Sí! ¡Cómo me alegraría que fueran los nuevos campeones!

Entre los hispanos, es común oír comentarios como los de Julia y Marcelo antes de comenzar una competencia. No importa cuál sea el deporte preferido de una persona, los fanáticos (o aficionados) siempre se llenan de emoción al ver jugar a su partido **predilecto.** Algunos hasta se imaginan que están en la **cancha** tirando la bola a la **canasta.** Otros quisieran llevar a cabo grandes **hazañas** como las de los atletas, y hay quienes sueñan con ser **apoderados** o entrenadores de los equipos más destacados. **Echemos una ojeada** a los deportes que fascinan a los hispanos.

Hoy en día, el fútbol, que en los Estados Unidos se conoce como *soccer,* es el deporte que provoca más emoción entre los hispanos. En las universidades hispanas hay **torneos** de fútbol de todas las categorías posibles y siempre hay entusiasmo, a pesar de que las **justas** intercolegiales se llevan a cabo con poco dinero.

En los países hispanos, también es grande el entusiasmo por el béisbol. Varios beisbolistas hispanos han sido seleccionados para competir en las grandes **ligas** de los Estados Unidos, especialmente jugadores del área del Caribe. Algunos puertorriqueños que han obtenido el premio «Mejor Jugador del Año de la Liga Americana» son: Roberto Clemente (1966), del equipo Piratas de Pittsburgh, quien también ingresó en el prestigioso Pabellón de la Fama (1960); Orlando Cepeda (1967), de los Cardenales de St. Louis; Willie Hernández (1984), de los Tigres de Detroit; y Juan González (1996), de los Guardabosques de Texas.[1] Por otro lado, desde la década de los años cincuenta, la República Dominicana comenzó a atraer la atención internacional. Hoy en día es el país caribeño que más jugadores tiene en las grandes ligas. Uno de sus jugadores más conocidos es el **lanzador** Juan Marichal, quien en la década de los años sesenta dominó

[1]Guardabosques... *Texas Rangers*

la Liga Nacional (1963–1969). En 1963 lanzó una blanqueada.[2] Dos semanas después, lanzó un juego de 16 **entradas** que Marichal ganó cuando Willie Mays hizo un **cuadrangular.** Después de una carrera gloriosa, en 1983 Marichal pasó al Pabellón de la Fama. Hoy en día, la República Dominicana es considerada la sede[3] del béisbol **invernal** y todas las organizaciones de béisbol norteamericanas tienen campos de entrenamiento o academias de deportes allí.

El entusiasmo de los hispanoamericanos por los deportes también se puede notar en la numerosa asistencia a los Juegos Panamericanos y del Caribe. En estos juegos, que se celebran cada 4 años, compiten jugadores de todos los países americanos, desde Canadá hasta el Caribe. Hay competencias de todo tipo: **atletismo,** natación, baloncesto, **clavados,** fútbol, gimnasia y muchas más. En el estadio y por la televisión millones de hispanos siguen con interés las hazañas de los campeones **mundiales** en estos juegos.

[2]*no hitter*   [3]*principal site,* "*home*"

COMPRENSIÓN

Las siguientes son algunas de las ideas de la lectura. Con un compañero / una compañera indiquen el orden en que aparecen. Después, explíquenlas con sus propias palabras.

1. ——— Los fanáticos siempre **dan vivas** para **alentar** a los atletas.
2. ——— Algunos fanáticos hasta sueñan con ser **entrenadores** de los atletas.
3. ——— El fútbol es el deporte **predilecto** de los hispanos.
4. ——— En las universidades hay **torneos** de fútbol de todas las categorías.
5. ——— A los hispanos también les apasiona el béisbol.
6. ——— La República Dominicana es considerada la sede del béisbol **invernal.**
7. ——— Millones de hispanos siguen con interés las **hazañas** de los campeones **mundiales.**
8. ——— Hay muchos béisbolistas dominicanos y puertorriqueños en las grandes **ligas.**

CHARLEMOS

Converse con un compañero / una compañera sobre los siguientes temas.

1. ¿Qué es posible que hagas el próximo verano para distraerte? ¿Es posible que vayas a bailar con los amigos? ¿que leas libros interesantes? ¿que hagas deportes? ¿que visites a unos amigos que viven en otra ciudad? ¿alguna otra cosa?

2. ¿Qué les recomiendas que hagan tus amigos y familiares para que se distraigan? ¿Les recomiendas que vayan de vacaciones? ¿que planeen reuniones familiares? ¿que vayan al cine? ¿Qué más?

ESTRUCTURA VERBAL II • USOS DEL SUBJUNTIVO (2)

Para expresar negación, duda e incertidumbre

A. Negación, duda e incertidumbre

The subjunctive is used in the dependent clause (with a change of subject) after expressions of negation, doubt or uncertainty (uncertain expectations, unknown referent) in the independent clause.

Niego que Angy **elija** la peor receta.	*I doubt that Angy will choose the worst recipe.*
Dudamos que **uséis** demasiada grasa.	*We doubt that you use too much grease (fat).*

The subjunctive is also used in the dependent clause when the object named in the independent clause is unknown, hypothetical, indefinite, nonexistent or when there is no certainty that expectations will be met.

	Buscamos un chico que **sepa** jugar bien al tenis.	*We are looking for a guy who plays tennis well.* (But we don't know if we will find such a person.)
but	**Conozco** a un chico que **sabe** jugar bien al tenis.	*I know a guy who plays tennis well.* (The person exists, in my experience.)
	Quieren un lanzador que **sea** zurdo.	*They want a left-handed pitcher.*
but	**Tienen** un lanzador que **es** zurdo.	*They have a left-handed pitcher* (This person is real, not just wanted.)
	No hay nadie que **corra** cien metros en cinco segundos.	*There is nobody who could run one hundred meters in five seconds.*
but	Pero sí **hay** alguien que **corre** cien metros en veinte segundos.	*But there is someone who can run a hundred meters in twenty seconds.*

B. Para expresar emoción

When the verb of the independent clause expresses emotion and is followed by a dependent clause with a change of subject, the subjunctive is used in the dependent clause.

Me alegro mucho de que **podáis** asistir a los juegos.	*I am glad you can go to the games.*
No me sorprende que tu equipo de béisbol **esté** en primer lugar.	*I am not surprised that your baseball team is in first place.*

Common verbs that express emotion are the following:

alegrarse (de)	**lamentar** — to regret	**temer** — to be afraid of
esperar	**sentir (ie, i)** — to feel	**tener miedo**
extrañarse — to find strange	**sorprenderse**	

Note: The verbs **extrañarse** and **sorprenderse** function like the verb **gustar: me extraña, me sorprende.**

Some phrases that express emotion are the following:

es de esperar que	**es sorprendente que**
es lamentable que	**es una suerte que**
es lástima que	**ojalá que**

¡No es sorprendente que Chichí Rodríguez **gane** el campeonato!	*It is not surprising that Chichí Rodríguez is winning the championship!*
Ojalá que Nancy López **continúe** apoyando a las jugadoras de golf.	*Let's hope that Nancy López continues to support women golfers.*

C. The Subjunctive of -ir Stem-Changing Verbs

Stem-changing verbs ending in **-ir** have the same changes in the present subjunctive as in the present indicative. They also have an additional change (**-e-** → **-i-**; **-o-** → **-u-**) that affects the **nosotros** and **vosotros** forms. (In contrast, **-ar** and **-er** stem-changing verbs have no stem change in these forms.)

	sentir (-e- → -ie-, -i-)	dormir (-o- → -ue-, -u-)	pedir (-e- → -i-)
yo	sienta	duerma	pida
tú	sientas	duermas	pidas
Ud.	sienta	duerma	pida
él, ella	sienta	duerma	pida
nosotros/as	sintamos	durmamos	pidamos
vosotros/as	sintáis	durmáis	pidáis
Uds.	sientan	duerman	pidan
ellos, ellas	sientan	duerman	pidan

Other verbs like...
sentir: divertir(se), mentir
dormir: morir(se)
pedir: conseguir, corregir, elegir, reír, seguir, sonreír

Note: **Sonreír** and **reír** are conjugated in the present subjunctive as follows:
(son)ría, (son)rías, (son)ría, (son)ría, (son)riamos, (son)riáis; (son)rían.

D. The Subjunctive of Irregular Verbs

Note that these are the same verbs that have irregular **Ud./Uds.** and negative **tú** commands, since those commands are part of the subjunctive system.

	ir	**ser**	**dar**	**estar**	**saber**	**haber**
yo	vaya	sea	dé	esté	sé	haya
tú	vayas	seas	des	estés	sepas	hayas
Ud.	vaya	sea	dé	esté	sepa	haya
él, ella	vaya	sea	dé	esté	sepa	haya
nosotros/as	vayamos	seamos	demos	estemos	sepamos	hayamos
vosotros/as	vayáis	seáis	déis	estéis	sepáis	hayáis
Uds.	vayan	sean	den	estén	sepan	hayan
ellos, ellas	vayan	sean	den	estén	sepan	hayan

Note: **Haya** expresses *there is / there are* in the present subjunctive. The plural form **hayan** is not used to express *there are.* All of the forms of **haber** listed here are used to form the present perfect subjunctive, a compound tense that you will review in **Capítulo 7.**

Práctica

A Jorge, Daniel y Andrés son compañeros de cuarto en la universidad. Cambie los verbos entre paréntesis por una forma del subjuntivo para saber lo que Jorge niega o duda respecto a varias cosas.

MODELO: Niego (dudo, no creo, me extraña) / que nosotros no (seguir) las indicaciones del médico. →
Niego que nosotros no *sigamos* las indicaciones del médico.

Niego / Dudo...
1. que nosotros (mentir) cuando faltamos a clase.
2. que vosotros no (divertirse) en el Centro de Estudiantes.
3. que nosotros (elegir) alimentos muy altos en grasa. (elegir)
4. que vosotros (conseguir) las entradas para el partido de esta noche.
5. que vosotros (pedir) bebidas alcohólicas en el restaurante.
6. que vosotros (dormir) ocho horas cada noche.

B Ud. tiene un amigo que acaba de regresar a su país después de dos años de ausencia. Él habla de las reacciones de sus amigos y su familia. Exprese sus ideas, haciendo los cambios necesarios.

MODELO: mi primo / alegrarse / yo estar bien →
Mi primo *se alegra de que yo esté* bien.

1. mi amiga Diana / alegrarse / yo ir a verla
2. mis padres / sorprenderse / yo saber tanto del país donde estuve
3. mis amigos / sorprenderse / yo ser bilingüe
4. mi amigo Leonardo / esperar / yo ir a visitarlo
5. mis padres / lamentarse / yo no pasar más tiempo con ellos
6. mi novia / alegrarse / yo comenzar a estudiar aquí

C En parejas o con la clase, cambien los verbos entre paréntesis por una forma del subjuntivo. Después indiquen de qué cosas se alegra la gente en general y de qué se lamenta.

LA GENTE SE ALEGRA / SE LAMENTA DE QUE...	SE ALEGRA	SE LAMENTA
1. sus equipos / (ganar)	☐	☐
2. su familia / (tener) buena salud	☐	☐
3. sus amigos / no los (visitar)	☐	☐
4. (haber) basura en los parques	☐	☐
5. un jugador / (atacar) a otro	☐	☐
6. los precios de las entradas para los partidos / (ser) bajos	☐	☐

Entre nosotros

Primero conjugue los verbos entre paréntesis. Después escriba una X al lado de las oraciones con las cuales Ud. está de acuerdo y compare sus respuestas con las de un compañero / una compañera.

1. ——— Prefiero que mi familia no (ver) tanto la televisión.
2. ——— Prefiero que mi familia (practicar) deportes.
3. ——— Me divierte competir en los deportes aunque (perder) con frecuencia.
4. ——— Prefiero que mi familia (divertirse) unida.
5. ——— Les recomiendo a mis amigos que no (ver) las peleas de boxeo.
6. ——— Les digo a mis amigos que (ir) a pescar aunque sea aburrido.
7. ——— Prefiero que la lucha libre[1] (ser) tarde en la noche para poder verla.
8. ——— No creo que yo (ser) indiferente en cuanto a mantenerme saludable.
9. ——— No pienso que las dietas (ser) necesarias.
10. ——— Dudo que la gente no me (considerar) una persona activa.

[1]lucha... *wrestling*

RODEO DE COGNADOS •

Adjetivos que terminan en -do / -da

En español, muchos adjetivos que terminan en **-do / -da** corresponden a los adjetivos en inglés que terminan en *-ed* o *-ied:* **ocupado/a** (*occupied*), **sofisticado/a** (*sophisticated*). Otros ejemplos: **avanzado/a, completado/a, encantado/a, intensificado/a.**

Práctica

En parejas, háganse las siguientes preguntas.

1. Algunas personas opinan que el uso de las drogas se ha *intensificado* entre los adolescentes. ¿Qué opinas tú?
2. Se cree que la gente que vive demasiado *ocupada* se enferma con más frecuencia. ¿Qué opinas? ¿Viven Uds. muy ocupados?
3. Se cree que los nuevos descubrimientos en medicina permitirán que el ser humano viva 100 años como mínimo y hay mucha gente *encantada* con la idea. ¿Conocen Uds. a alguien que tenga 100 años o más? ¿Les gustaría a Uds. vivir 100 años o más? ¿Por qué sí o por qué no?

PUNTO GRAMATICAL II • EXPRESIONES CON *HACER*

Para hablar de duración

The expression **hace que** + a verb in the present indicative tense is used to talk about an event that began in the past and continues in the present, that is, to indicate the duration of the action.

—¿Cuánto tiempo **hace que jugáis** al voleibol?	*"(For) How long have you been playing volleyball?"*
—**Hace** dos años **que jugamos.** (—**Hace** dos años.)	*"We've been playing for two years." ("For two years.")*

When **hace que** is used with a verb in the preterite tense, the most appropriate translation in English is *ago.*

—¿Cuánto tiempo **hace que** dejaste de fumar?	*"How long ago did you stop smoking?" ("How long has it been since you stopped smoking?")*
—Dejé de fumar **hace** tres años. (—**Hace** tres años.)	*"I stopped smoking three years ago." ("Three years ago.")*

Práctica

Imagínese que Ud. y su amigo/a están sentados en las graderías del estadio de la universidad esperando que comience un juego de voleibol. Su amigo/a hará preguntas, cambiando los verbos entre paréntesis por una forma del presente de indicativo o del pretérito. Luego Ud. utilizará expresiones con **hacer** para contestar lo que su amigo/a le pregunta.

MODELO: ¿Cuánto tiempo hace que tú (esperar) aquí? (presente) →
—¿Cuánto tiempo hace que *esperas* aquí?
15 minutos / yo / (esperar) →
—*Hace 15 minutos que espero.*

1. ¿Cuánto tiempo hace que los jugadores (llegar)? (pretérito)
   20 minutos / los jugadores / (llegar)
2. ¿Cuánto tiempo hace que los jugadores (practicar)? (presente)
   media hora / los jugadores / (practicar)
3. ¿Cuánto tiempo hace que los empleados (vender) helados? (presente)
   20 minutos / los empleados / (venderlos)
4. ¿Cuánto tiempo hace que tú (venir) a este estadio la última vez? (pretérito)
   un año / (venir) / a este estadio

Entre nosotros

En parejas, háganse preguntas usando las siguientes frases para conocerse mejor. Contéstenlas según sus propias experiencias.

¿Cuánto tiempo hace que...?
1. ser fanático de algún deporte
2. hacerse un examen médico
3. broncearse en la playa / una piscina

4. (no) practicar algún (ningún) deporte

TEMAS Y DIÁLOGOS

CHARLEMOS

En parejas, háganse las siguientes preguntas. Expliquen la razón de sus respuestas.

1. ¿Qué deportes te interesan más? ¿Por qué? ¿Eres experto en algún deporte? ¿Te gusta nadar? ¿pescar? ¿patinar? ¿jugar al tenis?
2. ¿Qué deportes son populares en la ciudad donde tú vives?
3. ¿Cuáles son algunos de los deportes populares en España o Hispanoamérica?

4. ¿Qué deportes practicas en el invierno? ¿Te enfermas más en el invierno?

5. ¿Qué haces cuando tienes un resfriado? ¿Te acuestas? ¿Consultas a un médico? ¿Tomas aspirinas?

DICHOS POPULARES

No hay mal que dure cien años ni cuerpo que lo resista.

A mal tiempo, buena cara.

Ambos dichos significan que siempre se debe tener una actitud positiva ante la vida, pues casi todos los problemas se pueden resolver. En parejas, háganse las siguientes preguntas sobre ese tema.

1. ¿Cuáles son algunos de los problemas verdaderamente graves que pueden tener las personas? ¿Cuáles se pueden resolver? ¿Cuáles no?

2. ¿Han tenido tú o algún miembro de tu familia un problema grave? ¿Cómo lo resolvieron?

3. ¿Qué se puede hacer para sentirse mejor cuando hay algún problema?

LETRAS E IDEAS

Imagínese que Ud. se va a mudar pronto a otra ciudad que no conoce. Escríbale una carta a un amigo o una amiga que ya vive en esa ciudad y dígale que Ud. necesitará los servicios de un buen gimnasio.

Párrafo 1: Salude a su amigo/a y dígale que se va a mudar.

Párrafo 2: Indique los requisitos en cuanto al vecindario donde se ubique el negocio. Puede mencionar la seguridad del lugar, la distancia, facilidades de transporte.

Párrafo 3: Indique sus preferencias respecto al gimnasio en sí. Por ejemplo, puede mencionar el asunto del aire acondicionado, el espacio y las máquinas. Utilice frases como: prefiero que, espero que, es necesario que, es importante que.

● ANIMADO

FORO

A **Ser o no ser invisible.** Hay personas a quienes les gustaría ser invisibles —aunque sólo fuera una vez en la vida— para poder enterarse de los secretos de su familia y sus amigos. Conversen sobre esta idea en dos grupos.

Grupo A: Conversen sobre las ventajas de ser invisible. ¿Qué harían? Pueden hablar sobre: la movilidad en el tiempo y en el espacio y los ahorros económicos.

Grupo B: Conversen sobre las desventajas de ser invisible. Por ejemplo: ¿Qué sorpresas desagradables podrían tener? ¿Tendrían amigos? Cuando estén listos, júntense con un estudiante del grupo contrario para exponer sus ideas y defender su opinión.

B **Mis pasatiempos. Paso 1.** En orden de preferencia del 1 al 10, indique cuáles son sus pasatiempos preferidos. Después, compare sus resultados con los de sus compañeros.

a. _____ jugar al voleibol
b. _____ broncearme / nadar
c. _____ leer libros y revistas
d. _____ ir de compras
e. _____ esquiar

f. _____ hacer *surfing*
g. _____ patinar
h. _____ jugar al fútbol
i. _____ jugar al baloncesto
j. _____ jugar al tenis

Paso 2. Entreviste a su compañero/a sobre los siguientes temas. ¿Qué le sugieres a una persona que... ?

1. tiene problemas de salud
2. juega a algún deporte
3. siempre tiene sueño
4. no le gusta hacer nada

El norte de Chile se encuentra apretado[1] entre los Andes, y esto impide el paso de las lluvias y las aguas frías del Pacífico. Pero con el uso de mallas atrapanieblas[2] se ha encontrado la manera de atrapar la niebla para convertirla en lluvia y agua potable.[3] ¿Hay alguna represa[4] o planta para purificar el agua en la región donde Ud. vive? ¿Dónde se encuentra? ¿Qué es lo que se ha hecho en su región para asegurar que el agua sea potable?

[1]*squeezed*   [2]*mallas... cloud-catching nets*   [3]*drinkable, potable*   [4]*dam, reservoir*

NUESTRO
GRANITO DE ARENA

CAPÍTULO 7

NUESTRO MEDIO AMBIENTE

Para traer la electricidad a Carhua, un pueblo andino en el Perú, se necesitó de un esfuerzo comunitario o sea, de la cooperación de toda la gente del pueblo. En la lengua quechua esto se llama una *minga*. En esta foto se ve la iluminación moderna de la pequeña plaza de Carhua en contraste con la iglesia colonial. Es un ejemplo del uso del los recursos naturales para mejorar la vida de una comunidad. ¿Qué recursos naturales han mejorado la vida de la comunidad donde Ud. vive?

ENCUENTROS CULTURALES I
Los nuevos amigos

ESCUCHAR Y COMPRENDER

Primero escuche la **Parte A** de la cinta y siga las instrucciones para completar el ejercicio. Luego escuche la **Parte B** y siga las instrucciones.

Parte A: Comprensión. Indique si las siguientes oraciones son ciertas o falsas. Corrija las falsas.

1. Susana estudió ciencias biológicas en la universidad.
2. Nunca le ha preocupado la destrucción de los recursos naturales.
3. Susana ha tenido la oportunidad de ver con sus propios ojos lo que pasa cuando se destruyen los bosques.
4. Ella siempre ha querido trabajar como maestra de primaria.
5. Ahora ha encontrado en la República Dominicana el trabajo que más deseaba.

Ahora complete las oraciones. Escuche la **Parte A** de la cinta otra vez si es necesario.

6. A Susana, ver una montaña completamente desnuda la hace...
7. Al graduarse, quería trabajar como...
8. Su amiga Cristina es de...

Parte B: Conversando con los amigos. Escoja la mejor terminación.

1. La persona que llama a la puerta de Susana es...
   a. un científico.   b. una amiga dominicana.   c. su novio.
2. Cristina fue a una conferencia sobre...
   a. la agricultura.   b. el trabajo.   c. la desforestación.
3. En la República Dominicana, se han hecho estudios sobre...
   a. el ritmo de desforestación.   b. el descubrimiento del petróleo.
   c. la sociedad.

«¿Qué tal? Me llamo Susana Melville. Mi madre es colombiana y mi padre estadounidense.»

N ota cultural

La amplia diversidad ecológica de la República Dominicana ha permitido el desarrollo de un sistema de parques nacionales del cual pueden gozar los visitantes extranjeros y la gente del país. La península de Samaná, en la costa oriental, es ideal para el cultivo del cocotero y el banano, mientras que en las montañas más altas crecen cedros, olivos y palmeras de la sierra.

4. Miguel Francisco Amara Guzmán es...
   a. un amigo de Cristina.
   b. el director de estudios de Cristina.
   c. el director de parques nacionales.
5. Cristina dice que Susana tiene ahora buenas posibilidades de...
   a. escribir.   b. conseguir trabajo.   c. cambiar de trabajo.

CHARLEMOS

Converse con un compañero / una compañera sobre los siguientes temas.

1. ¿Qué has leído sobre lo que se ha hecho aquí o en otros países para proteger el medio ambiente?
2. ¿Por qué crees que se ha trabajado tanto en la conservación de los recursos naturales en los últimos años? ¿Estás de acuerdo con este tipo de esfuerzo? ¿Por qué sí o por qué no?

VOCABULARIO DE LA LECTURA

Expresiones

los humos irritantes (el smog, la niebla tóxica)	smog
el poder adquisitivo	buying power
se da el caso (que)	the fact is (that)

Sustantivos

el adelanto	advance
el balneario	beach resort
el bienestar	well-being
el bosque	forest
la capa	layer
el cedro	cedar
el descubrimiento	discovery
el envase	container

el logro	achievement
el medio ambiente	environment
la selva	jungle
la tortuga	turtle, tortoise

Verbos

amenazar	to threaten
talar	to cut down (*trees or wood*)

Adjetivos

acelerado/a	accelerated
cuadrado/a	square
inalcanzable	unobtainable
innegable	undeniable
temible	fearful, terrible

Práctica

A En parejas, contesten las siguientes preguntas.

1. ¿Dónde prefieres caminar, en **un bosque** o en **una selva**? ¿Por qué?
2. ¿Crees que **los envases** de plástico son un peligro para **el medio ambiente**? ¿Crees que **los humos irritantes** de las grandes ciudades afectan **la capa** de ozono? ¿Por qué sí o por qué no?
3. ¿Crees que **las tortugas** son inofensivas o que son **temibles**? ¿Por qué?

4. Tres de estas palabras se relacionan por su significado: **el ade-lanto, el cedro, el descubrimiento, inalcanzable, el logro.** ¿Cuáles son? Explica.

5. Nombra tres de las cosas que son esenciales para tu **bienestar** personal.

B Invente su propio «bio-diccionario». Defina cada palabra o expresión según lo que significa en su vida. Luego, comparta sus ideas con su compañero/a.

MODELO: **el balneario** →
Cuando oigo la palabra «balneario», pienso en las playas lindas adonde he ido de vacaciones con mi familia.

1. **el balneario**
2. **cuadrado**
3. **acelerado**
4. **innegable**
5. **se da el caso**
6. **el poder adquisitivo**
7. **amenazar**
8. **talar**

MIS PROPIAS PALABRAS

Escriba una lista de otras palabras que podrían ayudarlo/la a conversar sobre la lectura. Utilice un diccionario si es necesario.

_____

_____

_____

_____

_____

_____

_____

AMBIENTE CULTURAL I

Ante nuestra consideración

La historia de la humanidad registra[1] una sucesión de **logros** para el **bienestar** humano. En el área de la salud, por ejemplo, se han hecho muchos **descubrimientos** científicos que han contribuido al control o eliminación de enfermedades **temibles.** En cuanto a los medios de comunicación modernos, hoy día es posible viajar inmensas distancias en pocas horas. También, los usos innovadores de muchos recursos naturales nos han permitido disfrutar de muchas comodidades que parecían **inalcanzables** en épocas pasadas.

Sin embargo, muchos de estos **adelantos** modernos se han logrado a un precio muy alto: la sobreutilización[2] de los recursos naturales. De hecho, una de las preocupaciones más serias del momento es el **acelerado** consumo de los recursos naturales del planeta por parte de quienes tienen más **poder adquisitivo.** Por ejemplo, **se da el caso** de que los Estados Unidos consumen un 30% de estos recursos, aunque ocupa sólo un 8% del planeta.

La destrucción de las áreas forestales es un hecho **innegable.** Se ha calculado que cada minuto se pierden cien acres de **bosques** tropicales en el mundo. En 1993, se desforestaron en Brasil 5.000 kilómetros **cuadrados** de **selva,** y actualmente continúan **talando** madera ilegalmente en la única reserva de **cedro** que queda.

Los animales del planeta también han sido víctimas del abuso del hombre. Cada año, aproximadamente un millón de animales marinos muere a causa de los productos de plástico que se tiran en el mar. En Cancún, una zona turística de México, han planteado una propuesta[3] para construir hoteles y **balnearios** en

[1]*records*   [2]*overuse*   [3]*han... there is a proposal*

una zona playera que es de vital importancia para las **tortugas,** a pesar de que las tortugas están en peligro de extinción.

En cuanto a la sobreutilización de los recursos naturales, hay algunos que nunca se pueden recuperar, como es el caso del aceite[4] que sirve para fabricar productos de plástico. A pesar de esto, en el mundo se usan tres millones y medio de **envases** de plástico cada hora.

Otro asunto muy serio tiene que ver con el aire contaminado, que **amenaza** sobre todo las grandes ciudades. Éste es un problema que necesita atención inmediata, ya que se sabe que los **humos irritantes** y las emisiones nocivas,[5] junto con el deterioro[6] de la **capa** de ozono, representan una amenaza para la humanidad.

La magnitud de los diferentes problemas que enfrenta la vida presente y futura del planeta ha preocupado a personas y líderes políti-

> ### Nota cultural
>
> En Chile, México, Venezuela y la República Dominicana han implementado programas con el fin de mantener una calidad aceptable del aire. Se controla el número de coches privados que transita cada día según el número de las placas[1] que llevan. Los coches cuyas placas terminan en ciertos números pueden circular[2] solamente en los días designados.
>
> [1]*license plates* [2]*be driven*

cos responsables. Éstos se preguntan cómo detener la destrucción del **medio ambiente** sin poner obstáculos al progreso. Pero la salvación del planeta depende no sólo de los gobiernos o instituciones internacionales, sino también de cada persona. Los individuos tienen que modificar las actitudes que intensifican los problemas.

[4]*oil* [5]*poisonous, noxious* [6]*deterioration*

COMPRENSIÓN

Escoja las palabras *en bastardilla* que indican la respuesta apropiada.

1. La situación del planeta necesita nuestra *atención / salvación.*
2. Muchos adelantos científicos han hecho la vida más *adquisitiva / fácil.*
3. La desforestación ha sido, y continúa siendo, un problema *grave / pequeño* en el Brasil.
4. Los recursos naturales del mundo son *interminables / limitados.*
5. Los Estados Unidos han consumido, hasta ahora, un gran porcentaje de los *animales / recursos* del planeta.
6. *Los envases / Las capas* de plástico que caen en el mar han sido la causa de la muerte de millones de animales.

CHARLEMOS

En parejas o con toda la clase, conversen sobre los siguientes temas.

1. De todos los problemas ecológicos mencionados en la lectura, ¿cuál te parece que es el más grave? ¿Por qué?

2. En la región donde tú vives, ¿se ha hecho algún esfuerzo para preservar algún recurso natural? ¿De qué recurso se trata? ¿Qué se ha hecho? ¿Se ha hecho algo que resultó en el agotamiento de otro recurso natural?

ESTRUCTURA VERBAL I • EL PRESENTE PERFECTO

Para hablar de algo que ha ocurrido recientemente (1)

A. Formation of the Present Perfect

The present perfect tense is formed with conjugated forms of the auxiliary verb **haber** + the past participle of the verb that describes the action. The past participle of regular verbs is formed by adding **-ado** to the stems of **-ar** verbs, and **-ido** to the stems of **-er** and **-ir** verbs. Note that the past participle always ends in **-o** when it is part of the perfect tense.

Here are the present tense forms of the auxiliary verb **haber.**

		-AR	-ER	-IR
		RECICLAR → RECICLADO	BEBER → BEBIDO	VIVIR → VIVIDO
yo	**he**	reciclado	bebido	vivido
tú	**has**	reciclado	bebido	vivido
Ud.	**ha**	reciclado	bebido	vivido
él, ella	**ha**	reciclado	bebido	vivido
nosotros/as	**hemos**	reciclado	bebido	vivido
vosotros/as	**habéis**	reciclado	bebido	vivido
Uds.	**han**	reciclado	bebido	vivido
ellos, ellas	**han**	reciclado	bebido	vivido

B. Uses of the Present Perfect

In general, the Spanish present perfect tense is used where *have / has* + the past participle (*I have written, he has said,* etc.) is used in English. This includes situations such as the following.

1. To express an action that occurred in the immediate past and that still has an effect on the present.

Hemos pensado mucho en el problema de la contaminación.
We have thought a lot about the problem of pollution.

Han implementado nuevas leyes para la conservación de energía.
They have implemented new laws for the conservation of energy.

2. To express an action that occurred in the past and could occur again.

¿Has visto las Cataratas del Iguazú?	*Have you seen the waterfalls of Iguazú?*
Sí, las **he visto,** pero quiero verlas otra vez.	*Yes, I have seen them, but I want to see them again.*

Práctica

A Un grupo de científicos ha estudiado algunos problemas que afectan la ecología del mundo. Indique lo que han descubierto hasta ahora. Utilice verbos en el presente perfecto.

MODELO: los científicos: *estudiar* (los efectos de los humos irritantes / el medio ambiente) →
Los científicos *han estudiado* los efectos de los humos irritantes en el medio ambiente.

1. unos biólogos: *estudiar* (la vida de las tortugas / el tamaño de los árboles)
2. los ejecutivos de algunas compañías internacionales: *decidirse* (apoyar / no hacer caso de) el movimiento ecológico
3. un conservacionista famoso: *comentar* sobre la necesidad de (cazar / proteger) los animales
4. los compañías internacionales: *exterminar* (los bosques / el dinero)
5. tú y yo: *poder* ayudar en los esfuerzos de (sobreutilización / conservación)
6. el público: *consumir* grandes cantidades de (objetos de plástico / comida)
7. todos nosotros: *oír* hablar del problema de (la capa de ozono / la ecología)
8. los animales: *sufrir* por la escasez de (campo abierto / gente)

B

En la península de Paria, Venezuela, se ha desarrollado un plan multifacético de desarrollo sustentable.[1] En la Hacienda Agua Santa trabajan en el secado de cacao.

[1]*maintainable*

En parejas, lean los siguientes párrafos. Luego contesten las preguntas.

Cristóbal Colón llegó a la península de Paria, Venezuela, durante su tercer viaje en 1498. Durante años, Paria funcionó primero como centro productor de perlas hasta que éstas se agotaron,[2] y después fue centro del cacao, hasta que los precios internacionales cayeron drásticamente en los años treinta.

Hoy en día la península es el foco de un experimento innovador en desarrollo sustentable. Se ha planeado utilizar los recursos naturales de la península para asegurar una mejor vida a los habitantes sin destruir la ecología de la región. Han planeado el desarrollo del turismo ecológico, el rescate[3] de la industria del cacao y la cría[4] de búfalos y sus productos derivados para promover la agroecología. Se ha decidido incluir en el experimento la educación ambiental, reforestación, planificación de pueblos y la enseñanza de nuevos hábitos de alimentación e higiene personal.

[2]se... *ran out, were eliminated*   [3]*restoration*   [4]*raising*

1. ¿En qué ha trabajado la gente de Paria en el pasado?
2. ¿Por qué creen Uds. que se han agotado las perlas de la región?
3. ¿Qué ideas han incluido en el plan de desarrollo sustentable?
4. ¿Cómo han decidido armonizar la naturaleza con la gente?
5. ¿Creen Uds. que lo lograrán? ¿Por qué sí o por qué no?

Entre nosotros

Imagínese que Ud. tiene la oportunidad de hablar con el director o la directora de una compañía internacional. Su compañero/a hará el papel de director(a). Conversen sobre lo que ha hecho la compañía para prevenir la sobreutilización de los recursos naturales.

Sugerencias: reforestar bosques talados, purificar el agua, no echar sustancias nocivas en los ríos y lagos, evitar la contaminación del aire, usar sólo lo absolutamente necesario

C. Verbs with Irregular Past Participles

The past participle of the following verbs is irregular in Spanish.

abrir	**abierto**	morir	**muerto**
cubrir	**cubierto**	poner	**puesto**
decir	**dicho**	resolver	**resuelto**
escribir	**escrito**	romper	**roto**
hacer	**hecho**	ver	**visto**
ir	**ido**	volver	**vuelto**

When these verbs are prefixed, they continue to be irregular. For example: **componer → compuesto, describir → descrito, deshacer → deshecho, devolver → devuelto, reabrir → reabierto.**

D. Participles with Stressed -í

Participles that end in **-ido** have a written accent over the **-i (-ído)** when there is a preceding strong vowel **(a, e, o)**:

caer → caído   oír → oído   sonreír → sonreído
creer → creído   reír → reído   traer → traído
leer → leído

Práctica

A Imagínese que Ud. ha ido a un país extranjero para llevar a cabo un proyecto ecológico. Ud. le escribe una carta a un pariente suyo, describiendo lo que ha visto. Utilice verbos en el presente perfecto, según el modelo.

MODELO: No se *oye* ni un solo sonido en el desierto hoy. →
           No se *ha oído* ni un solo sonido en el desierto hoy.

1. En este país se *dice* que hay problemas ecológicos por todas partes.
2. La selva se *cubre* de aguas llenas de bacterias.
3. Los investigadores *escriben* recomendaciones para salvar las especies de animales en peligro de extinción.
4. Hasta en los pueblos se *ven* animales buscando comida.
5. El gobierno *pone* mucha atención al problema de la desforestación.
6. Hasta ahora, nosotros no *resolvemos* todos los problemas ecológicos.

B ¿Qué ha pasado en el dibujo? En sus respuestas utilice el presente perfecto de los verbos entre paréntesis.

Podemos proteger el medio ambiente

1. ¿Qué ha (leer) el señor? ¿Qué cree Ud. que le ha interesado tanto?
2. ¿Qué han (hacer) los animales? ¿Por qué?
3. ¿Qué han (traer) las compañías? ¿Qué cree Ud. que van a hacer?
4. ¿Qué han (prometer) los conservacionistas? ¿Cree Ud. que eso es posible?
5. ¿Qué han (dejar) allí algunas personas? ¿Qué deben haber hecho?

E. Using the Past Participle as an Adjective

When the past participle is used as an adjective, it must agree in number and grammatical gender with the noun or pronoun that it modifies.

Es una mujer **preocupada.**	*She is a worried woman.*
Son los bosques **indicados** en el reporte.	*They are the forests indicated in the report.*

Certain participles change in form depending on whether they are used in perfect tenses or as adjectives. For example, **despertar → despertado** when used in a perfect tense, but the adjectival form of **despertar** is **despierto.**

Ellos **se han despertado** temprano hoy.	*They have woken up early today.*
Los niños ya están **despiertos.**	*The children are awake now.*

Other participles when used as adjectives have the following forms:

confundir → confuso	**elegir → electo**	**soltar → suelto**
corregir → correcto	**prender → preso**	**sustituir → sustituto**

Práctica

Sustituya los participios siguientes por las formas adjetivales para expresar lo que pasa en la comunidad.

MODELO: La comunidad se *ha preocupado* por los problemas ecológicos. (Es...) →
Es una comunidad *preocupada* por los problemas ecológicos.

1. Se *han escrito* muchos artículos sobre los recursos naturales. (Hay...)
2. La gente que *ha despertado* ya quiere tomar medidas en favor de la campaña para la conservación de los recursos naturales. (La gente...)
3. Escuchan las palabras de los oficiales que *han elegido.* (Escuchan...)
4. Los oficiales dicen que los hombres que *han prendido* estaban maltratando a los animales. (Los oficiales...)
5. Algunas personas se *han confundido* por tantas opiniones distintas. (Hay...)

Entre nosotros

A Pregúnteles a sus compañeros de clase si han oído o han visto algunas de las cosas de la siguiente lista. Escriba la forma apropiada del participio e indique el nombre de la persona entrevistada.

MODELO: una opinión (publicar) sobre ecología →
                 ¿Has visto una opinión *publicada* sobre ecología?

DESCRIPCIÓN	PARTICIPIO	NOMBRE
1. un objeto (romper) de plástico en un río	_____	_____
2. una llave de agua (abrir) todo el día	_____	_____
3. un oficial (elegir) que habla en contra de la contaminación ambiental	_____	_____
4. un animal (soltar) caminando por la ciudad	_____	_____
5. un ensayo (corregir) sobre ecología	_____	_____
6. unos peces (morir) a causa de la contaminación del agua	_____	_____

B Converse con un compañero / una compañera sobre cualquier especie de animal en peligro de extinción. Si no sabe los detalles, puede inventarlos.

1. Indica qué has leído u oído sobre la especie de animal que has escogido.
2. Di por qué se considera amenazada esa especie.
3. Explica de qué forma han perseguido a los animales de esa especie.
4. Menciona lo que sabes sobre lo que han hecho para protegerlos.
5. Comenta sobre lo que será de esa especie en el futuro.

VOCABULARIO DEL TEMA
Para hablar del clima, la ciudad y el campo

En la ciudad		En el campo	
la acera	pavement, sidewalk	**el árbol**	tree
la bocacalle	intersection	**el arbusto**	bush
la cabina telefónica	telephone booth	**el charco**	pond; puddle
el cruce	crosswalk	**la colina**	hill
el cruce de peatones	pedestrian crosswalk	**la cosecha**	harvest
la cuadra	city block	**el lago**	lake
la esquina	street corner	**la montaña**	mountain
el parquímetro	parking meter	**el río**	river
el semáforo	traffic light	**la siembra**	sowing; planting time
el tránsito	traffic		

Expresiones con *hacer*	
hace (muy) buen tiempo	it's (very) nice weather
hace (mucho) calor	it's (very) hot
hace (un poco) (de) fresco	it's (a bit) cool
hace (mucho) frío	it's (very) cold
hace (muy) mal tiempo	it's (very) bad weather
hace (mucho) sol	it's (very) sunny
hace (mucho) viento	it's (very) windy

Verbos relacionados con el clima	
llover (ue)	to rain
lloviznar	to sprinkle or drizzle
nevar (ie)	to snow

Expresiones con *haber* (*hay*)	
Hay estrellas.	There are stars.
Hay granizo.	There is hail.
Hay nubes.	There are clouds.
Hay una tormenta (tempestad).	There is a storm.

Práctica

A En parejas, háganse las siguientes preguntas. Usen en sus respuestas tanto vocabulario de la ciudad como del campo cuando sea posible.

1. ¿Cómo es el clima típico de la ciudad donde tú vives?
2. ¿Cuándo usas una cabina telefónica?
3. Describe los problemas asociados con el tránsito en tu ciudad.
4. ¿Qué ocurre cuando hay una tormenta en el campo?
5. ¿Qué lugares en tu región han sufrido daños debido al mal tiempo?

B En parejas, complete el párrafo con una expresión de **tener, hacer** o **haber,** según el contexto.

¡Hoy fue un día muy hermoso! Estábamos en la playa, muy a gusto, viendo a la gente y la llegada de las grandes olas. ——[1] buen tiempo y ——[2] viento a la vez que brillaba el sol. Después de nadar un rato, nosotros ——[3] sed y fuimos a comprar refrescos para todos. Cuando regresábamos, empezó a ——[4] fresco. Luego el viento se puso más fuerte y empezó a ponerse el sol. De repente sentimos frío. Miramos al cielo y vimos que ya ——[5] estrellas. Decidimos volver a casa, pues, además, mi amiga ——[6] un fuerte dolor de cabeza.

C La clase se divide en dos grupos. Una persona del grupo **A** va al pizarrón y hace un dibujo relacionado con el tiempo (el sol, la lluvia, una persona temblando de frío, unas nubes, etcétera). El otro grupo trata de adivinar qué representa el dibujo y qué expresión se debe de usar para describirlo. Cuando hayan adivinado, una persona del grupo **B** va al pizarrón. Se repite el proceso hasta que todos hayan participado.

PUNTO GRAMATICAL I • LA *SE* IMPERSONAL

Para hablar de una manera impersonal

The impersonal **se** + verb (third-person singular) is used to indicate an action without naming the subject who does it. It is expressed in English with phrases such as *it is believed*, *one does*, or *people say*. Sometimes the subject is simply eliminated in English translations.

Se dice que el agujero de la capa de ozono es muy grande.	*They say that the hole in the ozone layer is very big.*
Se cree que en el campo se vive una vida más tranquila.	*People believe that life in the country is more tranquil.*
Se prohíbe pescar aquí.	*Fishing is prohibited here.*

Práctica

A En las comunidades hispanas se habla mucho hoy en día de lo que se puede hacer para conservar los recursos naturales. Cambie el sujeto de las siguientes oraciones, sustituyéndolo con la *se* impersonal.

MODELO: ¿Consideran muchas personas que es bueno usar el gas natural para los automóviles? →
¿*Se considera* que es bueno usar el gas natural para los automóviles?

1. Creen que es muy importante no construir edificios de madera.
2. Varias personas han dicho que es necesario crear programas de reciclaje.
3. La gente habla mucho de evitar el uso de envases de plástico.
4. ¿Dicen que es beneficioso plantar muchos árboles?
5. Varios grupos planean proyectos para proteger el medio ambiente.
6. Muchos piensan que es necesario conservar la electricidad y el agua.

B En parejas, lean la siguiente lista de ideas e indiquen con una **X** las ideas con las cuales los dos están de acuerdo.

	DE ACUERDO	NO
1. Se cree que los árboles desaparecerán pronto.	_____	_____
2. Se dice que encontraremos vida en otros planetas.	_____	_____
3. Se ha mencionado la idea de tapar el agujero de ozono.	_____	_____

4. Se prohibirá la venta de automóviles que consumen electricidad. ——— ———

5. Se ha dicho que el tabaco mata ciertos insectos que dañan las plantas del jardín. ——— ———

Entre nosotros

En parejas, hagan una lista de los problemas ecológicos de su comunidad y otra de las soluciones que se han propuesto y de las que se han aplicado. Luego, comparen sus listas con las de otras parejas para hacer una sola lista colectiva entre todos.

Sugerencias: pueden hablar de las medidas que se han tomado para preservar el medio ambiente; los consejos que se han dado a los dueños de casas, de automóviles y a las compañías locales; los comentarios que se han publicado en los periódicos y lo que se ha dicho por la radio o la televisión

ENCUENTROS CULTURALES II
Nuestros amigos nos escriben

Santo Domingo, 10 de mayo

Mis queridos amigos:

Espero que todos estén bien y que hayan tenido momentos muy felices en los últimos meses. Por mi parte, he gozado mucho de la oportunidad de estar aquí en la República Dominicana. Y tengo noticias maravillosas. ¡Por fin conseguí el trabajo que tanto deseaba! Voy a trabajar en la Reserva Nacional Científica Isabel de Torres, en las montañas de la costa, al oeste de Puerto Plata. El lugar está bastante retirado de las grandes ciudades.

Todavía estoy en Santo Domingo, pero ya tengo una casita cerca del centro de investigación de la reserva. Está situada casi en medio de un bosque y hay un río que pasa cerca. Me va a costar trabajo conseguir que me instalen un teléfono, ya que no hay muchas líneas en

La diversidad ecológica de la República Dominicana se refleja en esta vista desde la montaña Isabel de Torres.

ese lugar tan aislado. Por lo tanto, en mis horas libres voy a dedicarme a arreglar mi casa y a sembrar muchas flores y verduras.

En este trabajo he aprendido que aquí hay una increíble diversidad de recursos naturales. Aunque la reserva tiene sólo 13 kilómetros cuadrados, contiene 594 especies de plantas, incluyendo 11 nuevas variedades que han sido identificadas recientemente. Espero contribuir con más información en este campo en los próximos años.

Bueno, ha sido muy grato compartir mis pensamientos con Uds. Ahora tengo que salir para el trabajo.

Hasta muy pronto,
Susana Melville

LEER Y COMPRENDER

Parte A: Comprensión. Complete las oraciones con información que se encuentra en la carta.

1. Susana ha conseguido trabajo en...
2. Tendrá dificultad en conseguir un teléfono para su casa porque...
3. En la reserva donde va a trabajar, se han encontrado... de plantas.
4. Susana piensa contribuir con... en el futuro.

Parte B: Conversando con los amigos. Converse con un compañero / una compañera sobre los siguientes temas.

1. Se espera que, en el futuro, los científicos hagan avances en la ciencia que nos ayudarán a conservar los recursos naturales. ¿Cuáles son los beneficios de la conservación de tales recursos? ¿Podría tener posibles consecuencias negativas?

2. Susana trabaja en la silvicultura. Para ti, ¿cuales serían las ventajas de trabajar en ese campo? ¿y las desventajas?

VOCABULARIO DE LA LECTURA

Expresiones

a menos que	unless
el granito de arena	one's contribution (*literally, grain of sand; Eng. "drop in the bucket"*)
en (el) primer plano	in the forefront; at the first level

Sustantivos

el abono	fertilizer
el desperdicio	waste; residue
la llave del agua	water faucet
la manguera	hose

el proceder	procedure, manner of doing
el recipiente	container
la servilleta	napkin
el vidrio	glass

Verbos

echar	to throw (out *or* away)
gotear	to drip
proteger	to protect

Adjetivos

envuelto/a	wrapped (up)
factible	feasible, workable

Práctica

A En parejas, busquen la palabra del vocabulario que corresponde a cada definición.

1. el desecho, lo que queda
2. envase para líquidos o sólidos
3. se dice de un líquido que sale poco a poco
4. fertiliza las plantas
5. es muy parecido al cristal

B Busque el antónimo apropiado para cada palabra.

1. guardar
2. imposible
3. desenvuelto   *envuelto*
4. atacar   *proteger*
5. al final   *en primer plano*

MIS PROPIAS PALABRAS

Escriba una lista de otras palabras que podrían ayudarlo/la a conversar sobre la lectura. Utilice un diccionario si es necesario.

_____

_____

_____

_____

_____

_____

_____

C Haga oraciones originales en las cuales se entienda claramente el significado de las siguientes palabras o expresiones.

MODELO: **la manguera** →
La manguera es un objeto muy útil para regar las plantas.

1. **la servilleta**
2. **a menos que**
3. **la llave del agua**

4. **el abono**
5. **el proceder**
6. **el granito de arena**

AMBIENTE CULTURAL II

En primer plano

¿Qué podemos hacer para proteger el medio ambiente? ¿Cómo vamos a tener un mundo sano no sólo para nosotros mismos sino también para las futuras generaciones? Es obvio que, **a menos que** cambiemos nuestro **proceder** antes de que pase mucho tiempo, el mundo, tal como lo conocemos, desaparecerá.

En los países de habla española, las instituciones dedicadas a la protección ambiental quieren que este tema esté **en el primer plano** de consideración. Los anuncios públicos urgen a la gente a que piense en todo lo que hace que podría afectar el equilibrio[1] ecológico.

En las escuelas, se hacen muchos esfuerzos para mostrarles a los alumnos las maneras en que pueden contribuir con su **granito de arena** a evitar el deterioro del medio ambiente. También hay concursos[2] en los cuales se premia a los alumnos que hayan hecho algo original respecto a la ecología. Cada año en las escuelas secundarias y universidades se ofrecen más cursos relacionados con la ecología. En muchas ciudades el gobierno municipal requiere que, al

reciclar objetos de **vidrio,** plástico y metal, éstos se depositen en **recipientes** separados, así como los **desperdicios** de la comida. Algunos creen que es una lástima que no se hayan implantado estas medidas anteriormente.

Parece que la solución más **factible** es que cada individuo tome conciencia del problema. Esta idea no deja fuera ni los esfuerzos de los gobiernos, ni los del sector industrial, ni de las instituciones locales e internacionales. Después de todo, el mundo somos nosotros.

[1]*balance* [2]*contests*

Cada quien contribuye con su granito de arena

Para conservar los recursos naturales, debemos...

1. reciclar los artículos de vidrio, plástico y papel.

2. *preciclar*: es decir, no comprar cosas que vienen **envueltas** innecesariamente en mucho plástico o en paquetes caros que no tienen ninguna utilidad.

3. convertir las sobras[3] de la comida en **abono:** No tirar en la basura los desperdicios de las frutas, verduras y otros alimentos.

4. *reusar* lo que ya se tiene: no usar platos de plástico o papel, ni toallas o **servilletas** de papel. Hay que recordar que cada artículo de papel fue parte una vez de un árbol vivo.

5. conservar el agua: bañarse y cepillarse los dientes con menos agua. Cerrar la **llave del agua** cuando no se necesite, y reparar cualquier **manguera** o llave del agua que esté **goteando.**

6. no **echar** basura en sitios inapropiados, como playas, ríos, parques, carreteras, calles, etcétera.

7. **proteger** a los animales, incluyendo a los insectos. Hay que recordar que también ellos hacen un aporte[4] importante a la naturaleza.

8. plantar árboles y plantas: de preferencia, los que requieran poca agua.

[3]*leftovers*   [4]*contribution*

COMPRENSIÓN

Indique si las siguientes oraciones son ciertas o falsas. Si alguna oración es falsa, explique por qué.

1. Mucha gente piensa que los recursos naturales nunca van a agotarse.
2. En la América Latina no existen grupos dedicados a proteger el medio ambiente.
3. Las actividades conservacionistas que tienen lugar en los países hispanos son parecidas a las de los EE.UU.
4. Cada individuo puede contribuir con su granito de arena a la protección del medio ambiente.
5. A menos que cambiemos nuestro proceder, el mundo, como lo conocemos, podría desaparecer.

CHARLEMOS

Converse con un compañero / una compañera sobre el siguiente tema. ¿Cómo te gustaría ver el mundo dentro de 10 años? Piensa en los deseos de tu familia y tus amigos y en los avances tecnológicos para controlar la contaminación y fomentar el bienestar de la humanidad. ¿Qué es necesario que hayamos hecho para lograr los efectos deseados?

ESTRUCTURA VERBAL II • EL PRESENTE PERFECTO DE SUBJUNTIVO

Para hablar de algo que puede haber ocurrido recientemente (2)

A. Formation of the Present Perfect Subjunctive

The present perfect subjunctive is formed by using the auxiliary verb **haber** in the present subjunctive + the past participle. Remember the participles that are irregular were presented in **Estructura verbal I.**

		agotar	proteger	convertir
yo	**haya**	agotado	protegido	convertido
tú	**hayas**	agotado	protegido	convertido
Ud.	**haya**	agotado	protegido	convertido
él, ella	**haya**	agotado	protegido	convertido
nosotros/as	**hayamos**	agotado	protegido	convertido
vosotros/as	**hayáis**	agotado	protegido	convertido
Uds.	**hayan**	agotado	protegido	convertido
ellos, ellas	**hayan**	agotado	protegido	convertido

B. Uses of the Present Perfect Subjunctive

The uses of the present perfect subjunctive follow similar guidelines for those of the present subjunctive. Normally, the subjunctive occurs in the dependent clause when there is a change of subject; it expresses an action that is not yet experienced or is linked to the ideas of will, negation, doubt, or emotion. The present perfect subjunctive is used to express *has/have* + past participle in the dependent clause when the verb in the independent clause is in:

1. The present indicative.

Es una lástima que **haya llovido** tanto en estos días.

It's a shame that it has rained so much recently.

2. The future.

Niños, sus padres se alegrarán de que **hayan ayudado** a lavar los platos.

Children, your parents will be happy that you have helped wash the dishes.

3. The present perfect indicative.

¡Nunca he conocido a nadie que **haya hecho** tanto por proteger el medio ambiente!

I've never known anyone who has done so much to protect the environment!

Práctica

A Complete el siguiente diálogo con un verbo en el presente perfecto de subjuntivo.

1. MILTON: Hasta ahora, no creo que _____ (ser) necesario separar la basura y ponerla en tres recipientes.

   ANABEL: ¡Al contrario! Me alegro de que el consejo municipal _____ (tomar) la decisión de reciclar así.

2. CAROLINA: ¿Sabes, Elisa? Mis padres se alegrarán de que, para la fiesta del sábado, _____ (pensar: *nosotras*) en usar platos y servilletas que no sean de papel o plástico.

   ELISA: ¡De acuerdo! Así, ellos no dirán que nosotras no _____ (hacer) nada para no utilizar productos de papel.

3. DANILO: Dudo que los científicos _____ (descubrir) algo para resolver definitivamente el problema del smog.

   CARLOS: Sin embargo, espero que por los menos _____ (pensar) en la manera de empezar.

4. GASPAR: ¡No creo que nadie _____ (contribuir) con más periódicos a la campaña de reciclaje que tu hermano!

   DIANA: Me alegro que tú _____ (decir) eso. Toda la familia teme que él _____ (cansarse) de hacerlo.

B Felipe piensa en sus amigos y en lo que están haciendo para contribuir con su granito de arena a la protección del medio ambiente. Determine si se necesita el presente perfecto de subjuntivo o de indicativo y complete las siguientes oraciones de una manera original.

MODELO: No creo que Beto (ha / haya) hecho un esfuerzo... →
          No creo que Beto *haya hecho* un esfuerzo *por reciclar.*

1. Después de mucho trabajo, por fin tú (has / hayas) terminado...
2. No creo que Lorena (ha / haya) pasado mucho tiempo...
3. Tengo miedo de que Miguel y Pepe no (han / hayan) sabido de...
4. Ellos (han / hayan) aprendido todo esto...
5. Si nosotros no (hemos / hayamos) tenido tiempo de completar nuestro proyecto ecológico, es porque (hemos / hayamos) tenido...

C. The Present Perfect Subjunctive with Impersonal Expressions

When impersonal expressions that are linked to the ideas of doubt, emotions, will, and uncertainty are used in the main clause, the present or the present perfect subjunctive may be used in the dependent clause. Such expressions include: **es bueno, es difícil, es importante, es increíble, es necesario, es preciso, es urgente, ojalá (que), qué bueno, qué lástima.**

| ¡Ojalá que no **hayan talado** los árboles! | *I hope they haven't cut the trees down!* |
| ¡Qué bueno que **hayan limpiado** las playas! | *How great that they've cleaned the beaches!* |

Práctica

A El coche del Sr. Carrasco necesita muchas reparaciones. Descríbalas, usando el presente perfecto de subjuntivo, según el modelo.

MODELO: Han terminado de reparar el coche antes de las tres.
(Es necesario que...) →
Es necesario que *hayan terminado* de reparar el coche antes de las tres.

Cuando el Sr. Carrasco recoge el coche, ...

1. han terminado de hacer las reparaciones. (No cree que...)
2. los mecánicos han reemplazado las llantas. (Ojalá que...)
3. han reparado el silenciador.[1] (Duda que...)
4. han roto la transmisión al tratar de repararla. (Teme que...)
5. han descubierto que la bomba de gasolina esta obstruida. (Le sorprende que...)
6. lo han arreglado todo. (Niega que...)

[1]*muffler*

B Reaccione a las siguientes noticias sobre lo que se ha hecho en una comunidad, según el modelo. Luego diga si las noticias son ciertas en cuanto a su comunidad o no.

MODELO: Construyeron una planta para purificar el agua.
(Es bueno que...) →
Es bueno que *hayan construido* una planta para purificar el agua.

1. Instalaron un nuevo sistema para recoger la basura.
(¡Qué bueno que...)

2. Publicaron instrucciones sobre cómo funciona el sistema.
   (Es importante que...)

3. En las escuelas empezaron a dar clases de ecología.
   (Es maravilloso que...)

4. Descubrieron que el agua del lago del parque estaba contaminada.
   (¡Qué lástima que...)

5. Construyeron casas que utilizan solamente energía solar.
   (Es dudoso que...) (¡OJO! casas que utili**cen**)

6. Planearon zonas en el centro donde se prohíbe el tránsito.
   (Es una buena idea que...)

7. Compraron filtros especiales para los autobuses.
   (Es imporante que...)

8. Instalaron focos[1] que consumen poca energía.
   (¡Ojalá que...)

[1]*spotlights*

Entre nosotros

A En parejas, túrnense para expresar cinco deseos que consideran alcanzables antes de que se acabe el año. Sigan el modelo.

MODELO: Espero que mi familia *haya dejado* de usar tantos platos de papel.

B Imagínese que su compañero/a necesita ayuda con su proyecto de reciclaje. Hágale estas preguntas para que él / ella piense en todos los detalles. Haga apuntes para usarlas en el *Cuaderno de ejercicios*.

1. ¿Es posible que hayas planeado un proyecto muy difícil de llevar a cabo? ¿Por qué sí o por qué no?

2. ¿Con qué agencias de la ciudad te has comunicado?

3. ¿Será posible que todos tus vecinos hayan recibido la noticia de tu campaña de reciclaje?

4. ¿Qué pasará cuando hayas recogido todas las cosas que piensas reciclar?

5. ¿Qué harás con el dinero que te pagarán cuando hayas llevado las cosas a un centro de reciclaje?

RODEO DE COGNADOS

Formas verbales

En este capítulo, Ud. ha encontrado muchos cognados en forma de infinitivos o verbos conjugados. Cuando se omite la vocal final (**a, e, i**) más la **-r** que indica el infinitivo, lo que queda es una palabra muy parecida a una palabra del inglés: **adoptar** → *to adopt*. A veces, hay que hacer otros cambios de ortografía: **reciclar** → *to recycle*.

Práctica

En parejas, den el significado en inglés de las palabras entre paréntesis. Luego, usen la imaginación para completar las sugerencias que siguen, con ideas originales para mejorar el medio ambiente. Tienen 5 minutos para hacer este ejercicio. Al terminar, comparen sus sugerencias con las de otras parejas. ¿Qué pareja ha presentado las sugerencias más originales?

1. Debemos (convertir) el/la _____ en _____.
2. Es necesario (eliminar) _____.
3. Se debe (inventar) una manera original de _____.
4. Para (conservar) agua en casa, debemos _____.

PUNTO GRAMATICAL II • USOS DE *HABER*
Para expresar there is *o* there are

1. In the present tense, **hay** expresses *there is* or *there are*.
2. **Haber** is never used in the plural form to express *there is/are* in other tenses.

imperfecto	**había**	*there was, there were*
pretérito	**hubo**	*there was, there were*
futuro	**habrá**	*there will be*
presente de subjuntivo	**haya**	*there is, there are*
condicional	**habría**	*there would (might) be*
pasado de subjuntivo	**hubiera**	*there was, there were*

3. In the majority of cases, the use of **haber** is a way of expressing what could be said with **estar** in other sentence structures.

Un oso **está** allí, entre los árboles.	*A bear is over there between the trees.*
Hay un oso allí, entre los árboles.	*There is a bear there, between the trees.*
Mucha gente **estará** aquí mañana.	*Many people will be here tomorrow.*
Habrá mucha gente aquí mañana.	*There will be many people here tomorrow.*

4. **Haber** is never used with a noun preceded by a definite article. It is used with an indefinite article + noun or with an adjective + noun.

Anoche **hubo una** presentación sobre ecología.	*There was a presentation on ecology last night.*
Hubo muchas conferencias sobre el mismo tema.	*There were a lot of conferences about the same theme.*

5. The expression **hay que** (*one must*) + infinitive occurs in all tenses in Spanish. It is used to express obligation when a subject is implied but not named.

Habrá que apoyar mucho a los organizadores del programa.

One will have to give a lot of support to the organizers of the program.

No creo que **haya que** llegar muy temprano.

I don't think it's necessary to arrive very early.

When a subject is named, **tener que** + infinitive is used to express obligation.

Tenemos que hacer un gran esfuerzo para llegar puntualmente.

We must make an all-out effort to arrive punctually.

Práctica

Imagínese que Ud. camina por su comunidad y observa varios detalles que tienen que ver con la ecología. Cambie estas oraciones con *estar* por oraciones con *haber.*

MODELO: Hoy los niños *están* gozando del sol afuera. →
Hoy *hay* niños gozando del sol afuera.

1. Muchos gatos están buscando comida en la basura.
2. El abono está en el parque central.
3. En muchas vecindades, los jardines están inundados de agua.
4. El centro de reciclaje está cerca de la universidad.
5. Los animales pequeños están en los jardines zoológicos.
6. En mi nueva casa, los árboles estarán al lado izquierdo.
7. Las dos mangueras reparadas estaban cerca de la casa del vecino.

Entre nosotros

Converse con un compañero / una compañera sobre el siguiente tema.

¿Cómo podríamos contribuir en la lucha contra el desperdicio de los recursos naturales? Utilice expresiones con *haber.*

Piensen en situaciones de este tipo:

1. Se usa el automóvil innecesariamente.
2. Alguien deja la manguera goteando todo el día.
3. Se dejan prendidas las luces de la casa todo el día.
4. Un miembro de la familia toma duchas muy prolongadas.
5. Se lavan las aceras[1] de la casa en vez de barrerlas.

[1]*sidewalks*

TEMAS Y DIÁLOGOS

CHARLEMOS

A En grupos, escriban una lista de cuatro de los problemas ecológicos mundiales. Elijan el que les parece más serio y conversen de las causas de este problema y de sus posibles soluciones. Luego, compartan con la clase las ideas del grupo. Un miembro del grupo escribirá una lista de estos problemas en la pizarra.

B Busque la firma. Entreviste a sus compañeros de clase hasta que consiga la firma de un(a) estudiante que...

1. ——— haya usado servilletas de tela últimamente.
2. ——— haya visitado un país donde hay una selva en peligro de desaparecer.
3. ——— haya reciclado periódicos o botellas.
4. ——— haya conocido a alguien que ha estudiado planificación urbana.
5. ——— haya estudiado ecología.
6. ——— haya sembrado plantas y árboles.
7. ——— haya conocido a algún líder de una comunidad.
8. ——— haya estudiado ciencias políticas.

DICHOS POPULARES

Quien a buen árbol se arrima[1] buena sombra le cobija.[2]

Del árbol caído todo el mundo hace leña.[3]

En dos círculos, miren los dibujos y lean los dichos. Escojan el dibujo que vaya mejor con el significado de uno de los dichos y expliquen el porqué al otro grupo. ¿Hay otras interpretaciones posibles? Expliquen. ¿Qué experiencias han tenido Uds. que se relacionen con cada dicho?

[1]se... *gets close*   [2]le... *covers him*   [3]*firewood*

LETRAS E IDEAS

En parejas, escriban un párrafo que describa la vida de un elemento de la naturaleza. Traten de incorporar el vocabulario nuevo.

MODELO:

La gotita de lluvia

La gotita de lluvia nace en el cielo y cae sobre nuestro planeta siempre que llueve. Puede caer en las montañas y convertirse en nieve, o puede caer directamente sobre la tierra. Si cae en las montañas y se convierte en nieve, se derrite en la primavera y se incorpora al agua de un río, un lago, un manantial o un océano. En los días calurosos, puede evaporarse. En el proceso de evaporación, sube otra vez al cielo y puede volver a empezar el ciclo.

CAPÍTULO 8

Oscar Arias (1941–), ex Presidente de Costa Rica, quien obtuvo el Premio Nobel de la Paz en 1987.

LA GENTE QUE COOPERA

Esta persona es un ejemplo extraordinario de acción civil en Hispanoamérica. ¿Conoce Ud. a algunas personas que hayan trabajado en causas humanitarias? ¿Quiénes son? ¿De qué manera le gustaría a Ud. contribuir a una causa noble?

inserto

ENCUENTROS CULTURALES I
Los nuevos amigos

ESCUCHAR Y COMPRENDER

Primero escuche la **Parte A** de la cinta y siga las instrucciones para completar el ejercicio. Luego escuche la **Parte B** y siga las instrucciones.

Parte A: Comprensión. Escoja la mejor terminación.

1. Luis David se mudó a Costa Rica hace...
   a. 12 años.   b. 8 años.
2. Dice que en su país había...
   a. una guerra civil.   b. una dictadura.
3. Su familia iría a El Salvador si tuviera...
   a. dinero.   b. tiempo.
4. En Costa Rica, es como si la familia de Luis David tuviera una segunda...
   a. casa.   b. patria.
5. El hermanito de Luis David se considera...
   a. chileno.   b. costarricense.
6. En El Salvador los tíos de Luis David se sienten...
   a. útiles.   b. solos.
7. Son voluntarios en una organización que ofrece servicios gratuitos de...
   a. salud.   b. entrenamiento.

Parte B: Conversaciones con los amigos. Escoja la mejor terminación.

1. Luis David les está escribiendo ——— a sus tíos.
   a. una carta   b. un telegrama
2. Los tíos viajan en aviones...
   a. pequeños y peligrosos.   b. grandes y peligrosos.
3. Una vez, en las montañas los sorprendió...
   a. una tormenta horrible.   b. una lluvia horrible.
4. En Guatemala los tíos estarán haciendo cirugías de...
   a. los ojos.   b. los oídos.
5. La madre de Luis David le dijo que fuera a...
   a. cenar.   b. ver un programa.
6. Por el diálogo, uno puede concluir que Hispanoamérica es una tierra de grandes contrastes...
   a. geográficos.   b. culturales.

«¿Cómo están, amigos? Me llamo Luis David Andrade y nací en El Salvador, pero ahora vivo en San José, Costa Rica.»

Nota cultural

Gran parte del suelo salvadoreño es volcánico y hay numerosos volcanes, muchos de ellos en actividad. Costa Rica también tiene áreas volcánicas. El Irazú es un volcán semiactivo que compite en belleza con las selvas de la cordillera.

Anthony Tino

CHARLEMOS

En parejas, háganse las siguientes preguntas.

1. ¿Crees que viviríamos en un mundo mejor si hubiera más igualdad social? ¿más religión? ¿más derechos humanos?
2. ¿Habría mayor igualdad social en el mundo si hubiera más compasión? ¿más cooperación? ¿más servicios sociales?
3. ¿Serías más feliz si pudieras viajar más? ¿tener tu propio apartamento? ¿tener más tiempo libre? ¿más amigos?

VOCABULARIO DE LA LECTURA

Expresiones

en un abrir y cerrar de ojos	in the blink of an eye
nada menos que	nothing less than
pasar la mano (por)	to touch lightly (on)
por mar y tierra	high and low, everywhere

Sustantivos

el albergue	shelter
la beneficencia	charity; beneficence
la caridad	charity
el/la filántropo/a	philanthropist
la soledad	solitude; loneliness

Verbos

añadir	to add
asustarse	to become afraid
dejar de + *inf.*	to stop (*doing something*)
meditar	to meditate, think deeply
recaudar	to collect

Adjetivos

allegado/a	close, intimate
sensiblero/a	overly sentimental

MIS PROPIAS PALABRAS

Escriba una lista de otras palabras que podrían ayudarlo/la a conversar sobre la lectura. Utilice un diccionario si es necesario.

_____

_____

_____

_____

_____

_____

_____

Práctica

A Indique la palabra que se asocia con la palabra enumerada.

MODELO: **añadir**   a. _✓_ aumentar   b. disminuir

1. **el albergue**   a. ____ el hogar   b. ____ la escuela
2. **meditar**   a. _✓_ hablar   b. _✓_ pensar
3. **el filántropo**   a. _✓_ **la caridad**   b. _✓_ la ambición
4. **sensiblero**   a. ____ insensible   b. _✓_ emotivo
5. **la soledad**   a. ____ la compañía   b. _✓_ el aislamiento
6. **recaudar**   a. ____ recibir   b. ____ pagar
7. **asustarse**   a. _✓_ amar   b. ____ tener miedo
8. **allegado**   a. _✓_ íntimo   b. _✓_ desconocido
9. **pasar la mano**   a. ____ participar   b. _✓_ tocar

B En parejas, háganse las siguientes preguntas.

1. En tu opinión, ¿qué cosas no se pueden hacer **en un abrir y cerrar de ojos?**
2. ¿Se justifica la búsqueda **por mar y tierra** de la gente desaparecida?
3. ¿Hay programas de **beneficencia** social en tu comunidad? ¿Hacen falta éstos?
4. ¿Sabías que algunos **filántropos** donan **nada menos que** millones de dólares al año? ¿Qué opinas de esto?
5. ¿Qué debes **dejar de** hacer?

AMBIENTE CULTURAL I

Contribuir con algo

En la siguiente lectura, una estudiante dominicana, Gabriela Martínez, cuenta una experiencia de su niñez, cuando su madre la animaba[1] a ser compasiva y a contribuir de alguna forma a la comunidad donde vivía.

Nota cultural

En todas partes del mundo hispano, se estiman la amistad y el ideal de la cooperación entre todos. Estos valores se inculcan en[1] las personas desde la niñez. En particular, se le da gran valor siempre a la existencia de una persona muy **allegada** a la familia, con la que siempre se cuenta en los momentos de más necesidad. La mayoría de hispanos llama a esta persona «compadre» o «comadre». En México, también se le llama «cuate» a este amigo especial.

[1]se... *are taught to, developed in*

La montaña de arena

Cuando cumplí 12 años, mi madre me regaló un enorme libro que se titulaba *Biografías selectas.* Al dármelo, me dijo muy seria: «No olvides que tu deber es contribuir con algo a la humanidad, con algo que mejore el mundo, aunque sea con un granito de arena.» Yo **me asusté,** porque mamá utilizaba la palabra «humanidad» sólo cuando hablaba de cosas muy importantes.

En el libro había **nada menos que...** ¡seiscientas veintiocho páginas! Créanlo o no, yo me las leí **en un abrir y cerrar de ojos.** Era

[1]*encouraged*

calidad - charity

La organización de adolescentes guatemaltecos CONANI se dedica a organizar actividades recreativas y educativas para los niños en las comunidades pobres. Estos jóvenes voluntarios brindan[1] sus servicios en las comunidades donde ellos mismos viven. Alrededor de 25.000 niños se benefician de esta ayuda.

[1]*offer*

un libro sobre gente que había hecho grandes contribuciones a la «humanidad». ¡Pero qué angustia! Después de acompañar decenas[2] de héroes y heroínas **por mar y tierra,** llegué a la conclusión de que en el mundo ya todo,

absolutamente todo, estaba hecho. Pasé varias semanas en la **soledad** y oscuridad de la noche **meditando,** haciéndome la misma pregunta mil veces: «¿Cuál puede ser mi granito de arena?» Una mañana consulté con mis padres.

Mamá me dijo que no fuera pesimista, que observara bien a mi alrededor[3] y vería muchas cosas que necesitaban atención. **Añadió** que, si ella tuviera mi edad, encontraría mil formas de ayudar en la comunidad; **recaudando** fondos para el **Albergue** de Niños, por ejemplo. Yo, en cambio, le decía que, si tuviera la edad de ella y pudiera manejar, por lo menos podría ir a los barrios pobres, donde de verdad se necesitaba ayuda. Ella me respondía que **dejara de** inventar excusas, y que pensara en algo práctico.

La reacción de mi papá, quien ciertamente no es un **filántropo,** fue diferente. Se echó a reír[4] y, mirando hacia el cielo, me dijo que no fuera tan **sensiblera** como mamá, que mi granito de arena, mi contribución al mundo era seguir siendo tan compasiva como era. Yo lo miré sorprendida. Recuerdo que él me **pasó la mano por** la cabeza y me aconsejó que me tranquilizara y que no le pusiera tanta atención a mamá. También me dijo que las cosas eran muy fáciles (para papá todo era «fácil»), que estudiara mucho, que fuera a la universidad, que siguiera una carrera «decente»... y que cuando tuviera dinero, hiciera donaciones a las instituciones de **beneficencia.** ¡Cómo olvidar sus voces!

Hoy día, a los 23 años, todavía vivo preocupada. Es que no me conformo con poner solamente un granito de arena. Yo quisiera contribuir con una gran obra de **caridad,** con una gran montaña de arena. Y todavía no lo he logrado.

[2]*tens (i.e., many)*   [3]*a... around me*   [4]*Se... He began to laugh*

COMPRENSIÓN

En parejas, expliquen las siguientes oraciones con sus propias palabras.

MODELO: Hoy en día la narradora todavía vive preocupada. →
Quiere decir que hasta el momento no está satisfecha con lo que
ha hecho.

1. La narradora llegó a la conclusión de que en el mundo todo estaba hecho.
2. Su madre le decía que dejara de inventar excusas.
3. Su papá le aconsejó que no fuera tan sensiblera.
4. Ella quisiera contribuir con una gran montaña de arena.

CHARLEMOS

Converse con un compañero / una compañera sobre los siguientes temas.

1. En el pasado, ¿qué quería tu familia que hicieras para que tuvieras éxito en la vida? ¿Quería que estudiaras? ¿que asistieras a clase puntualmente? ¿que sacaras buenas notas? ¿que escogieras bien a los amigos?
2. Lee el aviso con tu compañero/a y busca la siguiente información. ¿Qué necesitan las víctimas del terremoto? ¿Cuáles son las dos asociaciones que menciona el aviso?

CAMPAÑA DE SOLIDARIDAD CON LOS HUERFANOS VICTIMAS DEL TERREMOTO EN COLOMBIA

Más de 3.000 niños han quedado huérfanos en Colombia a causa del terremoto.
Ellos necesitan de un hogar que los albergue.
Se requiere su ayuda para poder construirlo.

COLABORA CON LA INFANCIA INDIGENA DESAMPARADA

INGRESA TU DONACION EN LA CAJA POSTAL
CUENTA Nº 0020 366 078

ASOCIACION ESPAÑOLA DE SOLIDARIDAD
Y COOPERACION CON COLOMBIA

AESCO

MOVIMIENTO POR LA PAZ, EL DESARME Y LA LIBERTAD
C/ Santa Catalina, 8-1º D. Tels.: 4290720 / 7644 Fax: (91) 4297373
28014 MADRID

COLABORA:
IIRIS • Preimpresión: FOTOMECANICA DA VINCI • Impresión: DIN IMPRESORES • Papel: PAPELERA PENINSULAR

Caja Postal
ARGENTARIA

ESTRUCTURA VERBAL I • EL IMPERFECTO DE MODO SUBJUNTIVO

El subjuntivo para hablar del pasado

A. Formation of the Imperfect Subjunctive

INFINITIVO	PRETÉRITO	FORMA -RA
comprar	compraron	comprara, compraras, comprara, compráramos, comprarais, compraran
beber	bebieron	bebiera, bebieras, bebiera, bebiéramos, beberais, bebieran
vivir	vivieron	viviera, vivieras, viviera, viviéramos, vivierais, vivieran

The imperfect subjunctive is based on the third-person plural of the preterite: **hablaron, comieron, vivieron.** The ending **-on** is dropped and the following endings are added: **-a, -as, -a, -amos, -ais, -an.***

Since the past subjunctive is based on the third-person plural of the preterite, any irregularities in that person will be reflected in *all* persons of the past subjunctive. This includes the following.

1. Stem-changing verbs.

    -**Ar** and -**er** verbs show no change.

empezar (ie)	empezaron	**empezara, empezaras...**
volver (ue)	volvieron	**volviera, volvieras...**

    -**Ir** verbs reflect the vowel change of the third-person plural preterite.

dormir (ue, u)	durmieron	**d*u*rmiera, d*u*rmieras...**
pedir (i, i)	pidieron	**p*i*diera, p*i*dieras...**

2. Spelling changes.

    The **-i-** to **-y-** between two vowels change occurs in all forms of the past subjunctive. Other spelling changes (**-c-** → **-qu-**, **-g-** → **-gu-**, **-z-** → **-c-**) do not occur in the past subjunctive.

creer	creyeron	**cre*y*era, cre*y*eras...**

---

*These forms are called the **-ra** forms of the past subjunctive. There is also another set of endings, called the **-se** endings, that are commonly used in Spain, some regions of Latin America, and in literary works: **hablase, hablases, hablase, hablásemos, hablaseis, hablasen.**

3. Verbs with irregular preterites.

The stem irregularity of the third-person plural preterite is reflected in the past subjunctive.

dar	dieron	**diera, dieras...**
decir	dijeron	**dijera, dijeras...**
estar	estuvieron	**estuviera, estuvieras...**
haber	hubieron	**hubiera, hubieras...**
hacer	hicieron	**hiciera, hicieras...**
ir	fueron	**fuera, fueras...**
poder	pudieron	**pudiera, pudieras...**
poner	pusieron	**pusiera, pusieras...**
querer	quisieron	**quisiera, quisieras...**
saber	supieron	**supiera, supieras...**
ser	fueron	**fuera, fueras...**
tener	tuvieron	**tuviera, tuvieras...**
venir	vinieron	**viniera, vinieras...**

B. Uses of the Imperfect Subjunctive

The imperfect subjunctive is used in the following situations.

1. When the independent clause is in the past (preterite, imperfect, past perfect or in the conditional or conditional perfect), and the normal conditions for the use of the subjunctive in the dependent clause exist (**Capítulo 6**).

Ella me dijo que **cooperara** con el comité para ayudar a los refugiados.	*She told me to cooperate with the committee to help the refugees.*
Ana quería que **recaudara** dinero para las víctimas del terremoto.	*Ana wanted me to collect money for the victims of the earthquake.*
Era dudoso que **pudieran** salvar a tantos niños.	*It was doubtful that they could save so many children.*

2. To comment in the present about a past action.

No creo que ellos **fueran** tan pobres.	*I don't believe that they were so poor.*
Es una suerte que ellos **donaran** el dinero.	*It is fortunate that they donated the money.*

3. With the verbs **querer** and **poder** especially, to express wishes or requests.

Quisiera un vaso de agua, por favor.	*I would like a glass of water, please.*
¡Quién **pudiera** eliminar la violencia!	*Who could (I wish someone could) eliminate violence!*

Práctica

Ⓐ **Paso 1.** Observe el uso del subjuntivo en el siguiente párrafo en que Delia le cuenta a Rosario lo que hizo como voluntaria.

Rosario, déjame que te cuente cuánto trabajo tuve ayer en el Albergue de Niños. Primero, la directora me dijo que *reorganizara* el área de juego y *alimentara* a los niños. Al terminar, me pidió que les *leyera* un cuento. Después me dijo que *escribiera* la nueva lista de residentes. Cuando terminé, me sugirió que *llevara* a los niños al patio y los *divirtiera*. ¡Quién *tuviera* tiempo para tantas tareas! Sería bueno que ella *comprendiera* que necesitamos más voluntarios. Pero a pesar de todo, el estar con los niños me llena de mucha satisfacción.

Paso 2. Ponga las siguientes acciones en el orden (del 1 al 5) en que ocurrieron en la narración.

La directora le pidió a Delia que...

a. ———— llevara a los niños al patio.
b. ———— escribiera la lista de residentes.
c. ———— reorganizara el área de juego.
d. ———— leyera un cuento.
e. ———— alimentara a los niños.

Ⓑ ¿Qué más cuenta Delia? Sustituya el verbo de la primera cláusula por una forma del imperfecto de indicativo. Después, sustituya el verbo de la segunda cláusula por una forma del imperfecto de subjuntivo.

MODELO: *Es* una pena que los niños no *tengan* padres. →
Era una pena que los niños no *tuvieran* padres.

1. Me *alegro* de que los niños *sean* tan inteligentes.
2. Yo *quiero* que *superen* todas sus limitaciones.
3. Los niños *agradecen* que la gente les *mande* donaciones.
4. Me *dicen* que les *tome* muchas fotos.
5. También me *dicen* que *tenga* mucha paciencia.
6. La directora *prefiere* que yo *haga* la presentación de las actividades.
7. Me *sugiere* que *organice* las fiestas.
8. Me *pide* que les *lleve* ropa de invierno.
9. *Es* bueno que les *doy* muchas esperanzas.
10. A menudo, yo me *digo:* ¡Quién *puede* eliminar la pobreza!

Entre nosotros

En parejas, imagínense que sus padres les daban los siguientes consejos. Indiquen si estaban de acuerdo o no con los consejos y expliquen el porqué.

Tu familia te aconsejaba que...

	DE ACUERDO	EN DESACUERDO
1. hicieras tus tareas inmediatamente	☐	☐
2. tuvieras sólo los amigos que ellos aprobaban	☐	☐
3. no vieras la televisión los días de clases	☐	☐
4. sacaras la basura todas las noches	☐	☐
5. te vistieras de otra manera	☐	☐
6. bajaras el volumen de la música	☐	☐
7. fueras cortés con todos	☐	☐
8. limpiaras tu cuarto con más frecuencia	☐	☐

VOCABULARIO DEL TEMA

Para hablar de los problemas sociales y sus soluciones

Los problemas

la condena	(prison) sentence
el damnificado / la damnificada	person who has been harmed or wronged
el delito	crime; misdemeanor, felony
el herido / la herida	wounded person
la inundación	flood
el robo	hold-up, mugging
la sequía	drought
el terremoto	earthquake
el violador / la violadora	rapist
consumir / usar drogas	to use drugs
violar	to rape

Las soluciones

auxiliar	to help
rescatar	to rescue
salvar	to save
el ayuntamiento	town hall
el bienestar público	public well-being
la cocina de beneficencia	community kitchen
el hogar de envejecientes	senior citizen housing
el toque de queda	curfew

Práctica

Ⓐ En parejas, escriban una lista de los problemas más serios (sociales o naturales) existentes en la comunidad donde Uds. viven o en su universidad. Luego hagan una lista de las posibles soluciones. Comparen sus listas con las de otras parejas. ¿Hay un acuerdo en la clase sobre la seriedad de los problemas que se enfrentan hoy en día en su comunidad o universidad?

Ⓑ En parejas, contesten la siguiente pregunta. ¿Qué les dirían Uds. a las personas que se encuentran en las siguientes situaciones?

1. Un señor iba manejando muy rápido y un policía lo detuvo. El señor le pidió que le permitiera irse porque tenía un hijo grave en el hospital.
2. Ana y su hermana viven en una ciudad muy peligrosa. A las 9:00 de la noche pidieron permiso para ir a la casa de una amiga. Ellas no tienen licencia para manejar.
3. Una señora iba manejando y vio un auto descompuesto en la carretera. Los pasajeros le hicieron señales de que necesitaban ayuda, pero la señora tuvo miedo de parar.

Ⓒ En parejas o en grupos de tres, expliquen cómo podrían ayudar Uds. en caso de que se presentara una de estas emergencias en la ciudad donde viven. Utilicen verbos en el imperfecto de subjuntivo cuando sea posible.

1. un incendio
2. un terremoto
3. la falta de viviendas
4. una sequía de larga duración
5. un caso de pobreza extrema

PUNTO GRAMATICAL I • LAS PREPOSICIONES DE USO FRECUENTE

Para expresar la relación entre personas o cosas

A. Uses of the Preposition *a*

1. After a verb of movement to indicate direction.

   Ella me pidió que fuera **a** la feria para recaudar fondos.

   She asked me to go to the fair to collect money.

2. With the indirect object pronoun, meaning *to*.

   Elia sugirió que Ángel le diera las camisas **a** Eugenio.

   Elia suggested that Ángel give the shirts to Eugenio.

3. To indicate how (the way) something is done.

   Era una carta muy larga escrita **a** mano.

   It was a very long, handwritten letter.

B. Uses of the Preposition *con*

1. With a noun, to indicate the manner in which something is done.

> No era sorpresa que el abuelo nos mirara **con** ternura.

> *It was no surprise that Grandfather looked at us tenderly.*

2. To express *with*.

> Era natural que ella se fuera **con** el papá.

> *It was natural that she would go with the father.*

VERBS COMMONLY USED WITH THE PREPOSITION **CON**			
acabar con	to finish with	**cumplir con**	to comply with
amenazar con	to threaten with	**dar con**	to meet up with
casarse con	to marry	**encontrarse (ue) con**	to find oneself with
conformarse con	to be satisfied with	**soñar (ue) con**	to dream of
contar (ue) con	to count on	**tropezar (ie) con**	to bump into

C. Additional Prepositional Phrases

a través de	through, across	**hacia**	toward
acerca de	about	**hasta**	until, up to
alrededor de	around; approximately	**junto a**	next to
en contra de	against	**según**	according to
en lugar de	instead of, in place of	**sin**	without
en vez de	instead of	**sobre**	upon, on, above
fuera de	outside of		

Práctica

A Marilú y sus amigos trabajan en una campaña de inscripción de votantes. Complete la historia, conjugando los verbos entre paréntesis en el imperfecto de subjuntivo. También escoja las preposiciones o frases preposicionales apropiadas de la lista para indicar las instrucciones del supervisor.

> *a, acerca de, con, en vez de, junto a, sin*

MODELO: El jefe les pidió que ———— (esperar) la tarde. →
El jefe les pidió que *esperaran hasta* la tarde.

El jefe les pidió que...
1. (regresar) ———— la oficina temprano.
2. (estacionarse) ———— la entrada principal.
3. (avisarle) ———— la guardia de seguridad que habían llegado.
4. (hablarles) a los ciudadanos ———— los requisitos para votar.
5. (poner) al día[1] las listas de votantes ———— hacer la encuesta.
6. no (salir) ———— apagar las computadoras.
7. (Reunirse) ———— él frente al ayuntamiento.

[1]poner... *to bring up to date*

B Imagínese que acaba de ocurrir una inundación. Armando y Marina van a ayudar a las víctimas. Llene los espacios con las preposiciones apropiadas de la lista para completar su conversación.

al, alrededor de, en contra de, en lugar de, según, sin

MARINA: Acabo de oír la noticia por la televisión. ¡Qué tragedia!

ARMANDO: Marina, solicitan la ayuda de voluntarios. ¿Pudieras acompañarme ———[1] lugar?

MARINA: ¡Claro que sí! ———[2] duda alguna. Vámonos.

ARMANDO: ———[3] mis cálculos, hay ———[4] dos mil víctimas.

MARINA: Si hubiera más voluntarios, podríamos iniciar la ayuda de inmediato ———[5] esperar por el gobierno.

ARMANDO: A propósito, Marina, ¿seguirás trabajando en la campaña ———[6] las drogas?

MARINA: No, y lo siento mucho. Este mes estoy ocupadísima.

ARMANDO: ¡Qué pena!

Entre nosotros

Converse con un compañero / una compañera sobre los siguientes temas. Explique sus respuestas.

1. ¿Dónde y con quién harías trabajo voluntario si tuvieras tiempo?
2. Si tuvieras tiempo, ¿llamarías a alguien para ir al cine el sábado? ¿A quién llamarías? ¿Por qué?
3. Si pudieras, ¿qué estarías haciendo en este momento en lugar de estar en clase?
4. Si tuvieras que escoger, ¿con qué posesiones básicas te conformarías?

ENCUENTROS CULTURALES II
Nuestros amigos nos escriben

San José, 6 de noviembre

Queridos amigos:

Supongo que Uds. estarán muy ocupados con las tareas de la escuela. Yo también estoy trabajando mucho, especialmente en la clase de botánica.

Ayer recibimos una llamada de nuestros tíos en El Salvador. Eso siempre es una sorpresa agradable. Cuando se lo dije a mi madre, ella corrió al teléfono como si sólo le quedara un minuto de vida. Yo hubiera conversado más tiempo con mis tíos pero mis padres estaban desesperados por hablar con ellos.

Mis tíos llegarán a Costa Rica el mes que viene. Me he estado preparando para su visita con mucho entusiasmo, porque iremos al volcán Irazú. He estado mirando mapas y estudiando la geografía del lugar. Ya tengo la mochila lista y acabo de comprarme un par de zapatos especiales para caminatas largas. ¡Mi familia dice que estoy loco! Creo que no entienden mi fascinación por los volcanes.

No quiero quitarles más tiempo y espero que el verano que viene puedan viajar a algunos lugares interesantes.

Saludos cariñosos,
Luis David

El volcán Irazú y las zonas forestales de Costa Rica son ejemplos de los grandes contrastes geográficos que se observan en Hispanoamérica.

LEER Y COMPRENDER

Parte A: Comprensión.

1. ¿Qué sorpresa agradable recibe la familia de Luis David?
2. ¿Para qué se está preparando Luis David? ¿Por qué?
3. ¿Qué acaba de comprarse?

Parte B: Conversaciones con los amigos. Converse con un compañero / una compañera sobre los siguientes temas.

1. Si tuvieras que vivir en otro país, ¿cuál escogerías? ¿Por qué?
2. Si tuvieras que vivir con algún pariente, ¿a quién escogerías? ¿Por qué?

VOCABULARIO DE LA LECTURA

Expresiones

sea como sea   be that as it may

Sustantivos

el asunto   matter, business
el puesto   position, job
la riña   quarrel
la vacilación   hesitation

Verbos

desalentarse (ie)   to become discouraged
ejercer   to exercise, carry out
empeñarse (en)   to be insistent (on)

Adjetivos

acalorado/a   heated
corriente   common
escabroso/a   difficult, "heavy"
pudiente   well-to-do

MIS PROPIAS PALABRAS

Escriba una lista de otras palabras que podrían ayudarlo/la a conversar sobre la lectura. Utilice un diccionario si es necesario.

_____
_____
_____
_____
_____
_____
_____

Práctica

A Busque la definición para las palabras enumeradas.

1. _____ **el asunto**
2. _____ **sea como sea**
3. _____ **la vacilación**
4. _____ **corriente**
5. _____ **la riña**
6. _____ **ejercer**
7. _____ **escabroso**
8. _____ **el puesto**

a. la pelea
b. el trabajo
c. el tema, la situación
d. problemático, difícil
e. de cualquier modo
f. común
g. hacer uso de
h. la duda

B En parejas, háganse las siguientes preguntas.

1. Algunos creen que la gente **pudiente** no es generosa. ¿Qué opinas? ¿Tienes parientes o amigos pudientes? ¿Son generosos? ¿Sabes de alguna persona famosa y pudiente que sea generosa? ¿Quién es?

2. A veces la gente **se desalienta** cuando tiene muchos problemas. ¿Cómo reaccionas tú ante las situaciones difíciles? ¿ante las discusiones **acaloradas**?

3. Por lo general, la gente que **se empeña en** triunfar, lo consigue. ¿Quiénes en tu familia han logrado el éxito que deseaban?

4. En Hispanoamérica no hay suficientes **puestos** para maestros. ¿Cuál es la situación en la ciudad donde tú vives?

AMBIENTE CULTURAL II

Los hispanos y la política

En los países hispanos, la política no es un **asunto** privado, sino todo lo contrario. Se habla de política en los centros de enseñanza, en el trabajo y en la familia, pues a todos les interesa comentar lo que está pasando en su comunidad y en el mundo. A veces, cuando se trata de temas bastante **escabrosos,** hay discusiones **acaloradas** y la conversación puede terminar en **riña.** Pero **sea como sea,** en el mundo hispano la política es un tema de discusión muy **corriente.**

En el siguiente diálogo, Belén y Mario, dos estudiantes que hacen trabajo voluntario, conversan sobre sus planes de ayudar a construir una escuela primaria.

BELÉN: Fíjate, Mario, yo pienso que, si el gobierno creara más empleos, la situación aquí no sería tan problemática.

MARIO: En efecto, pero, ¿por dónde empezar?

BELÉN: Hummm... ¿Qué quieres decir, Mario?

MARIO: Bueno, creo que si el gobierno creara más oportunidades de empleo, entonces necesitaríamos más escuelas para preparar a la gente, y viceversa. ¿No te parece?

BELÉN: Tienes razón. Me doy cuenta de que aquí no tenemos suficientes escuelas.

También, necesitamos más **puestos** de enseñanza.

MARIO: Es que estamos muy aislados. Si se construyeran más carreteras y se abrieran nuevas rutas, no sería tan dífícil para los niños ir a otras comunidades a estudiar.

BELÉN: Me alegro de que los vecinos estén muy entusiasmados con el proyecto de construir la escuela. Yo creo que vamos a tener éxito. ¿Qué piensas tú?

MARIO: Bueno, yo he decidido participar en este proyecto sin **vacilación** alguna, porque sé que vale la pena.

BELÉN: Si lográramos que más padres **pudientes** se incorporaran a la campaña de recaudación de fondos, alcanzaríamos nuestras metas[1] en menos tiempo. ¿No crees tú?

MARIO: ¡Claro que sí! Pero no te **desalientes.** Ya varios de ellos han mostrado interés. Tal vez pronto todos **se empeñen en** cooperar.

BELÉN: ¡Ay, Mario! Si pudiéramos **ejercer** más influencia en todo el proceso político...

[1]*goals*

COMPRENSIÓN

Escoja la mejor terminación

1. Según Belén, sería bueno que los hispanos...
   a. se interesaran más en la política.
   b. ejercieran más presión sobre sus líderes.
2. Belén piensa que sería ideal que...
   a. el gobierno creara más empleos.
   b. atrajera más empresas extranjeras.
3. Habría más maestros si hubiera más...
   a. puestos y escuelas.   b. carreteras y gente.
4. Mario participa en el proyecto...
   a. sin vacilación alguna.   b. sólo si hay más voluntarios.
5. Se solucionarían más problemas si el gobierno y la gente pudiente...
   a. hicieran planes a largo plazo.   b. cooperaran con más frecuencia.

CHARLEMOS

Converse con un compañero / una compañera sobre los siguientes temas.

1. Si pudieras hablar con Mario y Belén, ¿qué consejos les darías para que tuvieran éxito en su proyecto?

   Sugerencias: pueden hablar de las personas e instituciones que deben contactar, cómo motivar a la gente, cómo utilizar los medios de comunicación y cómo recaudar fondos

2. ¿Qué les sugerirías a las autoridades para que ayudaran a realizar el proyecto?

   Sugerencias: pueden hablar de la distribución de los fondos públicos, empleos y recursos

   MODELO: Les sugeriría que asignaran fondos para la construcción.

ESTRUCTURA VERBAL II • CLÁUSULAS CON *SI*

Para hablar de condiciones que no existen

Sentences with "if" clauses are used to talk about things that are contrary to fact or unlikely to occur. The "if" clause states the contrary-to-fact condition with the past subjunctive, while the main clause expresses the hypothetical result with the conditional. Either clause may appear first in the sentence. Sentences with "if" clauses are also used to express a hypothetical future situation. It is not always necessary to state both clauses.

1. Past hypothesis: if something happened, something else would happen.

   Si **fueras, comprenderías** la situación.

   If you went (were to go), you would understand the situation.

   Si **viviera** en el Brasil, **aprendería** portugués.

   If I lived in Brazil, I would learn Portuguese.

2. Present / Future hypothesis: If something were to happen or would happen now or in the future. Note: The main clause with the conditional is strongly implied in these examples.

   ¡Si **tuviera** tiempo!

   If only I had the time!

   ¡Si **hubiera** más paz en el mundo!

   If only there were more peace in the world!

Note: When the verb in the independent tense is in the present tense, future tense, or the imperative, "if" clauses do not require the subjunctive.

Si **lo planeas** todo con cuidado, **tendrás** éxito.

If you plan everything carefully, you will succeed.

The imperfect subjunctive is always used after the expression **como si...** because this expression implies a contrary-to-fact condition.

Reaccionó **como si** no **entendiéramos** su problema.

He reacted as if we did not understand his problem.

Práctica

Ⓐ Combine las frases de cada columna para decir lo que harían estas personas si pudieran ayudar. Sustituya los verbos entre paréntesis por una forma del subjuntivo o del condicional según el caso. Hay más de una opción.

MODELO: Si yo (ser) economista / (proponer) soluciones →
Si yo *fuera* economista, *propondría* soluciones *a los países en desarrollo.*

1. Si Provi (tener) tiempo
2. Si Olga (ser) doctora
3. Si nosotros (tener) tiempo
4. Si Lucy no (tener) que estudiar
5. Si Nydia (pedir) vacaciones
6. Si Marcelo (entender) la situación
7. Si Alfonso (manejar)
8. Si Ruth (poder) cantar

a. (ayudar) en casos de emergencia
b. (cooperar) en el albergue
c. (llevar) a los niños al cine
d. (dar) su ayuda en un país hispano
f. (resolver) el problema rápidamente
g. (ayudar) en un hospital
h. (acompañar) a los heridos
i. (entretener) a los envejecientes

B ¿Qué les recomendaría Ud. a las siguientes personas?

> MODELO: al Papa, en Roma →
> Le recomendaría al Papa que *promoviera la armonía en el mundo.*

1. al presidente de los EE.UU.
2. a los dirigentes de las iglesias del mundo
3. a los líderes de su ciudad
4. a los filántropos
5. a los educadores
6. a los artistas

Entre nosotros

Busque un compañero / una compañera que termine la oración. Hagan apuntes de sus respuestas para usarlas en el *Cuaderno de ejercicios.*

> MODELO: Si mi hermano tuviera dinero... →
> —¿*Qué haría tu hermano si tuviera dinero?*
> —Si mi hermano tuviera dinero, *me visitaría con frecuencia.*

1. Si yo no estuviera estudiando...
2. Si mis padres fueran ricos...
3. Si los gobiernos se lo propusieran...
4. Si la gente cooperara...
5. Si yo tuviera mucho dinero...
6. Si fuera político / una mujer política...
7. Si yo fuera líder de una comunidad...

RODEO DE COGNADOS

Palabras que terminan en -ista

Entre los cognados que se reconocen fácilmente se encuentran los que terminan en **-ista.** Éstos equivalen a la terminación *-ist* del inglés: **el dentista** → *the dentist.* Son masculinos o femeninos, aunque la palabra termine en **-a.**

un(a) artista	el/la optimista
un(a) capitalista	el/la pianista
un(a) novelista	el/la violinista

Práctica

En parejas, hablen sobre cómo o con qué podrían contribuir al mejoramiento del mundo cada persona de la lista anterior.

PUNTO GRAMATICAL II • LOS ADJETIVOS Y PRONOMBRES DEMOSTRATIVOS

Para indicar cosas y gente

A. Demonstrative Adjectives

Demonstrative adjectives refer to or indicate people, places, or objects. They agree with the noun referred to in number and grammatical gender.

(NEAR THE SPEAKER)	(NEAR THE LISTENER AND FAR FROM THE SPEAKER)	(FAR FROM THE SPEAKER AND THE LISTENER)
este / esta	ese / esa	aquel / aquella
estos / estas	esos / esas	aquellos / aquellas

B. Demonstrative Pronouns

When the demonstrative adjective replaces the noun, it becomes a pronoun.*

¡Si tuviéramos **estos servicios** en el programa!

If only we had these services in the program!

¡Si tuviéramos **éstos** en el programa!

If only we had these in the program!

Necesito **esta computadora** aquí, no **aquella computadora** que está en la otra oficina.

I need this computer here, not that computer that's in the other office.

Necesito **ésta** aquí, no **aquélla** que está en la otra oficina.

I need this one here, not that one that's in the other office.

C. Neuter Demonstratives

STUDY

Esto, eso, and **aquello** are the neuter forms. They point out an item whose identity is unknown or replace an idea or statement. The neuter forms are used only in the masculine singular forms.

¿Qué es **aquello**?

What is that?

¡Si me olvidara de **eso**!

If I could forget that!

---

* It is acceptable in modern Spanish, per the **Real Academia de la Lengua** in Madrid, to omit the accent on demonstrative pronouns when the context makes the meaning clear and no ambiguity is possible. In the activities and exercises of *Sigamos* these forms will include the written accent.

Práctica

A En la agencia de trabajo voluntario, Anita orienta a los nuevos miembros. Complete las siguientes oraciones, utilizando pronombres demostrativos lógicamente.

1. Aquellos señores que están en la otra sala son los directores. ———— aquí enfrente son otros voluntarios.
2. Esa mujer vestida de blanco es la enfermera. ———— al otro lado de la oficina es la doctora.
3. Aquel libro lo explica todo, pero ———— aquí en la mesa es mejor.
4. Ese señor que está riéndose es el psicólogo. ———— otro a su lado es un visitante.
5. Éstas son las listas de los voluntarios. ———— allí son las de los necesitados.

B En parejas, imagínense que Uds. son las personas que están a la izquierda en el siguiente dibujo. Identifiquen a las personas que Uds. ven a su alrededor. No olviden la concordancia de número, género y distancia. Sigan el modelo.

MODELO: Número 1: El médico está ayudando a *ese* hombre herido.

Entre nosotros

En parejas, observen los objetos que hay a su alrededor. Túrnense para identificar un objeto y luego hagan una oración descriptiva. Utilicen el adjetivo demostrativo correspondiente para cada objeto.

MODELO: aquel reloj →
Aquel reloj que está en la pared funciona muy bien.

TEMAS Y DIÁLOGOS

CHARLEMOS

Imagínese que Ud. conversó recientemente con un amigo suyo sobre la situación mundial. Él sugería muchos cambios para implementar mejoras. Indique las sugerencias con las que Ud. está de acuerdo o en desacuerdo y explique por qué.

Él sugería que...

	DE ACUERDO	EN DESACUERDO
1. se multara[1] a los que desperdician los recursos naturales.	☐	☐
2. se proveyeran más medios para facilitar el acceso a la educación.	☐	☐
3. la clase media pagara los mismos impuestos que los ricos.	☐	☐
4. se entrenaran más líderes comunitarios.	☐	☐
5. los criminales tuvieran más derechos legales.	☐	☐
6. las personas se jubilaran[2] más temprano para que hubiera más empleos.	☐	☐
7. las escuelas fueran responsables de controlar las drogas entre los alumnos.	☐	☐

[1]se... *fines be given*   [2]se... *should retire*

DICHOS POPULARES

Haz el bien y no mires a quién.

La clase se divide en dos grupos. El grupo A opina que debemos darle ayuda a quien la necesite, no importa quien sea. El grupo B opina que sólo debemos ayudar a las personas más cercanas a nosotros. Prepárense para defender su opinión con un(a) estudiante del grupo contrario.

LETRAS E IDEAS

A Escriba una composición sobre lo que Ud. puede hacer para contribuir al mejoramiento de la ciudad donde vive.

TÍTULO: Use el siguiente título o cualquier otro que le parezca más apropiado.

Mi granito de arena

Párrafo 1: Presente los problemas más serios que existen en su ciudad.

Párrafo 2: Explique cómo contribuiría Ud. a solucionar estos problemas si tuviera tiempo suficiente.

Párrafo 3: Explique cómo ayudaría si tuviera mucho dinero.

B ¿Quiere expresar su opinión sobre algún problema social? Escríbale una carta a:

1. **Concilio en Defensa de los Recursos Naturales**
   40 W. 20th St.
   New York, NY 10011

2. **Renew America**
   1400 16th St. N.W.
   Washington D.C. 20036

FORO ●

ANIMADO

Ⓐ Las noticias. En grupos, imagínense que Uds. han sido invitados a un programa de televisión para informar al público sobre lo que han estado haciendo para resolver los problemas ambientales. Cada grupo enfocará en un tema diferente y preparará un resumen de lo que han hecho. Cuando hayan terminado, compartan la información con la clase.

Grupo 1: la contaminación del aire
Grupo 2: las especies de animales en peligro de extinción
Grupo 3: la contaminación de las aguas
Grupo 4: la desforestación
Grupo 5: el uso excesivo de los recursos naturales

Ⓑ Consejos. En grupos, imagínense que un primo suyo / una prima suya acaba de emigrar de Honduras y se ha establecido en la ciudad donde Uds. viven. Hablen de los consejos que Uds. le darían en los siguientes casos.

MODELO: para conocer la cultura →
Le aconsejaríamos que ingresara en una organización de la comunidad.

Grupo 1: para divertirse
Grupo 2: para conocer la ciudad
Grupo 3: para hacer amigos
Grupo 4: para encontrar trabajo
Grupo 5: para contribuir a la comunidad

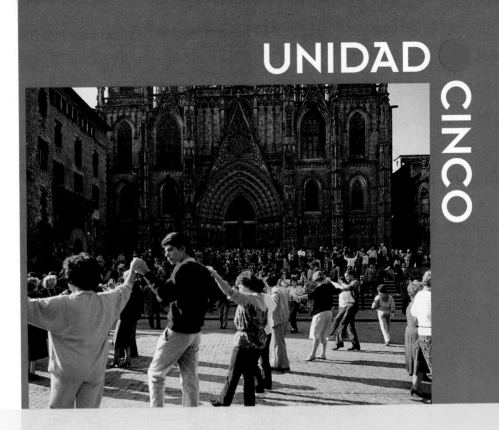

Delante de la Catedral de Barcelona, personas de todas las edades bailan la sardana cada domingo. Es un baile tradicional del cual todo el mundo disfruta. ¿Le gustaría participar en el baile? ¿Alguna vez ha bailado Ud. o una persona conocida un baile tradicional? Descríbalo.

¡A DIVERTIRNOS!

CAPÍTULO 9

En Salamanca, la gente participa en un baile tradicional.

LOS TIEMPOS DEL BAILE

El baile frecuentemente refleja la historia y las costumbres locales de una región. ¿Le gustaría aprender a bailar este baile? ¿Por qué sí o por qué no?

ENCUENTROS CULTURALES I
Los nuevos amigos

ESCUCHAR Y COMPRENDER

Primero, escuche la **Parte A** de la cinta y siga las instrucciones para completar el siguiente ejercicio. Luego escuche la **Parte B** y siga las instrucciones.

Parte A: Comprensión. Escoja la mejor terminación.

1. Paloma Hernández ha estudiado ballet clásico desde los...
   a. 5 años.   **b.** 7 años.   **c.** 17 años.
2. La bailarina a quien admira fue finalista en una competencia internacional de ballet en...
   a. Nueva York.   **b.** Bulgaria.   **c.** Madrid.
3. Paloma Herrera es la primera bailarina de la compañía...
   a. Ballet Nacional de Cuba.
   b. American Ballet Theatre.
   c. Royal National Ballet de Londres.
4. Paloma Hernández ha ganado una beca para estudiar en...
   a. la Argentina.   **b.** el sur de España.   **c.** Londres.
5. Hace... que Paloma espera a Rafael.
   a. una semana   **b.** toda la tarde   **c.** dos horas

Parte B: Conversando con los amigos. Complete las siguientes oraciones.

1. Cuando Paloma le pregunta a Rafael por qué había llegado tan tarde, él le contesta que...
2. Algo que le fascina a Paloma de España es...
3. Rafael tiene una noticia interesante sobre Ángel Corella, quien es...
4. Corella casi había dejado el baile en Madrid por...
5. Corella ha bailado con Paloma Herrera en una producción de...
6. Antes de salir, Paloma va a buscar...

«¿Qué tal? Soy Paloma Hernández y lo que más anhelo[1] en la vida es ser primera bailarina como otra Paloma, la famosísima Paloma Herrera.»

[1] *I long for*

> ### Nota cultural
>
> **La bailarina argentina Paloma Herrera puede bailar bailes contemporáneos y danzas clásicas. Sus ballets favoritos son «Don Quijote» y «Romeo y Julieta».**

> ### Nota cultural
>
> Ángel Corella, bailarín español, ganó una medalla de oro en la competencia Concours International de Danse en París. Uno de los jueces le dijo al director artístico que había visto «al joven más maravilloso de Madrid». La compañía American Ballet Theatre lo contrató pronto y el éxito de Corella fue inmediato.

CHARLEMOS

Conteste las siguientes preguntas.

1. Antes de comenzar a estudiar español, ¿qué bailes con sabor latino conocía Ud.? ¿Cuántos de ellos había bailado? ¿Por qué le gustaron o no le gustaron?
2. ¿Qué función cree Ud. que tiene el baile en la vida de la gente?

VOCABULARIO DE LA LECTURA

Expresiones

el tránsito de doble sentido	two-way traffic

Sustantivos

el cortejo	courting, courtship
la jota	Spanish folkdance from Aragón
la matraca	rattle
la morisca	Spanish dance that shows Moorish influence
el motivo	motive; motif (*in art forms*)

la seguidilla	Flamenco dance and musical form
la tribu	tribe
el zapateo	heel-tapping sequence in Spanish dance

Verbos

enorgullecer(se) (de)	to be proud (of), pride oneself (on)
igualar(se) (a)	to be equal (to)
zapatear	to dance with intricate heel-tapping steps

MIS PROPIAS PALABRAS

Escriba una lista de otras palabras que podrían ayudarlo/la a conversar sobre la lectura. Utilice un diccionario si es necesario.

_____

_____

_____

_____

_____

_____

Práctica

A ¿Cuál de las palabras del vocabulario se asocia con las siguientes situaciones?

> **el cortejo, la jota, la morisca, el motivo, la seguidilla, zapatear, el zapateo**

1. para referirse al sonido que hace un bailarín o bailarina con los tacones de los zapatos al bailar
2. para hablar de un tipo de baile flamenco y la música correspondiente
3. para describir la influencia de los moros en los bailes de España
4. para referirse a un baile folclórico de Aragón, España
5. para hablar de las maneras de hacer sonidos rítmicos con los zapatos
6. para referirse a un elemento artístico de un baile
7. cuando un hombre trata de enamorar a una mujer... ¡o vice versa!

B Converse con un compañero / una compañera sobre los siguientes temas.

1. ¿Has visto una película sobre una **tribu** primitiva? ¿Cómo se llama? Los miembros de la tribu, ¿pisaban la tierra al ritmo de **matracas** o tambores? ¿Qué otras costumbres interesantes tenían?

2. **¿Te enorgulleces de** algo que ha hecho un pariente tuyo? ¿Quién fue? ¿Qué hizo? **¿Se iguala a** algo que un amigo tuyo / una amiga tuya ha hecho? ¿a algo que tú has hecho? Explica.

3. ¿En qué difiere el **tránsito de doble sentido** de otros tipos de tránsito?

AMBIENTE CULTURAL I
El baile a través de la historia

Universalmente, el baile puede representar la expresión cultural folclórica de una región, ser una expresión artística o tener una gran función social. El baile se transforma en arte desde el momento en que la gente empieza a pisar rítmicamente en la tierra. Se pueden deducir los principios primitivos del baile al estudiar algunas **tribus** que todavía acompañan el movimiento de los pies con gritos, **matracas** o tambores rítmicos. En cuevas de España, se han encontrado unas pinturas viejísimas que muestran formaciones que parecen ser bailes. Esto sugiere la posibilidad de que los ritos religiosos eran **motivos** centrales de los bailes prehistóricos.

Posiblemente los bailes más primitivos eran sencillas expresiones de placer o acciones relacionadas con el **cortejo.** Más tarde, la gente bailaba para tratar de influir en la llegada de la lluvia, las expediciones de caza y de guerra o para obtener buenas cosechas. Varios complejos bailes rituales se habían desarrollado durante las civilizaciones antiguas de Egipto, Grecia, el Perú y México.

Durante la época del Renacimiento[1] italiano, los bailes habían llegado a ser el principal entretenimiento[2] de la corte. Al mismo tiempo, los bailes de salón en parejas se habían diferenciado de los bailes folclóricos. En el siglo 15, el baile la **morisca,** que se originó en Andalucía, también se había hecho popular en Francia. La morisca normalmente se bailaba con dos filas[3] de personas e incorporaba movimientos que se consideraban orientales.

Ya para la Edad de Oro[4] de España, los bailes de origen afroamericano habían llegado a Europa. Dos bailes llamados la sarabanda y la chacona habían sido traídos desde la América Central antes de 1600. Éstos se hicieron sumamente populares en los puertos de Andalucía, y más tarde se refinaron hasta asemejarse[5] a los bailes de cortejo. El canario, baile de origen africano, es el ancestro de la **jota** aragonesa, y la sarabanda dio vida a la **seguidilla.** Hoy en día la influencia afrocubana sobrevive en el fandango, mientras que los bailes flamencos de Andalucía retienen su herencia morisca. En un tipo de **tránsito de doble sentido,** los temas

---

[1]*Renaissance (1500-1700)*   [2]*entertainment*   [3]*rows*   [4]*Edad... Golden Age (1600-1680)*   [5]*resemble*

En un concurso de baile en Zaragoza, se baila la jota, que se caracteriza por su ritmo y saltos rápidos.

Un baile regional de San Miguel, Ibiza, muestra claramente las influencias moriscas en los bailes de España.

y movimientos del baile español llegaron a América, dejando motivos españoles en bailes folclóricos de este continente, como Las Diabladas, de Bolivia; la jota jalisciense,[6] de México; y el **zapateo** que se encuentra en los bailes de casi todos los países del mundo hispano.

Con frecuencia las características emocionales y nacionales del bailarín determinan la cualidad y la naturaleza del baile. La dignidad orgullosa del español se vio reflejada en los bailes de la gran bailarina gitana del siglo 20, Carmen Amaya, quien podría **igualarse a** cualquier hombre por la velocidad tempestuosa de su baile flamenco. Antonio, el supremo bailarín español de este siglo, se destacó por su manera de **zapatear,** con movimientos rápidos e impresionantes.

En la América Latina se observa una influencia africana muy fuerte en el tango argentino, en muchos bailes caribeños y en los bailes folclóricos de Venezuela y Colombia. Así como en España se retiene la tradición vigorosa del baile flamenco, y grupos como los vascos recogen[7] sus canciones y bailes folclóricos para mantener su identidad, en la América Latina cada país **se enorgullece de** sus bailes, lo cual se considera como elemento esencial de la cultura nacional.

[6]del estado de Jalisco   [7]*collect*

COMPRENSIÓN

¿Está Ud. de acuerdo con estas oraciones? Diga por qué sí o por qué no.

1. Los seres humanos aprendieron a bailar después del siglo 15.
2. El baile puede tener una función social.
3. En algunas cuevas de España hay pinturas que parecen indicar la temprana existencia del baile.
4. Muchos elementos moriscos, centroamericanos y africanos han influido en los bailes de España.
5. **Los motivos** de los bailes españoles no se encuentran en los bailes de los países hispanoamericanos. no
6. **El zapateo** es un elemento importante del baile flamenco. Sí
7. Carmen Amaya es una famosa bailarina cubana. no

CHARLEMOS

Converse con un compañero / una compañera sobre los siguientes temas.

1. ¿Qué es lo que más te gusta del baile: la historia, la cultura que representa o el baile mismo como actividad social? ¿Por qué?
2. ¿Conoces a algún bailarín que se había hecho famoso antes de esta década? ¿Cuál era su estilo de baile?

ESTRUCTURA VERBAL I • EL PLUSCUAMPERFECTO DEL TIEMPO INDICATIVO

Para hablar de acciones que habían ocurrido antes del momento de hablar

A. Formation of the Pluperfect

The Spanish pluperfect tense is formed with the imperfect of **haber** + a past participle. The past participle always ends in **-o** and does not agree with the subject.

		BAILAR	LEER	ABRIR
yo	**había**	bailado	leído	abierto
tú	**habías**	bailado	leído	abierto
Ud.	**había**	bailado	leído	abierto
él, ella	**había**	bailado	leído	abierto
nosotros/as	**habíamos**	bailado	leído	abierto
vosotros/as	**habíais**	bailado	leído	abierto
Uds.	**habían**	bailado	leído	abierto
ellos, ellas	**habían**	bailado	leído	abierto

Remember that the irregular participles (**Capítulo 7**) are irregular in all perfect tenses, including the pluperfect indicative and subjunctive.

B. Uses of the Pluperfect

The pluperfect is most frequently used to talk about a past action that occurred before another past event. When the other past action is named, it is usually expressed with the preterite.

Ya **habían bailado** la jota.	*They had already danced the jota.*
Yo ya **había bailado** cuando llegaron los otros bailarines.	*I had already danced when the other dancers arrived.*

The past perfect may also be used in combination with the pluperfect subjunctive when a subjunctive form is required in the dependent clause. See **Estructura verbal II** in this chapter.

Martín **había ensayado** el zapateo antes de que la música **hubiera empezado.**	*Martín had practiced the heel work before the music had started.*

Práctica

Ⓐ El concierto de baile fue un verdadero desastre. Utilice verbos en el pluscuam-perfecto para indicar las causas del fracaso. Siga el modelo.

MODELO: La bailarina principal *llegó* tarde. →
La bailarina principal *había llegado* tarde.

Antes de que se subiera el telón,...

1. se *rompió* un proyector de luz.
2. un músico *perdió* su guitarra.
3. *llegó* menos público del esperado.[1]
4. no *apareció* el vestuario.[2]
5. el bailarín principal se *rompió* una pierna.
6. el maquillaje se *congeló.*
7. *cerraron* los camerinos[3] con llave.
8. la gente se *puso* muy impaciente.

[1]del... *than (were) expected*   [2]*costumers*   [3]*dressing rooms*

B Combine oraciones de las siguientes columnas y utilice el pluscuamperfecto para indicar que la acción de la primera oración es anterior a la de la segunda. Hay más de una posibilidad.

MODELO: Carlos llegó para el baile. / Sus amigos se fueron. →
Cuando Carlos llegó para el baile, sus amigos ya se habían ido.

1. _____ Carlos compró las entradas para el baile.
2. _____ Yo leí el anuncio del baile en el periódico.
3. _____ Llegamos a las 7 en punto.
4. _____ Alguien dijo que el baile iba a empezar a las 10 en vez de a las 7.
5. _____ El público protestó por el cambio de hora.
6. _____ Los empresarios prometieron dar otra función.

a. La gente se contentó.
b. Mucha gente llegó.
c. Sus amigos compraron las suyas.
d. La gente se puso furiosa.
e. Los empresarios salieron para hablar con ellos.
f. Carlos compró las entradas para nosotros.
g. Mis amigos leyeron el anuncio en el letrero.

Entre nosotros

Converse con un compañero / una compañera sobre los siguientes temas.

1. Algunas personas creen que, antes de ahora, la juventud no había bailado bailes tan energéticos como los que acompañan la música rock. ¿Qué opinas tú?
2. Antes de llegar a la universidad, ¿qué tipos de baile habías bailado? ¿Habías tenido experiencias positivas con el baile o no? ¿Por qué?

VOCABULARIO DEL TEMA

Para hablar del baile

Bailes del mundo hispano	
la conga	baile del caribe de origen africano
la cumbia	baile originario de Colombia
el fandango	baile de origen afrocubano

el flamenco	baile de España con influencias gitanas y moriscas
el mambo	baile caribeño con influencia africana
el merengue	baile originario de la República Dominicana

la polka	baile europeo que se baila con variantes en el mundo hispano	**el vals**	baile europeo que también se baila en el mundo hispano

la quebradita baile mexicoamericano, con elementos alemanes, que se originó en el suroeste de los EE.UU. y que se baila también en México

la rumba baile caribeño con influencia africana

la samba hay por lo menos dos tipos de **samba:** el baile típico de Brasil y otro baile muy distinto de la Argentina.

el tango baile que probablemente se originó en la Argentina

Terminología asociada con el baile

la pareja	dance partner
el paso	dance step
el repertorio	repertoire
la vuelta	turn
dar vueltas	to spin or turn around
girar	to turn or spin around
guiar, dirigir	to lead (*one's partner*)
hacer una venia	bow (*to the public*)
inclinarse	dip
seguir (i, i)	to follow (*one's partner*)

Práctica

A En parejas, primero completen los siguientes diálogos con el vocabulario de esta sección. Hay más de una posibilidad. Luego escriban su propio diálogo utilizando el vocabulario del baile y represéntenlo delante de la clase.

PILAR: ¿Quién será aquel joven ¿que ——[1] tan rápidamente cuando baila la ——?[2]

PACO: Es la ——[3] de Celia. Es la persona con quien a ella le gusta bailar más.

TOÑO: ¿Qué pasa con esta gente? No saben los ——?[4]

NORA: El ——[5] no es un baile fácil. Hay que aprender a bailarlo.

TOÑO: Yo creo que el hombre debe ——[6] mejor a su pareja.

B Lea la tira cómica con un compañero / una compañera. Después contesten las siguientes preguntas.

PERIQUITA

¹*belly*

1. ¿Por qué dice el chico que Periquita tiene aptitud para el baile del vientre?
2. ¿Quién en la clase tiene aptitud para el baile? ¿Qué tipo de baile prefiere?
3. De niño/a, ¿tomabas clases de bailes? ¿Aprendías bailes del mundo hispano? ¿de otros países extranjeros?

PUNTO GRAMATICAL I • LOS PRONOMBRES RELATIVOS *QUE* Y *QUIEN*

Para hablar de personas o cosas que ya se nombraron

Relative pronouns replace nouns; they are used to join phrases and sentences. Relative pronouns cannot be omitted in Spanish, as they frequently are in English.

Estudie

1. **Que** may be translated as *that, which, who,* or *whom.* It refers to people or things. However, **que** is not used after prepositions to refer to people.

Es el baile **que** más me entusiasma.	*It's the dance (that) I'm most enthusiastic about.*
Es la chica **que** había aprendido el vals para el concierto de baile.	*She's the girl that (who) had learned the waltz for the dance concert.*

2. **Quien (Quienes)** meaning *who* or *whom* only refers to people. It is frequently used after prepositions such as **a, de,** and **con.**

Esos bailarines, **quienes** representarán a su país en el concurso, son los mejores.	*Those dancers, who will represent their country in the contest, are the best.*
El joven con **quien** baila mi amiga es de Panamá.	*The young man with whom my friend is dancing is from Panama.*

Imp.

You need one or more sentences combined (joined)

3. **Quien(es)** is also used in restrictive clauses, that is, clauses embedded in a longer sentence and surrounded by commas.

not restricted [handwritten]

El joven, **quien** es de Panamá, baila con mi amiga.

or El joven que baila con mi amiga es de Panamá [handwritten]

The young man, who is from Panama, is dancing with my girlfriend.

4. **Quien** may be used to express *he who* as a subject. This usage occurs most frequently in proverbs. **El que** is also frequently used in this context in daily speech.

Quien busca, halla. (*proverb*)
Quien (El que) baila mucho se cansa.

He who seeks, finds.
He who dances a lot gets tired.

Práctica

Lea las siguientes oraciones. Después, siguiendo el modelo, haga oraciones originales utilizando *que* o *quien* (*quienes*).

MODELO: Alfredo es un argentino *que* baila el tango muy bien. (Me gustaría...) →
Me gustaría ser un español *que* baila flamenco muy bien.

1. La música *que* oigo es una samba. (El disco...)
2. La persona con *quien* quiero bailar es mi pareja preferida. (El / La joven...)
3. El vals es un baile *que* tiene un ritmo muy placentero. (La polka...)
4. Lisa está aprendiendo a bailar las danzas caribeñas, *que* son sus bailes predilectos. (Mi amigo...)
5. La conga y el mambo son dos tipos de baile *que* se asemejan porque tienen influencias africanas. (La rumba y la samba...)
6. Me gustaría observar el baile de aquellos españoles, *quienes* zapatean maravillosamente. (Me gustaría conversar con...)
7. Hemos aprendido los pasos del baile *que* son muy complicados. (Ellos...)
8. Algunos tejanos bailan la quebradita, *que* es un baile que se originó en los EE. UU. (Algunos colombianos...)

Entre nosotros

En varios cuentos y películas para niños hay bailes importantes. Quizás el cuento más conocido sea el de *La Cenicienta*,[1] ya que se han encontrado más de cincuenta versiones de éste en varios países del mundo. Converse con un compañero / una compañera sobre los siguientes temas.

---

[1]La... *Cinderella*

1. La importancia que tiene el baile en el desarrollo del cuento de *La Cenicienta*.
2. Otro cuento o película para niños en que el baile tiene un papel importante.
3. Una película para adultos en que el baile es importante.

ENCUENTROS CULTURALES II

Nuestros amigos nos escriben

En el avión, rumbo al Uruguay, 5 de junio

Mis queridos amigos:

Les saludo cariñosamente desde el aire, porque me encuentro en el avión de regreso a mi patria después de terminar un semestre de estudios de baile en el sur de España. El semestre pasó demasiado rápidamente para mí. En realidad me hubiera gustado mucho poder quedarme más tiempo para conocer a fondo todo el país y su cultura. Al mismo tiempo, anhelo el momento de reunirme con mi familia y mis amigos en Montevideo.

A pesar de mi estancia[1] tan corta en España, he aprendido una cantidad enorme de elementos del baile español que podrán ayudarme a desarrollar mi propio estilo. En cierta forma, me sorprendió que me hubiera sido tan fácil aprender nuevos ritmos y movimientos. Pero tengo que recordar que he bailado casi toda la vida y estoy entrenada mental y físicamente para el baile. Además, mis maestros de baile habrían quedado muy desilusionados si yo no hubiera aprovechado bien la oportunidad que me brindó[2] la beca.

[1]stay [2]offered

Unos bailarines de Murcia, vestidos en traje regional y haciendo sonar las castañuelas,[1] bailan «la Parranda», un baile tradicional de la región. Murcia es la provincia española más sureña[2] de Nueva Castilla.

[1]castanets [2]southerly

Perdonen Uds. que esta carta sea tan breve, pero en este momento van a servir la comida. Espero que, la próxima vez que oigan algo de mí, será porque ya habré triunfado como bailarina. Entonces podrán decir que me habían conocido antes de que me hubiera hecho famosa.

Se despide su amiga cansada, contenta... ¡e impaciente por llegar a casa!

Paloma
Hernández

LEER Y COMPRENDER

Parte A: Comprensión. Escoja la mejor terminación.

1. Paloma se encuentra en el avión rumbo *a España / al Uruguay.*
2. Le habría gustado conocer más a fondo *el país / a sus maestros de baile.*
3. Los elementos de baile que ha aprendido la ayudarán a desarrollar *un baile nuevo / su propio estilo de bailar.*
4. Sus maestros de baile se habrían desilusionado si ella no hubiera aprovechado tal *oportunidad / entretenimiento.*

Parte B: Conversando con los amigos. Imagínese un viaje por avión rumbo a casa después de una larga temporada en el extranjero. Converse con un compañero / una compañera sobre los siguientes temas.

1. ¿Qué habrías hecho para ocupar tu tiempo si no hubieras encontrado ni revistas ni películas en el avión? ¿Habrías dormido? ¿Habrías charlado con otros pasajeros?
2. Si se te hubiera ocurrido escribirles una carta a tus amigos, ¿qué noticias habrías compartido con ellos? ¿Les habrías descrito las ciudades que habías visitado? ¿Habrías comentado sobre las costumbres locales?
3. Si una persona desconocida hubiera empezado a charlar contigo, ¿de qué habrían hablado? ¿del vuelo? ¿de las cosas que habían visto?

VOCABULARIO DE LA LECTURA

Expresiones		Sustantivos	
a continuación	below; following	el aislamiento	isolation
el golpe de estado militar	military coup	el bar	bar
		el/la colono/a	colonist

la coreografía	choreography		**Verbos**	
la faena	work, accomplishment	**surgir**	to spring up, arise	
el gemido	moan, wail		**Adjetivos**	
la pena	pain, agony			
el/la porteño/a	inhabitant of Buenos Aires	**derivado/a**	derived	
el venado	deer	**penoso/a**	painful	

Práctica

A Complete el siguiente párrafo con estas palabras del vocabulario.

aislamiento, coreografía, faena, porteños, venado

Anoche fui a ver la presentación de algunos grupos de bailes folclóricos en el Centro Cívico. Me gustó mucho, y el público, que aplaudía y daba gritos de entusiasmo, compartió mi entusiasmo. Los bailarines del tango representaron la vida de los _____.[1] La música, que refleja la nostalgia y el _____[2] del inmigrante, inspira a la vez una melancolía casi dulce. En cambio, el grupo folclórico mexicano presentó alegres bailes tradicionales, entre ellos el del _____,[3] en el cual uno de los bailarines imita a uno de estos animales. La _____[4] de todos los grupos fue una maravilla de movimientos cuidadosamente ejecutados. Total, toda la _____[5] me impresionó favorablemente.

B En parejas, determinen cuál de estas palabras se utilizaría para hablar de las siguientes ideas.

a continuación, el bar, el/la colono/a, derivado/a, el gemido, el golpe de estado militar, la pena, penoso/a, surgir

1. un sonido triste
2. una acción en contra de un gobierno
3. una persona que deja su país para establecerse en otro
4. un sustantivo y un adjetivo que describen algo doloroso
5. equivale a inmediatamente después
6. un lugar donde se reúne la gente para tomar bebidas
7. aparecer
8. que procede de otra cosa

MIS PROPIAS PALABRAS

Escriba una lista de otras palabras que podrían ayudarlo/la a conversar sobre la lectura. Utilice un diccionario si es necesario.

_____

_____

_____

_____

_____

_____

_____

AMBIENTE CULTURAL II

Los bailes regionales: Representación viva de la cultura hispanoamericana

Cada país hispano tiene sus grupos folclóricos que presentan bailes tradicionales en fiestas y teatros regionales, nacionales y hasta internacionales. Algunos de ellos se describen **a continuación.**

El baile regional más conocido de la Argentina posiblemente no habría logrado tanta fama sin las condiciones sociales que existían en Buenos Aires alrededor de 1880. Los inmigrantes de Europa, África y varios países del mundo se encontraban en los **bares** y cafés del puerto, buscando la manera de aliviar sus **penas** y su sentido de **aislamiento.** Esos **porteños** crearon una música nueva que se conoce con el nombre de «tango».

Generalmente se acepta que el tango incorpora elementos diversos, entre ellos el ritmo del *candombl,* o sea de los tambores de los bailes de los esclavos africanos que se llamaban «tango». También tiene la influencia de la *milonga,* la música popular de las pampas que combina los ritmos indígenas con la música de los **colonos** españoles. Algunos dicen que la palabra «tango» es **derivada** de la palabra latina *tangere,* que significa *tocar.*

Los primeros tangos bailados no tenían letra.[1] Frecuentemente simbolizaban la lucha entre dos hombres por recibir los favores de una mujer. Es por eso que la música muchas veces parece un **gemido,** como reacción al amor frustrado y a lo **penoso** del destino. A principios del siglo 20, cuando hasta la gente de la clase alta bailaba el tango, fue recibido con entusiasmo en París y en los EE.UU.

Escribir la letra del tango llegó a ser una expresión muy popular en 1918. El máximo intérprete de estas canciones fue el cantante OCarlos Gardel, una estrella a quien todavía se celebra cinco décadas después de su muerte. Tristemente, en 1930, un **golpe de estado militar** silenció la voz del pueblo que se encontraba en la letra del tango. Cuando los argentinos recobraron de nuevo parte de su libertad política a fines de esa década, lo celebraron con el tango. Dentro de poco, **surgieron** nuevos tipos de letra y un tono más romántico, nostálgico y dulce. Entre 1946 y 1952, durante la época del presidente Juan Perón y su esposa, Evita, el tango como representación de la cultura nacional gozó de mucha popularidad en la Argentina. Actualmente hay un renacimiento de esa popularidad, especialmente después de la filmación de *Evita,* con Madonna.

Otros bailes regionales reconocidos mundialmente son los bailes folclóricos de México. Éstos incluyen representaciones de bailes indígenas, como el baile del **venado,** al igual que bailes regionales que son una mezcla de elementos españoles, africanos e indígenas. Quizás el grupo que más se ha destacado[2] dando a conocer esta expresión de la cultura mexicana es el famoso Ballet Folklórico del Palacio de Bellas Artes de México, D.F., que ha actuado en teatros de los EE.UU., la América

[1]*lyrics*   [2]*se... stands out*

Latina y Europa. Hoy en día, la tradición del baile folclórico mexicano crece en popularidad, no solamente en México sino también en muchas partes de los EE.UU. donde hay representaciones y competencias de grupos folclóricos.

El Ballet Folclórico de Chile presenta espectáculos que incluyen los *huasos,* que son danzas y canciones de la zona central de Chile, y los *araucos,* que son juegos, **faenas,** rituales y costumbres de los indios mapuche y aymará. Su **coreografía** se basa en los cantos, danzas y costumbres de los habitantes de Chiloé, una isla en el sur de Chile. El coreógrafo Pedro Gajardo, inspirado en los orígenes de las diferentes culturas que formaron el pueblo chileno, fundó el Ballet Folclórico de Chile en 1988 y desde entonces ha llevado los ritmos tradicionales de Chile a diversos escenarios del mundo.

Tanto como el Ballet Folklórico de Columbus, Ohio, en varias partes de los EE.UU., la gente de ascendencia mexicana sigue la tradición del Ballet Folklórico Mexicano.

COMPRENSIÓN

Complete cada oración según la información de la lectura.

1.   El baile se podría considerar como representación de...
2.   Los porteños crearon una música nueva que se conoce con el nombre de... Tango
3.   Los primeros tangos bailados representaban...
4.   El tango adquirió un tono más romántico después de...
5.   El grupo folclórico mexicano más famoso es...
6.   Los bailes tradicionales de México gozan de popularidad en México y...
7.   En Chile, los *huasos* y *araucos* representan las...
8.   El coreógrafo Pedro Gajardo fundó el...

CHARLEMOS

Converse con un compañero / una compañera sobre los siguientes temas.

1.   ¿Alguna vez has visto la presentación de un grupo folclórico? ¿Qué país o región representaba? ¿Cómo eran sus bailes?
2.   ¿Conoces a alguien que, sin recibir clases de baile, baila como si las hubiera recibido? Describe lo que hace esa persona.
3.   Describe una situación en la cual tratabas de convencer a otra persona de que asistiera a una presentación artística.

ESTRUCTURA VERBAL II • EL PLUSCUAM-PERFECTO DEL SUBJUNTIVO

Para hablar de lo que pudiera haber pasado

A. Formation of the Pluperfect Subjunctive

The pluperfect subjunctive is formed with the past subjunctive of **haber** + the past participle, which remains invariable.*

		ENSEÑAR	BEBER	DESCUBRIR
yo	**hubiera**	enseñado	bebido	descubierto
tú	**hubieras**	enseñado	bebido	descubierto
Ud.	**hubiera**	enseñado	bebido	descubierto
él, ella	**hubiera**	enseñado	bebido	descubierto
nosotros/as	**hubiéramos**	enseñado	bebido	descubierto
vosotros/as	**hubiérais**	enseñado	bebido	descubierto
Uds.	**hubieran**	enseñado	bebido	descubierto
ellos, ellas	**hubieran**	enseñado	bebido	descubierto

B. Uses of the Pluperfect Subjunctive

1. The pluperfect subjunctive is used instead of the pluperfect indicative whenever the subjunctive is required.

> Era imposible que se **hubieran iniciado** las clases de baile antes de las clases de arte.
>
> *It was impossible that the dance classes had started before the art classes.*
>
> Cuando la bailarina se cayó, sentí miedo de que se **hubiera lastimado** la pierna.
>
> *When the ballerina fell, I was afraid that she had hurt her leg.*

Contrast the following sentences:

> **Habían aprendido** a bailar el tango rápidamente.
>
> *They had learned to dance the tango rapidly.*
>
> Me sorprendió que **hubieran aprendido** a bailar el tango tan rápidamente.
>
> *It surprised me that they had learned to dance the tango so rapidly.*

2. The pluperfect subjunctive is used instead of the imperfect subjunctive in an "if" clause, when the verb in the main clause is in the conditional perfect.

---

*Although there are two ways to form the past subjunctive of **haber,** the conjugation with **-ra** is most common in daily usage. Here are the **-se** forms: **hubiese, hubieses, hubiese, hubiésemos, hubiéseis, hubiesen.**

Yo habría participado en «el baile del venado» si alguien me lo **hubiera enseñado.**	*I would have participated in the "Dance of the Deer" if someone had taught it to me.*

3. The pluperfect subjunctive is used after the expression **como si...** to express something contrary to fact.

Estaba tan cansado **como si hubiera bailado** por tres días.	*He was as tired as if he had danced for three days.*

Práctica

A Complete las siguientes oraciones de Lilia, una persona que tiene opiniones muy originales sobre una presentación de baile. Llene los espacios en blanco con verbos en el pluscuamperfecto de subjuntivo y en el condicional perfecto.

MODELO: Si yo _____ (bailar) en la presentación de ayer, mi foto _____ (salir) en todos los periódicos. →
Si yo *hubiera bailado* en la presentación de ayer, mi foto *habría salido* en todos los periódicos.

1. Si nosotros _____ (comprar) los boletos con anticipación, _____ (tener) asientos más cómodos.
2. Si tú me _____ (acompañar), me _____ (divertir) mucho más.
3. Si los bailarines _____ (oír) los comentarios del público, no _____ (estar) muy contentos.
4. Si el público _____ (saber) apreciar el arte del baile, _____ (aplaudir) con más entusiasmo.
5. Si el bailarín principal _____ (saltar) más enérgicamente, la bailarina no _____ (caerse).
6. Si el telón no _____ (bajar) tan rápidamente, los bailarines _____ (hacer) otra venia.

B En parejas, imagínense que el mes pasado, Ud. y sus amigos participaron en una variedad de actividades. Indiquen las oraciones que son posibles y las que no lo son. Después, comenten sus ideas con otra pareja.

	POSIBLE	IMPOSIBLE
1. Habría llovido si sus amigos no hubieran llevado comida a la fiesta.	_____	_____
2. Nadie habría bailado si los músicos no hubieran traído sus instrumentos al baile.	_____	_____
3. Uds. habrían estado enojados si el profesor / la profesora no hubiera dado un examen difícil.	_____	_____
4. Uds. habrían estado molestos si la televisión no hubiera funcionado cuando Uds. querían ver cierto programa.	_____	_____
5. Uds. se habrían divertido si no hubiera llovido el día que habían planeado una excursión al campo.	_____	_____

Entre nosotros

Converse con un compañero / una compañera sobre un mínimo de cinco personas a quienes conocen que tienen habilidades o costumbres muy especiales. Utilicen estructuras con ***como sí...*** más el pluscuamperfecto de subjuntivo. Sigan el modelo y apunten la información para usar en el *Cuaderno de ejercicios*.

MODELO: Mi amigo Eliseo siempre manejaba como si hubiera estado en una pista de carreras.

RODEO DE COGNADOS

-ce *de inglés* / -cia *en español*

Muchas palabras cognadas terminan en **-cia** en español y en *-ce* en inglés. Las palabras de la siguiente lista no necesitan traducción.

la ambulancia	**la distancia**	**la independencia**
la coincidencia	**la experiencia**	**la justicia**
la conveniencia	**la importancia**	**la significancia**
la diferencia		

La misma correspondencia existe también con ciertos nombres propios, como **Alicia** (*Alice*) and **Francia** (*France*).

Hay algunas formas con **-ce** en inglés y **-cia** en español que son cognados falsos (amigos falsos). Por ejemplo:

ESPAÑOL = INGLÉS	INGLÉS = ESPAÑOL
la conferencia lecture	conference **la consulta**
la sentencia verdict, judgment	sentence **la frase, la oración**

Tampoco hay que olvidar que muchas palabras que terminan en **-cia** en español tienen formas equivalentes en inglés que terminan en *-y.* Entre ellas se encuentran las siguientes:

la agencia agency	**la emergencia** emergency
la aristocracia aristocracy	**la tendencia** tendency
la democracia democracy	**la urgencia** urgency
la diplomacia diplomacy	

Práctica

Converse con un compañero / una compañera sobre las siguientes situaciones.

1. Hay *agencias* que ayudan a la gente en casos de *urgencia* o *emergencia*. Comenta los servicios de una *agencia* pública en la ciudad donde vives.
2. La nueva tecnología hace posibles nuevos tipos de comunicación de larga *distancia*. Describe tus *experiencias* personales con este tipo de *conveniencia* moderna.
3. Indica por lo menos dos razones que expliquen por qué se necesita mucha *diplomacia* en una *democracia* y una *aristocracia*.

PUNTO GRAMATICAL II • LOS PRONOMBRES RELATIVOS *EL / LA CUAL, EL / LA QUE; LO QUE, LO CUAL; CUYO/A*

Para hablar de personas o cosas ya nombrados

A. El cual / El que

[handwritten: Memorize relative pronouns to avoid repeating something]

The relative pronouns **el cual** or **la cual** (pl. **los cuales, las cuales**) may be used interchangeably with **el que** or **la que** (pl. **los que, las que**). They are used instead of **que** or **quien** in the following cases:

1. To avoid ambiguity in restrictive clauses in which **que** or **quien** might be used.

El gerente del teatro, **el cual (el que)** no se presentó aquella noche, no supo lo que había sucedido.

The theater manager, who didn't arrive last night, didn't know what happened.

La bailarina principal de la compañía, **la cual (la que)** siempre viste elegantemente, llegó con una falda arrugada aquella tarde.

The ballerina, who always dresses elegantly, arrived with a wrinkled skirt that afternoon.

2. After prepositions of more than one syllable (**cerca de, delante de, detrás de,** and so on) and after the prepositions **con, durante, hacia, para,** and **por.**

A los jóvenes con **los cuales (los que)** ella salía no les gustaba bailar.

The young men with whom she went out didn't like to dance.

Hubo una exhibición de danza durante **la cual** un bailarín tuvo un accidente.

There was a dance exhibition during which a dancer had an accident.

Busco el lugar cerca **del cual** vi el anuncio del espectáculo.

I am looking for the place near which I saw the announcement of the show.

3. To express *he who* (*she who*, *those who*) at the beginning of a sentence. Note: only the **el que** forms are used in this way, never the **el cual** forms.

El que lee mucho, aprende mucho.	*He who reads a lot, learns a lot.*
Los que ensayan sin descanso alcanzan el éxito.	*Those who practice ceaselessly achieve success.*

B. *Lo cual / Lo que*   ~generalmente~

Lo cual and **lo que** are used to refer to a whole idea, rather than to a specific word. They express English *which*.

Nadie había ensayado los pasos del baile, **lo cual (lo que)** enojó al instructor.	*Nobody had practiced the dance steps, which angered the instructor.*

Only **lo que** is used to express the English relative pronoun *what* (*that which*).

Los tambores mandan un mensaje, pero no sé **lo que** dicen.	*The drums are sending a message, but I don't know what they are saying.*

C. *Cuyo/a*   ~Importante~

Cuyo/a (pl. **cuyos/as**) expresses *whose* or *of which*. It agrees in gender and number with the noun it modifies (person or thing), not with the possessor.

El bailarín, **cuyo** traje parece ser de oro, es el mejor de todos.	*The dancer, whose costume seems to be made of gold, is the best of all.*
Esas pintoras, **cuyos** cuadros ganaron premios, son mis amigas.	*Those painters, whose pictures won prizes, are my friends.*

Note: *Whose?* (as an interrogative) is expressed with **¿de quién(es)?**

¿De quién son esas pinturas?	*Whose are those paintings? (To whom do they belong?)*

Práctica

~Antes de la examen~

A Imagínese que Ud. y un grupo de amigos están en un teatro en Cartagena, Colombia, viendo unos destacados bailarines de baile moderno. Complete los siguientes párrafos con *el/la cual, los/las cuales, lo que* o *lo cual.*

Estamos en el teatro de la escuela de baile moderno para ver la presentación de baile de que les hablé. Ha asistido bastante público, ~lo cual~1 alegra mucho al director de la obra. Podemos ver la puerta por ~la que~2 van a entrar los bailarines. Los patronizadores del programa, ~cuyos~3 acaban de llegar de Bogotá,

están aquí también. Están comentando sobre algo, pero no podemos oír _Lo que_
dicen.

Ahora los músicos para el programa, _Los Cuales_ 5 pertenecen a la Sinfónica de
Cartagena, han empezado a tocar una canción alegre. Una persona se queja de
las luces brillantes, _el que_ 6 le dan directamente en los ojos. Ahora las bailarinas
empiezan a bailar unos bailes artísticos, _Los Cuales_ 7 nos divierten mucho. _____8
más nos gusta es ver cómo el público aprecia el espectáculo.

B ¿Qué pasa con la escuela de baile?
Combine las oraciones de cada
grupo para formar una oración
más larga. Utilice **_cuyo/a_** o
cuyos/as.

MODELO: La escuela de baile está en la esquina. Su dueño es el Sr. Ayala. →
La escuela de baile, _cuyo_ dueño es el Sr. Ayala, está en la esquina.

1. La escuela de baile se está quemando. El techo es de madera.
2. Los bomberos han llegado. El equipo es de lo más moderno.
3. Los bailarines buscan la manera de salvar su vestuario. El vestuario está
   dentro de la escuela.
4. Ya llegan los reporteros de los periódicos. Sus fotógrafos los acompañan.
5. Los bomberos han podido controlar el incendio. Su jefe los ayudó mucho.

Entre nosotros

Converse con un compañero / una compañera sobre lo que hace cuando sale a
divertirse.

1. ¿Con qué frecuencia sales a divertirte? ¿Qué es lo que limita tu tiempo
   libre?
2. ¿Dónde te gusta ir para divertirte? Describe un lugar cuyo ambiente te
   parece muy interesante.
3. ¿Quiénes son los amigos con los cuales te gusta ir a bailar o al cine? ¿Por
   qué te gusta que te acompañen?
4. ¿Qué les gusta más a los que se dedican a los deportes en su tiempo libre?
   ¿Eres tú uno de ellos?
5. ¿Tienes un amigo cuya diversión favorita sean los juegos en la computadora? ¿Qué es lo que hace?

TEMAS Y DIÁLOGOS

CHARLEMOS

A En parejas, preparen un anuncio comercial sobre un lugar que se especializa en presentaciones de baile para leer en un programa de radio. Incluyan el nombre del lugar y hora de la presentación, una descripción de lo que el público podrá ver, el precio de los boletos y la manera de conseguirlos. Pueden representar su anuncio ante la clase.

B En grupos, contribuyan con ideas para la creación de un baile folclórico que represente la cultura que se ha desarrollado en su clase de español. Piensen en los detalles siguientes: el tipo de música necesaria, el vestuario, los pasos del baile, el papel que va a hacer el profesor / la profesora, el lugar de la presentación del baile, los invitados. Compartan sus ideas con sus compañeros de clase.

DICHOS POPULARES

El que quiere bailar tendrá que pagar a los músicos.

Al músico viejo el compás le queda.

En grupos, escojan el dicho que vaya mejor con cada dibujo, y expliquen por qué. ¿Hay que interpretar literalmente los dichos? ¿Podrían tener un significado más profundo? ¿De qué manera podrían estas ideas tener importancia en la vida de Uds.? Compartan sus comentarios con los miembros de la clase.

LETRAS E IDEAS

Escriba tres párrafos para describir el tipo de baile que más le interesa.

Párrafo 1: Indique qué tipo de baile es y de dónde viene. (Si no lo sabe, investíguelo.) Dé por lo menos dos razones por las cuales le interesa ese baile.

Párrafo 2: Escriba un mínimo de tres oraciones para describir el baile, el vestuario de los bailarines, el tipo de música que lo acompaña, y dónde se puede ver o bailar este tipo de baile.

Párrafo 3: Escriba una conclusión que convenza al lector de que debe ver bailar el tipo de baile que Ud. describió o aprender a bailarlo.

CAPÍTULO 10

El cantante español de música popular Julio Iglesias ha ganado el disco de oro 100 veces.

La cantante cubana Gloria Estefan ha conquistado con su talento el mundo hispano y norteamericano amante de la música popular.

LA MÚSICA AYER Y HOY

Estos artistas comprueban el dicho de que la música es el alma de los pueblos. ¿A cuál de ellos conoce Ud.? ¿A cuál le gustaría escuchar en concierto? ¿Quién es su cantante favorito/a?

ENCUENTROS CULTURALES I
Los nuevos amigos

ESCUCHAR Y COMPRENDER

Primero, escuche la **Parte A** de la cinta y siga las instrucciones para completar el ejercicio. Luego, escuche la **Parte B** y siga las instrucciones.

Parte A: Comprensión. Indique con una **X** la información que Manolo Valentín *no* da.

1. ———— Manolo toca el tambor y la trompeta.
2. ———— Escribe sus propias composiciones musicales.
3. ———— Empezó con el jazz a los 5 años.
4. ———— Viajó a África en 1994.
5. ———— A él le agrada que en Europa aprecien el jazz.
6. ———— Se inició como músico de la Nueva Trova Cubana.
7. ———— Además de músico, es un bailarín renombradísimo.

Parte B: Conversando con los amigos.
Después de escuchar la entrevista, escriba un párrafo de por lo menos cuatro oraciones para resumir la conversación. Luego, en clase, comparta su resumen con otro/a estudiante.

«¿Qué tal, amigos? ¿Cómo están? Soy Manolo Valentín, intérprete de música clásica y de jazz. Nací en Cuba en 1958.»

CHARLEMOS

Con un compañero / una compañera, indiquen sus respuestas para las siguientes situaciones, según sus preferencias. Después, con toda la clase, expliquen sus respuestas.

1. Cuando estoy triste, prefiero escuchar música...
   a. muy alegre.   b. tranquila.   c. bailable.
2. Cuando estoy cansado/a, prefiero escuchar música...
   a. clásica.   b. popular.   c. religiosa.
3. Cuando estoy aburrido/a, prefiero escuchar música...
   a. rápida, para que el tiempo pase rápido.
   b. alegre, para que pueda alegrarme.
   c. bailable, para ponerme a bailar.

VOCABULARIO DE LA LECTURA

Expresiones

con el correr del tiempo	with the passage of time
mientras tanto	meanwhile
si bien es cierto que	although it is true that

Sustantivos

la canción de cuna	lullaby
la entrada	ticket (*for a performance*)

la grabación	recording
la letra	lyrics (*of a song*)
el monje	monk
el muro	wall

Verbos

orar	to pray
permanecer	to remain

Adjetivos

enraizado/a	deeply rooted

MIS PROPIAS PALABRAS

Escriba una lista de otras palabras que podrían ayudarlo/la a conversar sobre la lectura. Utilice un diccionario si es necesario.

_____

_____

_____

_____

_____

_____

Práctica

A Escoja la mejor terminación.

1. **Las canciones de cuna** son buenas para dormir a...
   a. los niños.   b. los adolescentes.
2. Una nueva **grabación** siempre pone a los cantantes...
   a. deprimidos.   b. contentos.
3. Para asistir a un espectáculo no necesitamos comprar...
   a. discos.   b. **entradas.**
4. La tecnología facilita **la grabación**... de una canción.
   a. del conjunto   b. **de la letra**
5. La gente que **ora** tiene...
   a. mucha fe.   b. mucho trabajo.
6. Generalmente, las costumbres muy **enraizadas**...
   a. pasan de generación a generación.   b. se olvidan rápidamente.

B En parejas, túrnense para leer las siguientes oraciones. Su compañero/a dirá la palabra del vocabulario que corresponde a la definición.

1. Hace posible que oigamos composiciones musicales.
2. Es pedirle a Dios.
3. Es un religioso que vive en un monasterio.
4. Quiere decir que no cambia.
5. Es lo que se construye alrededor de un edificio para aislarlo.
6. Quiere decir *durante ese tiempo*.
7. Frase sinónima de *aunque es cierto*.
8. Es lo mismo que *con el paso del tiempo*.

AMBIENTE CULTURAL I

La música en sus tiempos

(1) Hablando de la historia de la música, algunos musicólogos opinan que la **canción de cuna** fue la primera canción, y la mujer, la primera cantante. Lo que es cierto es que, desde los comienzos de la expresión musical, la gente ha cantado canciones sobre diversos temas. En España, al igual que en muchos otros países hispanos, algunos de los temas populares de las canciones tempranas fueron el amor, la lluvia, los entierros,[1] los nacimientos, los dioses, las guerras, la caza,[2] las cosechas y los pájaros. **Con el correr del tiempo,** el canto y los instrumentos musicales se convirtieron en una parte fundamental de las ceremonias y la vida diaria. Y ¡qué genial!, no había que comprar **entradas.**

(2) Muchos siglos después, la música europea siguió dos caminos diferentes. A principios del siglo XVII, los **monjes,** quienes habían fundado coros de niños, comenzaron a utilizar el oratorio, lugar para **orar,** con el propósito de describir escenas religiosas a través del canto, de modo que el público comprendiera el significado de la presentación. Esto dio origen al tipo de música que hoy se conoce con el nombre de oratorios. **Mientras tanto,** otros grupos de músicos experimentaban con composiciones más elaboradas, compuestas para ser presentadas. Así surgió la ópera.

(3) Al mismo tiempo que los monjes desarrollaban una música controlada y formal en los monasterios e iglesias, la gente de las villas cantaba con júbilo y vivacidad canciones sobre temas seculares. Algunos de los temas más frecuentes eran el amor, los amigos, la primavera y los eventos de la comunidad. Podemos imaginar a la gente cantándolas en reuniones familiares, en los lugares de trabajo y especialmente

[1]*funerals*   [2]*hunting*

en las calles, durante los festivales. También podemos imaginar a los monjes escuchando con curiosidad tras los **muros** de los monasterios, para aprender la **letra** de las canciones. Al final, ambos tipos de música triunfan, pues tantos admiradores tiene la música clásica como la popular.

(4) Alrededor de estos mismos tiempos se originó la serenata, la costumbre de cantar en la noche frente a la ventana de una mujer. Se cree que su origen tuvo que ver con los famosos trovadores[3] de la Edad Media,[4] quienes popularizaron las canciones románticas mientras iban de pueblo en pueblo. En Hispanoamérica y España todavía se acostumbra llevar serenata, generalmente a la enamorada, pues es una costumbre muy **enraizada.**

(5) En Hispanoamérica, la música española tuvo una enorme influencia en la música indígena, especialmente al introducir el arpa y la mandolina.[5] El grado de influencia varía de país a país, aunque se sabe que la música andina[6] es esencialmente mestiza.[7] Durante los años 60 y 70, algunos conjuntos hispanoamericanos de música folclórica lograron muchísima popularidad en Europa. Hoy es común oír esta música en las plazas de diversas partes del mundo.

(6) En la actualidad, el mundo hispano se enorgullece de tener intérpretes talentosísimos de la música clásica, como lo son los tenores españoles Plácido Domingo (1941–) y José Carreras (1948–), las sopranos españolas Victoria de Los Ángeles (1923–) y Montserrat Caballé (1923–), y el guitarrista español Andrés Segovia (1893–1987). Los amantes de la música popular también tienen sus ídolos. Entre los más admirados internacionalmente podemos mencionar al español Julio Iglesias, la cubana Gloria Estefan, el panameño Rubén Blades y el puertorriqueño Tito Puente.

(7) Han pasado siglos desde que se originó la canción de cuna y desde entonces se han hecho billones de **grabaciones,** tanto de música popular como de música clásica. **Si bien es cierto que** los gustos de la gente cambian de una época a otra, algo muy esencial **permanece** igual: la pasión de las personas de todas las culturas por expresar su identidad a través de la música.

---

[3]*wandering minstrels*   [4]*Edad... Middle Ages (1000–1500)*   [5]*mandolin (stringed musical instrument)*   [6]*de los Andes*   [7]*mixture of Spanish and indigenous elements*

COMPRENSIÓN

Las siguientes oraciones se relacionan con la lectura. Escriba el número del párrafo de la lectura con el cual ésta se asocie mejor.

1. _____ Los oratorios tienen un profundo sentido religioso.
2. _____ **Los monjes** tenían mucho interés en las canciones populares.
3. _____ Las serenatas son una costumbre muy antigua.
4. _____ La música es una parte fundamental de la identidad cultural.
5. _____ Hay muchos músicos y cantantes hispanos de fama internacional.
6. _____ A la gente siempre le ha interesado una gran diversidad de temas musicales.
7. _____ La música mestiza es una mezcla de la música indígena y española.

CHARLEMOS

En parejas, háganse las siguientes preguntas.

1. ¿Te gusta todo tipo de música? ¿Por qué sí o por qué no?
2. ¿Qué tipo de música te gusta más? ¿Cuál te gusta menos?
3. ¿Estás de acuerdo con que la música es parte de la identidad cultural y personal? ¿Por qué sí o por qué no?
4. ¿Quién es Enrique Iglesias? ¿Qué quiere ser? ¿Cuál es el tema de su disco?

NACE UNA ESTRELLA: ENRIQUE IGLESIAS

Con su primera producción bajo el brazo, muchas ganas de triunfar y el deseo de ser el nuevo ídolo de la música romántica, Enrique Iglesias llegó a México para presentar a los medios de comunicación el disco titulado: *Enrique Iglesias*. El material de Enrique contiene cinco temas de su propia inspiración, uno de Marco Antonio Solís, otro de Chian García y tres más de Rafael Pérez Botija, quien también es el productor del mismo. Los temas del disco hablan de amor, con un lenguaje sencillo, en un estilo musical que se describe como balada pop romántica. Enrique tiene un estilo muy propio, que no se parece en nada al de su famoso padre, Julio Iglesias.

ESTRUCTURA VERBAL I • EL SUBJUNTIVO CON CLÁUSULAS ADVERBIALES

Para hablar de acciones condicionadas

A. Conjunctions That Always Require the Subjunctive

The following adverbial conjunctions always require the use of the subjunctive in the dependent clause.

a menos que	*unless*
con tal (de) que	*provided that*
en caso de que	*in case*
para que	*so that*
sin que	*without*

When the main clause is in the present or future tense, the present subjunctive is used in the independent clause. When the main clause is in the past, the imperfect subjunctive is used.

El coro practicará mucho **para que** todo **sea** un éxito.	*The chorus will practice a lot so that everything is a success.*
Me ofreció sus composiciones musicales **para que** se las **grabara.**	*He offered me his musical compositions so that I could record them for him.*
Me habría ofrecido sus composiciones musicales **para que** se las **grabara,** pero era muy tímido.	*He would have offered his musical compositions so that I could record them for him, but he was very timid.*

B. Subjunctive or Indicative with *aunque*

When the adverbial conjunction **aunque** indicates certainty, the indicative is required. When it indicates uncertainty, the subjunctive is used.

Iré al teatro **aunque tengo** dos exámenes.	*I will go to the theatre although I have two exams.*
Compraré las entradas **aunque sean** muy caras.	*I will buy the tickets although they may be very expensive.*

Práctica

A **Paso 1.** Explique el uso del subjuntivo con cláusulas adverbiales en el siguiente párrafo en que Karen le cuenta a Marisel algo sobre un concierto de música.

En verdad, Marisel, no sé si podré ir al concierto de Montserrat Caballé a causa de que tengo muchísimo trabajo. *Aunque* mi hermano me pague[1] las entradas, tendré que pensarlo dos veces. Él me dijo que es posible que vayamos *a menos que* su jefa le asigne[2] una tarea fuera de la ciudad. Pero *aunque* no sea[3] así dudo que yo pueda ir, porque necesito terminar un cuadro para la exposición. Eso sí, *en caso de que* no vaya,[4] le pediré a mi hermano que me compre una camiseta y un DC (disco compacto) del concierto.

Paso 2. Conteste las preguntas.
1. ¿Qué cantante no irá a escuchar Ud. aunque tenga dinero para las entradas?
2. ¿Qué concertista le gustaría ir a ver a menos que no se presente en la ciudad donde Ud. vive?

B Salvador piensa comprar boletos para un concierto de Azúcar Moreno. Es una sorpresa de cumpleaños para su amiga Dolores. Termine las oraciones para indicar los planes que tiene, según el modelo.

MODELO: Invitaré a Paco con tal de que... (no estar de viaje) →
Invitaré a Paco con tal de que no *esté* de viaje.

1. Mañana haré las reservaciones sin que Dolores... (darse cuenta)
2. Creo que ella mostrará asombro aunque... (ya saber el secreto)
3. A Dolores le gustará el programa con tal de que... (incluir su canción favorita)
4. Quiero invitarla a cenar a menos que ella... (tener otros planes)
5. Ella me dijo que iría al concierto a menos que... (tener trabajo)

Entre nosotros

En parejas, inventen un diálogo entre Salvador y Dolores, del **Ejercicio B.** Imagínense que él acaba de darle a ella la entrada para el concierto. Utilicen por lo menos tres conjunciones adverbiales y el subjuntivo. Hagan apuntes de sus respuestas para usarlas en el *Cuaderno de ejercicios.*

Sugerencias: hagan planes para esa noche, a qué hora y dónde se encontrarán, qué harán después del concierto (ir a un restaurante, a un club, con los amigos)

VOCABULARIO DEL TEMA
Para hablar de la música

Instrumentos musicales

el acordeón	el piano
el clarinete	la trompeta
el (*f.*) harpa	la tuba
el órgano	el violín

Estilos musicales

la balada	el mariachi
los blues	la música de protesta
el bolero	la música folclórica
el heavy metal	el rock and roll

Vocabulario útil

agotado/a	sold out
la armonía	harmony
la banda	band
el boleto	ticket (*for a performance*)
la cartelera	billboard (*outside a theatre*)
el equipo de música	musical equipment
el éxito musical	musical success

Nota cultural

Los mariachis son conjuntos musicales mexicanos en los cuales predomina el violín. Hay varias versiones sobre el origen de esta palabra. Se dice que durante la ocupación francesa en México (1863–1867) los mexicanos inventaron el vocablo mariachi de la palabra francesa «marriage». Pero hay quienes opinan que la palabra se deriva de un vocablo indígena que significa «música ruidosa». Otra versión interesante es que una mujer de nombre María H. (hache) dirigía un conjunto musical y de ahí el origen de la palabra. Sea cual sea su origen, lo cierto es que hoy la música mariachi es muy popular y se escucha en todas partes.

Práctica

A Busque la firma.

¿Quién en la clase... ?

1. toca un instrumento musical, aunque no sea muy bien
2. va a conciertos con frecuencia aunque los boletos sean muy caros
3. escucha exclusivamente la música clásica
4. baila con un grupo o canta en una banda
5. odia el rock and roll
6. recuerda el rock and roll desde la época de los 50
7. sabe mucho de música folclórica
8. tiene mucho equipo de música en su habitación

B En parejas, inventen un diálogo entre dos compañeros de cuarto / casa que prefieren estilos musicales diferentes.

Sugerencias: pueden hablar sobre lo que los atrae de cada estilo musical, los conciertos pasados y recientes o los discos más populares, qué tipo de música les gusta escuchar en diferentes momentos o situaciones

PUNTO GRAMATICAL I • LOS SUPERLATIVOS ABSOLUTOS

Para intensificar el significado de los adjetivos   *lo máximo*

A. Forms of Absolute Superlatives

These forms are used to intensify the meaning of an adjective. This is how they are formed.

1. If the adjective or adverb ends in a consonant, the suffix **-ísimo(s)** or **-ísima(s)** is added to the end of a singular form.

   fácil → facil**ísimo**   *note: no accento*

   If the adjective or verb ends in a vowel, the final vowel is dropped and **-ísimo(s)**, **-ísima(s)** is added.

   prestigioso → prestigios**ísimo**

   When there is a consonant blend such as **-bl-**, the vowel is dropped and an **-i-** is inserted before the **-l-**. Then **-ísimo(s)**, **-ísima(s)** is added.

   amable → amab**ilísimo**

   The superlative form agrees in gender and number with the noun modified.

La letra de esa canción es **facilísima** de aprender.	*The lyrics to that song are very, very easy to learn.*
Es una orquesta **prestigiosísima**.	*It's an extremely prestigious orchestra.*
Los músicos fueron **amabilísimos**.	*The musicians were very nice.*

2. Words ending in **-co**, **-go** and **-z** will show the following spelling changes to maintain the pronunciation.   *Estudia*

-c- → **-qu-**	cerca → cer**qu**ísimo/a
Mi casa está **cerquísima**.	*My house is very, very close.*
-go- → **-gu-**	largo → lar**gu**ísimo/a
Es un concierto **larguísimo** sin que llegue a aburrir, ¿no te parece?	*It is a very long concert which still is not boring, don't you think?*
-z- → **-c-**	feliz → feli**c**ísimo/a
Él siempre se ve serio aunque es **felicísimo**.	*He always looks serious even though he is extremely happy.*

B. Using Adverbs to Intensify Meaning

Another way to intensify the meaning of an adjective or adverb is to use an adverb such as **extraordinariamente, extremadamente, sumamente,** or **muy** before it.

Español | Inglés
mente = ly

Ellos son **extraordinariamente** talentosos.

They are extraordinarily talented.

Él lleva **muy** poco tiempo practicando el piano.

He has spent very little time practicing the piano.

Práctica

Ⓐ Para Vivenca Aguayo, una cantante imaginaria, el mundo de la música es fabu-losísimo. Reaccione a todo lo que se sabe de ella, según el modelo.

MODELO: El DC que grabó ocupa el primer puesto en la cartelera, porque es *bueno.* →
Es *buenísimo.*

1. Asistieron 3.000 personas a su último concierto. El auditorio estaba *lleno.*
2. Cuando ganó el disco de oro parecía *feliz.*
3. Mucha gente no pudo comprar boletos porque las colas eran *largas.*
4. La noche del concierto, ella llevaba un vestido *blanco.*
5. Se sabe que ella es *rica.*
6. Además, el público opina que ella es *simpática.*

Ⓑ Imagínese que para Ud. todo es extraordinario. Elija un adjetivo de la columna a la derecha que describa bien a las personas y las cosas de la columna a la izquierda. Después, haga una oración usando superlativos. Hay más de una opción y Ud. puede utilizar el subjuntivo o el indicativo. Siga el modelo.

MODELO: el tenor José Carreras / famoso/a que... →
José Carreras es un tenor *famosísimo* que *tiene muchos admiradores.*

1. el cantante Julio Iglesias
2. la cantante Gloria Estefan
3. el Palacio de Bellas Artes de México
4. la soprano Victoria de Los Ángeles
5. la soprano Montserrat Caballé
6. el tenor Plácido Domingo
7. el guitarrista Andrés Segovia
8. el músico Tito Puente

a. talentoso/a que...
b. admirado/a porque...
c. romántico/a y...
d. popular que...
e. vibrante porque...
f. simpático/a y...
g. grande y...
h. conocido/a que...

Entre nosotros

¿A quién admira Ud.? Con un compañero / una compañera, busquen uno o más superlativos absolutos para hablar de las siguientes personas o de otra persona famosa que Ud. conozca.

MODELO: Plácido Domingo es un cantante de ópera español talentosísimo. Su voz es lindísima y él es muy generoso e inteligentísimo.

Sugerencias: Ud. puede imaginar o hablar del talento, música, canciones, personalidad, exitos o grabaciones de ellos

Rubén Blades
Montserrat Caballé
José Carreras
Victoria de Los Ángeles

Gloria Estefan
Julio Iglesias
Tito Puente
Linda Ronstadt

ENCUENTROS CULTURALES II
Nuestros amigos nos escriben

Barcelona, España, 20 de marzo

Estimados amigos:

Ha pasado bastante tiempo desde que me comuniqué con Uds. Recuerdo que en aquella ocasión les mencioné mi disco «Sol y lluvia», pues era mi última grabación. La buena noticia es que pronto saldrá al mercado un disco mío que no quiero describir en detalle porque prefiero que sea una sorpresa.

Hace mes y medio que salí de gira[1] con el «Grupo Sendero», el cual dirijo[2] desde hace muchos años. Primero fuimos al Japón, donde el público nos esperaba desde hacía tiempo. Los boletos se agotaron[3] a los pocos días de comenzar la venta. De ahí fuimos a Australia y luego a Londres. Hace una semana que llegué a Granada, una ciudad en España donde Manuel de Falla vivió muchos años y donde está el palacio de la Alhambra. Aquí estamos muy contentos porque, hasta el momento, todo nos ha salido como se había planeado. Créanme, en un

---

[1]de... *on tour*   [2]*I've been directing*   [3]se... *were sold out*

saldrá

La Alhambra (significa «palacio rojo» en árabe). Es un famoso palacio donde habitaron los reyes moros en Granada, España. Su construcción empezó a mediados del siglo XIII. El esplendor de sus recámaras[1] y la belleza de sus jardines atrae a visitantes del mundo entero.

[1]*rooms*

viaje como éste es muy fácil que algo falle, porque son muchos los detalles que hay que tener bien organizados.

Me imagino que estarán estudiando mucho, pero dejen tiempo libre para escuchar su música favorita. Espero que Uds. también tengan éxito este semestre.

Un saludo muy cordial,
Manolo Valentín

LEER Y COMPRENDER

Parte A: Comprensión.

1. ¿Cuál es la buena noticia que da Manolo?
2. ¿A qué lugares viajó?
3. ¿Dónde se encuentra mientras escribe la carta?
4. ¿Por qué está contento?

Parte B: Conversando con los amigos. Converse con un compañero / una compañera sobre los siguientes temas.

1. ¿Cuáles son algunas de tus canciones favoritas?
2. ¿Qué instrumentos te parecen apropiados para la música romántica?
3. ¿Qué instrumentos te parecen apropiados para la música bailable?

VOCABULARIO DE LA LECTURA

Expresiones

con razón	understandably, with good reason
ir de gira	to go on tour

Sustantivos

el batuque	Brazilian dance
el compás	rhythm, musical beat

el embajador / la embajadora	ambassador
el tambor	drum
la taquilla	box office

Verbos

conquistar	to win over

read again

Práctica

A En parejas o con la clase, digan la palabra apropiada para cada definición.

1. es el ritmo de la música
2. es el nombre de un baile brasileño
3. lugar donde se compran las entradas
4. es un instrumento de percusión
5. es un representante
6. es seducir, atraer

B En parejas, digan por lo menos tres palabras que puedan asociar con cada palabra o frase del vocabulario.

MODELO: **el tambor** →
la música, la percusión, redondo...

1. **el embajador**
2. **con razón**
3. **ir de gira**

MIS PROPIAS PALABRAS

Escriba una lista de otras palabras que podrían ayudarlo/la a conversar sobre la lectura. Utilice un diccionario si es necesario.

_____

_____

_____

_____

_____

_____

AMBIENTE CULTURAL II

La salsa: Intercambio cultural

Todo es posible en el mundo multicultural de la música. ¿Se han imaginado Uds. una banda de salsa integrada por[1] japoneses? «La Luz» es precisamente eso, un conjunto de salseros que **van de gira** por el mundo como **embajadores** de la salsa. Lo más interesante es que ellos cantan en español.

Este intercambio músico-cultural comenzó hace siglos, cuando los negros africanos fueron traídos a Hispanoamérica como esclavos. Ahora la presencia de la música negra es notable en todo el continente americano. Esta música define particularmente las preferencias o gustos musicales del Brasil con su samba y **batuque,** música heredada de Angola y el Congo. También es importante en Venezuela, Colombia, el Caribe y, en menor grado,[2] en la Argentina, el Uruguay, el Perú y el Ecuador. Algunos países centroamericanos tienen la presencia negra del África Occidental mezclada con la indígena y la blanca.

Debido a esta herencia, en la expresión musical de los países hispanoamericanos se destaca[3] la importancia de la improvisación, el ritmo, las técnicas en el uso de la voz y el empleo imprescindible del **tambor.** Estas características son muy necesarias para lograr algunos ritmos regionales, como el de la salsa.

La salsa comenzó como un experimento musical de los puertorriqueños en Nueva York, durante la década de los años 50. Tiene influencia de la música afrocubana, del rock y del jazz. A causa de esta mezcla, a veces se puede notar una guitarra eléctrica junto a instrumentos de percusión acompañando una típica improvisación de influencia negra. En décadas más recientes, se ha notado la influencia de la salsa en modalidades del jazz y el rock.

Nadie habría podido anticipar tanto éxito ni imaginar que este ritmo **conquistaría** las salas de concierto de toda Europa, Asia y Australia. Cincuenta años después, la salsa sigue cantándose en español y no da señales de desaparecer.

Nota cultural

Willie Colón es un destacado músico puertorriqueño y Celia Cruz es una famosa cantante cubana. Ambos cultivan el estilo musical de la salsa.

Con razón, niños, viejos y, particularmente, los jóvenes en muchísimas partes del mundo continúan bailando al **compás** de la salsa y sus ritmos multiculturales. ¡Y qué famosos son Tito Puente, Rubén Blades, Willie Colón y Celia Cruz, todos grandes éxitos de **taquilla!**

---

[1]integrada... *made up of*   [2]en... *to a lesser extent*   [3]se... *stands out*

COMPRENSIÓN

En parejas, indiquen las oraciones que son falsas. Después expliquen por qué lo son.

		CIERTO	FALSO
1.	La música facilita el intercambio cultural.	☐	☐
2.	Es una forma difícil y popular de afirmación cultural.	☐	☐
3.	El saber otro idioma nos permite contribuir al intercambio cultural sólo si sabemos cantar.	☐	☐
4.	Las culturas de la raza negra han hecho una aportación musical importante a las culturas de América.	☐	☐
5.	Hoy día, la salsa se canta mayormente en inglés.	☐	☐
6.	Sólo los jóvenes aprenden a bailar salsa.	☐	☐

CHARLEMOS

1. ¿Qué disco o DC va a escuchar Ud. en cuanto tenga tiempo? ¿Por qué?
2. Si pudiera componer una canción, ¿qué tema elegiría? ¿Por qué?

ESTRUCTURA VERBAL II • EL SUBJUNTIVO EN EXPRESIONES DE TIEMPO Y DE PROPÓSITO

Para hablar de acciones condicionadas

A. Subjunctive with Time Conjunctions

The subjunctive is required with the following conjunctions of time when it is uncertain if an anticipated action will actually occur, or when it will occur or how.

en cuanto	
luego que	*as soon as*
tan pronto como	
antes (de) que	*before*
cuando	*when*
después (de) que	*after*
mientras	*while*

Escucharé el disco de Willie Colón **en cuanto regrese.**

Iré a bailar contigo **tan pronto como aprenda** a bailar salsa.

I will listen to Willie Colón's record as soon as I return.

I'll go dancing with you as soon as I learn to dance salsa.

When these conjunctions of time describe a completed action in the past or a habitual action in the present, they are followed by verbs in the indicative. Contrast the following three examples.

ACCIÓN HABITUAL

Él siempre toca el piano **en cuanto llegan** sus amistades.

He always plays the piano as soon as his friends arrive.

ACCIÓN PASADA

Él tocó el piano **en cuanto llegaron** sus amistades.

He played the piano as soon as his friends arrived.

ACCIÓN FUTURA

Él tocará el piano **en cuanto lleguen** sus amistades.

He will play the piano as soon as his friends arrive.

B. Subjunctive with Expressions of Purpose

The subjunctive is used with the following expressions of purpose if they point to an event that is still in the future or uncertain.

a pesar de	*in spite of*
aun cuando	*even when*
de manera que	*so that*
de modo que	*so that*

Aprenderé a tocar el violín **aun cuando** no **sepa** nada de música.

I will learn to play the violin even when I don't know music.

Aprendí a tocar el violín **aun cuando** no **sabía** nada de música.

I learned to play the violin even when I didn't know anything about music.

Los padres van a comprar un piano **de manera que** sus hijos **aprendan** a tocarlo.

The parents are going to buy a piano so that their children can learn to play it.

C. Infinitive with Prepositions

When there is no change of subject, a preposition + infinitive phrase is used.

antes de	*before*
con tal de	*so that*
después de	*after*
en caso de	*in case*
hasta	*until*
para	*to, for*
sin	*without*

Compraré el DC **antes de salir**
para la fiesta.

I will buy the CD before leaving for the party.

Compraré el DC **antes de que salgas** para la fiesta.

I will buy the CD before you leave for the party.

Practicaré la trompeta **después de regresar** de la playa.

I will practice the trumpet after returning from the beach.

Practicaré la trompeta **después de que regresemos** de la playa.

I'll practice the trumpet after we return from the beach.

Práctica

A **Paso 1.** Explique el uso del subjuntivo en este párrafo donde alguien invita a conocer a un Beethoven moderno.

¡Por fin ha llegado a nuestra ciudad el joven del momento, Beethoven! *Aun cuando* traiga[1] sus composiciones clásicas, él ha anunciado que nos sorprenderá con un estilo único, acompañado de un grupo buenísimo de percusionistas. Vamos al concierto *de modo que* no nos lo *perdamos.*[2] *Aunque* no haya[3] luces ni música electrónica estridentísima, habrá mucha alegría. Allí estaremos *hasta que* no quede[4] ni una estrella en el cielo. La presentación del concierto está garantizada *aun cuando* llueva.[5] Compre su entrada ahora mismo. Llame rapidísimo al 888-5500. Los precios son módicos, pero apresúrese, porque ya no quedan muchas entradas.

Paso 2. Conteste las preguntas.

1. ¿Dan conciertos de música clásica en los parques de la ciudad donde Ud. vive? ¿y de música popular? ¿Va Ud. con frecuencia?
2. ¿Le gustaría ir a un concierto que atrajera a miles de fanáticos? ¿Por qué sí o por qué no?

B Ignacio y Violeta regresan de una fiesta donde algunas personas estaban aprendiendo a bailar salsa. Llene los espacios en blanco con una frase adverbial de la lista.

antes de que, aunque, cuando, de manera que, de modo que, en cuanto

IGNACIO: Violeta, he decidido aprender a bailar salsa ____[1] tenga tiempo. ¿Quieres ser mi pareja en las clases?

VIOLETA: ¡Qué buenísima idea! Claro que sí. Te acompañaré ____[2] me avergüence un poco al principio, pues no tengo mucha habilidad para el baile. ¿Qué te parece si empezamos ____[3] termine el semestre?

IGNACIO: Bueno, yo sugiero que empecemos pronto ____[4] no se nos acabe el entusiasmo.

VIOLETA: Tienes razón. Compraré unos discos mañana ____[5] podamos empezar a practicar prontísimo.

IGNACIO: ¡Bravísimo! ¡Cuánto nos vamos a divertir!

Entre nosotros

En parejas, túrnense para hacerse preguntas y dar respuestas según las indicaciones.

> MODELO: ESTUDIANTE 1: ¿Te gustaría ir / corrida de toros...? →
> *¿Te gustaría ir a la corrida de toros el domingo?*
> ESTUDIANTE 2: Iré a menos que... →
> *Iré a menos que mis padres ya tengan otros planes.*

1. ¿Te gustaría ir / ballet...?
   Iré a menos que...
2. ¿Quisieras ir / discoteca...?
   Iré aunque...
3. ¿Me acompañarías / concierto de rock...?
   Iré tan pronto como...
4. ¿Te gustaría ir / club de jazz...?
   Iré con tal de que...
5. ¿Quieres ir / concierto de José Carreras...?
   Iré luego que...
6. ¿Quisieras acompañarme / juego de béisbol...?
   Iré después que...
7. ¿Te interesaría ir / la pista de patinaje...?
   Iré luego que...

RODEO DE COGNADOS

-tad, -dad

Muchas palabras en español que terminan con **-tad** o **-dad** tienen formas correspondientes en inglés que terminan en *-ty.* Entre ellas se encuentran:

la ciudad city	**la libertad** liberty
la fraternidad fraternity	**la vivacidad** vivacity

Práctica

En parejas, háganse las siguientes preguntas.

1. ¿En qué ciudad del mundo te gustaría vivir? ¿Por qué?
2. ¿Qué significa para ti el concepto «libertad personal»?
3. ¿Hay fraternidades en esta universidad? ¿Conoces algunas? ¿Te gustaría pertenecer a alguna de estas organizaciones? ¿Por qué sí o por qué no?

PUNTO GRAMATICAL II • LOS ADJETIVOS SUSTANTIVADOS

Study

Para evitar la repetición

Descriptive adjectives can be used as nouns when the context is clearly understood by all. This process is called nominalization.

1. To nominalize an adjective, the noun and other nonessential descriptive phrases accompanying it are dropped, leaving the adjective and its accompanying article.

Ella compró **el** DC **usado.**	*She bought the used CD.*
Ella compró **el usado.**	*She bought the used one.*

2. Descriptive adjective phrases and clauses can also be nominalized. In this case, the article referring to the understood noun is used with the descriptive **de** phrase.

Fuimos **al** concierto **de** Elena.	*We went to Elena's concert.*
Fuimos **al de** Elena.	*We went to Elena's.*

al = a el

3. A masculine adjective can be changed to a noun when used with the neuter article **lo.**

—¡Me fascina el flamenco!	*"I love flamenco!"*
—¿Sí? **Lo interesantísimo** es que es de origen oriental.	*"Really? The interesting thing is that it has an Eastern origin."*
—¿Te gustaría aprender a bailarlo?	*"Would you like to learn to dance it?"*
—Ah, sí. **Lo bueno** es que mi madre lo baila muy bien.	*"Oh, yes. The good thing is that my mother dances it well."*

Práctica

A En parejas, háganse las siguientes preguntas, utilizando la información para cada pregunta.

MODELO: ESTUDIANTE 1: gustar / conciertos de música andina →
                              ¿Te gustan los conciertos de música andina?
              ESTUDIANTE 2: Sí, pero / música de protesta →
                              Sí, pero me gustan más los de música de protesta.

1. gustar ver por televisión / los conciertos de música popular
   Sí, pero / jazz
2. interesar / los instrumentos de percusión
   Sí, pero / cuerda

3. recordar / las fiestas de graduación
   Sí, pero / cumpleaños
4. interesarse en / boletos para la ópera
   Sí, pero / ballet
5. querer ir / el carnaval de Río, en el Brasil
   Sí, pero / Oruro, en Bolivia
6. gustar / discos de música clásica
   Sí, pero / popular

B Imagínese que Ud. está escuchando una conversación entre Delia y Efraín, dos amigos suyos. Combine las dos columnas lógicamente para saber cómo reacciona Delia a lo que Efraín dice.

EFRAÍN DICE QUE...

1. espera ganar un disco de plata algún día.
2. tiene competencias de violín.
3. se irá de gira mañana.
4. se le olvidó la letra.
5. le prestó los discos de Maná para que aprendiera la letra.

DELIA LE CONTESTA:

a. Lo bueno es que regresas.
b. Eso es lo triste.
c. ¡Eso sería lo fantástico!
d. Lo malo es que no los tengo.
e. Eso es lo difícil.

Entre nosotros

Indique con qué reacciones respecto a las siguientes situaciones Ud. no estaría de acuerdo.

	DE ACUERDO	EN DESACUERDO
1. Lo bueno es que los cantantes siempre cobran carísimo por las entradas a sus conciertos.	☐	☐
2. Lo interesante es que las entradas para los conciertos de Julio Iglesias siempre son baratas.	☐	☐
3. Lo malo es que me gustan más los conciertos de Linda Ronstadt.	☐	☐
4. Lo bueno es que el que acaban de anunciar sólo cuesta 10 dólares.	☐	☐
5. Lo bueno es que mis amigos decidieron no acompañarme.	☐	☐

TEMAS Y DIÁLOGOS

Charlemos

A **¡Una cartelera!** Con la clase, escriban en la pizarra una lista de títulos imaginarios para canciones. Luego la clase vota por el título más interesante y escribe una canción colectiva basada en el título elegido.

B **Debate en grupos.** La industria de la música se queja de que pierde mucho dinero, porque hay gente que acostumbra copiar los discos en vez de comprarlos. ¿Creen Uds. que es honesto o no hacer eso? ¿Por qué si o por qué no?

Sugerencias: pueden hablar de los derechos de autor, pérdidas para las compañías y costo de los discos

---

DICHOS POPULARES

Él que a solas canta, de sus penas se acuerda.

Él que canta, su mal espanta.

En parejas, expliquen el significado de uno de los dichos. Pueden hacer un dibujo o una tira cómica o sencillamente dar una explicación verbal. Compartan sus ideas con la clase.

LETRAS E IDEAS

A Escriba una composición sobre el siguiente tema, utilizando algunos superlativos y frases adverbiales. Imagínese que Ud. es líder de un conjunto musical.

Párrafo 1: Describa su conjunto: los integrantes y los instrumentos que éstos tocan, el estilo de música y los temas que prefieren.
Párrafo 2: Describa su concierto más exitoso.
Párrafo 3: Hable sobre sus planes para un concierto benéfico.

B **¡Música para todos los gustos!** Piense en su estilo de música preferido. Escriba una canción original. Si toca algún instrumento o canta, dé una demostración frente a su clase y... ¡hágase famoso/a!

● ANIMADO

FORO

(A) **Noche de baile.** En parejas, imagínense que Uds. llegaron a un baile tres horas después de que había comenzado. Dígale a su compañero/a las cosas que ya habían hecho sus amigos más extrovertidos y las cosas que *no* hubieran hecho sus amigos más tímidos.

Sugerencias: bailar, beber, comer, conversar, escuchar, explicar, presentar y saludar

(B) **Dilemas, dilemas.** ¿Qué harían Uds. en estas situaciones? Contesten en parejas.

1. Angelina va para un concierto. De pronto se da cuenta de que la batería de su automóvil está agotada.
   Yo la llevaría al concierto a menos que...
2. Pablo y Beatriz quieren ir a ver el Ballet Folklórico de México, pero los boletos son muy caros.
   Les prestaría dinero aunque...
3. El señor Ortiz quiere vender su piano, pero no sabe cuánto vale.
   Le ayudaría a buscar un experto de manera que...

Dos niños jugando en Otavalo, Ecuador.

Muchos escritores hispanos viven en los EE.UU. y mantienen recuerdos imborrables[1] de su niñez. Quisieran compartir todas esas memorias y convertirlas en literatura. Si Ud. escribiera un cuento sobre su niñez, ¿qué recuerdos incluiría?

[1]*unforgettable*

LA MAGIA DE
LAS PALABRAS

CAPÍTULO 11

LA LITERATURA EN ESPAÑOL EN LOS ESTADOS UNIDOS: LA NARRATIVA

Muchos escritores chicanos se inspiran en la vida de los trabajadores migrantes del campo en los EE.UU. Su literatura comunica
las alegrías y las angustias de estas personas. Si Ud. fuera
escritor(a), ¿qué le serviría de inspiración? ¿Qué memorias le gustaría a Ud. compartir en forma literaria?

ENCUENTROS CULTURALES I
Los nuevos amigos

ESCUCHAR Y COMPRENDER

Primero, escuche la **Parte A** de la cinta y siga las instrucciones para completar el siguiente ejercicio. Luego escuche la **Parte B** y siga las instrucciones.

Parte A: Comprensión. Complete las siguientes oraciones.

1. Silvio Arias vive en...
2. Habla español e... y participa en...
3. Se considera a sí mismo una mezcla de...
4. La literatura chicana le fascina porque...
5. La literatura chicana se escribe en...
6. A Silvio le gustaría escribir en... y luego hacer...
7. En el departamento de Estudios Chicanos de la universidad donde Silvio estudia, varios alumnos van a...
8. Silvio va a llamar a Roberto para...

Parte B: Conversando con los amigos. Escoja la mejor terminación.

1. Silvio saldrá para la casa de Roberto dentro de *hora y media / media hora*.
2. Silvio recuerda los nombres de *todos los escritores / dos de los escritores* incluidos en la lectura de las obras.
3. Américo Paredes escribe poesía y *obras de teatro / narrativa*.
4. Rudolfo Anaya es novelista y *cuentista / poeta*.

«¿Qué tal? Me llamo Silvio Arias y estoy frente a mi computadora, tratando de expresar mis ideas como ya lo han hecho algunos reconocidos escritores chicanos.»

Nota cultural

Rudolfo A. Anaya ha escrito varios cuentos que tratan de temas regionales y también universales. Es uno de los escritores hispanos más destacados de los EE.UU. Uno de sus libros más famosos, *Bendíceme, Última,*[1] ganó el Premio Quinto Sol, un importante premio literario nacional hispano.

[1]Bendíceme... *Bless me, Última*

CHARLEMOS

Conteste las siguientes preguntas.

1. ¿Cree Ud. que Silvio Arias habrá publicado un cuento o una novela antes de que pasen muchos años? ¿Por qué sí o por qué no?
2. ¿Qué cuentos o novelas con temas regionales ha leído Ud.? Describa uno de ellos.
3. ¿Que sabe Ud. sobre la literatura en español que se escribe y se publica en los EE.UU.?

VOCABULARIO DE LA LECTURA

Sustantivos

el argumento	plot
la complejidad	complexity
el / la cuentista	short-story writer
el género	genre (*literary*)
el / la novelista	novelist
la peregrinación	journey, pilgrimage
el sinfín	endless number

Verbos

articular	to articulate
cautivar	to captivate, charm, enthrall

prescindir	to do without
radicarse (en)	to live, settle (in [*an area*])
tipificar	to exemplify, typify

Adjetivos

esparcido/a	scattered
imponente	imposing, majestic
infatigable	untiring
primordial	fundamental
sorpresivo/a	surprising

MIS PROPIAS PALABRAS

Escriba una lista de otras palabras que podrían ayudarlo/la a conversar sobre la lectura. Utilice un diccionario si es necesario.

_____

_____

_____

_____

_____

_____

_____

Práctica

A Complete cada oración con la forma apropiada de una de las siguientes palabras.

el argumento, la complejidad, el / la cuentista, imponente, infatigable, la peregrinación, prescindir, tipificar

1. Me gusta el libro, pero _____ a veces me confunde.
2. Yo bien podría _____ de tantos detalles.
3. Mi tío no es **novelista** sino _____ ; escribe cuentos.
4. ¿Cuáles son los elementos que _____ los cuentos de tu escritor predilecto?
5. Las novelas de varios escritores son difíciles por su _____ .
6. Algunas novelas comentan las _____ largas de los trabajadores del campo.
7. La novela presenta una visión panorámica verdaderamente _____ .
8. Yo creo que, para escribir muchas novelas, un escritor tiene que ser _____ .

B Invente su propio «bio-diccionario». Defina cada palabra o expresión según lo que ésta significa, en su vida. Luego, comparta sus ideas con su compañero/a.

MODELO   **primordial** →

Me gusta el sonido de la palabra «**primordial**». Me parece que es una manera más expresiva de referirse a algo que es básico o fundamental.

1. **radicarse**   4. **primordial**   7. **el género**
2. **sorpresivo/a**   5. **el / la novelista**   8. **esparcido/a**
3. **articular**   6. **cautivar**   9. **el sinfín**

AMBIENTE CULTURAL I

La literatura en español en los EE.UU.

¿Sabía Ud. que existe en los EE.UU. una cantidad significativa de literatura escrita en español? Lo **sorpresivo** es que la mayor parte de esta literatura raras veces se menciona ni en las clases tradicionales de literatura hispana ni en las de literatura comparada.

Esta literatura debe su existencia, más que nada, al gran número de personas de origen hispano que viven en los EE.UU. Hay familias que **se radicaron en** el suroeste hace 400 años, mientras que otras familias son inmigrantes más recientes que se encuentran **esparcidos** por todos los estados. Comparten una gran tradición literaria que empezó en España hace más de 1.000 años y sigue desarrollándose en la América Latina y en los EE.UU. hoy en día. Los lingüistas añadirían que otra de las razones **primordiales** de la existencia de esta literatura es la inseparabilidad de la lengua y la cultura, sobre todo porque estos escritores son miembros de dos culturas. Al escoger la lengua española para escribir, lo que escriben representa esa faceta de su identidad personal.

Los **cuentistas** y **novelistas** que cultivan en la actualidad esta literatura son personas nacidas en los EE.UU. o en otros países hispanos, pero todos se radican ahora en los EE.UU. El cuentista y novelista Ernesto Galarza, aunque escribió en inglés, inspiró a muchos escritores hispanos cuando hace 60 años escribió *Barrio Boy*. Fue una de las primeras novelas de su **género** y **cautivó** la atención de los lectores por la manera en que cuenta la vida de los chicanos.

Tomás Rivera, autor de *...y no se lo tragó[1] la tierra,* una obra que presenta la experiencia colectiva de la comunidad chicana migrante, es un novelista importantísimo. En esta novela, Rivera documenta por vía de la ficción las vidas y las **peregrinaciones** de los trabajadores migrantes durante los años 40 y 50. Utilizando la visión de un niño y un **sinfín** de voces migrantes, desarrolla un drama **imponente** que describe la búsqueda **infatigable** de una mejor vida. *...y no se lo tragó la tierra* es tal vez

[1]*no... didn't swallow him up*

el texto literario más conocido de la literatura hispana de los EE.UU.

Otro reconocido novelista chicano es Rolando Hinojosa, quien ha publicado siete novelas. *Estampas[2] del Valle* (1973) es una obra de gran **complejidad** en la cual aparecen descripciones breves de más de cien personajes. Hinojosa lentamente establece las conexiones entre sus personajes con técnicas que relacionan el pasado con el presente, exponiendo[3] la vida de cuatro generaciones que vivían en el sur de Texas.

La chilena Lucía Guerra Cunningham, que ahora reside en California, es otra escritora hispana. Su novela *Más allá de las máscaras* tiene una temática feminista y **articula** los pasos que forman parte de una transformación personal. Guerra Cunningham es ganadora del Premio Letras de Oro por su colección de cuentos *Frutos Amargos*.[4]

Los temas tratados en estas novelas no **prescinden** de los **argumentos** tradicionales basados en historias de amor o en la evolución y desarrollo del individuo. Sin embargo, lo que más **tipifica** esta literatura son las historias que dibujan los conflictos entre las dos culturas en que se encuentran los personajes. También hay temas sociopolíticos de abusos, explotación y discriminación contra la gente latina o, en el caso de la literatura chicana, un enfoque en las memorias de la vida del trabajador del campo. Claramente, es una literatura muy expresiva llena de observaciones personales e ideas que merecen la atención del público. Sin lugar a dudas, esta valiosa aportación[5] enriquece la literatura de los EE.UU.

[2]*Scenes*   [3]*presenting*   [4]*Bitter*   [5]*contribution*

COMPRENSIÓN

Complete las siguientes oraciones con información de la lectura.

1. Casi nunca se menciona la literatura escrita en español en los EE.UU. en las clases de...
2. Las personas de origen hispano que viven en los EE.UU. se radicaron en el suroeste desde hace mucho tiempo, o viven...
3. Según los lingüistas, una de las razones de la existencia de esta literatura es...
4. Los autores de esta literatura tienen deseos de expresar...
5. La novela de Ernesto Galarza fue importante porque...
6. La novela *...y no se lo tragó la tierra* documenta la vida de...
7. En *Estampas del Valle*, Hinojosa relaciona... y expone...
8. La novela *Más allá de las máscaras* presenta una visión...

CHARLEMOS

Converse con un compañero / una compañera sobre los siguientes temas.

1. ¿Qué opinas de la existencia de la literatura escrita en otras lenguas que se publica en los EE.UU.?

2. Describe un cuento o una novela que hayas leído recientemente. ¿Por qué te gustó o no te gustó?

3. ¿Lees porque te lo exigen los estudios? ¿para informarte? ¿para divertirte? ¿por cualquier otra razón?

ESTRUCTURA VERBAL I • EL FUTURO Y EL CONDICIONAL PERFECTO DE INDICATIVO

Para hablar de acciones que habrán *o* habrían *ocurrido antes de cierto momento futuro*

A. Formation of the Future and Conditional Perfect

The indicative future perfect and conditional perfect tenses are formed respectively with the future and conditional of **haber** + the past participle, which remains invariable.

	HABER	HABER	PAST PARTICIPLE
	(future)	*(conditional)*	
yo	habr**é**	habr**ía**	estudiado
tú	habr**ás**	habr**ías**	bebido
Ud.	habr**á**	habr**ía**	preferido
él, ella	habr**á**	habr**ía**	puesto
nosotros/as	habr**emos**	habr**íamos**	dicho
vosotros/as	habr**éis**	habr**íais**	abierto
Uds.	habr**án**	habr**ían**	escrito
ellos, ellas	habr**án**	habr**ían**	visto

B. Uses of the Future Perfect

The Spanish future perfect is expressed in English by *will have* + past participle. It is used in the following situations.

1. To refer to an action that will have taken place by a certain point in the future.

—¿Crees que el autor tendrá el manuscrito listo para el viernes?

"Do you think the author will have the manuscript ready by Friday?"

—Creo que lo **habrá terminado** antes del miércoles o el jueves.

"I believe he will have finished it by Wednesday or Thursday."

2. To express conjecture or probability in relation to a recent past action. The English equivalent is *must have* + participle or *probably* + the perfect tense.

—**Habrás leído** el último libro de Rudolfo Anaya.   *"You must have read Rudolfo Anaya's latest book."*

—Yo sí lo he leído, pero mi hermano no **habrá tenido** tiempo de leerlo.   *"I've read it, but my brother probably hasn't had time."*

Práctica

Ⓐ Hágales preguntas a sus compañeros de clase sobre lo que piensan que habrán hecho en el futuro. Escriba en el primer espacio la forma apropiada del verbo en el futuro perfecto y, en el segundo espacio, el nombre de una persona que contestó afirmativamente.

MODELO: dentro de 20 años / publicar una tesis académica →

    ESTUDIANTE 1: Dentro de 20 años, ¿*habrás publicado* una tesis académica?

    ESTUDIANTE 2: Sí, dentro de 20 años *habré publicado* una tesis académica.

    o   No, dentro de 20 años no *habré publicado* una tesis académica.

	VERBO	NOMBRE
1. dentro de 20 años / tener tres hijos	___	___
2. dentro de 10 años / escribir cuentos humorísticos	___	___
3. antes de casarse / comprar la casa perfecta	___	___
4. antes de viajar a Sudamérica / terminar todos los estudios	___	___
5. dentro de 5 años / encontrar el trabajo ideal	___	___
6. antes de abrir una librería / leer las obras de muchos autores	___	___
7. dentro de 2 años / hacer un esfuerzo para hablar español con más frecuencia	___	___
8. antes de que termine el semestre/trimestre / descubrir la mejor manera de estudiar	___	___

Ⓑ Imagínense que Ud. y sus amigos hablan de la conferencia del gran ensayista Enrique Aparicio. Un(a) estudiante leerá una oración, y otro/a hará una pregunta que expresa probabilidad con el futuro perfecto.

MODELO: El gran ensayista Enrique Aparicio tenía que *hablar* sobre el arte del ensayo a las 10:00. Ya son las 11:00. →
¿Ya *habrá hablado*?

1. El Sr. Aparicio dijo que iba a *llegar* por avión a las 8:00 de la mañana. Ya son las 9:30.
2. Los encargados de la conferencia siempre *abren* las puertas del salón una hora antes de la actividad.
3. La gente siempre *entra* en el salón inmediatamente después.
4. *Arreglan* los micrófonos para que todos puedan oír la conferencia.
5. Los reporteros del periódico y de la televisión *escuchan* atentamente.
6. *Graban* todo lo que dice el conferencista.
7. El Sr. Aparicio *dice* que ha descubierto una técnica estupenda para describir eventos en los ensayos.
8. El Sr. Aparicio pensaba *contestar* preguntas después de su conferencia.

C. Uses of the Conditional Perfect

The Spanish conditional perfect is expressed in English by *would have* + past participle. It is used in the following cases.

1. To refer to a future action in relation to the past.

Susana **mencionó** que, para el verano pasado, **habrían publicado** su cuento, pero no fue así.	*Susan mentioned that by last summer they would have published her story, but it didn't happen that way.*

2. To indicate that an action *would have* taken place (but didn't) if a certain condition had been true.

De haberlo visto con anticipación, **habría hecho** varias correcciones.	*Had I seen it in advance, I would have made several corrections.*

3. In **si**-clause sentences, to express a condition in the main clause when the pluperfect subjunctive is needed in the dependent clause.

Ellos **habrían mirado** la estatua **si** hubieran sabido dónde estaba.	*They would have looked at the statue if they had known where it was.*

Práctica

Ⓐ Matilde y Rigoberto son editores de proyectos literarios. El semestre pasado querían compilar una antología de cuentos escritos en español en los EE.UU. Conjugue el verbo en el condicional perfecto y termine la oración de una manera original para indicar lo que habría pasado.

MODELO: Matilde y Rigoberto: compilar →
   Matilde y Rigoberto *habrían compilado* todos los cuentos necesarios.

1. los autores de los últimos cuentos: escribir...
2. los ilustradores: dibujar...
3. Matilde: conseguir los permisos de los escritores para...
4. Rigoberto: completar las biografías de...

5. su ayudante: hacer arreglos para las fotos de...
6. su jefe: firmar contratos con...
7. todo el equipo: diseñar el formato de...
8. el departamento de publicidad: hacer contacto con...

Ⓑ Romy, una joven novelista, pasó mucho tiempo tratando de publicar su última novela. Combine una frase de cada columna y conjugue el verbo en el condicional perfecto para describir lo que hizo. Hay más de una opción.

MODELO: Romy creyó que para junio, ya...
   (a) *publicar* su novela.
   (b) *hablar* por teléfono. →
   Romy creyó que para junio, ya *habrían publicado* su novela.

1. _____ De haber sabido cuáles eran los requisitos de la compañía,
2. _____ Si Romy hubiera incluido más detalles,
3. _____ De haber recibido el manuscrito más temprano,
4. _____ Si sus amigos no la hubieran interrumpido tantas veces,
5. _____ La encargada de publicidad por fin le dijo que para octubre,

a. el redactor, *poder* hacer más sugerencias.
b. *poder* concentrarse más en su trabajo.
c. la novela, *salir*.
d. el manuscrito, *ser* más interesante.
e. Romy, *preparar* mejor el manuscrito.

Entre nosotros

Converse con un compañero / una compañera sobre los siguientes temas.

1. Lo que habría pasado si tú o un amigo tuyo hubiera tratado de escribir una novela en español.
2. Lo que habrá pasado en tú vida antes de que termine el semestre / trimestre, y por qué habrá pasado.
3. Lo que habrías hecho de manera diferente de haber sabido las consecuencias de una decisión que tomaste.

VOCABULARIO DEL TEMA

Para hablar de la literatura

Sustantivos

el argumento secundario	subplot
el climax	climax
el desenlace	outcome (*of the plot*)
el diálogo	dialogue
la editorial	publishing house
la exposición	exposition, explanation (*of ideas*)
la fuente	source
el héroe	hero
la heroína	heroine
la metáfora	metaphor
el / la protagonista	protagonist
el punto culminante	high point
la redacción	editorial office; editorial staff
el redactor / la redactora	editor
el tema	theme
el subtema	subtheme
el texto	text (*of a written work*)
la trama	plot
la voz narrativa	narrative voice

Verbos

divulgar(se)	to reveal, disclose
vincular(se)	to link, connect

Práctica

A En parejas, miren los dibujos y completen el diálogo que acompaña cada dibujo, utilizando el **Vocabulario del tema.** Hay más de una opción.

MIRTA: ¿Con qué novela se _____ esta película?

JULIA: No sé, pero el _____ de los eventos me parece familiar.

RAÚL: ¿Es éste el _____ del libro?

JUAN: No, es el _____ de uno de los **argumentos secundarios**.

RAÚL: Ah, entonces, aquí se _____ algo importante.

Ahora miren los siguientes dibujos e inventen su propio diálogo, utilizando el **Vocabulario del tema.**

B En parejas, conversen sobre una historia de mucha acción que cada persona haya leído recientemente. Incluyan detalles sobre **el / la protagonista, el desenlace** de la historia, el tipo de diálogo usado, **la trama** y los **argumentos secundarios**.

PUNTO GRAMATICAL I • LAS PALABRAS AFIRMATIVAS Y NEGATIVAS

Para expresar afirmación o negación

PALABRAS AFIRMATIVAS	PALABRAS NEGATIVAS
sí yes *People only*	**no** no
alguien someone, anyone	**nadie** no one, not anyone, nobody
algo something *People or Things*	**nada** nothing, not anything
algún, alguno(s)/a(s) some, any	**ningún, ninguno(s)/a(s)** none, not any, no, neither (of them)
también also	**tampoco** not either, neither
siempre always	**nunca, jamás** never, not ever
o... o either . . . or	**ni... ni** neither . . . nor
	ni siquiera not even, not at all

Estudiar

1. **Alguno** and **ninguno** can refer to people or to things, but **alguien** and **nadie** refer only to people. Before a masculine singular noun, **alguno** becomes **algún** and **ninguno** becomes **ningún.**

Algunas personas prefieren la literatura romántica.	*Some people prefer romantic literature.*
No hay **ningún** libro de mi gusto en esta librería.	*There are no books that appeal to me in this bookstore.*
Yo creí que había **alguien** a la puerta, pero no hay **nadie.**	*I thought there was somebody at the door, but there is nobody there.*

2. The singular form **ningún, ninguno** or **ninguna** is ordinarily used where English may use a plural form.

¿Has leído **algunas** novelas de Hinojosa?	*Have you read any of Hinojosa's novels?*
No, no he leído **ninguna.**	*No, I haven't read any.*
Ningún amigo mío está aquí hoy.	*None of my friends are here today.*

3. The negative words **nadie, nada, ningún, ninguno(s)/a(s), tampoco,** and **nunca** can be placed either before or after the verb, and several negative words can be used in the same sentence. **No** (or another negative word) precedes the verb when another negative word follows the verb, and **no** is omitted when the negative word precedes the verb.

No escribiría novelas históricas **nunca.**	*She would never write historical novels.*
Nunca escribiría novelas históricas.	

Nunca he leído **ningún** cuento tan interesante.	*I've never read such an interesting story.*
¡**Nada** de eso! **Nadie** lo ha dicho.	*None of that! Nobody said it!*

4. A negative is used in Spanish after comparisons, and also after **sin** or **sin que.**

Le interesa más que **nada.**	*It interests her more than anything.*
Más vale tarde que **nunca.**	*Better late than never.*
No puedes salir **sin** decir **nada.**	*You can't leave without saying anything (something).*
Se fue **sin que** nadie la viera.	*She left without anyone seeing her.*

5. **Tampoco** may be used alone, with **no** or with **ni.**

No, señor,	**ni** en México **tampoco.**	*No, sir, not in Mexico either.*
	tampoco en México.	

Ni siquiera = not at all

6. When used with the subject of the sentence, the **ni... ni** construction usually takes a plural verb. Single **ni** sometimes has the meaning of *not even.* **Ni siquiera** means *at all.*

No le gustan **ni** el té **ni** el café.	*He likes neither tea nor coffee. (He doesn't like either tea or coffee.)*
Ni a Jorge le gusta esa novela.	*Not even Jorge likes that novel.*
No me gustan **ni siquiera** un poquito.	*I don't like them even a little (at all).*

Práctica

Ⓐ En parejas, imagínese que Ud. quisiera escribir una novela en español. Su compañero/a le preguntará sobre su progreso. Conteste las preguntas de una manera negativa.

MODELO: ¿Has pensado quiénes serán los personajes principales de la novela? →
No he pensado en *ningún* personaje principal todavía.
No he pensado en *ninguno* todavía.

1. ¿Siempre escribes novelas en español?
2. ¿Has escrito algunas novelas hasta ahora?
3. ¿Con quién has consultado sobre la trama?
4. ¿Ya tienes escrita toda la introducción de la novela?
5. ¿Cuánto has escrito hasta ahora?
6. ¿Piensas hablar de tus experiencias personales en la novela?

7. ¿La novela va a tener como escenario los EE.UU. o un país de la América Latina?

8. ¿Crees que puedes terminar la novela sin hacer un poco de investigación?

B Las siguientes oraciones no tienen sentido. Sustituya las palabras negativas por afirmativas o viceversa, para que sean más lógicas.

MODELO: Hay *algunos* escritores de tres manos en *todas* partes. →
           No hay *ningún* escritor de tres manos en *ninguna* parte.

1. *Alguien* dice que puede escribir una novela en 10 minutos.
2. Los escritores *nunca* desean publicar sus obras.
3. *Ninguna* hoja escrita es parte de un cuento *ni* de una novela.
4. *Ningún* cuentista tiene *nada* que compartir con *ninguna* persona.
5. Mis escritores predilectos *siempre* escriben tonterías.
6. En los países hispanos, *jamás* publican novelas románticas.
7. *No* se escribe en español en Bolivia, *ni* en Costa Rica *tampoco*.
8. En Buenos Aires, *no* se puede encontrar *ninguna* librería.

Entre nosotros

En parejas, imagínense que su compañero/a quiere hacer algo que a Ud. le parece muy peligroso. Trate de convencerlo/la de no hacerlo, utilizando las palabras afirmativas y negativas apropiadas. Luego, cambien de papel, y su compañero/a tratará de persuadirlo/a a Ud. de que no haga nada peligroso.

Sugerencias: tirarse al agua desde una peña[1] muy alta, cruzar los rieles[2] cuando se acerca el tren, acariciar un perro feroz, manejar después de tomar bebidas alcohólicas, etcétera

[1]*cliff*   [2]*tracks*

ENCUENTROS CULTURALES II
Nuestros amigos nos escriben

Guadalajara, México, 18 de abril

Mis queridos amigos:

Los saludo desde Guadalajara, México. He llegado aquí como delegado de mi universidad a una conferencia sobre la narrativa hispana en los Estados Unidos. He asistido a varias conferencias y he

La Catedral Metropolitana, frente a la Plaza de la Liberación, en Guadalajara, México.

aprendido muchísimo escuchando a mis colegas. Fui una de las dos personas escogidas entre muchos otros aspirantes por mi participación en el Club Literario de mi universidad y porque había propuesto que hablaría sobre la temática de mis propios cuentos.

El primero de mis cuentos trata de las experiencias de mi juventud en un pueblo pequeño de Texas, donde trabajaba en el campo mientras asistía a la escuela primaria y a la secundaria. El segundo es un tipo de historia de amor que también enfoca ciertas ideas políticas.

Además de asistir a la conferencia, he tenido la oportunidad de visitar la bella ciudad de Guadalajara y de ver el Museo de Historia Natural, la plaza central donde se encuentran la Catedral y algunos hoteles nuevos que tienen arquitectura muy innovadora.

He esperado hasta el final de la carta para compartir con Uds. una buena noticia. Como resultado de mi participación en la conferencia, una editorial bien conocida ha aceptado mis dos cuentos para publicarlos en su próxima antología, que saldrá el año que viene. Sería maravilloso que Uds. tuvieran la oportunidad de leerlos, y más que nada, que mi obra les gustara.

Con el afecto de siempre,
Silvio Arias

LEER Y COMPRENDER

Parte A: Comprensión.

1. ¿Por qué se encuentra Silvio en la ciudad de Guadalajara?
2. ¿Qué lugares de interés ha visitado en Guadalajara?
3. ¿Qué ha ocurrido como consecuencia de su participación en la conferencia?

Parte B: Conversando con los amigos. Converse con un compañero / una compañera sobre las siguientes situaciones.

1. En su clase de literatura, el profesor ha dicho que cada alumno tiene que escribir un ensayo sobre cómo la vida personal de un escritor influye en la obra de éste. ¿Qué información vas a incluir en tu ensayo?
2. Algunos críticos han comentado que la narrativa escrita en español en los EE.UU. siempre tiene o fines sentimentales o fines sociopolíticos. ¿Está Ud. de acuerdo con esta idea? ¿Por qué cree que esta opinión de los críticos podría ser válida?

VOCABULARIO DE LA LECTURA

Sustantivos

el ajuste	adjustment
la añoranza	nostalgia
el autoconocimiento	self-knowledge
el naranjal	orange grove
la venganza	vengeance

Adjetivos

ajeno/a	strange, foreign
angustioso/a	heartbreaking

imborrable	indelible
perdurable	enduring, lasting
rebelde	rebellious

Adverbios

fielmente	faithfully

MIS PROPIAS PALABRAS

Escriba una lista de otras palabras que podrían ayudarlo/la a conversar sobre la lectura. Utilice un diccionario si es necesario.

_____

_____

_____

_____

_____

_____

Práctica

A Indique el adjetivo de la lista que escogería para hablar de los siguientes temas.

ajeno/a, angustioso, imborrable, perdurable, rebelde

1. una persona que no está de acuerdo con los valores culturales de su sociedad
2. un recuerdo que durará para siempre
3. un acontecimiento que le parte el corazón
4. un mundo que no nos pertenece
5. algo que se queda para siempre en la memoria

B Conteste las siguientes preguntas.

1. ¿Conoce Ud. a una persona que de niño trabajaba en **los naranjales** o en cualquier otro trabajo del campo? ¿Quién era? ¿Qué hacía?
2. Hay personas que creen que los autobiografías representan **fielmente** el **autoconocimiento** de los autores. ¿Qué opina Ud.? ¿Podría dar un ejemplo relacionado con un libro que ha leído?
3. Hay sicólogos que creen que el deseo de **venganza** es destructivo y que la persona que siente tal deseo debe hacer **ajustes** en su manera de pensar. ¿Está Ud. de acuerdo? ¿Por qué sí o por qué no? Explique.
4. ¿Ha sentido Ud. alguna vez **añoranza** por una persona, un lugar, una situación u otra cosa? Explique.

AMBIENTE CULTURAL II

Algunos cuentistas hispanos

La obra de los cuentistas que escriben en español es nada menos que un verdadero mosaico de la vida hispana en los EE.UU. Los escritores que se presentan a continuación representan varias facetas de las fascinantes experiencias que contribuyen al panorama literario hispano de este país.

Varios cuentistas mexicoamericanos han desarrollado el tema de la vida de los trabajadores del campo, relacionando las historias de éstos con sus propias experiencias o las de otra gente. Entre ellos se encuentran Ángela McEwan-Alvarado y Francisco Jiménez. En el cuento «Naranjas», de McEwan-Alvarado, el protagonista revela las **imborrables** memorias de su niñez, contando lo orgulloso que se sentía al trabajar en los **naranjales** al lado de su padre. Francisco Jiménez, por otro lado, en «Cajas de cartón», inspira en el lector cierta compasión y al mismo tiempo una actitud **rebelde** en cuanto a las injusticias sociales. Jiménez cuenta las experiencias de Panchito, un muchacho migrante que tiene que separarse de

sus amigos y abandonar todo lo ya conocido. De este modo Jiménez indica cómo estos **angustiosos** acontecimientos afectan la vida de Panchito, y cómo también tienen consecuencias **perdurables** en su vida. Como el novelista Tomás Rivera, los dos cuentistas mencionados hacen que sus personajes se expresen con palabras, frases y ritmos que reproducen **fielmente** los dialectos de la gente del campo.

Entre los cuentistas destacados[1] nacidos en otros países que ahora radican en los EE.UU., se encuentra Emilio Díaz Valcárcel, quien ha escrito sobre la vida de los puertorriqueños que viven en la ciudad de Nueva York. Su cuento «Después del invierno» presenta una visión panorámica de la manera en que los personajes luchan para lograr una vida satisfactoria en el ambiente cultural **ajeno** y frecuentemente hostil de esa gran ciudad.

El puertorriqueño Alfredo Villanueva-Collado, autor del cuento «El día que fuimos a ver la nieve», ha indicado que su cuento es la ficcionalización de un hecho histórico de los

[1] *outstanding*

años 50. La entonces alcaldesa de San Juan, Puerto Rico, mandó que dos aviones llevaran nieve en Navidad a San Juan (cuando la temperatura en esta ciudad es de 85° F.) para que los niñitos puertorriqueños tuvieran la misma experiencia que los niños norteamericanos. Según Villanueva-Collado, en la realidad pasan cosas sumamente absurdas, más fantásticas aun que las que la propia fantasía podría crear.

Varios cuentos escritos por exiliados cubanos tratan de los **ajustes** sicológicos de los emigrantes, establecidos en un lugar donde los valores culturales son diferentes. En su cuento «Las canas»,[2] Ángel Castro subraya el conflicto de valores al contrastar la actitud general de los estadounidenses hacia la vejez con la de los cubanos en particular y de los hispanos en general.

En total, en los cuentos escritos en español, se encuentran los temas del amor, la muerte, el **autoconocimiento,** la amistad, la **venganza,** la **añoranza,** la alienación, el caos y el absurdo. Éstos son temas bien conocidos que se encuentran en la literatura universal. Por lo tanto esta literatura española de los EE.UU. no inventa nuevos rumbos[3] sino que agrega[4] otras visiones distintivas por sus puntos de vista biculturales.

[2]Las... *Gray Hair*   [3]*directions*   [4]*it adds*

COMPRENSIÓN

Indique si las siguientes oraciones son ciertas o falsas. Si una oración da información falsa, explique por qué es falsa.

1. Todos los cuentos que se mencionan en la lectura tienen el mismo tema.
2. El cuento «Cajas de cartón» divulga una historia muy cómica.
3. Ninguno de los escritores incluye sus experiencias personales en sus historias.
4. Francisco Jiménez indica cómo sus experiencias de niño han afectado su vida adulta.
5. Los escritores puertorriqueños siempre utilizan la técnica de fantasía.
6. Los emigrantes, establecidos en un mundo ajeno, tienen que hacer varios **ajustes** sicológicos.
7. La actitud de los estadounidenses hacia la vejez es diferente de la de los cubanos.
8. Los temas que se encuentran en la narrativa hispana también se encuentran en la literatura universal.

CHARLEMOS

Conteste las siguientes preguntas.

1. ¿Cuáles de los escritores presentados en la lectura escriben sobre temas que le interesan a Ud.? ¿Ha leído alguno de sus cuentos o novelas?
2. En su opinión, al escribir un cuento o una novela, ¿cuál sería el más fácil de los aspectos? ¿y el más difícil?
3. ¿Por qué cree Ud. que no se ha puesto interés en el estudio de la literatura hispana en las universidades de los EE.UU.?

ESTRUCTURA VERBAL II • EXPRESIONES IMPERSONALES CON EL SUBJUNTIVO O EL INDICATIVO

Para hablar de acciones sin mencionar el sujeto

A. Subjunctive or Infinitive

Impersonal expressions may be followed by either the infinitive or the subjunctive in Spanish. When there is no stated subject, the infinitive is used, in contrast to the use of the subjunctive with a stated subject in the dependent clause.

Impersonal Es imposible **escribir** un capítulo en un día.	It is impossible to write a chapter in one day.
personal Es imposible que ella **escriba** un capítulo en un día.	It is impossible for her to write a chapter in one day.

The usual agreement of tenses is also required with the use of impersonal expressions.

Era imposible que ella **escribiera** un capítulo en un día.	It was impossible for her to write a chapter in a day.
Parece mentira que Felipe no **haya** leído ningún cuento.	It is hard to believe that Felipe hasn't read any short stories.
Parecía mentira que Felipe no **hubiera** leído ningún cuento.	It was hard to believe that Felipe hadn't read any short stories.

The most common impersonal expressions that can require the subjunctive in the dependent clause are the following.

basta	it is enough
conviene	it is suitable
es difícil	it is difficult
es dudoso	it is doubtful

es de esperar	it is to be hoped
es importante	it is important
es imposible	it is impossible
es interesante	it is interesting
es justo	it is fitting
es lamentable	it is regrettable
es (una) lástima	it is a pity
es mejor	it is better
es menester	it is necessary
es natural	it is natural
es necesario	it is necessary
es posible	it is possible
es preciso	it is necessary
es probable	it is probable
es sorprendente	it is surprising
es urgente	it is urgent
importa	it is important
parece mentira	it is hard to believe

Note: When the speaker feels that the probability is a certainty, the indicative may follow **es probable** or **probablemente.**

B. Subjunctive or Indicative

Certain impersonal expressions indicate certainty when they are affirmative; they are followed by the indicative in the dependent clause. When they are negative or interrogative, they usually require the subjunctive.

➤ INDICATIVE	➤ SUBJUNCTIVE
es cierto it is certain	**no es cierto** it is uncertain
es (está) claro it is clear	**no es (está) claro** it is not clear
es evidente it is evident	**no es evidente** it is not evident
es innegable it is undeniable	**se niega que...** it is denied that...
es seguro it is sure	**no es seguro** it is not sure
es verdad it is true	**no es verdad** it is not true
Es evidente que Carlos lo **ha** escrito.	*It is evident that Carlos has written it.*
¿Es evidente que Carlos lo **haya** escrito?	*Is it evident that Carlos wrote it?*
No es evidente que Carlos lo **haya** escrito.	*It is not evident that Carlos has written it.*

Práctica

A Armando es buen amigo de Silvio Arias y suele darle muchos consejos sobre sus cuentos. Modifique las oraciones, sustituyendo el infinitivo por una cláusula dependiente.

MODELO: Sería ideal *incluir* otro personaje en el cuento. →
Sería ideal que *incluyeras* otro personaje en el cuento.

1. Es imposible *dejar* a un lado los argumentos secundarios.
2. Es preciso *utilizar* una variedad de adjetivos y adverbios.
3. Cuando leí el primer borrador, parecía mentira *encontrar* tantos errores tipográficos.
4. Es muy natural *querer* terminar el cuento rápidamente.
5. En mi opinión, es preciso *escribir* con claridad.
6. Para mí es difícil *leer* las correcciones que has escrito a mano.
7. Es mejor *empezar* el cuento con un acontecimiento alegre.
8. Convendría *terminar* el cuento con algo que haga pensar al lector.

B En parejas, miren los dibujos y comenten sobre ellos, utilizando frases impersonales con el subjuntivo o el indicativo.

MODELO: es dudoso, es cierto →
—*Es dudoso* que Paola llegue a tiempo para la conferencia.
—Sí. *Es cierto* que ella llega tarde con frecuencia.

Paola

Tomás

1. es imposible, es evidente

Luis

2. es menester, es lamentable

Alfonso

3. parece mentira, es una lástima

Ernesto

4. no es verdad, es innegable

C. Summary of the Uses of the Subjunctive

SUBJUNTIVO

1. After verbs of emotion or volition, when there is a change of subject.

   > Me alegro de que Alfredo **haya terminado** el cuento.
   > Yo quiero que él **escriba** más cuentos.

2. After impersonal expressions, when the subject is indicated.

   > Es preciso que él **lea** mi cuento otra vez.

3. With certain conjunctions when there is a change of subject.

   > Compré el periódico para que tú **leyeras** el artículo.

4. To express doubt and denial.

   > Dudo que **haya escrito** una novela.
   > Niego que **esté** bien escrita.

INFINITIVO

1. After verbs of emotion or volition, when there is no change of subject.

   > Me alegro de **haber terminado** el cuento.
   > Yo quiero **escribir** más cuentos.

2. After impersonal expressions when no subject is indicated.

   > Es preciso **leer** mi cuento otra vez.

3. With corresponding infinitives when there is no change of subject.

   > Compré el periódico para **leer** el artículo (yo).

4. When there is no doubt or denial.

   > No dudo que **ha escrito** una novela.
   > No niego que **está** bien escrita.

SUBJUNTIVO

5. With certain conjunctions to refer to a future action.

> Compraré el libro cuando se **haya publicado.**

6. To refer to something that is indefinite or nonexistent.

> Quisiera hablar con alguien que **haya escrito** un ensayo.

7. To refer to something contrary to fact, impossible, or quite improbable in an "if" clause.

> Si **fuera** escritor, me sentiría feliz.
> Si la editora **ofreciera** publicar mi libro, me alegraría.

INFINITIVO

5. With certain conjunctions when action is habitual or completed.

> Compro los libros cuando se **publican.**

6. To refer to something specific.

> Quisiera hablar con la mujer que **escribió** este ensayo.

7. To refer to an action that is not contrary to fact, impossible, or improbable in an "if"-clause.

> Si **escribo,** me siento feliz.
> Si mi amigo **ofrece** leer mi libro, me alegro.

Práctica

Complete el siguiente ensayo de Marco Antonio con verbos en el indicativo, el subjuntivo o el infinitivo.

LAS APORTACIONES DE LA LITERATURA

Cuando uno _____¹ (considerar) lo que la literatura contribuye al alma de los seres humanos, es imposible _____² (dejar) a un lado la literatura escrita en español de los EE.UU. Me alegro de _____³ (haber) tenido la oportunidad de conocer esta literatura.

Si yo _____⁴ (tener) talento como escritor, _____⁵ (escribir) sobre las cosas que me _____⁶ (pasar) cuando era joven, porque también soy hispano nacido en los EE.UU. _____⁷ (incluir) anécdotas relacionadas con mi familia y mi comunidad, para que los lectores _____⁸ (compartir) mis sentimientos. Yo sé que _____⁹ (carecer) de vocabulario literario, pero _____¹⁰ (hacer) un esfuerzo por _____¹¹ (escribir) elegantemente.

En fin, esta literatura me _____¹² (enseñar) tanto que quiero que todos _____¹³ (leer) por lo menos un libro de este género. Yo les _____¹⁴ (pedir) que lo _____¹⁵ (hacer), y sé que no se _____¹⁶ (arrepentir).

D. Summary of Tense Usage with the Subjunctive

When the subjunctive is required in a sentence, the verb in the main clause usually governs which subjunctive tense must be used in the subordinate clause. Observe the following combinations.

Study (Important)

1. **Main Clause**
   Indicative

   Subordinate Clause
   Subjunctive

   Present
   Future
   Present perfect   *he, ha, has, etc.*
   Understood or tacit command

   Present subjunctive   *reg. "opposite" ending*
   or
   Present perfect subjunctive   *haya, hayas, haya, etc.*

   MC
   Es necesario que **tengamos** el
   manuscrito preparado muy
   pronto.

   *It's necessary that we have
   the manuscript prepared
   very soon.*

   Le **hemos dicho** al artista que
   termine los dibujos cuanto
   antes.

   *We've told the artist to finish the
   drawings quickly.*

   Nos **alegra** que nos **haya
   escuchado.**

   *We're glad that he has listened
   to us.*

   Él también **estará** contento
   cuando **hayamos entregado**
   el libro completo.

   *He will also be happy when we
   have turned in the whole
   book.*

   After a command, only the present subjunctive may be used.

   Dígales que **hagan** el trabajo
   ahora mismo.

   *Tell them to do the job right
   now.*

   Insiste en que nos **hable** mañana.

   Insist that he call us tomorrow.

2. **Main Clause**
   Indicative

   Subordinate Clause
   Subjunctive

   Preterite
   Imperfect
   Conditional

   Imperfect subjunctive   *ar → ara, aras*
        er → iera, ieras, iera, etc
   or   *hubiera*
   Pluperfect subjunctive   *habría, habrían, habría, etc*

   Insistí en que la editora **leyera** el
   manuscrito otra vez.

   *I insisted that the editor read the
   manuscript again.*

   Mi amiga no **creía** que
   hubiéramos escrito el libro
   tan rápidamente.

   *My friend didn't believe that we
   had written the book so
   rapidly.*

   No nos **gustaría** que **decidieran**
   no incluir los dibujos en el libro.

   *We wouldn't like it if they
   decided not to include the
   drawings in the book.*

   Si **hubiéramos escrito** el libro
   hace 10 años, nuestros amigos
   ya lo **habrían leído.**

   *If we had written the book 10
   years ago, our friends would
   have read it already.*

3. Main Clause   Subordinate Clause
   Indicative   Subjunctive

   Present   Imperfect subjunctive

   Me **alegro** de que **pudieras**   *I'm glad you could help us.*
   ayudarnos.

   If the verb in the main clause refers to the present but the action in the
   subordinate clause refers to the past, the imperfect subjunctive is used.

Práctica

Converse con sus compañeros/as de clase para saber algo de lo que pasa en la
vida de ellos. Hágales preguntas sobre el presente y el pasado. Ellos/Ellas contes-
tarán utilizando un verbo del subjuntivo.

MODELO: querer / tu familia →
        ¿Qué quieres que *haga* tu familia dentro de 5 años?
        Quiero que *se muden* a otra casa.

        ¿Qué querías que *hiciera* tu familia hace 5 años?
        Quería que *se mudaran (se mudasen)* a otra casa.

1. insistir / el/la profesor(a) de español
2. alegrarse / sus amigos
3. dudar / sus compañeros de clase
4. tener / un amigo que... como si...
5. buscar (tú) / un libro que...
6. ¡ojalá qué / las clases
7. es posible / nosotros
8. necesitar (tú) / una computadora que...

Entre nosotros

Ud. tiene interés en saber las opiniones de un compañero / una compañera sobre
varios temas. Entrevístelo/la y apunte sus respuestas para utilizarlas en el
Cuaderno de ejercicios.

1. ¿Por qué crees que es imposible aprender a hablar español en tres meses?
2. ¿Te parece importante que los escritores se preocupen por los problemas
   sociales? ¿Por qué sí o por qué no?
3. ¿Te parecería sorprendente que un escritor hubiera incluido datos de tu
   vida personal en alguno de sus cuentos? ¿Por qué?
4. ¿Es cierto que has realizado todos tus sueños hasta ahora?
5. Dime una cosa que te parece mentira.

May Be On Test (Final)

RODEO DE COGNADOS

Los «amigos falsos»

Algunos cognados engañan porque son palabras que se parecen mucho o son idénticos en ambas lenguas, pero no tienen el mismo significado. A continuación hay una lista de algunos de estos «amigos falsos».

DEL ESPAÑOL AL INGLÉS	DEL INGLÉS AL ESPAÑOL
la agonía death struggle	agony **la angustia**
la apología eulogy, defense	apology **la excusa**
la arena sand	arena **el estadio, el coliseo**
bizarro/a brave; generous	bizarre **raro, original**
el campo countryside	camp **el campamento**
la carta letter	card **la tarjeta**
el cimiento foundation, origin	cement **el cemento**
el delito crime	delight **el deleite**
la desgracia misfortune	disgrace **la vergüenza**
el desmayo fainting spell	dismay **la consternación**
emocionante thrilling	emotional **emocional**
ignorar to not know something	to ignore **no hacer caso de**
la marca brand (*of a product*)	mark **la señal, la seña**
el marco picture frame	
ordinario common, vulgar	ordinary **común, corriente**
quitar to take away, remove	to quit (*doing something*) **dejar de** + **inf.;** to quit (*a job*) **dejar, renunciar**
realizar to achieve a goal	to realize **darse cuenta de**
restar to deduct, subtract	to rest **descansar**
la trampa cheat, trick	tramp **el vagabundo**

Práctica

Ⓐ En parejas, cuéntense lo que habría pasado si...

1. después de oír la noticia de un *delito,* su abuela se hubiera *desmayado.*
2. Ud. *se hubiera dado cuenta de* que alguien hacía una *trampa* en un examen.
3. Ud. *ignorara* los detalles de un suceso *emocionante.*
4. Ud. hubiera encontrado *señales* de que un *vagabundo* había dormido en el jardín de su casa.
5. Ud. hubiera comprado un *marco común y corriente* que inmediatamente se rompió.

Ⓑ En parejas, inventen sus propias situaciones para practicar el uso de otros «falsos amigos» de la lista anterior.

PUNTO GRAMATICAL II • LOS USOS DE PERO, SINO Y SINO QUE

Para combinar ideas parecidas o diferentes

When the conjunction **pero** is used to join two independent clauses, it means *but* if the first clause is affirmative. If the first clause is negative, **pero** means *but* or *however.* In literary language, **mas** may be used to mean *but.*

Efraín dice que es escritor, **pero** no ha publicado nada.	*Efraín says that he is a writer, but he hasn't published anything.*
No he empezado mi investigación sobre el cuento, **pero** la podré empezar mañana.	*I haven't begun my research on the short story, but (however) I will be able to begin it tomorrow.*
Es una novela bien desarrollada, **mas** no tanto como *Don Quijote.*	*It's a well developed novel, but not as well as* Don Quijote.

Sino is used to express the English equivalent *but rather* or *on the contrary* when the first part of the sentence is negative and the second part contradicts the first. Note that when a verb follows **sino**, it is in the infinitive.

A Rosa no le gusta leer **sino** escribir.	*Rosa doesn't like to read but (rather) write.*
A Rosa no le gusta escribir cuentos **sino** poesía.	*Rosa doesn't like to write stories, but (rather) poetry.*
—Uds. conocen la trama de *La casa de los espíritus* porque vieron la película, ¿verdad?	*"You know the plot of* La Casa de los espíritus *because you saw the film, right?"*
—No la conocemos por ver la película, **sino** por leer el libro.	*"We don't know it because of seeing the film, but (rather) because of reading the book."*

When the clause that follows **sino** has a conjugated verb, **sino que** is required.

No rechazaron su libro **sino que** lo publicaron.	*They didn't reject his book, but (on the contrary) they published it.*

Práctica

A En parejas, su compañero/a describirá a una persona o un objeto. Ud. agregará algo a la descripción, utilizando una frase con ***pero, sino*** o ***sino que.***

MODELO: el argumento de un cuento →

    ESTUDIANTE 1:   El argumento del cuento es aburrido.

    ESTUDIANTE 2:   El argumento del cuento no es aburrido, *sino* interesante.

    o   El argumento del cuento es aburrido, *pero* me gusta de todas maneras.

    o   El autor no ha escrito un argumento aburrido, *sino que* ha inventado personajes aburridos.

1. el héroe de un cuento
2. el argumento de un cuento
3. la exposición de un cuento
4. el desenlace de los eventos de un cuento

5. las acciones del protagonista
6. el uso de la voz narrativa
7. la manera en que el cuento se vincula con eventos recientes

B Mire los dibujos de cuatro personajes de una novela que existe solamente en su imaginación. Complete la oración debajo de cada dibujo, utilizando **pero, sino** y **sino que.**

MODELO: El héroe no es muy musculoso, *pero* es muy fuerte.
La heroína no es baja *sino* alta.
El héroe no besó a la heroína, *sino que* la abrazó.

1st clause "+" pero, [...]
2nd claus

1. La heroína no sabe si es un ser o una piedra,...

2. Este animal no parece ser de la tierra,...

3. No le ofrece agua al animal, ... le ofrece comida.

4. La astronauta no cree que el ser extraterrestre toque una guitarra,...

Entre nosotros

En parejas, háganse preguntas sobre los siguientes temas. Utilicen ***sino, pero*** y ***sino que*** en su conversación.

MODELO: el / la protagonista de un cuento o una novela →

Si fueras el / la protagonista de un cuento o una novela, ¿te gustaría que fuera una historia de amor?

No me gustaría que fuera una historia de amor, *sino* de una amistad eterna.

1. el / la protagonista de un cuento o una novela
2. el / la escritor(a) de una novela que se traduce a varias lenguas
3. el jefe / la jefa de redacción que prepara un manuscrito
4. el / la lector(a) de una antología de cuentos autobiográficos
5. el / la dependiente de una librería que se especializa en libros escritos en español

TEMAS Y DIÁLOGOS

CHARLEMOS

A En grupos, inventen un cuento colectivo espontáneo. La primera persona escogerá el tema. La segunda persona inventará la primera oración. La tercera persona agregará la segunda oración. Sigan hasta que hayan terminado el cuento. Luego compartan sus cuentos con sus compañeros de clase.

B En parejas, piensen en un libro y en una película que se basó en ese libro. Digan cuál de los dos es más interesante, y apoyen sus ideas con ejemplos concretos.

DICHOS POPULARES

El que escribe con un dedo quiere borrar con el codo.

El escritor es la conciencia del pueblo.

En grupos, comenten el significado o la idea central de cada dicho. Luego digan si están de acuerdo con la idea que éstos expresan o no. Por fin, compartan sus opiniones con los de otros grupos.

LETRAS E IDEAS

Imagínese que Ud. es escritor(a) y ha escrito una novela. Escriba una carta al jefe / a la jefa de una editorial pidiendo que lea su manuscrito y que lo publique.

Párrafo 1: Salude cordialmente y explique el motivo de su carta.
Mencione el título de su novela, y escriba una breve descripción del argumento.
Párrafo 2: Indique por qué cree Ud. que su obra es original y creativa, y por qué debe de publicarse.
Párrafo 3: Agradezca al personal de la editorial su interés por la obra suya.

CAPÍTULO 12

LA LITERATURA EN ESPAÑOL EN LOS ESTADOS UNIDOS: TEATRO Y POESÍA

Escena de «Fuenteovejuna», obra del escritor español Lope de Vega (1562–1635), presentada por la Fundación Bilingüe de las Artes (1993) de Los Ángeles. ¿Qué obras dramáticas ha visto Ud.? De las novelas o cuentos que ha leído, ¿cuál le gustaría ver dramatizado? ¿Por qué?

Emar

ENCUENTROS CULTURALES I
Los nuevos amigos

ESCUCHAR Y COMPRENDER

Primero, escuche la **Parte A** de la cinta y siga las instrucciones para completar el ejercicio. Luego escuche la **Parte B** y siga las instrucciones.

Parte A: Comprensión. Conteste las siguientes preguntas.

1. ¿Qué estudia Amanda?
2. ¿Dónde estuvo el año pasado y qué hizo?
3. ¿En qué compañía de teatro trabajó Amanda?
4. ¿Qué hará el verano próximo?

Parte B: Conversando con los amigos. Apunte las ideas más importantes de la conversación. Luego compare sus apuntes con los de otro/a estudiante.

CHARLEMOS

Converse con un compañero / una compañera sobre los siguientes temas.

1. ¿Qué hiciste el fin de semana pasado? ¿Te hubiera gustado ir a ver una obra de teatro? ¿Por qué sí o por qué no?
2. Imagínate un festival de teatro. ¿Qué crees que se hace allí?
   Sugerencias: pueden hablar sobre el público, las obras, los actores / las actrices, las ventas y los carteles de anuncios

¿Qué tal, amigos? Me da mucho gusto saludarlos. Me llamo Amanda Ginorelli. Nací en Colorado, pero mis padres son argentinos.

Nota cultural

El Teatro Rodante Puertorriqueño fue fundado en 1967 en Nueva York por la actriz puertorriqueña Miriam Colón. Comenzó como un grupo itinerante que hacía presentaciones bilingües en las escuelas y en la comunidad. Ahora tiene un local cómodo y moderno en Manhattan.

VOCABULARIO DE LA LECTURA

Expresiones

a fin de cuentas	finally, at the end
a más tardar	at the latest
aun así	even so

Sustantivos

el dramaturgo / la dramaturga	playwright
el enlace	link, connection
el ensayo	rehearsal

la escenografía	scenery, (stage) setting
la huelga	strike

Verbos

fundar	to found
promover (ue)	to promote
resguardar	to preserve

Adjetivos

arrendado/a	rented
itinerante	itinerant, traveling

MIS PROPIAS PALABRAS

Escriba una lista de otras palabras que podrían ayudarlo/la a conversar sobre la lectura. Utilice un diccionario si es necesario.

_____

_____

_____

_____

_____

_____

_____

Práctica

Ⓐ Explique la manera en que se asocian los siguientes pares de palabras o frases.

MODELO: **enlace** / unión →
Ambas se refieren a la acción de juntar dos cosas o más.

1. **a fin de cuentas** / al fin y al cabo
2. **a más tardar** / lo más tarde
3. **itinerante** / permanente
4. **aun así** / a pesar de esto
5. **arrendado** / contratado
6. **resguardar** / conservar
7. **el ensayo** / la presentación
8. **el dramaturgo** / los actores
9. **la huelga** / el diálogo

Ⓑ En parejas, háganse las siguientes preguntas.

1. Muchas personas opinan que el arte puede ser un medio eficaz de **enlace** y comunicación entre las diferentes culturas del mundo. ¿Qué opinas? Explica.
2. Para muchas personas, es importante que **la escenografía** de una obra teatral sea impresionante. A otras personas les interesa más la actuación de los actores. ¿Qué opinas? Explica.
3. Se cree que **fundar** una compañía de teatro es una tarea muy complicada y difícil. ¿Qué características crees que debe tener una persona que se propone fundar una compañía de teatro?
4. Hay quienes opinan que los gobiernos deben asignar más fondos para **promover** las artes. ¿Qué opinas? Explica.

AMBIENTE CULTURAL I

El teatro hispano en los EE.UU.

En los EE.UU. el teatro hispano se originó, **a más tardar,** hacia la segunda mitad del siglo 19 principalmente en cuatro regiones: Nueva York, California, Florida y Texas. En el suroeste, eran grupos **itinerantes** que venían desde México y viajaban en tren y en auto desde Texas hasta California. Al principio, el repertorio de estas compañías consistía en dramas y zarzuelas españolas. Los **ensayos** y las representaciones se hacían en salas **arrendadas** pues ninguna de las compañías poseía su propio teatro. Estos grupos, y las compañías permanentes que se establecieron más tarde, **promovieron** un teatro que luego tuvo como función exponer las preocupaciones y aspiraciones de la comunidad, los conflictos del proceso de aculturación y asimilación, y crear un ambiente de afirmación cultural. Sobre todo, se preocupaban por **resguardar** la cultura y el idioma españoles.

Algunos sucesos mundiales y nacionales reafirmaron la misión y la temática social de este teatro. Entre otros, se puede señalar las luchas de Cuba por su independencia de España, el movimiento independentista puertorriqueño, la Revolución Mexicana de 1910, la crisis económica de 1929 y la política de inmigración de los EE.UU.

En 1965, Luis Valdés, hijo de obreros inmigrantes, con la guía de César Chávez, **fundó** una de las compañías de teatro más conocidas en la nación: el Teatro Campesino. Este grupo se originó en los campos de cultivo de Delano, California, y sus miembros eran obreros y estudiantes sin ninguna preparación en las artes teatrales. **Aun así,** llegaron a constituir un movimiento teatral de mucho apoyo[1] a las **huelgas** de los obreros. Más tarde, viajaron por los Estados Unidos y el extranjero exponiendo las preocupaciones políticas y sociales de los inmigrantes y la comunidad mexicoamericana, con la intención de inspirar cambios positivos.

Tambien surgieron otros grupos teatrales con gran talento y energía, que han realizado

Nota cultural

La zarzuela es un tipo de ópera de asunto ligero, humorístico y popular que se originó en España. Alcanzó mayor popularidad durante el siglo 19 y principios del 20. Recibe el nombre de «zarzuela» porque este tipo de obra se presentó por primera vez en el Real Sitio de la Zarzuela, un palacio cerca de Madrid.

Nota cultural

Luis Valdés (1940–), es un dramaturgo, actor y director mexicoamericano.

César Chávez (1927–1993), fundador de la Asociación Nacional de Trabajadores Agrícolas (UFW), fue hijo de trabajadores itinerantes que constantemente tenían que mudarse de un lugar a otro en busca de trabajo. Por eso tuvo que asistir a más de 30 escuelas primarias.

[1]*support*

una estupenda labor en continuar la larga tradición del teatro hispano en los EE.UU. Estas compañías atraen público de las diversas culturas establecidas en las cercanías[2] de los respectivos teatros. Ahora cuentan con salas modernas de alta tecnología que facilitan **escenografías** de todo tipo. Y puesto que algunos **dramaturgos** escriben en español e inglés, o las obras son traducidas, se puede elegir entre una función en inglés o español, ya que las representaciones son alternadas.

Tres compañías de muy larga duración[3] son la Fundación Bilingüe de las Artes (1973), que fundó Carmen Zapata en California; el Teatro Rodante Puertorriqueño (1967), fundado por Miriam Colón en Nueva York; y Repertorio Español de Teatro (1958), localizado en Tampa y fundado por cubanos.

[2]*surrounding area*   [3]de... *with a long tradition*

En conclusión, el teatro hispano en los EE.UU. sirve de **enlace** e intercambio entre las diversas culturas hispanas que pueblan el continente americano. Como **a fin de cuentas,** ése es uno de los fines principales del arte, no cabe duda que las personas que se esfuerzan por mantener fecunda esta labor se merecen un gran aplauso.

Nota cultural

El teatro cubano se originó a principios del siglo 19 cuando un grupo de cubanos, negociantes de tabaco, emigró al área de Tampa y, junto con otros inmigrantes españoles, establecieron varios teatros donde se presentaban obras españolas y cubanas.

COMPRENSIÓN

En parejas, escriban preguntas sobre la información que aparece en la lectura, con cada una de las siguientes palabras interrogativas. Después, háganse las preguntas.

CHARLEMOS

1. ¿Qué tipo de teatro prefiere Ud., el clásico o el contemporáneo? ¿Por qué?
2. ¿Asiste Ud. al teatro con frecuencia? ¿Por qué sí o por qué no?
3. ¿Qué temas le interesan más en el teatro?

ESTRUCTURA VERBAL I • LAS CONSTRUCCIONES PASIVAS

Para enfatizar el objeto de la acción

In Spanish, the passive voice is used less frequently than in spoken English, but it is used fairly frequently in formal written language.

A. Active versus Passive Voice

The passive and active voices are two different ways to talk about the same action or event. In an active structure, the subject normally appears before the verb and performs the action.

Los actores saludaron al público.	*The actors greeted the public.*

The passive voice is used to emphasize the recipient of the action (what or who is directly affected by the action).

El público fue saludado por los actores.	*The public was greeted by the actors.*

B. Formation of the Passive Voice

1. The passive voice can be formed with the verb **ser** + the past participle. The past participle functions like an adjective and therefore agrees in gender and number with the subject of **ser.** Usually the agent is expressed following **por.**

El diálogo **fue ensayado por** actores bilingües.	*The dialogue was rehearsed by bilingual actors.*
Los dramas **fueron interpretados por** un elenco español.	*The plays were interpreted by a Hispanic cast.*
La directora **había sido felicitada por** una compañía local.	*The director had been congratulated by a local company.*

When no agent is named, **por** is not used.

El elenco **fue aplaudido** con entusiasmo.	*The cast was enthusiastically applauded.*

2. The indefinite **se** also has a use similar to the passive voice to express an unanticipated action. This use is common in cases where no agent is named as responsible for the action.

Se rompieron las luces necesarias para la función.	*The lights that were needed for the event were (got) broken.*
Se rompió la luz necesaria para la función.	*The light that was needed for the event was (got) broken.*

3. When something has happened to a person unexpectedly, the indirect object pronoun referring to that person follows **se.** The English equivalent implies that the person is not responsible for what happened.

Se **le** cae todo de las manos.   *Everything falls from his hands.*
Se **me** rompió el bolígrafo.   *My pen broke (on me).*

Práctica

A En parejas, elijan una respuesta apropiada para cada comentario o pregunta a la izquierda. Pueden añadir más información para hacer la conversación más natural.

1. ¿Cómo te enteraste de la presentación?
2. Creo que la actuación era fabulosa.
3. El personaje de la criada daba mucha tristeza.
4. En cambio, el personaje del profesor era muy chistoso, ¿verdad?
5. ¿Qué hiciste después de la función?

a. _____ Sí. El elenco se seleccionó con mucho cuidado.
b. _____ Cierto. Fue desarrollado con mucha naturalidad.
c. _____ Pues, se anunció a través de todos los medios.
d. _____ ¡Tuve suerte! Se celebró una gran recepción en la casa de una de las actrices del elenco.
e. _____ De acuerdo. Fue muy maltrada.

B En la siguiente reseña, Hilda Guzmán nos cuenta los detalles de un estreno reciente. Cambie las frases u oraciones *en bastardilla* a pasivas.

GRAN ÉXITO TAQUILLERO
POR HILDA GUZMÁN

Ayer, jueves, fue el estreno de la obra «Botánica» en el teatro Flor de Liz. Este drama, de la dramaturga cubana Dolores Prida, trata de una familia puertorriqueña cuya hija se va a graduar. La obra presenta los conflictos propios de una familia de inmigrantes que se enfrenta con los problemas de adaptación. *La puertorriqueña Miriam Colón, actriz principal del elenco, hizo el papel de la madre.*[1] ¡Qué talento! *Un joven mexicano muy hábil, René Fuentes, dirigió la obra.*[2] *La argentina Ligia Rolón realizó la escenografía*[3] y una vez más demostró su destreza y experiencia en este campo. *La compañía misma preparó toda la publicidad con mucha anticipación.*[4] Después de la representación todos respiraron aliviados cuando *el público aplaudió la actuación frenéticamente.*[5] Esa noche, para celebrar el éxito logrado, *el productor dio una gran fiesta en su casa.*[6]

Entre nosotros

En parejas, háganse preguntas sobre las siguientes oraciones, usando la voz pasiva con *ser*. ¿Tienen toda la información necesaria? Háganles preguntas a otras parejas si es necesario.

> MODELO: *Don Quijote de la Mancha* se escribió en España. →
> ESTUDIANTE 1: ¿Quién escribió la novela *Don Quijote de la Mancha?*
> ESTUDIANTE 2: La novela *fue escrita por* Miguel de Cervantes.

1. América se descubrió en 1492.
2. La macarena se bailó por primera vez en 1996.
3. La Alhambra se construyó en Granada.
4. El cuadro *Guernica* se pintó en este siglo.
5. Chichén Itzá se construyó en una península.

VOCABULARIO DEL TEMA
Para hablar sobre el teatro

Sustantivos

la actuación	performance
el elenco	cast (members)
el escenario	stage
el escenógrafo / la escenógrafa	set designer
el estreno	debut
el guión	script
el / la libretista	librettist
el libreto	libretto

el papel principal	main role
el parlamento	long speech (*theatrical*)
la utilería	props
el vestuario	wardrobe

Verbos

escenificar	to adapt for the stage
hacer / desempeñar un papel	to play a role

Práctica

A Con un compañero / una compañera, describan una obra de teatro o una película que los / las dos han visto, utilizando palabras del **Vocabulario del tema.** Presenten su descripción ante la clase. ¿Pueden adivinar el nombre de la obra sus compañeros de clase?

B En parejas, háganse las siguientes preguntas.

1. Para algunos actores y actrices, el momento de entrar al **escenario** es motivo de terror y ansiedad. Para otros es un reto[1] y un momento de gran expectación. ¿Cómo te sentirías tú si tuvieras que hacerlo?

2. Se considera que el éxito de una obra, depende, entre otras cosas, de la interpretación del **papel principal.** Para ti, ¿qué otros aspectos son también decisivos?

3. Algunas personas prefieren asistir al **estreno** de una obra y otras prefieren ir cuando ya la obra ha «madurado». ¿Cuándo prefieres o preferirías asistir?

4. Se cree que para **hacer un papel** es necesario que los actores tengan la habilidad de penetrar en la sicología del personaje que representan. ¿Qué opinas? Explica.

[1]*challenge*

PUNTO GRAMATICAL I • LOS ADVERBIOS

Para intensificar acciones y cualidades

An adverb modifies a verb, an adjective, or another adverb. Adverbs can be formed by adding **-mente** to the end of an adjective that ends in a consonant or to the feminine form of an adjective that ends in **-o.** If the adjective has a written accent mark, the adverbial form derived from it retains the accent.

rápid**o** → rápid**a** → rápid**amente**   fácil → fácil**mente**

Adverbs express the following relationships.

1. They explain how something is done: **bruscamente, rápidamente.**

| Lope de Vega escribía obras de teatro **rápidamente.** | *Lope de Vega wrote theatrical works rapidly.* |

2. They indicate where something takes place: **abajo, cerca, detrás, encima, lejos.**

| Hoy día, se representan **lejos** de España. | *Today, they are produced far away from Spain.* |

3. They indicate when something takes place: **ayer, con frecuencia, hoy, jamás, mañana, nunca, siempre.**

| **Mañana** iré a ver *Fuenteovejuna.* | *Tomorrow I will go to see Fuenteovejuna.* |

4. They indicate quantity: **abundantemente, bastante, mucho, poco, suficiente.**

| Es una obra que me gusta **mucho.** | *It is a play that I like very much.* |

The following words can be use as adjectives or adverbs: **bastante, demasiado,**

mejor, menos, peor y **poco.**

Práctica

A Haga una lista de los adverbios que se encuentran en el siguiente párrafo. ¿De qué otra manera podrían expresarse las mismas ideas? Compare sus respuestas con las de un compañero / una compañera.

Te digo que es una obra excelente. Tú sabes que, en el teatro, frecuentemente te mantienen en suspenso. Bueno, en esta obra, al principio parecía que los personajes no lograrían resolver sus conflictos. Sin embargo, ya en el segundo acto era obvio que la solución estaba cerca. Lo que no se sabía era cuál sería el desenlace final, aunque había bastantes indicios de que ellos triunfarían. Francamente, te recomiendo que vayas a verla, y por eso no te cuento nada más.

B Escoja un adverbio apropiado para completar cada una de estas oraciones. Hay más de una posibilidad.

cerca, con entusiasmo, lejos, magistralmente, mañana, muchísimo, nunca

1. _____ compraré los boletos para ir a ver el drama *Don Quijote* con unos amigos.
2. El papel de don Quijote es interpretado _____ por un famoso actor muy talentoso.
3. Dicen que _____ más habrá otra actuación tan fabulosa como ésta.
4. Lo bueno es que el teatro está aquí _____ y puedo ir caminando.
5. A mis amigos les gustó _____ la actuación y por eso me la recomendaron.
6. Ellos hablaron _____ de esta obra toda la noche.
7. El mes que viene la obra será representada en un teatro muy _____ de aquí.

Entre nosotros

¿Qué cosas hace Ud. fácilmente y qué cosas hace con dificultad? Indique una respuesta para cada pregunta. Después explíquele los resultados a un compañero / una compañera. ¿Se parecen sus respuestas a las suyas? Haga apuntes de sus respuestas para usarlas en el *Cuaderno de ejercicios*.

	FÁCILMENTE	CON DIFICULTAD
1. estudiar	☐	☐
2. reparar aparatos	☐	☐
3. memorizar	☐	☐
4. analizar	☐	☐
5. dibujar	☐	☐
6. bailar	☐	☐

ENCUENTROS CULTURALES II
Nuestros amigos nos escriben

Escena de «La Carreta», obra del escritor puertorriqueño René Marqués (1919–1979), obra representada por el Teatro Rodante Puertorriqueño de Nueva York.

Nueva York, 7 de mayo

Mis queridos amigos:

Hace dos semanas que llegué a Nueva York, justo cuando los árboles han reverdecido[1] totalmente. ¡El Parque Central se ve maravilloso!

Estoy muy contenta acá con un grupo de amigos que me acompaña a todas partes. El sábado fuimos a un café teatro donde los poetas leen sus poemas al público acompañados de un guitarrista excelente. Uno de los poetas leyó varios poemas de Federico García Lorca; el público aplaudió entusiasmadísimo.

Esa noche había poetas de España y varios países de Hispanoamérica. Noté que el tema recurrente de los poemas era la nostalgia por la patria y el amor por la familia. Hasta yo misma empecé a recordar a mi familia de la Argentina

[1]*bloomed*

> ## Nota cultural
>
> **El poeta y dramaturgo español Federico García Lorca (1898–1936) nació en Granada, donde estudió Filosofía, Derecho y Letras. Hasta hoy día, sus obras dramáticas** *La casa de Bernarda Alba, Yerma* **y** *Bodas de sangre* **son representadas con mucho éxito en todo el mundo hispano. Su obra poética comprende, entre otros,** *Libro de poemas, Canciones, Romancero gitano, Poema del Cante Jondo* **y** *Poeta en Nueva York.* **Lorca murió asesinado por el gobierno fascista español durante la Guerra Civil.**

con tristeza. Tal vez escriba un poema pronto y se lo envíe a mis primos. No, no, no me lo crean; estoy bromeando. Creo que de poeta no tengo nada.

Como les había dicho, en junio estaré trabajando en la interpretación de un papel importante con un elenco del Teatro Rodante Puertorriqueño. Creo que estaré ocupadísima. En cambio, espero que Uds. se diviertan mucho y que vayan al teatro si tienen la oportunidad.

Hasta pronto, y cariños,
Amanda

LEER Y COMPRENDER

Parte A: Comprensión.

1. ¿En qué estación del año y a qué lugar llegó Amanda?
2. ¿Cuáles eran los temas de los poemas que escuchó?
3. ¿Tiene ella talento para la poesía?
4. ¿Por qué estará ocupada en el mes de junio?

Parte B: Conversando con los amigos. En parejas, háganse las siguientes preguntas.

1. ¿Qué poetas leíste antes de iniciar tus estudios universitarios? ¿Cuál te gustó más? ¿Por qué?
2. ¿Crees que cualquier tema es apropiado para escribir un poema? ¿Por qué sí o por qué no?

VOCABULARIO DE LA LECTURA

Sustantivos

el desconcierto	confusion, perplexity, bewilderment
el exilio	exile
el lazo	bond, connection
el pregonero	town crier
la raíz	root
el vaivén	doubt, hestiation, inconstancy
la vista	view

Verbos

ahondar	to deepen; to delve deeply into
deambular	to wander aimlessly
nutrir(se)	to nourish, encourage promote

Adjetivos

ligado/a	linked
policromado/a	many colored

MIS PROPIAS
PALABRAS

Escriba una lista de otras palabras que podrían ayudarlo/la a conversar sobre la lectura. Utilice un diccionario si es necesario.

_____

_____

_____

_____

_____

_____

Práctica

A En parejas, primero, lean la lista de palabras **en negrilla.** Después, busquen en el diagrama las palabras con las cuales se puedan asociar.

deambular, desconcierto, exilio, ligado, nutrirse, policromado, vaivén

```
        P                  U  D
   CAMINAR            CONFUSIÓN
        T                  I  D
        R                  D  ALIMENTARSE
   COLORIDO               O
        A
```

B Primero determine de qué manera se asocian las palabras de cada par a la izquierda. Después, indique el par de palabras a la derecha que tiene la misma asociación.

MODELO: **exilio** / extranjero
            a. _____ patria / hogar   b. __X__ extraño / salida

1. **raíz** / origen
   a. _____ inicio / principio   b. _____ final / comienzo
2. **pregonero** / anunciar
   a. _____ asistente / ayudante   b. _____ ladrón / robar
3. **lazo** / separación
   a. _____ ruptura / división   b. _____ unión / desenlace
4. **vista** / paisaje
   a. _____ panorama / horizonte   b. _____ ciudad / campo
5. **ahondar** / profundizar
   a. _____ analizar / examinar   b. _____ saber / ignorar

AMBIENTE CULTURAL II

La poesía en español en los EE.UU.

Sin duda, la poesía ha sido el género literario preferido por los escritores de habla española. En los EE.UU., también es abundante la obra poética hispana que, al igual que los demás géneros, ha servido de **lazo** de unión entre las diferentes culturas hispanas que han inmigrado a este país. Además, esta poesía expresa los sentimientos, añoranzas, nostalgias y sueños de los hispanos, ya sea este **exilio** forzado o voluntario.

El tema más recurrente de esta poesía es el de las **raíces** culturales del poeta. A través de sus versos y metáforas, los poetas se esfuerzan por retener en su memoria el lugar de su niñez, no importa cuánto tiempo haga[1] que hayan emigrado. Algunos poetas tratan no sólo de retener esas memorias, sino también de recrearlas en el nuevo lugar que les ha tocado[2] vivir. La poesía de otros habla del deseo de una nueva identidad cultural y personal donde se junten los aspectos de las dos culturas. Quizás esto último sea más común en la poesía de los poetas cubanoamericanos, y menos frecuente en la de los chicanos o los puertorriqueños. En todos los casos, sin embargo, su poesía los ayuda a reflexionar y a **ahondar** en sus raíces culturales.

Si juntáramos toda la poesía en español que se ha escrito en los EE.UU., encontraríamos que el resultado es una **vista** o paisaje creado con palabras y sentimientos. En primer lugar, veríamos que esta visión poética **policromada** está poblada por los seres más queridos del poeta. Hay abuelos, padres, madres, tíos, seres que **deambulan** en su recuerdo, ya sea llamándolo a la patria de origen o alentándolo[3] a continuar con energía por las nuevas rutas.

Sus recuerdos están repletos de imágenes y sensaciones: el sabor de un mango, el rumor de un palmar, la melodía de una canción, los domingos en la casa de los abuelos, los platillos típicos, el grito de un **pregonero,** las campanadas de una iglesia, en fin, todo aquello que marcó sus vidas para siempre. En general, esta poesía añora[4] un lugar idealizado que está íntimamente **ligado** al cariño de la familia.

Algunos poetas escriben sólo en su idioma o en inglés y otros se valen de[5] ambos. Hay otros para quienes lo importante es armonizar ambos mundos y crear así una identidad diferente. Pero a pesar de las diferencias que puedan existir en la poesía hispana de los EE.UU., todos reconocen en ella la fuerza y el impacto de la segunda cultura.

Podemos concluir que la poesía hispana en los EE.UU. es el testimonio de un proceso largo de adaptación, un proceso que al inicio está lleno de angustia y **desconcierto** y que **se nutre** de imágenes y emociones. Es un **vaivén** entre la realidad y la fantasía, entre encuentros y desencuentros. Al cabo de muchos años, comienza a testimoniar el ajuste,[6] el intercambio de unos sueños por otros, de unas ideas por otras, y la esperanza de un futuro humanitario y alentador.[7]

---

[1]cuánto... *how long ago*   [2]que... *in which they happen*   [3]*encouraging him*   [4]*longs for*   [5]se... *use*   [6]*adjustment*   [7]*inspiring*

COMPRENSIÓN

Las siguientes oraciones se pueden completar de dos maneras, pero una de ellas es falsa. Indique las falsas y explique por qué lo son.

1. La poesía ha sido el género... por los escritores hispanos.
   a. preferido   **b.** rechazado
2. La poesía ha contribuido a la... de las culturas hispanas en los Estados Unidos.
   a. separación   **b.** unión
3. Los temas más recurrentes de esta poesía son...
   a. las raíces culturales.   **b.** las canciones y recuerdos.

4. Los recuerdos de la familia ayudan a los poetas a...
   a. continuar luchando y a adaptarse.   **b.** mudarse de un lugar a otro.
5. Esta poesía es testimonio de un proceso de adaptación largo y...
   a. difícil.   **b.** divertido.
6. Todos reconocen la influencia y el impacto de... en las culturas hispanas.
   a. las películas   **b.** la cultura estadounidense

CHARLEMOS

Converse con un compañero / una compañera sobre los siguientes temas.

1. Si vivieras lejos de tu familia, ¿crees que la extrañarías? ¿Por qué sí o por qué no?
2. ¿Qué extrañarías más de tu país? ¿de la ciudad donde vives? ¿Por qué?

ESTRUCTURA VERBAL II • VERBOS QUE PUEDEN CONFUNDIRSE

Para evitar confusión

- **asistir a:** Yo **asisto a** las actividades culturales con regularidad.
  I attend cultural events regularly.
  atender (ie) a: Si **atiendes a** lo que enseña la profesora, saldrás bien.
  If you listen to what the professor teaches, you'll do well.

- **creer en:** Yo **creo en** las teorías de Luis Valdés respecto al teatro.
  I believe in Luis Valdés' theories of theater.
  creer que: Yo **creo que** tu poema es excelente.
  I believe (think) your poem is excellent.

- **darse cuenta (de):** Me **doy cuenta de** que escribes creativamente.
  I realize that you write creatively.
  realizar: Veo que **realizaste** tu sueño de llegar a ser buen actor.
  I see that your dream of being a good actor came true.

- **jugar (ue):** En verdad, tú puedes **jugar** con las ideas.
  You really can play with ideas.
  tocar: Alguien me dijo que **tocas** dos instrumentos musicales. ¿Es verdad?
  Somebody told me you play two musical instruments. Is that true?

- **llevarse bien:** Los actores y el director **se llevan** muy bien.
  The actors and the director get along very well.
  llevarse (algo): Él **se llevó** todos los poemas para leerlos esta noche.
  He took all the poems with him to read tonight.

- **mirar:** ¡**Mira** que distancia tan larga hay hasta el teatro!
  Look how far away the theater is!
  ver: Miro con cuidado pero no **veo** el edificio.
  I'm looking carefully but I can't see the building.

- **mover (ue):** Los niños **movieron** las sillas para que tengas más espacio.
  The children moved the chairs so that you can have more space.
  mudarse: Algunos amigos **se mudaron** a otra ciudad hace poco.
  Some friends moved to another city a little while ago.

- **parecer:** ¿No te **parece** que Vicente Huidobro fue un gran innovador?
  Don't you think that Vicente Huidobro was a great innovator?
  parecerse (a): Tu poesía **se parece** bastante a la de él.
  Your poetry resembles his quite a bit.

- **pedir (i):** Te **pido,** por favor, que vuelvas a leer el poema.
  I ask you, please, to read the poem again.
  preguntar (por): Me **preguntas** por un poeta extraordinario.
  You are asking me about an extraordinary poet.

- **pensar (ie) de:** ¿Qué **piensas de** este poema?
  What do you think of this poem?
  pensar (ie) en: ¿**Piensas en** los personajes que representas?
  Do you think about the characters you play?

Práctica

Ⓐ En parejas, primero, cambien las palabras *en bastardilla* de las siguientes oraciones por otra palabra o frase de la lista con la cual puedan asociarla. Después, expresen su opinión sobre la información.

> *exigiéndole, ir, opina, se asemeja, se traten*

1. Alguna gente *cree* que la literatura puede contribuir a transformar la realidad, es decir a resolver problemas sociales.
2. *Asistir* a una actividad artística es una buena terapia.
3. El teatro no *se parece* mucho a la poesía.
4. Es difícil que los miembros de un elenco *se lleven* bien todo el tiempo.
5. Cuando uno idealiza algo, está *pidiéndole* mucho a la realidad.

Ⓑ Llene los espacios en blanco del siguiente poema con la palabra apropiada de la lista.

> *cree en, jugar, mirar, se da cuenta, se parece, ver*

MI POEMA

Un buen poema ———[1]
   a todas las cosas importantes de la vida.

Un poema audaz puede ———[2] con las ideas
   y realizar todos los sueños del poeta.

Un poema feliz ———[3] la bondad
   y buen sentido del que lee.
———,[4] sin realmente poder ———,[5]
   es el destino inevitable del poema.
Mi poema, el que escribo,
   ———[6] de esto y mucho más.

Entre nosotros

Escriban pequeños diálogos para los siguientes dibujos. Relaciónenlos con sus propias experiencias o con las de sus amigos.

RODEO DE COGNADOS

Más «amigos falsos»

Como se vio en el capítulo anterior, no todas las palabras que parecen ser cognados lo son. Hay palabras en español que en inglés se parecen mucho, como las siguientes, pero significan cosas distintas.

actual	current, up to date
actualmente	currently
asistir	to attend (school)
atender (a)	to pay attention (to), take care (of)
el colegio	elementary or secondary school, a private school
constipado	having a head cold, having a stuffy nose

el éxito	success	**la renta**	income
la fábrica	factory	**la ropa**	clothing
gracioso	funny	**sano**	healthy
molestar	to bother	**sensible**	sensitive
la molestia	a bother	**la sopa**	soup

Práctica

A En parejas, cuéntele a su compañero/a lo que habría pasado si...

1. hubieras asistido a una *graciosa* función teatral una noche que estabas *constipado/a*.
2. en el *colegio* los alumnos no hubieran *atendido* a lo que les decían sus maestros y por lo tanto no hubieran tenido éxito en los exámenes.
3. a un amigo muy tímido se le hubiera caído la *sopa* en su *ropa* nueva que llevaba.

B Invente otras situaciones para practicar el uso de otros cognados falsos de la lista anterior.

PUNTO GRAMATICAL II • LOS PREFIJOS Y SUFIJOS

Para cambiar o enfatizar el significado de una palabra

Some verbs are formed by adding prefixes and/or suffixes to root words. The prefixes and suffixes add to, change, or emphasize the meaning of the word to which they are attached.

A. Some Common Prefixes

1. The prefixes **des-** and **in-** are used to indicate the opposite meaning of the word.

acuerdo	**des**acuerdo	experto	**in**experto
habitado	**des**habitado	feliz	**in**feliz
hacer	**des**hacer	fiel	**in**fiel
heredar	**des**heredar	finito	**in**finito
interesado	**des**interesado	maduro	**in**maduro
peinar	**des**peinar	útil	**in**útil
pintar	**des**pintar		

2. The prefix **re-** is used to make a word more emphatic or to express the idea of repetition or doing something again.

bueno	**re**bueno
construir	**re**construir
escribir	**re**escribir
fácil	**re**fácil

3. The prefix **pre-** is normally used to indicate something that happens in advance of the action designated by the root word.

agrupar	**pre**agrupar
decir	**pre**decir
ver	**pre**ver

B. Some Common Suffixes

1. A common suffix is **-(c)ito/a.** It is used to express either smallness, endearment, or both.

- Masculine nouns ending in **-o** drop the **-o** ending and add **-ito:**

  teatro → teat**rito**

- Femenine nouns ending in **-a** drop the **-a** ending and add **-ita:**

  sala → sal**ita**

- Nouns ending in a consonant add the suffix to the end of the noun, except when the consonant is an **n** or **r,** in which case **-cito/a** is used.

  papel → papel**ito**
  actor → actor**cito**
  salón → salon**cito**

- Some words will have minor spelling changes before the suffix **-ito/ita** is added.

  a. Words ending in **-co / -ca** change the **-c-** to **-qu-:**

  banco → ban**quito**   vaca → va**quita**

  b. Words ending in **-go / -ga** change the **-g-** to **-gu:**

  abrigo → abri**guito**   maga → ma**guita**

  c. Words ending in **-z** change the **-z-** to **-c-:**

  lápiz → lapi**cito**   actriz → actri**cita**

Note: In Cuba and Costa Rica, the **-ico/a** endings are used frequently with **-ito/a:**

> chico → chi**quito** → chi**quitico**

2. The dimunitive suffix **-illo/a** is used less frequently than **-ito/a.** It sometimes changes the meaning of the word. It can also have a negative connotation.

> tabla (*wood board*) → tabl**illa** (*shelf*)

| mujer | mujerc**illa** | *flirt* |
| abogado | abogad**illo** | *inept lawyer* |

3. The suffixes **-ón/ona** and **-azo** are used to indicate a larger size or to emphasize meaning. Sometimes the word's meaning may be changed.

TAMAÑO		SIGNIFICADO		
taza	taz**ón**	mano	mano**tazo**	*slap*
pizarra	pizarr**ón**	canto	cant**azo**	*blow from a stone or rock*
pastel	pastel**ón**	abuelo	abuel**azo**	*wonderful grandfather*
silla	sill**ón**	hombre	hombr**azo**	*handsome man*

Práctica

A En parejas, identifiquen los prefijos y expliquen el significado de las siguientes palabras.

1. deshabitado
2. insatisfecho
3. incomprensible
4. reconstruir
5. reexaminar
6. rebonita
7. prenatal
8. desacostumbrado

B En parejas, identifiquen los sufijos y expliquen el significado de las siguientes palabras.

1. cajón
2. pequeñita
3. jovencito
4. actorcito
5. sillón
6. principito
7. pizarrón
8. platón

Entre nosotros

En parejas, túrnense para identificar los objetos en el salón de clase. Su compañero/a dirá el diminutivo o el aumentativo de cada palabra.

TEMAS Y DIÁLOGOS

CHARLEMOS

A Piense en una actividad a la que Ud. asistió recientemente. Dígale a un compañero / una compañera por quién fue hecho todo. Trate de usar la voz pasiva varias veces.

B Con su compañero/a o con el resto de la clase, forme el aumentativo o diminutivo del nombre de algunas personas famosas o de la clase.

DICHOS POPULARES

De poeta y de loco todos tenemos un poco.

En parejas, hablen sobre el significado del dicho. Después, digan cuáles de sus amigos tienen más de «poeta» y cuáles tienen más de «loco» y expliquen por qué.

LETRAS E IDEAS

Escriba una reseña de alguna actividad cultural, real o inventada. Use la voz pasiva varias veces en su descripción. Después, escriba su reacción a tal actividad. Exprese su opinión y sus emociones detalladamente.

FORO ●

ANIMADO

Ⓐ Hablando de literatura. En grupos, conversen sobre el tipo de literatura en español que más les gustaría leer y digan por qué. Pueden hablar de los siguientes temas.

1. la literatura que muestra la historia de los inmigrantes establecidos en los EE.UU.
2. los cuentos sobre temas rurales
3. los cuentos sobre temas urbanos
4. la literatura cuyo enfoque es cultural
5. relatos de anécdotas sobre la adaptación a un ambiente y costumbres diferentes
6. la ciencia ficción

Ⓑ ¡Un debate! La clase debe dividirse en dos círculos para debatir la siguiente aseveración: Las instituciones gubernamentales tienen derecho a censurar el contenido del arte cuando lo consideren necesario.

Grupo A: Apoyen la aseveración.

Sugerencias: Comenten aspectos relacionados con la moral pública y los fondos gubernamentales.

Grupo B: Refuten la aseveración.

Sugerencias: Hablen sobre la libertad de expresión y los derechos civiles.

Cuando estén listos, júntense con una persona del grupo contrario para defender su opinión.

APÉNDICE A: VOCABULARIO ÚTIL

Los meses del año

el invierno:	diciembre		el verano:	junio
	enero			julio
	febrero			agosto
la primavera:	marzo		el otoño:	setiembre, septiembre
	abril			octubre
	mayo			noviembre

Los días de la semana

Note: Days of the week are all masculine in Spanish. The use of the definite article with the day expresses English *on:* **el lunes** = on Monday, **los lunes** = on Mondays.

lunes, martes, miércoles, jueves, viernes, sábado, domingo

La fecha

November 22	el veintidós de noviembre
April 15	el quince de abril
Monday, November 22	lunes, veintidós de noviembre
Friday, April 15	viernes, quince de abril

Los números

1	uno/a	11	once	21	veintiuno/a
2	dos	12	doce	22	veintidós
3	tres	13	trece	23	veintitrés
4	cuatro	14	catorce	24	veinticuatro
5	cinco	15	quince	25	veinticinco
6	seis	16	dieciséis	26	veintiséis
7	siete	17	diecisiete	27	veintisiete
8	ocho	18	dieciocho	28	veintiocho
9	nueve	19	diecinueve	29	veintinueve
10	diez	20	veinte	30	treinta

Note: Numbers from 16 through 29 can also be written as three words: **diez y seis, veinte y uno.** From 31 on, only the three word form is used: **treinta y uno/a, treinta y dos,** etc.

Note: Cien is used in counting and before nouns: **noventa y ocho, noventa y nueve, cien; cien libros. Ciento** is used in number combinations: **noventa y nueve, cien, ciento uno ciento dos libros.**

40	cuarenta	200	doscientos/as	1.000	mil
50	cincuenta	300	trescientos/as	2.000	dos mil
60	sesenta	400	cuatrocientos/as	3.000	tres mil …
70	setenta	500	quinientos/as	1.000.000	un millón (de + *noun*)
80	ochenta	600	seiscientos/as		
90	noventa	700	setecientos/as	2.000.000	dos millones (de + *noun*)
100	cien, ciento	800	ochocientos/as		
		900	novecientos/as	3.000.000	tres millones (de + *noun*)

El año

1997 = mil novecientos noventa y siete
1492 = mil cuatrocientos noventa y dos
2000 = dos mil

Los países del mundo de habla española y portuguesa

(la) Argentina / argentino/a
Bolivia / boliviano/a
(el) Brasil / brasileño/a
Chile / chileno/a
Colombia / colombiano/a
Costa Rica / costarricense
Cuba / cubano/a, cubanoamericano/a
(el) Ecuador / ecuatoriano/a
España / español(a)
(los) Estados Unidos / estadounidense, norteamericano/a
Guatemala / guatemalteco/a
Honduras / hondureño/a
México / mexicano/a, mexicoamericano/a
Nicaragua / nicaragüense
(el) Panamá / panameño/a
(el) Paraguay / paraguayo/a
(el) Perú / peruano/a
Portugal / portugués/portuguesa
Puerto Rico / puertorriqueño/a
(la) República Dominicana / dominicano/a
El Salvador / salvadoreño/a
(el) Uruguay / uruguayo/a
Venezuela / venezolano/a

APÉNDICE B

VERBS

A. Regular Verbs: Simple Tenses

INFINITIVE PRESENT PARTICIPLE PAST PARTICIPLE	INDICATIVE PRESENT	IMPERFECT	PRETERITE	FUTURE	CONDITIONAL	SUBJUNCTIVE PRESENT	IMPERFECT	IMPERATIVE
hablar hablando hablado	hablo	hablaba	hablé	hablaré	hablaría	hable	hablara	
	hablas	hablabas	hablaste	hablarás	hablarías	hables	hablaras	habla tú, no hables
	habla	hablaba	habló	hablará	hablaría	hable	hablara	hable Ud.
	hablamos	hablábamos	hablamos	hablaremos	hablaríamos	hablemos	habláramos	hablemos
	habláis	hablabais	hablasteis	hablaréis	hablaríais	habléis	hablarais	hablen
	hablan	hablaban	hablaron	hablarán	hablarían	hablen	hablaran	
comer comiendo comido	como	comía	comí	comeré	comería	coma	comiera	
	comes	comías	comiste	comerás	comerías	comas	comieras	come tú, no comas
	come	comía	comió	comerá	comería	coma	comiera	coma Ud.
	comemos	comíamos	comimos	comeremos	comeríamos	comamos	comiéramos	comamos
	coméis	comíais	comisteis	comeréis	comeríais	comáis	comierais	coman
	comen	comían	comieron	comerán	comerían	coman	comieran	
vivir viviendo vivido	vivo	vivía	viví	viviré	viviría	viva	viviera	
	vives	vivías	viviste	vivirás	vivirías	vivas	vivieras	vive tú, no vivas
	vive	vivía	vivió	vivirá	viviría	viva	viviera	viva Ud.
	vivimos	vivíamos	vivimos	viviremos	viviríamos	vivamos	viviéramos	vivamos
	vivís	vivíais	vivisteis	viviréis	viviríais	viváis	vivierais	vivan
	viven	vivían	vivieron	vivirán	vivirían	vivan	vivieran	

B. Regular Verbs: Perfect Tenses

INDICATIVE PRESENT PERFECT	PAST PERFECT	PRETERITE PERFECT	FUTURE PERFECT	CONDITIONAL PERFECT
he	había	hube	habré	habría
has	habías	hubiste	habrás	habrías
ha hablado comido vivido	había hablado comido vivido	hubo	habrá	habría hablado comido vivido
hemos	habíamos	hubimos hablado comido vivido	habremos hablado comido vivido	habríamos
habéis	habíais	hubisteis	habréis	habríais
han	habían	hubieron	habrán	habrían

SUBJUNCTIVE PRESENT PERFECT	PAST PERFECT
haya	hubiera
hayas	hubieras
haya hablado comido vivido	hubiera hablado comido vivido
hayamos	hubiéramos
hayáis	hubierais
hayan	hubieran

C. Irregular Verbs

INFINITIVE / PRESENT PARTICIPLE / PAST PARTICIPLE	INDICATIVE					SUBJUNCTIVE		IMPERATIVE
	PRESENT	IMPERFECT	PRETERITE	FUTURE	CONDITIONAL	PRESENT	IMPERFECT	
andar andando andado	ando andas anda andamos andáis andan	andaba andabas andaba andábamos andabais andaban	anduve anduviste anduvo anduvimos anduvisteis anduvieron	andaré andarás andará andaremos andaréis andarán	andaría andarías andaría andaríamos andaríais andarían	ande andes ande andemos andéis anden	anduviera anduvieras anduviera anduviéramos anduvierais anduvieran	anda tú, no andes ande Ud. andemos anden
caer cayendo caído	caigo caes cae caemos caéis caen	caía caías caía caíamos caíais caían	caí caíste cayó caímos caísteis cayeron	caeré caerás caerá caeremos caeréis caerán	caería caerías caería caeríamos caeríais caerían	caiga caigas caiga caigamos caigáis caigan	cayera cayeras cayera cayéramos cayerais cayeran	cae tú, no caigas caiga Ud. caigamos caigan
dar dando dado	doy das da damos dais dan	daba dabas daba dábamos dabais daban	di diste dio dimos disteis dieron	daré darás dará daremos daréis darán	daría darías daría daríamos daríais darían	dé des dé demos deis den	diera dieras diera diéramos dierais dieran	da tú, no des dé Ud. demos den
decir diciendo dicho	digo dices dice decimos decís dicen	decía decías decía decíamos decíais decían	dije dijiste dijo dijimos dijisteis dijeron	diré dirás dirá diremos diréis dirán	diría dirías diría diríamos diríais dirían	diga digas diga digamos digáis digan	dijera dijeras dijera dijéramos dijerais dijeran	di tú, no digas diga Ud. digamos digan
estar estando estado	estoy estás está estamos estáis están	estaba estabas estaba estábamos estabais estaban	estuve estuviste estuvo estuvimos estuvisteis estuvieron	estaré estarás estará estaremos estaréis estarán	estaría estarías estaría estaríamos estaríais estarían	esté estés esté estemos estéis estén	estuviera estuvieras estuviera estuviéramos estuvierais estuvieran	está tú, no estés esté Ud. estemos estén
haber habiendo habido	he has ha hemos habéis han	había habías había habíamos habíais habían	hube hubiste hubo hubimos hubisteis hubieron	habré habrás habrá habremos habréis habrán	habría habrías habría habríamos habríais habrían	haya hayas haya hayamos hayáis hayan	hubiera hubieras hubiera hubiéramos hubierais hubieran	
hacer haciendo hecho	hago haces hace hacemos hacéis hacen	hacía hacías hacía hacíamos hacíais hacían	hice hiciste hizo hicimos hicisteis hicieron	haré harás hará haremos haréis harán	haría harías haría haríamos haríais harían	haga hagas haga hagamos hagáis hagan	hiciera hicieras hiciera hiciéramos hicierais hicieran	haz tú, no hagas haga Ud. hagamos hagan
ir yendo ido	voy vas va vamos vais van	iba ibas iba íbamos ibais iban	fui fuiste fue fuimos fuisteis fueron	iré irás irá iremos iréis irán	iría irías iría iríamos iríais irían	vaya vayas vaya vayamos vayáis vayan	fuera fueras fuera fuéramos fuerais fueran	ve tú, no vayas vaya Ud. vayamos vayan

C. Irregular Verbs (continued)

Infinitive / Present Participle / Past Participle	INDICATIVE Present	Imperfect	Preterite	Future	Conditional	SUBJUNCTIVE Present	Imperfect	IMPERATIVE
oír / oyendo / oído	oigo / oyes / oye / oímos / oís / oyen	oía / oías / oía / oíamos / oíais / oían	oí / oíste / oyó / oímos / oísteis / oyeron	oiré / oirás / oirá / oiremos / oiréis / oirán	oiría / oirías / oiría / oiríamos / oiríais / oirían	oiga / oigas / oiga / oigamos / oigáis / oigan	oyera / oyeras / oyera / oyéramos / oyerais / oyeran	oye tú, no oigas / oiga Ud. / oigamos / oigan
poder / pudiendo / podido	puedo / puedes / puede / podemos / podéis / pueden	podía / podías / podía / podíamos / podíais / podían	pude / pudiste / pudo / pudimos / pudisteis / pudieron	podré / podrás / podrá / podremos / podréis / podrán	podría / podrías / podría / podríamos / podríais / podrían	pueda / puedas / pueda / podamos / podáis / puedan	pudiera / pudieras / pudiera / pudiéramos / pudierais / pudieran	
poner / poniendo / puesto	pongo / pones / pone / ponemos / ponéis / ponen	ponía / ponías / ponía / poníamos / poníais / ponían	puse / pusiste / puso / pusimos / pusisteis / pusieron	pondré / pondrás / pondrá / pondremos / pondréis / pondrán	pondría / pondrías / pondría / pondríamos / pondríais / pondrían	ponga / pongas / ponga / pongamos / pongáis / pongan	pusiera / pusieras / pusiera / pusiéramos / pusierais / pusieran	pon tú, no pongas / ponga Ud. / pongamos / pongan
querer / queriendo / querido	quiero / quieres / quiere / queremos / queréis / quieren	quería / querías / quería / queríamos / queríais / querían	quise / quisiste / quiso / quisimos / quisisteis / quisieron	querré / querrás / querrá / querremos / querréis / querrán	querría / querrías / querría / querríamos / querríais / querrían	quiera / quieras / quiera / queramos / queráis / quieran	quisiera / quisieras / quisiera / quisiéramos / quisierais / quisieran	quiere tú, no quieras / quiera Ud. / queramos / quieran
saber / sabiendo / sabido	sé / sabes / sabe / sabemos / sabéis / saben	sabía / sabías / sabía / sabíamos / sabíais / sabían	supe / supiste / supo / supimos / supisteis / supieron	sabré / sabrás / sabrá / sabremos / sabréis / sabrán	sabría / sabrías / sabría / sabríamos / sabríais / sabrían	sepa / sepas / sepa / sepamos / sepáis / sepan	supiera / supieras / supiera / supiéramos / supierais / supieran	sabe tú, no sepas / sepa Ud. / sepamos / sepan
salir / saliendo / salido	salgo / sales / sale / salimos / salís / salen	salía / salías / salía / salíamos / salíais / salían	salí / saliste / salió / salimos / salisteis / salieron	saldré / saldrás / saldrá / saldremos / saldréis / saldrán	saldría / saldrías / saldría / saldríamos / saldríais / saldrían	salga / salgas / salga / salgamos / salgáis / salgan	saliera / salieras / saliera / saliéramos / salierais / salieran	sal tú, no salgas / salga Ud. / salgamos / salgan
ser / siendo / sido	soy / eres / es / somos / sois / son	era / eras / era / éramos / erais / eran	fui / fuiste / fue / fuimos / fuisteis / fueron	seré / serás / será / seremos / seréis / serán	sería / serías / sería / seríamos / seríais / serían	sea / seas / sea / seamos / seáis / sean	fuera / fueras / fuera / fuéramos / fuerais / fueran	sé tú, no seas / sea Ud. / seamos / sean
tener / teniendo / tenido	tengo / tienes / tiene / tenemos / tenéis / tienen	tenía / tenías / tenía / teníamos / teníais / tenían	tuve / tuviste / tuvo / tuvimos / tuvisteis / tuvieron	tendré / tendrás / tendrá / tendremos / tendréis / tendrán	tendría / tendrías / tendría / tendríamos / tendríais / tendrían	tenga / tengas / tenga / tengamos / tengáis / tengan	tuviera / tuvieras / tuviera / tuviéramos / tuvierais / tuvieran	ten tú, no tengas / tenga Ud. / tengamos / tengan

C. Irregular Verbs (continued)

INFINITIVE PRESENT PARTICIPLE PAST PARTICIPLE	INDICATIVE					SUBJUNCTIVE		IMPERATIVE
	PRESENT	IMPERFECT	PRETERITE	FUTURE	CONDITIONAL	PRESENT	IMPERFECT	
traer trayendo traído	traigo	traía	traje	traeré	traería	traiga	trajera	
	traes	traías	trajiste	traerás	traerías	traigas	trajeras	trae tú, no traigas
	trae	traía	trajo	traerá	traería	traiga	trajera	traiga Ud.
	traemos	traíamos	trajimos	traeremos	traeríamos	traigamos	trajéramos	traigamos
	traéis	traíais	trajisteis	traeréis	traeríais	traigáis	trajerais	traigan
	traen	traían	trajeron	traerán	traerían	traigan	trajeran	
venir viniendo venido	vengo	venía	vine	vendré	vendría	venga	viniera	
	vienes	venías	viniste	vendrás	vendrías	vengas	vinieras	ven tú, no vengas
	viene	venía	vino	vendrá	vendría	venga	viniera	venga Ud.
	venimos	veníamos	vinimos	vendremos	vendríamos	vengamos	viniéramos	vengamos
	venís	veníais	vinisteis	vendréis	vendríais	vengáis	vinierais	vengan
	vienen	venían	vinieron	vendrán	vendrían	vengan	vinieran	
ver viendo visto	veo	veía	vi	veré	vería	vea	viera	
	ves	veías	viste	verás	verías	veas	vieras	ve tú, no veas
	ve	veía	vio	verá	vería	vea	viera	vea Ud.
	vemos	veíamos	vimos	veremos	veríamos	veamos	viéramos	veamos
	veis	veíais	visteis	veréis	veríais	veáis	vierais	vean
	ven	veían	vieron	verán	verían	vean	vieran	

D. Stem-changing and Spelling Change Verbs

INFINITIVE PRESENT PARTICIPLE PAST PARTICIPLE	INDICATIVE					SUBJUNCTIVE		IMPERATIVE
	PRESENT	IMPERFECT	PRETERITE	FUTURE	CONDITIONAL	PRESENT	IMPERFECT	
pensar (ie) pensando pensado	pienso	pensaba	pensé	pensaré	pensaría	piense	pensara	
	piensas	pensabas	pensaste	pensarás	pensarías	pienses	pensaras	piensa tú, no pienses
	piensa	pensaba	pensó	pensará	pensaría	piense	pensara	piense Ud.
	pensamos	pensábamos	pensamos	pensaremos	pensaríamos	pensemos	pensáramos	pensemos
	pensáis	pensabais	pensasteis	pensaréis	pensaríais	penséis	pensarais	piensen
	piensan	pensaban	pensaron	pensarán	pensarían	piensen	pensaran	
volver (ue) volviendo vuelto	vuelvo	volvía	volví	volveré	volvería	vuelva	volviera	
	vuelves	volvías	volviste	volverás	volverías	vuelvas	volvieras	vuelve tú, no vuelvas
	vuelve	volvía	volvió	volverá	volvería	vuelva	volviera	vuelva Ud.
	volvemos	volvíamos	volvimos	volveremos	volveríamos	volvamos	volviéramos	volvamos
	volvéis	volvíais	volvisteis	volveréis	volveríais	volváis	volvierais	vuelvan
	vuelven	volvían	volvieron	volverán	volverían	vuelvan	volvieran	
dormir (ue, u) durmiendo dormido	duermo	dormía	dormí	dormiré	dormiría	duerma	durmiera	
	duermes	dormías	dormiste	dormirás	dormirías	duermas	durmieras	duerme tú, no duermas
	duerme	dormía	durmió	dormirá	dormiría	duerma	durmiera	duerma Ud.
	dormimos	dormíamos	dormimos	dormiremos	dormiríamos	durmamos	durmiéramos	durmamos
	dormís	dormíais	dormisteis	dormiréis	dormiríais	durmáis	durmierais	duerman
	duermen	dormían	durmieron	dormirán	dormirían	duerman	durmieran	

D. Stem-changing and Spelling Change Verbs (continued)

INFINITIVE PRESENT PARTICIPLE PAST PARTICIPLE	INDICATIVE					SUBJUNCTIVE		IMPERATIVE
	PRESENT	IMPERFECT	PRETERITE	FUTURE	CONDITIONAL	PRESENT	IMPERFECT	
construir (y) construyendo construido	construyo construyes construye construimos construís construyen	construía construías construía construíamos construíais construían	construí construiste construyó construimos construisteis construyeron	construiré construirás construirá construiremos construiréis construirán	construiría construirías construiría construiríamos construiríais construirían	construya construyas construya construyamos construyáis construyan	construyera construyeras construyera construyéramos construyerais construyeran	construye tú, no construyas construya Ud. construyamos construyan
reír (i, i) riendo reído	río ríes ríe reímos reís ríen	reía reías reía reíamos reíais reían	reí reíste rió reímos reísteis rieron	reiré reirás reirá reiremos reiréis reirán	reiría reirías reiría reiríamos reiríais reirían	ría rías ría riamos riáis rían	riera rieras riera riéramos rierais rieran	ríe tú, no rías ría Ud. riamos rían
seguir (i, i) (ga) siguiendo seguido	sigo sigues sigue seguimos seguís siguen	seguía seguías seguía seguíamos seguíais seguían	seguí seguiste siguió seguimos seguisteis siguieron	seguiré seguirás seguirá seguiremos seguiréis seguirán	seguiría seguirías seguiría seguiríamos seguiríais seguirían	siga sigas siga sigamos sigáis sigan	siguiera siguieras siguiera siguiéramos siguierais siguieran	sigue tú, no sigas siga Ud. sigamos sigan
sentir (ie, i) sintiendo sentido	siento sientes siente sentimos sentís sienten	sentía sentías sentía sentíamos sentíais sentían	sentí sentiste sintió sentimos sentisteis sintieron	sentiré sentirás sentirá sentiremos sentiréis sentirán	sentiría sentirías sentiría sentiríamos sentiríais sentirían	sienta sientas sienta sintamos sintáis sientan	sintiera sintieras sintiera sintiéramos sintierais sintieran	siente tú, no sientas sienta Ud. sintamos sientan
pedir (i, i) pidiendo pedido	pido pides pide pedimos pedís piden	pedía pedías pedía pedíamos pedíais pedían	pedí pediste pidió pedimos pedisteis pidieron	pediré pedirás pedirá pediremos pediréis pedirán	pediría pedirías pediría pediríamos pediríais pedirían	pida pidas pida pidamos pidáis pidan	pidiera pidieras pidiera pidiéramos pidierais pidieran	pide tú, no pidas pida Ud. pidamos pidan
producir (zc) produciendo producido	produzco produces produce producimos producís producen	producía producías producía producíamos producíais producían	produje produjiste produjo produjimos produjisteis produjeron	produciré producirás producirá produciremos produciréis producirán	produciría producirías produciría produciríamos produciríais producirían	produzca produzcas produzca produzcamos produzcáis produzcan	produjera produjeras produjera produjéramos produjerais produjeran	produce tú, no produzcas produzca Ud. produzcamos produzcan

VOCABULARIO: ESPAÑOL-INGLÉS

This vocabulary contains all the words that appear in the text, with the following exceptions: (1) most identical cognates; (2) most conjugated verb forms; (3) absolute superlatives in -**ísimo/a;** and (4) most adverbs ending in -**mente.** Only meanings that are used in the text are given.

The gender of nouns is indicated, except for masculine nouns ending in -**o** and feminine nouns ending in -**a.** Stem changes and spelling changes are indicated for verbs: **dormir (ue, u); llegar (gu).** Because **ch** and **ll** are no longer considered separate letters, words beginning with **ch** and **ll** are found as they would be found in English. The letter **ñ** follows the letter **n: añadir** follows **anuncio,** for example.

The following abbreviations are used.

abbrev.	abbreviation	*Mex.*	Mexico
adj.	adjective	*n.*	noun
adv.	adverb	*obj. of prep.*	object of preposition
augmen.	augmentative	*pl.*	plural
conj.	conjunction	*pol.*	polite
dimin.	diminuitive	*poss.*	possessive
d.o.	direct object	*p.p.*	past participle
f.	feminine	*prep.*	preposition
inf.	informal	*pron.*	pronoun
infin.	infinitive	*refl. pron.*	reflexive pronoun
inv.	invariable	*sing.*	singular
i.o.	indirect object	*Sp.*	Spain
irreg.	irregular	*sub. pron.*	subject pronoun
m.	masculine		

A

a to; at; **a fin de cuentas** finally, at the end; **a fines de** at the end of; **a la(s)** at (time); **a largo plazo** in the long run; **a solas** alone, by oneself; **al** contraction of **a** + **el** to the

abajo below, underneath

abandonar to abandon, leave behind

abierto/a (p.p. of **abrir**) open; opened

abogadillo (dimin. of **abogado**) inept lawyer

abogado/a lawyer

abonar to fertilize

abono fertilizer

abrazar (c) to embrace

abrazo embrace, hug

abrigo overcoat

abriguito (dimin. of **abrigo**) overcoat

abrir (p.p. **abierto/a**) to open; **en un abrir y cerrar de ojos** in the blink of an eye

absoluto/a absolute

abstenerse (de) (like **tener**) to abstain, refrain (from)

abstracto/a abstract

absurdo/a absurd

abuelazo (augmen. of **abuelo**) wonderful grandfather

abuelo/a grandfather, grandmother; m. pl. grandparents

abundante abundant

aburrido/a boring; **estar aburrido/a** to be bored

aburrir to bore (someone); **aburrirse** to be bored

abuso abuse

acá here; **por acá** through here, around here

acabamiento finishing, completion; end

acabar to finish; **acabar con** to finish with; **acabar de** + infin. to have just (done something); **acabarse** to end

academia academy; **Real Academia de la Lengua Española** Royal Academy of the Spanish Language

académico/a academic

acalorado/a heated

acariciar to caress

acaso perhaps; **por si acaso** just in case

acceso access

accidentalmente accidentally

accidente m. accident

acción f. action; **Día** (m.) **de Acción de Gracias** Thanksgiving Day

aceite m. oil

acelerado/a accelerated

acelerar to accelerate

acento accent

aceptable acceptable

aceptación f. acceptance

aceptar to accept

acera pavement; sidewalk

acerca de about

acercarse (qu) (a) to approach, come near (to)

aclarar to explain, clarify

acoger (j) to receive, welcome

acogida acclaim

acompañar to accompany

acondicionado/a: aire (m.) **acondicionado** air conditioning

aconsejar to give advice, advise

acontecimiento event

acordar (ue) to agree; **acordarse (de)** to remember

acordeón m. accordion

acostado/a lying down

acostarse (ue) to go to bed

acostumbrar + infin. to be in the habit of (doing something); **acostumbrarse a** to get used to, get accustomed to

acre m. acre

actitud f. attitude

actividad f. activity

activo/a active

acto act

actor m. actor

actorcito (dimin. of **actor**) minor actor

actricita (dimin. of **actriz**) minor actress

actriz f. (pl. **actrices**) actress

actuación f. acting, performance

actual current, up-to-date

actualidad f.: **en la actualidad** currently, nowadays

actuar (**actúo**) to act

acuático/a: deportes (m. pl.) **acuáticos** water sports; **esquí** (m.) **acuático** water skiing

acudir to attend; to show up

acuerdo agreement; **de acuerdo** I agree, OK; **de acuerdo con** according to; **estar de acuerdo (con)** to agree, be in agreement (with); **poner(se) de acuerdo**

to agree upon, reach an agreement

aculturación f. acculturation

acumular to accumulate

adaptación f. adaptation

adaptar to adapt

adecuado/a appropriate

adelanto advance, progress

además adv. besides, moreover; **además de** prep. besides, in addition to

adiestrado/a prepared

adiós good-bye

adivinar to guess

adjetival adjectival (grammar)

adjetivo adjective; **adjetivo demostrativo** demonstrative adjective (grammar)

administración de empresas business administration

administrar to administrate

admiración f. admiration

admirador(a) admirer

admirar to admire

admisión f. admission

admitir to admit

adolescencia adolescence

adolescente m., f. adolescent

¿adónde? where (to)?

adoptar to adopt

adoración f. adoration; worship

adorar to adore; to worship

adquirir (ie) to acquire, obtain

adquisitivo/a acquisitive; **poder** (m.) **adquisitivo** buying power

aduana sing. customs (border)

adulto/a n., adj. adult

adverbio adverb

advertir (ie, i) to warn, advise

aéreo/a pertaining to air (travel); **línea aérea** airline

aeróbico/a aerobic

aeropuerto airport

afectar to affect

afecto affection

aficionado/a fan (of sports, etc.)

afirmación f. statement

afirmar to affirm

afirmativo/a affirmative

afortunado/a fortunate

africano/a n., adj. African

afroamericano/a adj. African American

afrocubano/a adj. Afro-Cuban

afuera (de) adv. outside

agencia agency

agente *m., f.* agent; **agente de viajes** travel agent; **agente forestal** forest ranger

ágil agile

agonía death struggle

agotado/a exhausted; sold out

agotamiento depletion

agotar to exhaust

agradable pleasant, nice

agradar to please

agradecer (zc) to thank

agradecimiento gratitude

agrado taste, liking

agregar (gu) to add

agrícola *m., f.* agricultural

agricultura agriculture

agrio/a sour

agroecología agro-ecology

agrupar to group

agua *f.* (*but* **el agua**) water; **agua potable** drinking water; **llave** (*f.*) **del agua** water faucet; **pistolita** (*dimin.* of **pistola**) **de agua** little water pistol

agujero hole

ahí there

ahondar to deepen, delve deeply into

ahora *adv.* now; **ahora mismo** right now; **ahora que** *conj.* now that; **hasta ahora** until now

ahorrar to save

ahorro saving, economy

aire *m.* air; **aire acondicionado** air conditioning

aislado/a isolated

aislamiento isolation

aislar to isolate

ajeno/a strange, foreign

ajo garlic

ajuste *m.* adjustment

al (*contraction of* **a** + **el**) to the; **al** + *infin.* upon (*doing something*); **al contrario** on the contrary; **al final** in the end; **al lado de** next to

alarmante alarming

albergue *m.* shelter

alboroto clamor, confusion

alcalde, alcaldesa mayor

alcanzable attainable

alcanzar (c) to reach, attain

alcohólico/a alcoholic

alegrar to make happy, cheer (*someone*) up; **alegrarse (de) (que)** to be glad, rejoice (about)

alegre happy, glad

alegría happiness

alejarse to move away, leave; to become alienated

alemán, alemana German

Alemania Germany

alentador(a) encouraging

alentar (ie) to encourage

alérgico/a allergic

algo *pron.* something; *adv.* somewhat; **algo que hacer** something to do

alguien someone, anyone

algún, alguno/a some; any; **algún día** someday; **alguna vez** once; ever; **algunas veces** sometimes; *pl.* some

alienación *f.* alienation

alimentación *f.* food, nourishment

alimentar to feed; to nourish

alimentario/a relating to food

alimento nourishment, food; *pl.* food

aliviado/a relieved

aliviar to alleviate, relieve

allá (over) there; far away; **más allá de** beyond

allí there

alma *f.* (*but* **el alma**) soul

almorzar (ue) (c) to have lunch

almuerzo lunch

alrededor: a su alrededor all around oneself; **alrededor de** *prep.* around, approximately

alternado/a alternate

alternar to alternate

alternativa *n.* alternative

alto/a high; tall; upper; **alta tecnología** high technology; **en voz alta** out loud; **zapato de tacón alto** high-heeled shoe

alumno/a student

alzar (c) to raise, lift

ama *f.* (*but* **el ama**) **de casa** homemaker

amable kind; friendly

amante *m., f.* lover; *adj.* loving, fond

amar to love

amargo/a bitter

amarrar to fasten; to tie up

Amazonas: río (*m.*) **Amazonas** Amazon River

ambición *f.* ambition

ambiental environmental; **contaminación** (*f.*) **ambiental** environmental pollution

ambiente *m.* atmosphere; environment; **medio ambiente** environment

ambos/as *pron., adj.* both

ambulancia ambulance

amenaza threat

amenazar (c) to threaten

americano/a *adj.* American

amigo/a friend

amiguito (*dimin.* of **amigo**) little friend

amistad *f.* friendship

amistoso/a friendly

amontonar to pile up, heap up

amor *m.* love

amoroso/a amorous, loving

amplio/a full; wide, broad

analizar (c) to analyze

ancestro ancestor

ancho/a wide

anciano/a *n.* elderly person; *adj.* old; **hogar** (*m.*) **de ancianos** senior citizen housing

Andalucía Andalusia (*region of Spain*)

andar (*irreg.*) to walk; **andar** + *present participle* to be (*doing something*), be in the course of (*doing something*)

Andes *m. pl.* Andes (*mountain range in South America*)

andino/a of or relating to the Andes

anécdota anecdote, story

ángel *m.* angel

angustia anxiety, distress, agony

angustioso/a heart-breaking

anhelar to yearn for, be eager for

anillo ring

animado/a animated, lively; **foro animado** lively forum, debate

animal *m.* animal

animar to encourage

aniversario de boda wedding anniversary

anoche last night

anotar puntos to score points

ansiedad *f.* anxiety

ansioso/a anxious

ante before, in the presence of, in front of; with regard to

anteayer day before yesterday

antepasado/a ancestor

anterior previous

antes *adv.* before; **antes (de)** *prep.* before; **antes (de) que** *conj.* before

anticipación *f.:* **de anticipación** in advance

anticipar to anticipate

antigüedad *f.* antiquity

antiguo/a old; ancient; former

antología anthology
antónimo antonym, opposite
antropología anthropology
anual annual
anunciar to announce
anuncio advertisement; **anuncio comercial** commercial
añadir to add
año year; **Año Viejo** New Year's Eve; **años cincuenta/sesenta** the fifties/sixties; **cumplir años** to have a birthday; **de... años** ... years old; **día** (*m.*) **de Año Nuevo** New Year's Day; **el año pasado** last year; **hace ...años** ... years ago; **tener... años** to be ... years old; **todo el año** all year long; **todos los años** every year
añoranza nostalgia
añorar to be nostalgic for, long for
apagar (**gu**) to turn off (*the light, an appliance*)
aparato appliance
aparecer (**zc**) to appear
apariencia (*outward*) appearance
apartamento apartment
apasionar to fill with enthusiasm
apenas barely, hardly
apetecer (**zc**) to feel like; to crave
aplaudir to applaud; to praise
aplauso applause; approval
aplicarse (**qu**) to be applied
apoderado/a manager
apología eulogy, defense
aportación *f.* contribution
aportar to bring, contribute
aporte *m.* contribution
apoyar to support, back up
apoyo support
apreciar to appreciate; to hold in esteem, think well of
aprender to learn
apresurado/a hurried, quick
apresurarse to hurry
apretado/a squeezed, pressed
aprisa quickly, hurriedly
aprobar (**ue**) to approve
apropiado/a appropriate
aprovechar to take advantage of
aproximado/a approximate
aptitud *f.* aptitude, ability
apuntar to point out; to note, note down
apunte *m.* note; **tomar apuntes** to take notes
apuro hurry, pressure
aquel (*pl.* **aquellos**), **aquella** *adj.*

that (over there); **aquél, aquélla** *pron.* that one (over there); **en aquel entonces** at that time
aquello *pron.* that, that thing, that fact
aquí here; **aquí mismo** right here; **aquí yace...** here lies ...; **por aquí** around here, this way
árabe *n.m.* Arabic (*language*)
Aragón *m.* Aragon (*region of Spain*)
aragonés, aragonesa *adj.* of or relating to Aragon
araucos *pl. songs and dances of the Mapuche people* (*Chile*)
árbol *m.* tree
arbusto bush
ardiente burning; ardent
área *f.* (*but* **el área**) area
arena sand; **granito de arena** one's contribution (*literally, grain of sand*)
argentino/a *n., adj.* Argentinian
argumento plot; **argumento secundario** subplot
aristocracia aristocracy
armonía harmony
armonizar (**c**) to harmonize
arpa *f.* (*but* **el arpa**) harp
arquitectura architecture
arraigado/a firmly established
arrancar (**qu**) to pull up, wrench
arreglar to arrange; to straighten up, clean; to fix
arreglo arrangement
arrendado/a rented
arrepentirse (**ie, i**) to regret
arriba above; **arriba de** on top of; **boca arriba** face up; **hacia arriba** up(ward); **para arriba** up(ward)
arrimarse to come close, get near
arroz *m.* rice
arrugado/a wrinkled
arte *m.* (*but* **las artes**) art; **bellas artes** fine arts; **Palacio de Bellas Artes** Palace of Fine Arts
articular to articulate
artículo article; **artículo definido/indefinido** definite/indefinite article (*grammar*)
artista *m., f.* artist; performer
artístico/a artistic
artrítico/a arthritic
ascendencia ancestry
asegurar to assure, guarantee; to insure; **asegurarse** to make sure
asemejarse to be similar

asesinar to murder
aseveración *f.* assertion
asfixiante suffocating
así thus, so, in this way; **así que** so (that), with the result of; **aun así** even so
asiento seat
asignar to assign
asignatura course (*of study*)
asimilación *f.* assimilation
asistencia aid, assistance; attendance
asistente *m., f.* assistant, helper; attendant
asistir (**a**) to attend (*a function*)
asociación *f.* association
asociar to associate
asombro amazement; fear
aspecto aspect; appearance
aspiración *f.* aspiration
aspirante *m., f.* applicant
aspirar to aspire
aspirina aspirin
asunto matter, business
asustarse to be afraid
atacar (**qu**) to attack
atención *f.* attention; **llamar la atención** (**a**) to call/attract attention (to); **poner atención** to pay attention
atender (**ie**) to pay attention; to assist, take care of
atento/a attentive
aterrizar (**c**) to land (*aircraft*)
atestiguar (**gü**) to attest to, bear witness to
atleta *m., f.* athlete
atlético/a athletic
atletismo *sing.* athletics; track events
atmósfera atmosphere
atracción *f.* attraction
atractivo/a attractive
atraer (*like* **traer**) to attract
atrapanieblas *adj. inv.*: **malla atrapanieblas** cloud-trapping net
atrapar to trap
atrás behind; before, ago, back
atrasado/a late
atrofiar to atrophy
audaz (*pl.* **audaces**) bold
auditorio auditorium
aumentar to increase
aumentativo augmentative (*grammar*)
aun even; **aun así** even so; **aun cuando** even when
aún still, yet
aunque although, even though

ausencia absence
auténtico/a authentic
auto car, automobile
autobiografía autobiography
autobiográfico/a autobiographical
autobús *m.* bus; **parada de auto-buses** bus stop
autoconocimiento self-knowledge
automóvil *m.* automobile, car
autopista freeway
autor(a) author
autoridad *f.* authority
autorretrato self-portrait
auxiliar to help
auxilio help
avance *m.* advance
avanzado/a advanced
avanzar (c) to advance
avena oatmeal
aventura adventure
avergonzarse (ue) (gü) (c) (de) to be ashamed (of); to feel shame (about); to be embarrassed (about)
averiguar (gü) to find out; to look up, check
ávido/a avid
avión *m.* airplane
avisar to notify, inform; to advise
aviso (comercial) notice; ad
ayer yesterday
ayuda help, assistance
ayudante *m., f.* helper
ayudar to help
ayuntamiento town hall
azúcar *m.* sugar
azul blue

B
bachillerato bachelor's degree
bailable danceable
bailar to dance; **salir a bailar** to go out dancing
bailarín, bailarina (*professional*) dancer
baile *m.* dance; **baile del vientre** belly dance; **baile de salón** ballroom dance
bajar to lower; to go down; **bajar de peso** to lose weight
bajo *prep.* under
bajo/a short (*in height*); low; lower
balada ballad
ballet *m.* ballet
balneario beach resort
baloncestista *m., f.* basketball player
baloncesto basketball

banano banana tree
banco bank; bench
banda band
banquito (*dimin.* of **banco**) small bank; small bench
bañar to bathe (*someone*); **bañarse** to take a bath
baño bath
bar *m.* bar
barato/a inexpensive, cheap
barrera barrier
barrio neighborhood
basado/a (en) based (on)
basarse (en) to be based (on)
base *f.* base; **a base de** on the basis of, by means of
básico/a basic
basquetbolista *m., f.* basketball player
basta it is enough
bastante *adj.* enough, sufficient; *adv.* rather, quite
bastar to be enough
bastardilla: en bastardilla in italics
basura trash; **sacar la basura** to take out the trash
bate *m.* bat (*sports*)
batuque *m. Brazilian dance*
bautismo baptism
bautizo christening ceremony, baptism
bebé *m., f.* baby
beber to drink
bebida drink
beca scholarship
béisbol *m.* baseball
beisbolista *m., f.* baseball player
belleza beauty
bello/a beautiful; **bellas artes** fine arts; **Palacio de Bellas Artes** Palace of Fine Arts
bendecir (*like* **decir**) to bless
benefactor(a) benefactor
beneficencia charity; **cocina de beneficencia** community (soup) kitchen
beneficiar to benefit
beneficio benefit
benéfico/a charitable
berebere *m., f.* Berber (*people of northern Africa*)
besar to kiss
beso kiss
betabel *m.* sugarbeet
Biblia Bible
biblioteca library
bibliotecario/a librarian
bicicleta bicycle

bien *adv.* well; **bien** + *adj.* very + (*adj.*); **caerle bien/mal a alguien** to make a good/bad impression on someone; to like/dislike; **llevarse bien (con)** to get along (with); **muy bien** very well, very good; **pasarlo bien/mal** to have a good/bad time
bienestar *m.* well-being; **bienestar público** public well-being
bienvenida: dar la bienvenida to welcome
bienvenido/a *adj.* welcome
bilingüe bilingual
bilingüismo bilingualism
billón *m.* billion
bio-diccionario bio-dictionary
biografía biography
biología biology
biológico/a biological
biólogo/a biologist
bisabuelo/a great-grandfather, great-grandmother; *m. pl.* great-grand-parents
bizarro/a brave, generous
blanco/a white; **espacio en blanco** blank (space)
blanqueada: lanzar una blan-queada to pitch a no-hitter
blusa blouse
boca mouth
bocacalle *f.* street intersection
boda wedding; **aniversario de boda** wedding anniversary; **bodas de oro** golden anniversary; **bodas de plata** silver anniversary
bola ball
bolero *type of dance*
boleto ticket (*for performance*)
bolígrafo ballpoint pen
boliviano/a *adj.* Bolivian
bolsa bag, purse
bolsillo pocket
bomba de gasolina fuel pump
bombero fireman
bondad *f.* goodness
bonito/a pretty
borrador *m.* rough draft
borrar to erase
bosque *m.* forest, woods
botánica *store where herbal medi-cines are sold*
botella bottle
botones *m. sing.* page, bellhop
boxeador(a) boxer
boxeo *n.* boxing

bracero farmhand, farm laborer
brasileño/a *adj.* Brazilian
brazo arm
breve *adj.* brief
brevedad *f.* brevity, shortness
brillante bright
brillar to shine
brindar to offer, present
brindis *m. sing.* toast (*to one's health*)
broma: en broma jokingly
bromear to joke
broncearse to get a tan
brujo/a sorcerer, witch
brusco/a sudden; abrupt
buen, bueno/a good; **al buen entendedor pocas palabras (le bastan)** a word to the wise is sufficient; **¡buen viaje!** have a nice trip!; **buenos días** good morning; **hace (muy) buen tiempo** it's (very) nice weather; **lo bueno es que...** the good thing is that . . . ; **qué bueno que** how great that; **sacar buenas notas/calificaciones** to get good grades; **tener buena salud** to be in good health; **tener buena suerte** to have good luck
búfalo buffalo
burla joke, mockery, ridicule
burlarse (de) to make fun (of)
busca search; **en busca de** in search of
buscar (qu) to look for
búsqueda search

C

caballo horse; **montar a caballo** to ride a horse
cabello hair
caber (*irreg.*) to fit; **no cabe duda** there is no doubt about it
cabeza head; **tener dolor de cabeza** to have a headache
cabina cabin; **cabina telefónica** telephone booth
cabo: al cabo de + *time* at the end of + (*time*); **al fin y al cabo** after all; at last; **llevar a cabo** to carry out, fulfill; to perform; to complete
cada *inv.* each, every; **cada día** each day; **cada semana** each/every week; **cada uno/a** each one; **cada vez que** whenever, every time that
cadena chain
caer (*irreg.*) to fall; **caerle bien/mal**

a alguien to make a good/bad impression on someone; to like/dislike; **caerse** to fall down
café *m.* coffee; café; **color (m.) café** brown; **tomar café** to drink coffee
cafetería cafeteria
caja box
cajero/a cashier
cajita (*dimin.* of **caja**) little box
cajón *m.* drawer
calabaza pumpkin
calavera skull
calculadora calculator
calcular to add up, calculate
cálculo calculation
caldo clear soup
calendario calendar
calidad *f.* quality
caliente warm, hot
calificación *f.* grade; **sacar buenas/malas calificaciones** to get good/bad grades
callado/a quiet
callarse to be quiet
calle *f.* street
calma calm
calmar to calm
calor *m.* heat; **hace (mucho) calor** it's (very) hot (*weather*); **tener calor** to be warm, feel warm
caloría calorie
caluroso/a warm
cama bed
cámara camera
camarón *m.* shrimp
cambiar (de) to change; **cambiar de idea** to change one's mind
cambio change; **a cambio de** in exchange for; **en cambio** on the other hand
camerino dressing room
caminar to walk
caminata *n.* walk
camino road, path; journey, trip
camisa shirt
camiseta T-shirt
campamento camp; **campamento de verano** summer camp
campana bell
campanada stroke of a bell
campaña campaign
campeón *m.* champion
campeonato championship
campesino/a peasant
campo field; countryside
camposanto cemetery, churchyard

cana gray hair
Canadá *m.* Canada
canadiense *adj.* Canadian
canario *type of dance from Africa*
canasta basket
canasto large basket, hamper
cancelar to cancel
cancha court (*sports*)
canción *f.* song; **canción de cuna** lullaby
candidato/a candidate
candombe *m. musical rhythm, originally from Africa*
cansado/a tired
cansancio fatigue
cansar to tire; **cansarse** to get tired
cantante *m., f.* singer
cantar to sing
cantazo (*augmen.* of **canto**) blow from a stone or rock
cantidad *f.* quantity
canto song; singing
caos *m.* chaos
capa layer; **capa de ozono** ozone layer
capaz (*pl.* **capaces**) capable
capital *f.* capital (*city*)
capitalista *m., f.* capitalist
capítulo chapter
cara face
carácter *m.* (*pl.* **caracteres**) personality, character
característica *n.* characteristic
caracterizar (c) to characterize
carecer (zc) to lack
cargo office, position; **a cargo de** in the charge/responsibility of
Caribe *n. m.* Caribbean
caribeño/a Caribbean
caridad *f.* charity
cariño affection
cariñoso/a loving, affectionate
carnaval *m.* carnival
carne *f.* meat; **carne** (*f.*) **de res** beef
caro/a expensive
carrera career, profession; race; **pista de carreras** racetrack
carreta cart
carretera road, highway
carro car, automobile; **dar un paseo en carro** to go for a drive
carroza float, decorated cart
carta letter (*correspondence*)
cartaginés, cartaginesa *n.* Carthaginian
cartel *m.* show bill, poster

cartelera billboard (*outside a theatre*)

cartón *m.* cardboard

casa house; **ama** (*f. but* **el ama**) **de casa** homemaker; **dueño/a de casa** home owner

casado/a married

casamiento marriage

casar to marry (*someone off*); **casarse (con)** to get married (to)

casero/a *adj.* home; household

casi almost; **casi nunca** very rarely

casita (*dimin. of* **casa**) small house

caso case; **en caso de (que)** *conj.* in case; **hacerle caso** to listen/pay attention to (*someone*); **no hacer caso de** to ignore; **se da el caso (que)** the fact is (that)

castaño/a brown (*hair or eyes*)

castañuela castanet

castigar (gu) to punish

Castilla: Nueva Castilla *province of Spain*

catarata waterfall

catedral *f.* cathedral

categoría category

católico/a Catholic

causa cause; **a causa de** because of

causar to cause

cautela caution

cautivar to captivate, charm, enthrall

caza hunt, hunting

cazar (c) to hunt

CD *m.* (*abbrev.* for **disco compacto**) compact disk

cebada barley

ceder to hand over, give up

cedro cedar

celebración *f.* celebration

celebrar to celebrate

celos *pl.*: **tener celos** to be jealous

celta *n. m., f.* Celt

céltico/a Celtic

cementerio cemetery

cemento cement

cena dinner

cenar to have dinner

Cenicienta Cinderella

censurar to censure

centeno rye

centro center; downtown; **centro estudiantil** student center

Centroamérica Central America

centroamericano/a *adj.* Central American

cepillarse los dientes to brush one's teeth

cerca *adv.* nearby, close by; **cerca de** *prep.* near, close to; **de cerca** closely

cercanías *pl.* vicinity, environs

cercano/a near, close by

cerdo pork

cereal *m.* cereal, grain

cerebro brain

ceremonia ceremony

cerrar (ie) to close; to turn off; **en un abrir y cerrar de ojos** in the blink of an eye

certificado de mérito certificate of merit

cerveza beer

cesar: sin cesar without stopping

cesto large basket, hamper

chacona *type of dance*

champurrado *type of drink made of corn and chocolate* (*Mex.*)

charco pond

charlar to chat

¡chau! so long! bye!

chicano/a *n., adj.* Chicano, Mexican American

chico/a *n. m., f.* young man, young woman; boy, girl; child

chilacayote *m.* gourd

chileno/a *n., adj.* Chilean

chillón, chillona shrill, loud

chino/a *n.* Chinese

chismes *m. pl.* gossip

chistoso/a funny, amusing

chocolate *m.* chocolate; hot chocolate

choque *m.* shock

ciclo cycle

cielo sky; heaven

cien, ciento hundred

ciencia(s) science; **ciencia ficción** science fiction; **ciencias biológicas** biology; **ciencias forestales** forestry; **ciencias políticas** political science

científico/a *n.* scientist; *adj.* scientific

cierto/a certain; true; **es cierto** it is certain; **no es cierto** it is uncertain

cimiento foundation, origin

cincuenta fifty; **años cincuenta** the fifties

cine *m.* movie theater

cinta cassette tape

cipote *m., f.* young man, young woman (*El Salvador*)

circular to circulate

círculo circle

circunstancia circumstance

cirugía surgery

cita appointment; date

ciudad *f.* city

ciudadano/a citizen

cívico/a civic

civil civil; **guerra civil** civil war

civilización *f.* civilization

claridad *f.* clarity

clarinete *m.* clarinet

claro/a clear; **claro** of course; **claro está (que)** it's clear (that); **claro que sí** of course; **(no) es/está claro (que)** it is (not) clear (that)

clase *f.* class; **compañero/a de clase** classmate; **salón** (*m.*) **de clase** classroom

clásico/a classical

cláusula clause

clavado *n.* dive

clave *adj., inv.* key

cliché *m.* cliché, stereotype

cliente *m., f.* customer

clima *m.* climate

clímax *m.* climax

club *m.* club

cobijar to protect, shelter

cobrar to charge (*amount one collects*)

coche *m.* car, automobile

cocina kitchen; **cocina de beneficencia** community (soup) kitchen

cocinar to cook

cocotero coconut palm

codo elbow

cognado/a *adj.* cognate; **cognado** *n.* cognate; **Rodeo de cognados** Round-up of Cognates

coincidencia coincidence

coincidir to coincide

cola line

colección *f.* collection

coleccionar to collect

colectivo/a communal, common; collective

colega *m., f.* colleague

colegio elementary or secondary school

colgar (ue) (gu) to hang

colina hill

coliseo arena

colombiano/a *n., adj.* Colombian

Colón: Cristóbal Colón Christopher Columbus

colonialista *m., f.* colonialist

colono/a *n.* colonist

color *m.* color; **color café** brown

colorante *m.* coloring agent

colorido *n.* color(ing)

columna column

comadre *f.* very good friend; godmother

combatir to fight against

combinación *f.* combination

combinar to combine

comedor *m.* dining room

comentar to comment on, make a comment

comentario comment, commentary

comenzar (ie) (c) to begin; **comenzar a** + *infin.* to begin to (*do something*)

comer to eat

comercial *adj.* commercial, business; **anuncio comercial** commercial

comestible edible

cómico/a comical, funny; **tira cómica** comic strip

comida food; meal; dinner

comienzo *n.* beginning

comité *m.* committee

como as; as a; like; since; **cómo no** of course, **sea como sea** be that as it may; **tal como** such as; **tan... como** as . . . as; **tan pronto como** as soon as; **tanto... como...** . . . as well as . . . ; **tanto como** as much as; as often as; **tanto(s)/tanta(s)... como** as much/many . . . as

¿cómo? how?; what?

comodidad *f.* comfort

cómodo/a comfortable

compacto/a: disco compacto compact disk (player)

compadre *m.* very good friend; godfather

compañero/a companion; **compañero/a de clase** classmate; **compañero/a de cuarto** roommate

compañía company

comparación *f.* comparison

comparar to compare

compartir to share

compás *m.* compass; rhythm, musical beat

compasión *f.* compassion

compasivo/a compassionate

competencia competition

competente competent

competición *f.* competition

competir (i, i) to compete

competitivo/a competitive

compilar to compile

complejidad *f.* complexity

complejo *adj.* complex

complemento complement; **pronombre (*m.*) de complemento/objeto directo/indirecto** direct/indirect object pronoun

completar to complete

completo/a complete; **por completo** completely

complicado/a complicated

componer (*like* **poner**) (*p.p.* **compuesto/a**) to make up, compose

comportamiento behavior

composición *f.* composition

compositor(a) composer

compra purchase; **ir de compras** to go shopping

comprar to buy

comprender to understand

comprensión *f.* comprehension, understanding

comprobar (ue) to confirm, prove

comprometerse a + *infin.* to pledge/promise to (*do something*)

compromiso engagement

computadora computer

común *adj.* common; **común y corriente** common, ordinary, everyday; **sentido común** common sense

comunal *adj.* communal

comunicación *f.* communication

comunicar(se) (qu) (con) to communicate (with)

comunidad *n. f.* community

comunitario/a *adj.* community

con with; **con éxito** successfully; **con frecuencia** frequently; **con razón** understandably, with good reason; **con recelo** suspiciously; **con respecto a** with respect to; **con tal (de) que** provided that; **con todo** nevertheless; **dar con** to meet up with

conceder to concede, grant, admit

concentrarse to concentrate

concepto concept

concertista *m., f.* soloist, solo performer

conciencia conscience; **tomar conciencia** to become aware

concierto concert

concilio council

concluir (y) to conclude

conclusión *f.* conclusion

concordancia agreement

concreto/a *adj.* concrete

concurso contest

condena prison sentence

condición *f.* condition

condicional *m.* conditional (*verb tense*)

conducir (*irreg.*) to drive; **conducirse** to behave (*in a particular way*)

conexión *f.* connection

conferencia lecture

conferencista *m., f.* conference speaker, lecturer

confesar (ie) to confess, admit

confianza confidence

confiar (confío) (en) to trust (in)

confirmación *f.* confirmation

confirmar to confirm

conflicto conflict

conformarse (con) to be satisfied (with)

confrontar to confront

confundido/a confused

confundir to mistake, confuse

confusión *f.* confusion

confuso/a confused

conga *type of dance*

congelar to freeze

conífera conifer (*botanical*)

conjugar (gu) to conjugate

conjunción *f.* conjunction

conjunto group, band

conmemoración *f.* commemoration

conmemorar to commemorate, remember

conmigo with me

conocer (zc) to know, be acquainted with; to meet; **dar a conocer** to make known

conocido/a *n.* familiar person; *adj.* known, familiar

conocimiento knowledge

conquistar to conquer; to win over

consciente conscious; aware

consecuencia consequence

conseguir (i, i) (g) to get, obtain

consejero/a adviser

consejo council; piece of advice; *pl.* advice

conservación *f.* preservation

conservacionista *m., f.* preservationist, conservationist

conservador(a) *adj.* conservative

conservar to preserve, maintain; to keep

conservatorio conservatory
consideración *f.* consideration
considerar to consider
consistir (en) to consist (of)
consolidar to consolidate, strengthen
constante constant
consternación *f.* dismay
constipado/a having a head cold or a stuffy nose
constituir (y) to constitute
construcción *f.* construction
construir (y) to build
consulta conference
consultar to consult
consultorio médico doctor's office
consumir to consume, use; **consumir drogas** to use drugs
consumo consumption, use
contactar to contact
contacto contact
contaminación *f.* pollution; **contaminación ambiental** environmental pollution
contaminar to pollute
contar (ue) to relate, tell (about); to count; **contar con** to count on
contemplar to contemplate
contemporáneo/a *adj.* contemporary
contener (like tener) to contain
contenido *sing.* contents
contento/a happy
contestar to answer
contexto context
contigo with you (*inf. sing.*)
continente *m.* continent
continuación: a continuación next, following
continuar (continúo) to continue
continuo/a continual
contra against; **en contra de** against
contrario/a contrary; unfavorable; opposite; **al contrario** on the contrary; **lo contrario** the opposite, the contrary
contrastar to contrast
contraste *m.* contrast; **en contraste con** in contrast to
contratar to hire
contrato contract
contribución *f.* contribution
contribuir (y) to contribute
control *m.* control
controlar to control
convencer (z) to convince
conveniencia convenience
conveniente suitable, fitting

convenir (like venir) to be advisable, be appropriate
conversación *f.* conversation
conversar to converse, talk, chat
convertir (ie, i) to convert, change; **convertirse en** to become
convincente convincing
cooperación *f.* cooperation
cooperar to cooperate
copia *n.* copy
copiar to copy
corazón *m.* heart
cordialmente cordially
cordillera mountain range
coreografía choreography
coreógrafo/a choreographer
coro chorus
corrección *f.* correction
correcto/a correct
corregir (i, i) (j) to correct
correo mail; post office
correr to run, jog; to suffer, undergo; **con el correr del tiempo** with the passage of time
correspondencia correspondence
corresponder to correspond
correspondiente *adj.* corresponding
corresponsal *m., f.* correspondent (*news*)
corrida de toros bullfight
corriente common; **común y corriente** common, everyday
corte *f.* court (*royal*)
cortejo courting, courtship
cortés courteous, polite
corto/a short (*in length*)
cosa thing; matter; affair
cosecha crop, harvest
costa coast
costar (ue) to cost
costarricense *n., adj.* Costa Rican
costo cost
costoso/a expensive
costumbre *f.* habit, custom
creación *f.* creation
crear to create
creatividad *f.* creativity
creativo/a creative
crecer (zc) to grow, grow up
creencia belief
creer (y) to believe; to think
crema cream
cría *n.* growing (*agriculture*); offspring
criada (live-in) maid
crianza raising, upbringing
criar (crío) to bring up

criminal *n. m., f.* criminal
crisis *f. inv.* crisis
cristal *m.* crystal, glass; pane of glass
Cristóbal Colón Christopher Columbus
criterio criterion
crítica critique, criticism
criticar (qu) to criticize
crítico/a critical
crónica chronicle
cruce *m.* crosswalk; **cruce de peatones** pedestrian crosswalk
cruzar (c) to cross
cuaderno notebook
cuadra city block
cuadrado *n.* square
cuadrado/a *adj.* squared
cuadrangular *m.* home run
cuadro painting, picture
cuajar to solidify
cual *relative pro.* which; who
¿cuál? what?, which?; **¿cuál(es)?** which (ones)?; **sea cual sea** whatever might be
cualidad *f.* quality
cualquier(a) *adj.* any; any at all
cuando when; **aun cuando** even when; **de vez en cuando** once in a while, from time to time
¿cuándo? when?
cuanto how; how much; **en cuanto** as soon as; **en cuanto a** as far as . . . is concerned; **unos/as cuantos/as** a few
¿cuánto/a? how much?; how long? **¿cuánto tiempo hace que... ?** how long has it been since . . . ?; **¿por cuánto?** for how much?
cuarenta forty
cuarto *n.* room; bedroom; **compañero/a de cuarto** roommate
cuarto/a fourth
cuate *m.* twin; buddy
cubano/a *n., adj.* Cuban
cubanoamericano/a *adj.* Cuban American
cubeta bucket
cubierto table setting
cubrir (*p.p.* **cubierto/a**) to cover
cuenta check, bill; account; **a fin de cuentas** finally, at the end; **darse cuenta** to realize, become aware; **hacer (las) cuentas** to pay (the) bills; **tener en cuenta** to have in mind, keep in mind
cuentista *m., f.* short-story writer

cuento story, tale, narrative
cuerda string
cuerpo body
cueva cave
cuidado care; **tener cuidado** to be careful
cuidadoso/a careful
cuidar (de) to take care (of)
culminante culminating; **punto culminante** high point
culpa fault, blame; **tener la culpa** to be at fault, be blamed
cultivar to grow, cultivate
cultivo cultivation
cultura culture
cultural cultural; **choque** (*m.*) **cultural** culture shock; **desarraigo cultural** culture shock
cumbia *type of dance*
cumpleaños *m. inv.* birthday
cumplir (con) to fulfill, carry out; to comply (with); **cumplir años** to have a birthday
cuna: canción (*f.*) **de cuna** lullaby
cuñado/a brother-in-law, sister-in-law
cupón *m.* coupon
curiosidad *f.* curiosity
curso course (*of study*); **curso electivo/obligatorio** elective/required course
cuyo/a whose

D

dado/a a given to (*doing something*)
dama lady; **dama de honor** maid of honor
damnificado/a *n.* person who has been harmed
danza dance
dañar to damage
daño damage
dar (*irreg.*) to give; **dar a conocer** to make known; **dar con** to meet up with; **dar gusto a alguien** to gratify someone; **dar igual** to make no difference, be all the same; **dar la bienvenida** to welcome; **dar miedo** to frighten; **dar un paseo** to take a walk; **dar un paseo en carro** to go for a drive; **dar vivas** to cheer; **dar vueltas** to spin or turn around; **darse cuenta** to realize, become aware; **darse por vencido/a** to give up, surrender; **se da el caso** (**que**) the fact is (that)

datar de to date from
dato fact, piece of information; *pl.* data
DC *m.* (*abbrev. for* **disco compacto**) compact disk (player)
de *prep.* of; from; by; **de... años** ... years old; **de día** by day; **de la mañana** in the morning; **de pronto** soon
deambular to wander aimlessly
debajo *adv.* under, below; **debajo de** *prep.* under, below
debatir to debate; to discuss
deber *n. m.* duty; *verb* to owe; **deber + infin.** should, ought to (*do something*)
debido/a due; **debido a** due to, owing to, because of
débil weak
debilitar to weaken, debilitate
década decade
decano dean
decenas (*pl.*) **de** tens of
decente decent
decidir to decide; **decidirse** to make up one's mind
decir (*irreg.*) to say; to tell; **es decir** in other words; **querer decir** to mean
decisión *f.* decision; **tomar una decisión** to make a decision
decisivo/a decisive
decorado/a decorated
dedicación *f.* dedication
dedicado/a dedicated
dedicar (qu) to dedicate
dedo finger
deducir (*like* **conducir**) to deduct
defecto fault
defender (ie) to defend
defensa defense
definición *f.* definition
definido/a defined; **artículo definido** definite article (*grammar*)
definir to define
definitivo/a definite
defoliación *f.* defoliation
defunción *f.* death; **esquela de defunción** death notice
dejar to leave; to let, allow; to quit (*a job*); **dejar a un lado** to omit, pass over; **dejar de + infin.** to stop (*doing something*)
del (*contraction of* **de** + **el**) of the; from the
delantal *m.* apron
delante de *prep.* in front of

delegado/a delegate
deleite *m.* delight
delgado/a thin
delicioso/a delicious
delito crime
demás: los/las demás the rest, others
demasiado *adv.* too, too much
demasiado/a *adj.* too much, too many
democracia democracy
demostración *f.* demonstration
demostrar (ue) to demonstrate
demostrativo/a demonstrative; **adjetivo/pronombre** (*m.*) **demostrativo** demonstrative adjective/pronoun (*grammar*)
dentista *m., f.* dentist
dentro *adv.* inside; **dentro de** *prep.* inside; within; **por dentro** on the inside
denunciar to denounce
departamento department
depender (de) to depend (on)
dependiente *m., f.* clerk, salesperson; *adj.* dependent
deporte *m.* sport; **deportes acuáticos** water sports; **practicar un deporte** to play a sport
deportista *m., f.* sportsman, sportswoman
deportivo/a *adj.* sporting, sports
depositar to deposit
deprimido/a depressed
derecha: a/de la derecha to/from the right
derecho *n.* right (*legal*); law; **derechos de matrícula** registration fees; **tener derecho (a)** to have the right (to)
derivado/a derived
derivarse (de) to derive (from)
derretir (i, i) to melt
desacostumbrado/a unusual; unaccustomed
desacuerdo disagreement
desagradable disagreeable, unpleasant
desagradar to displease; to bother; to upset
desagrado dislike
desalentarse (ie) to become discouraged
desalojo displacement
desamparado/a homeless person
desaparecer (zc) to disappear
desaparecido/a disappeared
desarraigo cultural culture shock
desarrollar to develop

desarrollo development; **en vías de desarrollo** developing
desastre *m.* disaster
desayunar(se) to have breakfast
desayuno breakfast
desbordar to overflow
descansar to rest
descanso rest; break
descendencia descent, origin
descendiente *m., f.* descendant
descompuesto/a broken down
desconcierto confusion, perplexity
desconectado/a disconnected
desconocido/a *n.* stranger; *adj.* unknown
descosido/a torn (*unsewn*)
describir (*p.p.* **descrito/a**) to describe
descripción *f.* description
descubrimiento discovery
descubrir (*p.p.* **descubierto/a**) to discover
descuidar to neglect
desde *prep.* from; since; **desde entonces** from that time on; **desde hace... años** for . . . years; **desde que** *conj.* since
desear to desire, wish
desecho waste
desempeñar to fulfill (*a function*); **desempeñar un papel** to play a role
desencuentro failure to meet up
desenlace *m.* outcome (*of the plot*)
desenvuelto/a easy, natural; confident
deseo desire, wish
desesperado/a desperate
desfavorable unfavorable
desfilar to parade, file by
desforestación *f.* deforestation
desforestar to deforest
desgracia misfortune; **por desgracia** unfortunately
desgraciado/a unfortunate
deshabitado/a uninhabited, deserted
deshacer (*like* **hacer**) (*p.p.* **deshecho/a**) to undo, unmake; to dissolve
desheredar to disinherit
desierto desert
designado/a designated
desigualdad *f.* inequality
desilusionado/a disillusioned
desintegración *f.* disintegration
desinteresado/a disinterested
desmayarse to faint
desmayo fainting spell

desnudo/a naked
desorientado/a disoriented
despacho office; shop
despacio slowly
despedida farewell; leavetaking
despedir (**i, i**) to dismiss; **despedirse** (**de**) to say good-bye (to)
despeinar to tousle; mess up, muss
desperdiciar to waste
desperdicio waste, residue
despertador *m.* alarm clock
despertar (**ie**) to awaken (*someone*); **despertarse** to wake up
despierto/a bright, alert, awake
despintar to take the paint off
desplazar (**c**) to displace
despreciable despicable; contemptible
después *adv.* after; **después de** *prep.* after **después (de) que** *conj.* after
destacado/a outstanding
destacar (**qu**) to stand out; **destacarse** to excel
destino destination; destiny
destreza skill
destrucción *f.* destruction
destructivo/a destructive
destruir (**y**) to destroy
desventaja disadvantage
detallado/a detailed
detalle *m.* detail
detective *m., f.* detective
detener (*like* **tener**) to arrest; to stop
deterioro deterioration
determinado/a specific
determinar to determine
detrás de *prep.* behind
devolver (**ue**) (*p.p.* **devuelto/a**) to return (*something*), give back
devuelto/a (*p.p.* of **devolver**) returned
día *m.* day; **algún día** someday; **buenos días** good morning; **cada día** each day; **de día** by day; **Día de Acción de Gracias** Thanksgiving Day; **Día de Año Nuevo** New Year's Day; **Día de la Independencia** Independence Day; **Día de las Madres** Mother's Day; **Día de los Inocentes** Innocent's Day, April Fool's Day; **Día de los Muertos** Day of the Dead; **Día de los Padres** Father's Day; **Día de los Reyes Magos** Epiphany, Jan. 6 (*literally,* Day of the Magi); **Día**

de Todos los Santos All Saints' Day; **día festivo** holiday; **en el día a día** in day-to-day life; **hoy (en) día** nowadays; **poner al día** to update; **todo el día** all day long; **todos los días** every day
diabladas *pl. type of dance from Bolivia*
diagrama *m.* diagram
dialecto dialect
diálogo dialogue
diario/a *adj.* daily
dibujar to draw
dibujo drawing
diccionario dictionary
dicho *n.* saying
dicho/a (*p.p.* of **decir**) said; *adj.* aforesaid
diciembre *m.* December
dictadura dictatorship
dictar to dictate
diente *m.* tooth; **cepillarse los dientes** to brush one's teeth; **lavarse los dientes** to brush one's teeth
diestro/a skillful
dieta diet; **llevar una dieta** to be on a healthy diet
diferencia difference; **a diferencia de** unlike
diferenciar(se) to differ
diferente different
diferir (**ie, i**) to differ, be different
difícil difficult
dificultad *f.* difficulty
dificultar to make difficult; to hinder, interfere with
difunto/a *n.* dead person
digno/a worthy
diminutivo diminutive (**-ito/a**) (*grammar*)
dinámico/a dynamic
dinero money
dios *m.* god; idol; **Dios** God
diplomacia diplomacy
dirección *f.* direction; address
directo/a direct; **pronombre** (*m.*) **de complemento/objeto directo** direct object pronoun (*grammar*)
director(a) director; principal
dirigente *m.* leader
dirigir (**j**) to direct; to lead (*one's dance partner*)
disciplinado/a disciplined
disco record; **disco compacto** compact disk (player)

discoteca discotheque
discriminación *f.* discrimination
discurso speech
discusión *f.* discussion
diseminar to spread, disseminate
diseñar to draw; to design
diseño design
disfraz *m.* (*pl.* **disfraces**) disguise
disfrazarse (**c**) (**de**) to disguise oneself (as)
disfrutar (**de**) to enjoy
disgustar to annoy, upset; to displease
disminuir (**y**) to diminish
disolución *f.* dissolution, disappear-
ance
disperso/a dispersed
disponer (*like* **poner**) (*p.p.* **dis-
puesto/a**) **de** to have (*at one's
disposal*)
disponible available
dispuesto/a willing; **estar
dispuesto/a a** to be willing to
distancia distance
distante distant
distinguido/a distinguished
distintivo/a distinctive
distinto/a different
distraerse (*like* **traer**) to distract
oneself
distraído/a distracted
distribución *f.* distribution
distribuir (**y**) to distribute
diversidad *f.* diversity
diversión *f.* amusement; entertainment
diverso/a diverse
divertido/a funny; amusing; amused
divertir (**ie, i**) to entertain; **divertirse** to have fun, have a good
time
dividir to divide
división *f.* division
divorciarse to get divorced
divulgarse (**gu**) to reveal, disclose
doble double; **a doble espacio** double spaced; **dobles** doubles (*tennis*); **habitación** (*f.*) **doble** double room; **tránsito de doble
sentido** two-way traffic
docena dozen
doctor(a) doctor (*of medicine*)
doctorar to get a Ph.D.
documental *m.* documentary
documento document
dólar *m.* dollar
doler (**ue**) to hurt, ache
dolor *m.* grief; pain; **tener dolor (de
cabeza, de muelas, etcétera)**

to have a headache, toothache,
etc.
doloroso/a painful
doméstico/a domestic
dominar to dominate
domingo Sunday; **Domingo de
Pascua** Easter Sunday
dominicano/a of the Dominican
Republic; **República
Dominicana** Dominican
Republic
dominio power; authority
don *title of respect used with a
man's first name*
donación *f.* donation
donar to donate
donde where
¿dónde? where?
dondequiera anywhere, wherever
dormir (**ue, u**) to sleep; **dormir la
siesta** to take a nap; **dormirse**
to fall asleep
drama *m.* drama, play
dramático/a dramatic
dramatizar (**c**) to dramatize
dramaturgo/a playwright
drástico/a drastic
droga drug; **consumir drogas** to use
drugs
ducha shower
ducharse to shower
duda doubt; **no cabe duda** there is
no doubt about it; **sin duda**
without a doubt; **sin lugar a
dudas** without a doubt
dudar to doubt
dudoso/a doubtful; **es dudoso que** it
is doubtful that
dueño/a owner, landlord; master;
dueño/a de casa home owner
dulce *adj.* sweet; *m. pl.* candy
duración *f.* duration
duradero/a durable; lasting
durante during
durar to last
durazno peach
duro/a hard; harsh

E
e and (*used instead of* **y** *before words
beginning with* **i** *or* **hi**)
echar to throw (out or away); **echar
una ojeada** to take a quick look;
echarse a + *infin.* to begin
(*doing something*)
ecología ecology
ecológico/a ecological

económico/a economic
economista *m., f.* economist
Ecuador *m.* Ecuador
ecuatoriano/a *adj.* Ecuadoran
edad *f.* age
edición *f.* edition
edificio building
editor(a) editor; publisher
editorial *f.* publishing house; *m.* editorial (*article*)
edo. (*abbrev. for* **estado**) state
educación *f.* education, training;
upbringing
educador(a) educator, teacher
educar (**qu**) to educate; to rear, bring
up (*children*)
educativo/a educational
EE.UU. (*abbrev. for* **Estados Unidos**)
United States
efectivamente in fact; sure enough,
really
efectivo cash
efectivo/a effective
efecto effect; **en efecto** as a matter of
fact
eficaz (*pl.* **eficaces**) efficient
eficiente efficient
Egipto Egypt
ejecutar to execute
ejecutivo/a executive
ejemplo example; **por ejemplo** for
example
ejercer (**z**) to exercise, carry out
ejercicio exercise; **hacer ejercicio** to
exercise
el *definite article m.* the
él *sub. pron.* he; *obj. of prep.* him
elaborar to elaborate
electivo/a elective; **curso electivo**
elective course; **materia electiva** elective subject matter
electricidad *f.* electricity
eléctrico/a electrical
electrónico/a electronic
elefante *m., f.* elephant
elegante elegant
elegir (**i, i**) (**j**) to elect; to select
elemento element
elenco cast (*of a play*)
eliminación *f.* elimination
eliminar to eliminate
ella *sub. pron.* she; *obj. of prep.*
her
ello it; this matter
ellos/as *sub. pron.* they; *obj. of prep.*
them
embajador(a) ambassador

embarcarse (qu) to embark (*on an enterprise*); to set sail
embargo: sin embargo nevertheless, however
emergencia emergency
emigración *f.* emigration
emigrante *m., f.* emigrant
emigrar to emigrate
emisión *f.* emission
emoción *f.* emotion
emocionado/a excited
emocional emotional
emocionante thrilling
emotivo/a emotive
emparejar to pair, match
empeñarse (en) to be insistent (on)
empezar (ie) (c) to begin; **empezar a + *infin.*** to begin to (*do something*)
empleado/a employee, worker
emplear to employ, use
empleo employment, job
empresa business, company; **administración (*f.*) de empresas** business administration
empresario/a employer
en in; on; at; **en aquel entonces** at that time; **en contra de** against; **en efecto** as a matter of fact; **en el extranjero** abroad; **en favor de** in favor of; **en fin** finally; in short; **en general** in general; **en la actualidad** currently, nowadays; **en lugar de** instead of; **en menor grado** to a lesser extent; **en primer lugar** first of all; **en seguida** immediately; **tener lugar** to take place
enamorado/a (de) *adj.* in love (with); **enamorado/a** *n. m., f.* sweetheart
enamorar to win the love (*of someone*); **enamorarse (de)** to fall in love (with)
encantado/a enchanting, charming; delighted, pleased (*to meet someone*)
encantar to delight, charm
encarcelado/a imprisoned
encargado/a *n.* person in charge; *adj.* in charge
encargarse (gu) de to be in charge of
encender (ie) to turn on; to set on fire
encierro pen, enclosure
encima *adv.* on top; **encima de** *prep.* on top of
encontrar (ue) to meet; to find;

encontrarse (con) to meet (up with)
encuentro encounter; meeting
encuesta survey, poll
enemigo/a *n.* enemy
energético/a energetic
energía energy
enérgico/a energetic
enero January
enfatizar (c) to emphasize
enfermar to make ill; **enfermarse** to get sick
enfermedad *f.* illness; disease
enfermería *n.* nursing
enfermero/a nurse
enfermo/a sick, ill
enfocar (qu) to focus on; **enfocarse (en)** to focus (on)
enfoque *m.* focus
enfrentar to face; to confront; to meet, encounter; **enfrentarse con** to face, confront
enfrente *adv.* in front; **enfrente de** *prep.* in front of
engañar to deceive
enlace *m.* link; bond
enojado/a annoyed, upset
enojar to anger; to annoy; **enojarse** to get angry
enorgullecer(se) (zc) (de) to be proud (of)
enorme enormous
enraizado/a deeply rooted
enriquecer (zc) to enrich
enriquecimiento enrichment
ensalada salad
ensayar to test, try (*out*); to rehearse
ensayista *m., f.* essayist
ensayo essay; rehearsal
enseñanza *n.* teaching
enseñar to teach; to show
entendedor(a) *n.* understanding person; **al buen entendedor pocas palabras (le bastan)** a word to the wise is sufficient
entender (ie) to understand
enterarse (de) to find out (about)
entero/a whole, entire
enterrar (ie) to bury
entierro burial
entonces then, at that time; **desde entonces** from that time on; **en aquel entonces** at that time
entrada entrance; inning; ticket for a performance
entrar to enter

entre between, within; **entre paréntesis** in parentheses
entregar (gu) to hand in; to turn over, hand over
entrenador(a) trainer, coach
entrenamiento *n.* training
entrenar(se) to train
entretener (*like* tener) to entertain, amuse
entretenimiento entertainment, amusement
entrevista interview
entrevistar to interview
entusiasmado/a excited
entusiasmar to fill with enthusiasm; to excite
entusiasmo enthusiasm
enumerar to enumerate
envase *m.* container; bottle
envejeciente *m., f.* senior citizen; **hogar (*m.*) de envejecientes** senior citizen housing
enviar (envío) to send
envoltorio *n.* wrapping
envuelto/a (*p.p.* of envolver) wrapped (up)
época era, time
equilibrado/a balanced
equilibrio balance
equipaje *m.* baggage, luggage
equipo team; equipment
equivalente *n. m.; adj.* equivalent
equivaler (*like* valer) to be equivalent, to equal
equivocarse (qu) to make a mistake, be wrong
ermitaño hermit
error *m.* error
esbelto/a slim
escabroso/a difficult; heavy
escalofrío *n.* chill
escapar to escape
escasez *f.* (*pl.* escaseces) scarcity
escena scene
escenario stage; setting
escenificar (qu) to adapt for the stage
escenografía scenery, (stage) setting
escenógrafo/a set designer
esclavo/a slave
escoger (j) to choose, pick
escolar *adj.* pertaining to school; school-age
escolástico/a scholastic
esconder to hide
escribir to write
escrito/a (*p.p.* of escribir) written
escritor(a) writer

escuchar to listen (to)
escuela school; **(escuela) primaria** grade school; **(escuela) secundaria** high school
escultura sculpture
ese, esa; *adj.* that; **ése, ésa** *pron.* that (one); **de esa manera** in that way **esencia** essence
esencial essential
esfuerzo strength, effort
eso that, that thing, that fact; **nada de eso** nothing of the kind; **para eso** just for that; **por eso** for that reason
esos/as *adj.* those; **ésos/as** *pron.* those (ones)
espacial *adj.* space; **nave** (*f.*) **espacial** space ship
espacio space; **a doble espacio** double spaced; **espacio en blanco** blank space
espacioso/a spacious
espada sword
espalda back; shoulder
espanglés *m. mixture of Spanish and English*
espantar to scare away
España Spain
español(a) *n.* Spaniard; *adj.* Spanish; **Real Academia de la Lengua Española** Royal Academy of the Spanish Language
esparcido/a scattered
especial special
especialización *f.* specialization, major
especializarse (c) (en) to specialize, major (in)
especie *f.* species; type, kind
específico/a specific
espectáculo spectacle; show; performance
esperanza hope
esperar to wait (for); to hope; to expect
espíritu *m.* spirit
espléndido/a splendid; brilliant
esplendor *m.* splendor
espontáneo/a spontaneous
esposo/a husband, wife
esquela notice, announcement; **esquela de defunción/ muerte** death announcement
esqueleto skeleton
esquí *m.* skiing; ski; **esquí acuático** water skiing
esquiar (esquío) to ski

esquina corner (*of a street*)
establecer (zc) to establish
estación *f.* station; season (*weather*)
estacionarse to park
estadio stadium
estado state; **Estados Unidos** United States; **golpe** (*m.*) **de estado militar** military coup
estadounidense *n. m., f.* U.S. citizen; *adj.* United States
estampa *type of narration*
estancia stay
estante *m.* bookshelf
estar (*irreg.*) to be; **claro está (que)** it's clear (that); **estar aburrido/a** to be bored; **estar de acuerdo (con)** to agree, be in agreement (with); **estar de pie / sentado/a** to be standing/seated, sitting down; **estar de prisa** to be in a hurry; **estar de viaje/vacaciones** to be on a trip/on vacation; **estar dispuesto/a a** to be willing to; **estar listo/a** to be ready; **estar obligado/a** to be obligated, be obliged; **estar para** + *infin.* to be in the mood (*to do something*); **estar por** + *infin.* to be in favor of (*doing something*); **estar tentado/a a** + *infin.* to be tempted to (*do something*); **(no) está claro (que)** it is (not) clear (that)
estatua statue
estatura height
este, esta *adj.* this; **éste, ésta** *pron.* this (one); **de esta manera** in this way; **en este momento** now, at this time
estelar stellar
estereotipo stereotype
estilo style
estimado/a esteemed; **Estimado/a...** Dear . . . (*salutation in a letter*);
estimar (que) to estimate, think (that); **estimarse** to be respected, valued
estimular to stimulate
estipulado/a stipulated
esto *pron.* this, this thing, this matter
estos/as *adj.* these; **éstos/as** *pron.* these (ones)
estrategia strategy
estrecho/a narrow; tight
estrella star
estrenado/a performed for the first time (*a play*)

estreno debut, first performance
estricto/a strict
estridente shrill
estructura structure
estudiantado student body
estudiante *m., f.* student
estudiantil *adj.* of or pertaining to students; **centro estudiantil** student center
estudiar to study
estudio study; *pl.* studies, schooling
estudioso/a studious
estupendo/a stupendous
etapa stage, period
eterno/a eternal
etiqueta label
Europa Europe
europeo/a *adj.* European
evaporación *f.* evaporation
evaporarse to evaporate
evento event
evidente obvious
evitar to avoid
evocar (qu) to call forth, evoke
evolución *f.* evolution
exacto/a exact
exagerado/a exaggerated
examen *m.* test
examinar to examine
excelencia excellency
excelente excellent
excesivo/a excessive
exceso excess
excitante exciting
exclamación *f.* exclamation
exclamar to exclaim, cry out
exclusivo/a exclusive
excursión *f.* excursion
excusa apology; excuse
exhibición *f.* exhibition
exhibirse to be exhibited
exigente demanding
exigir (j) to demand
exiliado/a *n.* person in exile, refugee
exilio exile
existencia existence
existir to exist
éxito success; **con éxito** successfully; **tener éxito** to be successful
exitoso/a successful
expectación *f.* expectation
expedición *f.* expedition
experiencia experience; experiment
experimentar to experience
experimento experiment
experto/a *n.* expert
explicación explanation

explicar (qu) to explain
explorar to explore
explotación exploitation
exponer (*like* **poner**) (*p.p.* **expuesto/a**) to expose
exposición *f.* exhibition
expresar to express
expresión *f.* expression
expresivo/a expressive
exterior *m.* exterior, outside
exterminar to exterminate
extinción *f.* extinction; end; **en peligro de extinción** dying out, becoming extinct
extranjero: en el extranjero abroad
extranjero/a *n.* foreigner; *adj.* foreign
extrañar to surprise; to miss, long for
extraño/a strange
extraordinario/a extraordinary
extraterrestre *n., adj.* extraterrestrial
extravagante extravagant
extremadamente extremely
extremo/a extreme
extrovertido/a extroverted

F
fábrica factory
fabricar (qu) to manufacture
fabuloso/a fabulous
faceta aspect
fácil easy
facilidad *f.* facility; ease
facilitar to facilitate
factible feasible
factura invoice
facturar to check (*baggage*)
facultad *f.* college, school (*of a university*)
faena work, accomplishment; *pl.* chores
falda skirt
fallar to fail
falso/a false
falta *n.* lack; **hacer falta** to be necessary; **por falta de** for lack of
faltar to be lacking, missing; to need; **faltar a** to miss, be absent; **no faltaba más** this is the last straw!
fama fame; reputation; **Pabellón** (*m.*) **de la fama** Hall of Fame
familia family
familiar *n. m., f.* member of the family; relative; *adj.* family; familiar
famoso/a famous
fanático/a *n.* fan (*sports*)
fandango *type of dance*
fantasía fantasy

fantástico/a fantastic
fascinación *f.* fascination
fascinante fascinating
fascinar to fascinate
fascista *adj. m., f.* fascist
favor *m.:* **en favor de** in favor of; **pedir un favor** to ask for a favor; **por favor** please
favorablemente favorably
favorecer (zc) to favor
favorito/a favorite
fe *f.* faith
fecha date (*calendar*)
fecundo/a fertile
felicidad *f.* happiness
felicitar to congratulate
feliz (*pl.* **felices**) happy
femenino/a feminine
feminista *n. m., f.; adj.* feminist
fenicio/a *n.* Phoenician
feria fair
feroz (*pl.* **feroces**) ferocious
fertilizar (c) to fertilize
festejar to celebrate
festival *m.* festival
festividad *f.* celebration, holiday
festivo: día (*m.*) **festivo** holiday
ficción *f.* fiction; **ciencia ficción** science fiction
ficcionalización *f.* fictionalization
ficticio/a fictitious
fiebre *f.* fever
fiel faithful
fiesta party; celebration
figura figure
fijarse (en) to notice; to pay attention (to) **¡fíjate!/¡fíjese!** just imagine!
fila line, row
filántropo/a philanthropist
filmación *n. f.* filming
filmar to film
filosofía philosophy; **filosofía y letras** humanities
filtro filter
fin *m.* end; purpose; **a fin de cuentas** finally, at the end; **a fines de** at the end of; **al fin y al cabo** after all; at last; **en fin** finally; in short; **fin de semana** weekend; **por fin** finally
final *n. m.* end; *adj.* final; **al final** in the end
finalista *m., f.* finalist
finalizar (c) to finalize
finito/a finite
firma signature
firmar to sign

firme solid
firmeza strength
físico/a *adj.* physical
flaco/a skinny
flamenco *type of song and dance*
flor *f.* flower
florero vase
floristería florist shop
flotar to float
foco focus, focal point; headlight
folclórico/a folkloric, relating to folklore
folklórico/a folkloric, relating to folklore
fomentar to encourage, promote
fonda restaurant
fondo *n.* bottom; *pl.* funds; **a fondo** thoroughly; **en el fondo** at heart, deep down
forestal pertaining to forests; **agente** (*m., f.*) **forestal** forest ranger; **ciencias forestales** forestry
forma form; manner, way
formación *f.* educational preparation/background; formation
formar to form; to train, educate
formato format
formular to formulate
foro forum; **foro animado** lively forum, debate
fortalecer (zc) to strengthen
forzado/a forced
forzar (ue) (c) to force
foto *f.* photo
fotografía photo
fotógrafo/a photographer
fracaso failure
francés, *m.* French language
francés, francesa *n.* Frenchman, Frenchwoman; *adj.* French
Francia France
franco/a frank
frase *f.* sentence; phrase
fraternidad *f.* fraternity
frecuencia frequency; **con frecuencia** frequently
frecuente frequent
freír (i, i) to fry
frenético/a furious, wild
frente *m.* front; **frente a** *prep.* facing, in front of; faced with; **hacer frente a** to face
fresa strawberry
fresco/a fresh; cool; **hace (un poco de) fresco** it's (a bit) cool
frijol *m.* bean
frío *n.* cold; **hace (mucho) frío** it's

(very) cold (weather); **tener frío** to be cold
frío/a *adj.* cold
frontera border
fronterizo/a: romance (*m.*) **fronterizo** *poetry from a border region*
frustración *f.* frustration
frustrado/a frustrated
fruta fruit
fuego fire; **fuegos pirotécnicos** fireworks; **prender fuego** to set fire
fuente *f.* source
fuera *adv.* outside; **fuera de** *prep.* outside of
fuerte strong
fuerza force
fumar to smoke
función *f.* function
funcionar to function, work
funcionario public official
fundación *f.* foundation; founding
fundador(a) founder
fundamental fundamental
fundar to found, establish
furioso/a furious
fútbol soccer
futuro *n.* future
futuro/a *adj.* future

G
galleta biscuit; cracker; cookie
gallo: Misa de Gallo Midnight Mass
ganador(a) winner
ganar to earn; to win; **ganar terreno** to make progress
ganas *pl.* desire, wish; **tener ganas de** + *infin.* to feel like (*doing something*)
garantizar (c) to guarantee
garganta throat
gas *m.* gas
gasolina gasoline; **bomba de gasolina** fuel pump
gastar to spend (*money*); to waste
gasto expense, cost
gato/a cat
gemelo/a twin
gemido moan
generación *f.* generation
general *adj.* general; **en general** in general; **por lo general** in general
generar to generate
género gender; kind, type; genre (*literary*)
generoso/a generous

genial brilliant
genocidio genocide
gente *f. sing.* people
geografía geography
geográfico/a geographical
geológico/a geological
gerente *m., f.* manager
gigantesco/a gigantic
gimnasia *sing.* gymnastics
gimnasio gymnasium
gira tour; **ir/salir de gira** to go on tour
girar to turn/spin around
gitano/a *n., adj.* gypsy
glorioso/a glorious
gobierno government
godo *n.* Goth
golpe *m.* blow, hit; **golpe de estado militar** military coup
gordo/a *adj.* fat
gotear to drip
gotita (*dimin.* of **gota**) droplet
gozar (c) (de) to enjoy
grabación *n. f.* recording
grabar to record
gracias thank you; **Día** (*m.*) **de Acción de Gracias** Thanksgiving Day; **muchas gracias** thank you very much
gracioso/a funny
gradería bleacher, tier of seats
grado degree, measure; grade; **en menor grado** to a lesser extent
graduación *f.* graduation
graduarse (en) to graduate (from)
gráfico/a graphic
gramatical grammatical
gran, grande big, large; great
granito (*dimin.* of **grano**) **de arena** one's contribution (*literally, grain of sand*)
granizo: hay granizo it is hailing
granja farm
grasa *n.* fat
gratificante *adj.* gratifying
grato/a pleasing, pleasant
gratuito/a free (*of charge*)
grave grave, serious
Grecia Greece
griego/a *n.* Greek; *adj.* Grecian
gripe *f.* flu; **tener gripe** to have the flu
gritar to scream, shout
grito shout
grupo group
guapo/a good-looking

guardar to keep; to save, put aside; **guardar la línea** to stay in good shape (*physically*)
guardia *m., f.* guard, guardian
guatemalteco/a *n., adj.* Guatemalan
gubernamental governmental
guerra war; **guerra civil** civil war
guía guide, guidance
guiar (guío) to guide; to lead (*one's dance partner*)
güicoy *m.* edible squash
guión *m.* script
güisquil *m.* edible vine fruit
guitarra guitar
guitarrista *m., f.* guitarist
gustar to please, be pleasing
gusto taste; flavor; pleasure; **dar gusto a alguien** to gratify someone; **mucho gusto** pleased to meet you; **¡qué gusto!** what a pleasure!

H
Habana: La Habana Havana
haber (*irreg.*) to have (*auxiliary*); **haber de** + *infin.* to have to (*do something*); **haber que** + *infin.* must (*do something*); **hay** there is, there are
habichuela bean
hábil skillful
habilidad *f.* ability; skill
habitación *f.* room; dwelling; **habitación sencilla/doble** single/double room
habitado/a inhabited
habitante *m., f.* inhabitant
habitar to inhabit
hábito habit, custom
habitual habitual, usual; regular; customary
hablar to talk, speak
habrá there will be
habría there would be
hacer (*irreg.*) to do; to make; **algo que hacer** something to do; **¿cuánto hace que** + *present*? how long has (*someone been doing something*)?; **¿cuánto tiempo hace que...?** how long has it been since...?; **hace** + *time* (*time*) ago; **hace** + *time* + **que** + *present* (I) have been (*doing something*) for (*time*); **hace (mucho) calor** it's (very) hot (weather); **hace (mucho) frío** it's (very) cold (weather); **hace (mucho) sol** it's (very)

sunny; **hace (mucho) viento** it's (very) windy; **hace (muy) buen tiempo** it's (very) nice weather; **hace (muy) mal tiempo** it's (very) bad weather; **hace (un poco) de fresco** it's (a bit cool; **hacer ejercicio** to excercise; **hacer falta** to be necessary; **hacer (las) cuentas** to pay (the) bills; **hacer lo imposible** to do everything possible; **hacer preguntas** to ask questions; **hacer un papel** to play a role; **hacer una venia** to bow (*to the public*); **hacer viajes** to take trips, travel; **hacerle caso** to listen/pay attention to (*someone*); **hacerse** to become; to pretend/feign to be; **no hacer caso de** to ignore; **¿qué tiempo hace?** what is the weather like?

hacia toward; **hacia arriba** up(ward)

hallar to find

hambre *f.* (*but* **el hambre**) hunger; **tener hambre** to be hungry

hasta *prep.* up to, until; *adv.* even; **hasta ahora** until now; **hasta luego** see you later; **hasta mañana** see you tomorrow; **hasta pronto** see you soon; **hasta que** *conj.* until

hay (*from* **haber**) there is, there are; **hay que** one has to; **hay granizo** it is hailing; **¿qué hay de nuevo?** what's new?

hazaña great deed

hecho *n.* fact; deed, event; **de hecho** in fact

hecho/a (*p.p.* of **hacer**) done, made

helado ice cream

helicóptero helicopter

heredar to inherit

herencia heritage; inheritance

herido/a *n.* wounded person; *adj.* wounded

herir (ie, i) to wound

hermanastro/a stepbrother, stepsister

hermano/a brother, sister; *m. pl.* siblings; **primo/a hermano/a** first cousin

hermoso/a beautiful

héroe *m.* hero

heroína heroine

hierba grass

higiene *f.* hygiene

hijo/a son, daughter; *m. pl.* children

(sons, sons and daughters); **hijo/a único/a** only child

hispánico/a *adj.* Hispanic

hispano/a *n., adj.* Hispanic

Hispanoamérica Spanish America

hispanoamericano/a *n., adj.* Spanish American

hispanohablante *adj.* Spanish-speaking

historia history; story

histórico/a historical

hogar *m.* home; **hogar de envejecientes (ancianos)** senior citizen housing

hoguera bonfire

hoja leaf; sheet (*of paper*)

hola hello

hombre *m.* man

hombro shoulder

honesto/a honest

honor *m.* honor; **dama de honor** maid of honor

honradez *f.* honesty

hora hour; time

horario schedule

horizonte *m.* horizon

horror *m.* horror

horrorizar (c) to horrify

horroroso/a horrifying

hospital *m.* hospital

hostil hostile

hotel *m.* hotel

hoy today; **hoy (en) día** nowadays; **hoy mismo** this very day

huaso *dance or song from central Chile*

huelga (labor) strike

hueso bone

huésped(a) (hotel) guest

huir (y) (de) to run away, flee (from)

humanidad *f.* humanity

humanitario/a humanitarian

humano/a *n., adj.* human; **ser** (*m.*) **humano** human being

humillación *f.* humiliation

humo smoke, fumes; **humos irritantes** smog

humor *m.* humor

humorístico/a humorous

I

ibérico/a *adj.* Iberian

idea idea; **cambiar de idea** to change one's mind

idealizado/a idealized

idealizar (c) to idealize

idéntico/a identical

identidad *f.* identity

identificado/a: objeto volador no identificado (OVNI) unidentified flying object (UFO)

identificar (qu) to identify

ideología ideology

idioma *m.* language

ídolo idol

iglesia church

ignorar to be unaware of, not know

igual equal; same; **al igual que** just as, like; **dar igual** to make no difference, be all the same; **igual que** the same as

igualar(se) (a) to be equal (to)

igualdad *f.* equality

ilegalmente illegally

iluminación *f.* illumination

ilusión *f.* illusion

ilustrador(a) *n.* illustrator

ilustrar to illustrate

imagen *f.* image, picture

imaginación *f.* imagination

imaginar(se) to imagine

imaginario/a imaginary

imborrable indelible

imitación *f.* imitation

imitar to imitate

impaciente impatient

impacto impact

impartir to impart, give (instruction)

impedimento impediment, obstacle

impedir (i, i) to impede, stop, prevent

imperativo *n.* imperative, command (*grammar*)

imperfecto *n.* imperfect (*verb tense*)

implantar to implant; to introduce

implementar to implement

imponente imposing, majestic

importancia importance

importante important

importar to matter, be important

imposible impossible; **hacer lo imposible** to do everything possible

impotencia impotence, powerlessness

imprescindible indispensable

impresión *f.* impression

impresionante impressive

impresionar to impress

impropio/a inappropriate; improper

improvisación *f.* improvisation

impuestos *pl.* taxes

inalcanzable unobtainable

inapropiado/a inappropriate
inauguración *f.* inauguration
incaico/a *adj.* Incan
incendio fire
incertidumbre *f.* uncertainty
inclinarse to dip
incluido/a included
incluir (y) to include
incomprensible incomprehensible
incorporar to incorporate; **incorpo-rarse** to become part of
increíble unbelievable
inculcar (qu) to impress, teach
indefinido/a indefinite; **artículo indefinido** indefinite article (*grammar*)
independencia independence; **Día (*m.*) de la Independencia** Independence Day
independentista *adj.* independence
independiente independent
indicación *f.* indication
indicar (qu) to indicate
indicativo indicative (*verb mood*)
indicio indication, sign; *pl.* evidence
indiferente indifferent
indígena *n. m., f.* native/indigenous inhabitant; *adj.* indigenous, native
indio/a *n.* Indian
indirecto/a: pronombre (*m.*) de complemento/objeto indi-recto indirect object pronoun (*grammar*)
indispensable essential
individuo person, individual
indocumentación *f.* lack of docu-mentation / legal status
indocumentado/a *adj.* illegal, not having legal status in a country
indudablemente undoubtedly
industria industry
industrializado/a industrialized
inesperado/a unexpected
inexperto/a inexperienced; unskilled
infancia infancy, childhood
infatigable untiring
infección *f.* infection
infeliz (*pl.* infelices) unhappy
inferior lower; inferior
infiel unfaithful
infinitivo infinitive (*grammar*)
infinito/a infinite
influencia influence
influir (y) (en) to influence
información *f.* information

informar to inform; **informarse** to be informed; to find out
informativo/a informative
informe *m.* report
ingeniería *n.* engineering
ingeniero/a engineer
inglés *m.* English language
inglés, inglesa *n.* Englishman, Englishwoman; *adj.* English
ingresar (en) to enter
iniciar to initiate
inicio start, beginning
injusticia injustice
inmaduro/a immature
inmediato/a immediate
inmenso/a immense
inmigración *f.* immigration
inmigrante *n. m., f.; adj.* immigrant
inmigrar to immigrate
innecesario/a unnecessary
innegable undeniable
innoble ignoble, unworthy
innovador(a) *n.* innovator; *adj.* inno-vative
inocente innocent; **Día (*m.*) de los Inocentes** Innocent's Day, April Fool's Day
inofensivo/a inoffensive
inquietud *f.* worry
insatisfecho/a dissatisfied
inscribir (*p.p.* inscrito/a) to enter; to register, enroll
inscripción *f.* registration
insecto insect
insensible insensitive, unfeeling
inseparabilidad *f.* inseparability
insistencia insistence, persistence
insistente insistent
insistir (en) to insist (on)
inspiración *f.* inspiration
inspirar to inspire
instalación *f.* installation, setting up; *pl.* facilities, equipment
instalar to install
instantáneo/a instantaneous
institución *f.* institution
instituto institute
instrucción *f.* instruction
instructor(a) instructor
instruir (y) to instruct
instrumento instrument; **instru-mento de percusión** percus-sion instrument
integrado/a integrated; made up
integrante *m., f.* member
íntegro/a integral

inteligente intelligent
intención *f.* intention
intenso/a intense
intensificar (qu) to intensify
intensivo/a intensive
intentar to attempt, try
intento attempt
intercambiar to exchange
intercambio exchange
intercolegial intercollegiate
interés *m.* interest, concern
interesado/a interested
interesante interesting
interesar to be interesting to; **intere-sarse (en)** to be(come) inter-ested (in)
interior *m.* interior, inside
internacional international
interpretación *f.* interpretation
interpretar to interpret
intérprete *m., f.* interpreter
interrogativo/a interrogative
interrumpir to interrupt
íntimo/a close, intimate
intranquilidad *f.* worry; uneasiness; anxiety
introducción *f.* introduction
introducir (*like* conducir) to intro-duce
introvertido/a introverted
inundación *f.* flood
inundado/a flooded
inútil useless
invasión *f.* invasion
inventar to invent
invernal *adj.* winter, wintry
investigación *f.* research; investigation
investigador(a) investigator
investigar (gu) to investigate
invierno winter
invitación *f.* invitation
invitado/a *n.* guest
invitar to invite
ir (*irreg.*) to go; **ir** + *present partici-ple* to be beginning to (*do some-thing*); **ir** + **a** + *infin.* to be going to (*do something*); **ir a pescar** to go fishing; **ir de com-pras** to go shopping; **ir de gira** to go on tour; **ir de paseo** to go on a walk; **irse** to go away, leave; **irse de vacaciones** to take a vacation
irritante: humos irritantes smog
isla island
italiano/a *adj.* Italian

itinerante *adj.* itinerant, traveling
itinerario itinerary
izquierdo/a *adj.* left, left-hand

J
jaliscience of or pertaining to the
    state of Jalisco (Mex.)
jamás never, not ever
Jánuca *m.* Hanukkah
Japón *m.* Japan
japonés *m.* Japanese language
japonés, japonesa *n., adj.* Japanese
jardín *m.* garden; **jardín zoológico**
    zoo
jefe, jefa boss, chief
jocoso/a jolly, funny
jondo: cante (*m.*) **jondo** *style of*
    singing that accompanies
    Flamenco music
jornalero/a: obrero/a jornalero/a
    day laborer
joropo *type of dance from*
    Venezuela
jota *Spanish folk dance*
joven *n. m., f.* young person, youth;
    adj. young
jubilarse to retire
júbilo joy, jubilation
juego game; play
jueves *m. inv.* Thursday
juez(a) judge
jugador(a) player
jugar (ue) (gu) to play; **jugar al +**
    sport to play (*a sport*)
jugo juice
juguete *m.* toy
julio July
junio June
junta meeting; board, council
juntar to join; **juntarse** to join, come
    together; to meet
juntos/as *adj.* together
junto a *prep.* next to
jurar to swear
justa joust, competition
justicia justice
justificar (qu) to justify
justo *adv.* just
justo/a *adj.* fair, fitting
juvenil of or pertaining to youth
juventud *f.* youth
juzgar (gu) to judge

K
kilómetro kilometer

L
la *definite article f.* the; *d.o.* her, it, you
    (*pol. sing.*)
labor *f.* labor, work
lacio/a straight (*hair*)
lácteo/a *adj.* dairy; **producto lácteo**
    dairy product
lado side; **al lado de** next to; **dejar a**
    un lado to omit, pass over; **por**
    otro lado on the other hand;
    por todos lados everywhere
ladrón, ladrona thief
lago lake
lágrima tear
laguna lacuna, gap
lamentable regrettable
lamentar to be sorry about, to regret;
    lamentarse to complain; to
    lament
langosta lobster
lanzador(a) pitcher
lanzar (c) to throw; to pitch; **lanzar**
    una blanqueada to pitch a no-
    hitter
lapicero automatic pencil
lápiz *m.* (*pl.* **lápices**) pencil
largo/a long; **a largo plazo** in the
    long run
lástima compassion; shame; **es una**
    lástima it is a pity; **¡qué lás-**
    tima! what a shame!; **tener lás-**
    tima (de) to feel pity (for)
lastimar to harm, injure
lata can (*food container*); tin
latino/a *adj.* Latin
Latinoamérica Latin America
latinoamericano/a *adj.* Latin
    American
lavar to wash; **lavarse** to get washed
    (up); **lavarse los dientes** to
    brush one's teeth
lazo bond, connection
le *i.o.* to/for him, her, it, you (*pol. sing.*)
lección *f.* lesson
leche *f.* milk
lechuga lettuce
lector(a) reader
lectura *n.* reading
leer (y) to read
legumbre *f.* vegetable
lejano/a far off, distant
lejos *adv.* far away; **lejos de** *prep.* far
    from
lengua tongue; language; **Real**
    Academia de la Lengua

Española Royal Academy of the
    Spanish Language
lenguaje *m.* language, speech
lento/a slow
leña firewood
león, leona lion, lioness
les *i.o.* to/for them, you (*pol. pl.*)
letra letter (*of the alphabet*); lyrics (*of*
    a song); **filosofía y letras**
    humanities; **letras** letters, learning
letrero sign
levantar to lift; **levantarse** to get up
    (*in the morning*); to stand up
ley *f.* law
liberar to liberate
libertad *f.* liberty, freedom
libertador(a) *adj.* liberating
libre free; available
librería bookstore
libretista *m., f.* librettist
libreto libretto; film script
libro book
licencia license; **licencia de mane-**
    jar driver's license
licenciatura college degree (*usually*
    a B.A.)
líder *m., f.* leader
liga league
ligado/a linked
ligero/a *adj.* light; **ópera ligera**
    operetta, light opera
limitación *f.* limitation
limitar to limit
límite *m.* limit
limosna *sing.* alms; charity
limpiar to clean
limpio/a clean; **pasar en limpio** to
    edit, make a clean copy
lindo/a pretty
línea line; **guardar la línea** to stay in
    good shape (*physically*); **línea**
    aérea airline
lingüista *m., f.* linguist
líquido liquid
lírico/a lyric, poetic
lista *n.* list
listo/a *adj.* ready, prepared; **estar**
    listo/a to be ready; **ser listo/a** to
    be smart, clever
literalmente literally
literario/a literary
literatura literature
liviano/a light (*weight*)
llamada call; **llamada telefónica**
    telephone call

llamado/a called
llamar to call; **llamar la atención
(a)** to call/attract attention (to);
llamarse to be called, be named
llamativo/a attention-getting
llanta tire
llave *f.* key; **llave del agua** water
faucet
llegada arrival
llegar (gu) to arrive; **llegar a** + *infin.*
to manage to (*do something*);
llegar a ser to become; **llegar a
tiempo** to arrive/be on time; **llegar tarde** to arrive/be late
llenar to fill, fill up; to fill out
llenito/a (*dimin.* of **lleno/a**) full-fig-
ured (*in reference to a person*)
lleno/a full
llevar to bring; to carry; to wear; to
take (*someone someplace*); to
bear; **llevar a cabo** to carry out,
fulfill; to perform; to complete;
llevar una dieta to be on a
healthy diet; **llevarse bien
(con)** to get along (with)
llorar to cry
llover (ue) to rain
lloviznar to sprinkle, drizzle
lluvia rain
lo *d.o.* him, it, you (*pol. sing.*); **lo** +
adj. the + (*adj.*) part, thing; that
which is + (*adj.*); **lo bueno es
que...** the good thing is that . . . ;
lo contrario the opposite, the
contrary; **lo mismo** the same
thing; **lo que** that which, what;
lo siento I'm sorry
localizar (c) to locate
locamente madly, wildly
loco/a *n.* crazy person; *adj.* silly, crazy
(*by nature*), insane
lodo mud
lógico/a logical
lograr to achieve, attain; **lograr** +
infin. to manage to (*do something*), succeed in (*doing something*)
logro success; achievement
Londres *m.* London
los *definite article m. pl.* the; *d.o.*
them, you (*pol. pl.*)
lotería lottery
luchar to fight, struggle; **luchar por**
to fight for
luego then; **hasta luego** see you

later; **luego que** as soon as
lugar *m.* place; room; **en lugar de**
instead of; **en primer lugar** first
of all; **sin lugar a dudas** without
a doubt; **tener lugar** to take
place
lunes *m. inv.* Monday
luto mourning
luz *n. f.* (*pl.* **luces**) light

M

macarena *type of dance*
madera wood
madrastra stepmother
madre *f.* mother; **Día** (*m.*) **de las
Madres** Mother's Day
madrina godmother
madrugada dawn
madurar to mature
maduro/a mature; ripe
maestría master's degree
maestro/a teacher
magia magic
magistral masterful
magistratura magistrate
magnitud *f.* greatness, magnitude
mago/a magician; **Día** (*m.*) **de los
Reyes Magos** Epiphany, Jan. 6
(*literally,* Day of the Magi)
maíz *m.* corn
mal *n.* evil; **mal** *adv.;* **caerle mal a
alguien** to make a bad impres-
sion on someone; to dislike;
pasarlo bien/mal to have a
good/bad time
mal, malo/a *adj.* bad, evil; sick, in
poor health; **hace (muy) mal
tiempo** it's (very) bad weather;
mala suerte bad luck; **sacar
malas notas/calificaciones** to
get bad grades
malanga *tuber resembling a sweet
potato*
maleta suitcase
malla net; **malla atrapanieblas**
cloud-trapping net
maltratado/a poorly treated
maltratar to mistreat
mamá mom
mambo *type of dance*
manantial *m.* spring, fountain
mandar to order, command; to send
mandato command
mando command
mandolina mandoline

manejar to drive; **licencia de manejar** driver's license
manera manner, way; **de esa/esta
manera** in that/this way; **de
manera que** so that; **de todas
maneras** whatever happens; by
all means
manga sleeve
manguera hose
manifestación *f.* manifestation;
demonstration (*protest*)
manifestar (ie) to show, demonstrate
manifiesto: poner de manifiesto to
make manifest
mano *f.* hand; **a mano** by hand;
mano de obra manual labor;
pasar la mano (por) to touch
lightly (on)
manojo handful, bunch
manotazo slap, smack, hard blow
mantener (*like* **tener**) to maintain; to
keep; to support; **mantenerse** to
keep going; to keep oneself
manuscrito manuscript
manzana apple
mañana *n.* morning; *adv.* tomorrow;
de/por la mañana in the morning; **hasta mañana** see you
tomorrow
mapuche *adj. indigenous people of
South America*
maquillaje *m.* makeup
máquina machine
maquinaria machinery
mar *m., f.* sea, ocean; **por mar y
tierra** high and low, everywhere
maravilla wonder, marvel
maravilloso/a marvelous
marca brand (*of a product*)
marcar (qu) to mark, indicate, show
marco picture frame
mareado/a dizzy; nauseated
mariachi (*m.*) *band/type of music
with trumpets, guitars, and
marimba* (*Mex.*)
marido husband
marino/a *adj.* marine, of the sea
marisco shellfish, seafood
marrón chestnut (*color*); brown
martes *m. inv.* Tuesday
marzo March
más more; **a más tardar** at the latest; **el/la más** +*adj.* the most +
(*adj.*) the _____-est; **más de** +
number more than + (*number*);

más o menos more or less; **más que/de** more than; **más que nada** more than anything; **más tarde** later; **por más que** no matter how much

máscara grotesque face or mask

masculino/a masculine

matar to kill

matemáticas *pl.* mathematics

materia course (*of study*); **materia electiva** elective subject matter

matraca rattle

matrícula registration fee; **derechos de matrícula** registration fees

matricular to enroll, register

matrimonio wedding; married couple

máximo/a chief, top; maximum

mayo May

mayor *n.* older person; *adj.* greater; older; higher; greatest; **la mayor parte (de)** the majority (of)

mayoría majority

mayormente chiefly

me *d.o.* me; *i.o.* to/for me; *refl. pron.* myself

mecánico/a *n.* mechanic; *adj.* mechanical

medalla medal

mediados *pl.*: **a mediados de** in the middle of

mediano/a average, medium

medianoche *f.* midnight

medicina medicine

médico/a *n.* doctor (*medical*); *adj.* medical; **consultorio médico** doctor's office

medida measure, means; **a medida que** at the same time as; **en la medida de lo posible** as far as possible; **tomar medidas** to take steps (*to solve a problem*)

medio *n. sing.* means, method, way; **medio de transporte** means of transportation; **por medio de** by means of; through

medio/a *adj.* average; middle; half; **medio ambiente** environment; **y media** half past (*with time*)

mediodía *m.* noon, midday

medir (i, i) to measure

meditar to meditate, think deeply

mejor better; best

mejoramiento improvement

mejorar to improve

melancolía melancholy

melocotón *m.* peach

melodía melody

melódico/a melodic

melón *m.* melon

memoria memory

memorizar (c) to memorize

mencionar to mention

menester: es menester it is necessary

menor *n.* minor, young person; *adj.* less; lesser; least; fewer; fewest; younger; youngest; **en menor grado** to a lesser extent

menos *adj.* less; fewer; *prep.* except; **a menos que** unless; **más o menos que** more or less; **nada menos que** nothing less than; **por lo menos** at least

mensaje *m.* message

mensual monthly

mente *f.* mind

mentir (ie, i) to lie, not tell the truth

mentira lie; **parece mentira** it is hard to believe

menú *m.* menu

menudo/a frequent; **a menudo** frequently

mercado market; **salir al mercado** to appear on the market

merecer(se) (zc) to deserve

merengue *m. popular national dance/music of the Dominican Republic*

mérito: certificado de mérito certificate of merit

mes *m.* month

mesa table

mestizo/a *adj.* mixed (*racially*)

meta goal

metáfora metaphor

metal *m.* metal

meteorológico/a meteorological; related to weather

meterse en to get into, enter

método method

metro meter

mexicano/a *n., adj.* Mexican

mexicoamericano/a *adj.* Mexican American

mezcla mixture

mezclar to mix

mi *poss.* my

mí *obj. of prep.* me

micrófono microphone

miedo fear; **dar miedo** to frighten; **tener miedo** to be afraid

miembro member

mientras *adv.* meanwhile; **mientras que** *conj.* while; **mientras tanto** meanwhile

miércoles *m. inv.* Wednesday

migración *f.* migration

migrante: trabajador(a) migrante migrant worker

mil (one, a) thousand

militar *verb* to fight, struggle; *n.* soldier; *adj.* military; **golpe (*m.*) de estado militar** military coup

milla mile

millón *m.* million

milonga *type of music from Argentina*

minga voluntary communal labor; crew, team

minidiálogo minidialogue

mínimo *n.* minimum

mínimo/a *adj.* minimum; minimal

minuto *n.* minute

mío/a *poss.* my, (of) mine

mirar to look at, watch

Misa de Gallo Midnight Mass

misión *f.* mission

mismo/a *pron.* same (one); *adj.* self; same; **ahora mismo** right now; **al mismo tiempo** at the same time; **hoy mismo** this very day; **lo mismo** the same thing; **sí mismo/a** oneself, itself

mitad *f.* half

mixto/a mixed

mixtura mixture

mochila backpack

moda fashion; **de moda** fashionable

modalidad *f.* kind, variety

modelo *m.* model, example

moderno/a modern

módico/a affordable

modificar (qu) to modify

modo way, manner; mode; **de modo que** so that; **de todos modos** anyway; **modo de vida** way of life

molestar to bother, annoy

molestia bother

molesto/a upset

momento moment, time; **de momento** for now; **en este momento** now, at this time; **en todo momento** at every moment

monetario/a monetary

monja nun

monje *m.* monk

montaña mountain

montar to ride; to set up; **montar a caballo** to go horseback riding

montón *m.* pile, heap

moral *n. f. sing.* morals; *adj.* moral

moreno/a dark-haired; dark-skinned; brown

morir(se) (ue, u) to die

morisca *Spanish dance that shows Moorish influence*

morisco/a *adj.* Moorish

moro/a *n., adj.* Moor

mosaico mosaic

mostrador *m.* counter

mostrar (ue) to show

motivar to motivate

motivo motive; motif (*in art forms*); reason

mover (ue) to move

movilidad *f.* mobility

movimiento movement

muchacho/a boy, girl; young man, young woman

mucho *adv.* a lot

mucho/a *adj.* much; *pl.* many; **muchas gracias** thank you very much; **muchas veces** many times; **mucho gusto** pleased to meet you

mudar(se) to move, change one's address

mueble *m.* piece of furniture

muela tooth; **tener dolor de muelas** to have a toothache

muerte *f.* death; **esquela de muerte** death announcement

muerto/a *n.* dead person; *adj.* dead; *p.p.* of **morir** died; **Día** (*m.*) **de los Muertos** Day of the Dead

mujer *f.* woman; wife; **mujer de negocios** businesswoman

multar to fine; to penalize

multifacético/a multifaceted, many-sided

múltiple multiple, many

multiplicarse (qu) to multiply

multitud *f.* multitude

mundial *adj.* world, worldwide

mundo world; **todo el mundo** everybody

muñeco doll; **muñeco de trapo** rag doll

muro wall

músculoso/a muscular

museo museum

música music

músico/a musician

musicólogo/a musicologist

mutuo/a mutual

muy very; **muy bien** very well, very good

N

nacer (zc) to be born

nacimiento birth

nación *f.* nation

nacional national

nacionalidad *f.* nationality

nada nothing, not anything; **más que nada** more than anything; **nada de eso** nothing of the kind; **nada menos que** nothing less than

nadador(a) swimmer

nadar to swim

nadie no one, not anybody, nobody

naranja orange (*fruit*)

naranjal *m.* orange grove

narración *f.* narration

narrador(a) narrator

narrativa *n.* narrative, story

narrativo/a *adj.:* **voz** (*f.*) **narrativa** narrative voice

natación *n. f.* swimming

natural natural; **recurso natural** natural resource

naturaleza nature

naturalidad *f.* naturalness

náusea nausea

nave *f.* ship; vessel; **nave espacial** space ship

Navidad *f.* Christmas

necesario/a necessary

necesidad *f.* necessity

necesitar to need; **necesitar +** *infin.* to need to (*do something*)

negación *f.* negation

negar (ie) (gu) to deny; **negarse a +** *infin.* to refuse to (*do something*); **se niega que** it is denied that

negativo/a negative

negligente negligent

negociación *f.* negotiation

negociante *m., f.* businessman, businesswoman

negocio business; **hombre** (*m.*)/**mujer** (*f.*) **de negocios** businessman, businesswoman

negrilla boldface (*type*)

negro/a *n.* African, black; *adj.* black

neolítico/a neolithic

nervioso/a nervous

nevar (ie) to snow

ni neither; nor; even; **ni... ni** neither . . . nor; **ni siquiera** not even; **ni tanto** not so much, not so well; **sin qué ni para qué** without rhyme or reason

nicaragüense *adj.* Nicaraguan

niebla fog, mist; **niebla tóxica** smog

nieto/a grandson, granddaughter; *m. pl.* grandchildren

nieve *f.* snow

ningún, ninguno/a none, not any; no; neither (of them); **en ninguna parte** not anywhere, nowhere

niñez *f.* childhood

niño/a boy, girl; child; *m. pl.* children; **de niño** as a child

no no; not; **no importa** it doesn't matter; **no tener razón** to be wrong

Nobel: Premio Nobel Nobel Prize

noche *f.* night; evening; **de/por la noche** in the evening; **Noche Vieja** New Year's Eve

Nochebuena Christmas Eve

nocivo/a noxious, harmful

nocturno/a nocturnal; of nighttime

nombrar to name

nombre *m.* name; noun

nordeste *m.* northeast

normalmente normally

noroeste *m.* northwest

norte *m.* north

Norteamérica North America

norteamericano/a *adj.* North American

nos *d.o.* us; *i.o.* to/for us; *refl. pron.* ourselves

nosotros/as *sub. pron.* we; *obj. of prep.* us

nostalgia nostalgia; homesickness

nostálgico/a nostalgic

nota note; grade (*academic*); **sacar buenas/malas notas** to get good/ bad grades

notar to note, notice; **notarse** to be evident

noticia piece of news; *pl.* news

noticiero newscast

notificar (qu) to notify

novedad *f.* novelty; surprise

novela novel

novelista *m., f.* novelist

noviembre *m.* November

novio/a boyfriend, girlfriend; fiancé(e); groom, bride

nube *f.* cloud
nublar to cloud (over)
núcleo nucleus
nuera daughter-in-law
nuestro/a *poss.* our
nuevo/a new; **de nuevo** again; **Día**
   (*m.*) **de Año Nuevo** New Year's
   Day; **¿qué hay de nuevo?**
   what's new?
numerado/a numbered
número number
numeroso/a numerous
nunca never; not ever; **casi nunca**
   very rarely
nutrirse to nourish; to encourage,
   promote

O
o or
objetivo objective; goal
objeto object; **objeto directo/indi-**
   recto direct/indirect object;
   objeto volador no identifi-
   cado (OVNI) unidentified flying
   object (UFO)
obligación *f.* obligation
obligado/a obliged, obligated; **estar**
   obligado/a to be obligated, be
   obliged
obligar **(gu)** to oblige, obligate
obligatorio/a required; **curso obliga-**
   torio required course
obra work (*of art, literature*); **mano**
   (*f.*) **de obra** manual labor
obrero/a worker; **obrero/a**
   jornalero/a day laborer
observación *f.* observation
observar to observe, watch
obstáculo obstacle
obstinado/a obstinate, stubborn
obstrucción *f.* obstruction
obtención *n. f.* obtaining
obtener (*like* **tener**) to obtain, get;
   obtener un título to graduate
obvio/a obvious
ocasión *f.* occasion
occidental *adj.* western
ochenta eighty
octubre *m.* October
ocupación *f.* occupation
ocupado/a occupied, busy
ocupar to occupy
ocurrir to occur, happen
odiar to hate
odio hatred
oeste *m.* west
oferta offer

oficial *n. m., f.* official
oficina office
ofrecer **(zc)** to offer
oído *n.* ear; inner ear
oído/a (*pp. of* **oír**) heard
oír (*irreg.*) to hear; **oye** listen,
   listen to this
ojalá **(que)** I hope (that), I wish (that)
ojeada: echar una ojeada to take a
   quick look
ojo eye; *interjection* careful
ola wave (*ocean*)
oler (*irreg.*) to smell
Olimpiadas *pl.* Olympics
olivo olive
olla pot
olvidar(se) **(de)** to forget (about)
ombligo navel
omitir to omit
opción *f.* option
ópera opera; **ópera ligera** operetta,
   light opera
opereta operetta
opinar to think, have an opinion
   about
opinión *f.* opinion
oponente *m., f.* opponent
oportunidad *f.* opportunity, chance
opresión *f.* oppression
optimista *n. m., f.* optimist; *adj.* opti-
   mistic
opuesto *n.* contrary, opposite
opuesto/a *adj.* opposite
oración *f.* sentence; prayer
orar to pray
oratorio oratory, chapel; oratorio
orden *m.* order (*chronological*)
ordinario/a common, vulgar
organización *f.* organization
organizador(a) organizer
organizar **(c)** to organize
órgano organ (*musical instrument*)
orgulloso/a proud
orientación *f.* orientation
orientado/a oriented
oriental eastern; oriental
origen *m.* origin
originar to originate
originario/a: ser originario/a de to
   originate from, be a native of
oro gold; **bodas de oro** golden
   anniversary
orquesta orchestra
ortografía *n.* spelling
os *d.o.* you (*inf. pl. Sp.*); *i.o.* to/for you
   (*inf. pl. Sp.*); *refl. pron.* yourselves
   (*inf. pl. Sp.*)

oscuridad *f.* darkness
oscuro/a dark
osito (*dimin.* of **oso**) **de peluche**
   stuffed toy bear
otoñal autumnal, relating to autumn
otoño autumn
otorgar **(gu)** to bestow, authorize
otro/a *n., adj.* other, another; **otra vez**
   again; **por otra parte** on the
   other hand; **por otro lado** on
   the other hand
OVNI (*abbrev.* for **objeto volador**
   no identificado) UFO (*abbrev.*
   for unidentified flying object)
oye listen, listen to this
ozono: capa de ozono ozone layer

P
pabellón *m.*: **Pabellón de la fama**
   Hall of Fame
paciencia patience
paciente *adj.* patient
pacífico/a peaceful
padrastro stepfather
padre father; **Día** (*m.*) **de los Padres**
   Father's Day
padrino godfather
pagar **(gu)** to pay (for)
página page
país *m.* country
paisaje *m.* countryside
paja straw
pájaro bird
palabra word
palacio palace
pálido/a pale
palmar *m.* palm grove
palmera palm tree
palomitas (*pl.*) **de maíz** popcorn
pampa pampa, prairie; **Las Pampas**
   region of Argentina
pan *m.* bread
panameño/a *n.* Panamanian
panamericano/a *adj.* Panamerican
panorama *m.* panorama
panorámico/a panoramic
panqueque *m.* pancake
pantalón *m. sing.* pants; **pantalones**
   cortos shorts
Papa *m.* Pope
papá *m.* papa, dad
papel *m.* paper; role; **desempeñar**
   un papel to play a role; **hacer el**
   papel to play the role; **papel**
   principal main role
paquete *m.* package
par *m.* pair

para *prep.* to, for, in order to; intended for; **estar para** + *infin.* to be in the mood to (*do something*); **no es para tanto** it's not that important; **para arriba** up(ward); **para eso** just for that; **para que** *conj.* so that; **para siempre** forever; **sin qué ni para qué** without rhyme or reason
parada stop; **parada de autobuses** bus stop
paraguayo/a *n.* Paraguayan
parar(se) to stop
parcial: de tiempo parcial part-time
parecer (zc) to look, seem; **parece mentira** it is hard to believe; **parecerle (a uno)** to seem (to one); **parecerse** to look alike, look like each other; **parecerse a** to resemble; **¿qué te/le parece... ?** what do you think of...?
parecido/a similar
pared *f.* wall
pareja pair; couple; member of a couple; partner (*dance*); **en parejas** in pairs
paréntesis *m. inv.:* **entre paréntesis** in parentheses
pariente *m., f.* relative
parlamento long speech (*theatrical*)
parque *m.* park
parquímetro parking meter
párrafo paragraph
parranda *type of dance*
parte *f.* part; **de/en/por todas partes** everywhere; **en ninguna parte** not anywhere, nowhere; **la mayor parte (de)** the majority (of); **por otra parte** on the other hand; **por parte de** on the part of
participación *f.* participation
participante *m., f.* participant
participar to participate
participio participle (*grammar*)
particular: en particular in particular
partido game, match
partir: a partir de + *time* from + (*time*)
pasado *n.* past
pasado/a *adj.* past, last; **el año pasado** last year; **la semana pasada** last week
pasaporte *m.* passport
pasar to spend (*time*); to happen; to

pass; **pasar en limpio** to edit, make a clean copy; **pasar la mano (por)** to touch lightly (on); **pasar por** to go through; **pasar una película** to show a movie; **pasar tiempo** to spend time; **pasarlo bien/mal** to have a good/bad time; **¿qué pasa?** what's going on? **¿qué te/le pasa?** what's the matter with you?
pasatiempo pastime, hobby
Pascua Easter; **Domingo de Pascua** Easter Sunday
pasear to go for a walk
paseo walk, stroll; **dar un paseo** to take a walk; **dar un paseo en carro** to go for a drive; **ir de paseo** to go for a walk
pasión *f.* passion
pasividad *f.* passivity
pasivo/a passive
paso step (*dance*); pace; passage
pasodoble *m. type of dance*
pastel *m.* pastry; pie, cake
pasto grass
patente *f.* patent
patinaje *n. m.* skating; **pista de patinaje** skating rink
patineta skateboard
patio patio; **patio de recreo** playground
pato duck
patojo/a child; sweetheart (*Central America*)
patria country, homeland
patronizador(a) patron, sponsor
pausar to slow down; to interrupt
paz *f.* (*pl.* **paces**) peace
peatón, peatona pedestrian; **cruce (m.) de peatones** pedestrian crosswalk
peculiaridad *f.* peculiarity
pedagogía education
pediatría *sing.* pediatrics
pedir (i, i) to ask for, request; **pedir permiso** to ask for permission; **pedir un favor** to ask for a favor
peinar to comb
pelea fight
pelearse to fight with each other
película movie; **pasar una película** to show a movie
peligro danger; **en peligro de extinción** dying out, becoming extinct
peligroso/a dangerous

pelo hair
peluche *m.:* **osito** (*dimin.* of **oso**) **de peluche** stuffed toy bear; **perrito** (*dimin.* of **perro**) **de peluche** stuffed toy dog
pena pain, agony; **¡qué pena!** what a shame!; **vale la pena** it is worthwhile
penetrar (en) to go (into)
península peninsula
penoso/a painful
pensamiento thought
pensar (ie) to think; **pensar** + *infin.* to plan to (*do something*); **pensar de** to think about; to have an opinion about; **pensar en** to think about; to focus on; **pensar que** to think that; **pensarlo** to think about it
pensativo/a thoughtful
peña cliff; club, gathering place
peor worse; worst
pequeño/a *n.* child; *adj.* small
pera pear
percusión *f.* percussion; **instrumento de percusión** percussion instrument
percusionista *m., f.* percussionist
perder (ie) to lose
perdido/a lost, confused
perdón *m.* pardon; pardon/excuse me
perdonar to excuse; to forgive
perdurable enduring, lasting
peregrinación *f.* journey, pilgrimage
perfecto/a perfect
periódico newspaper
periodismo journalism
periodista *m., f.* journalist
perla pearl
permanecer (zc) to remain
permanente permanent
permiso permission; **pedir permiso** to ask for permission
permitir to permit, allow
pero but
perrito (*dimin.* of **perro**) **de peluche** stuffed toy dog
perro/a dog
perseguido/a pursued
perseverancia perseverance
persona person
personaje *m.* character (*in a work of literature*)
personalidad *f.* personality
perspectiva perspective
persuadir to persuade
persuasión *f.* persuasion

pertenecer (zc) to belong
pertenencias *pl.* belongings
peruano *n., adj.* Peruvian
pesar: a pesar de in spite of
pesas: levantar pesas to lift weights
pescado fish (*caught*)
pescar (qu) to fish; **ir a pescar** to go fishing
pesimista *n. m., f.* pessimist; *adj.* pessimistic
peso weight
petróleo petroleum; oil
pez *m.* (*pl.* **peces**) fish (*live*)
pianista *m. f.* pianist
pico: sombrero de tres picos three-cornered hat
pie *m.* foot; *pl.* feet; **estar de pie** to be standing
piedra rock
pierna leg
piloto *m., f.* pilot
pintar to paint; to depict
pintor(a) painter
pintura painting
piña pineapple
pirámide *f.* pyramid
pirata *m., f.* pirate
pirotécnico/a: fuegos pirotécnicos fireworks
pisar to step on
piscina swimming pool
pista de carreras racetrack; **pista de patinaje** skating rink
pistola gun, pistol
pistolita (*dimin.* of **pistola**) **de agua** water pistol
pizarra chalkboard
pizarrón *m.* blackboard
placa license plate
placentero/a pleasant
placer *m.* pleasure
plan *m.* plan
planear to plan
planeta *m.* planet
planificación *f.* planning
plano: en el primer plano in the forefront
planta plant
plantar to plant
plantear to set forth, raise a question
plástico *n.* plastic
plata silver; **bodas de plata** silver anniversary
platillo culinary dish
plato plate; culinary dish
playa beach
playera sports shirt; T-shirt

playero/a *adj.* beach-related
plazo: a largo plazo in the long run
pleno/a full, complete
pluscuamperfecto pluperfect (*verb tense*)
poblado/a settled, populated
poblar (ue) to settle; to inhabit
pobre *n. m., f.* poor person; *adj.* poor; unfortunate
pobreza poverty
poco *adv.* few; little; **dentro de poco** within a short time; **poco a poco** little by little; **poco después** a bit later; **un poco (de)** a little
poco/a *adj.* little; *pl.* few
poder *verb* (*irreg.*) to be able to, can; **poder** + *infin.* to be able to (*do something*)
poder *n. m.* power; **poder adquisitivo** buying power
poema *m.* poem
poesía poetry
poeta *m., f.* poet
poético/a poetic
policía *m., f.* police officer; *f.* police (force)
policromado/a multicolored
política *sing.* politics; policy
político/a *n.* politician; *adj.* political
pollo chicken
polvo dust
poner (*irreg.*) to put, place; to put on; to put up; to show (*film*); **poner al día** to update; **poner atención** to pay attention; **poner de manifiesto** to make manifest; **ponerse** + *adj.* to get, become + (*adj.*); **ponerse a** + *infin.* to begin to (*do something*); **ponerse de acuerdo (sobre)** to agree (on); **ponerse la ropa** to put on clothes
popularidad *f.* popularity
popularizar (c) to popularize
poquito (*dimin.* of **poco**): **un poquito** slightly; **un poquito de** a small amount of
por by; for; through; toward; per; still to be; due to; **darse por vencido** to give up, surrender; **estar por** + *infin.* to be in favor of (*doing something*); **por acá** through here, around here; **por aquí** around here, this way; **por completo** completely; **¿por cuánto?** for how much?; **por**

dentro on the inside; **por desgracia** unfortunately; **por ejemplo** for example; **por eso** for that reason; **por falta de** for lack of; **por favor** please; **por fin** finally; **por la mañana/tarde/noche** in the morning/afternoon/evening/at night; **por lo general** in general; **por lo menos** at least; **por lo tanto** therefore, for this reason; **por lo visto** evidently; **por mar y tierra** high and low, everywhere; **por más que** no matter how much; **por medio de** by means of; through; **por otra parte** on the other hand; **por otro lado** on the other hand; **por parte de** on the part of; **por primera vez** for the first time; **¿por qué?** why?; **¿por qué no?** why not?; **por regla** as a rule; **por si acaso** just in case; **por suerte** luckily; **por supuesto** of course; **por teléfono** by telephone; **por todas partes** everywhere; **por todos lados** everywhere; **por último** finally
porcentaje *m.* percentage
poroto kidney bean
porque because, since, for
portada cover (*of a publication*)
porteño/a *n.* inhabitant of Buenos Aires
portugués *n. m.* Portuguese (*language*)
portugués, portuguesa *n. adj.* Portuguese
posada inn, lodging
poseer (y) to possess
posesión *f.* possession
posesivo/a possessive
posibilidad *f.* possibility
posible possible; **en la medida de lo posible** as far as possible
posición *f.* position
positivo/a positive
posterior later; subsequent; rear
postre *m.* dessert
potable potable, drinkable; **agua** (*f. but* **el agua**) **potable** drinking water
práctica practice
practicar (qu) to practice; **practicar un deporte** to play a sport
práctico/a practical
preagrupar to group in advance

precaución *f.* precaution

preciclar to precycle (*before recycling*)

precio price

preciso/a exact; **es preciso** it is necessary

predecir (*like* **decir**) to predict

predilecto/a favorite

predominar to predominate

preferencia preference; **de preferencia** preferably

preferible preferable

preferido/a favorite

preferir (**ie, i**) to prefer

prefijo prefix

pregonero town crier

pregunta question; **hacer preguntas** to ask questions

preguntar to ask (*a question*); **preguntar por** to ask for, inquire for

prehistórico/a prehistoric

preliminar preliminary

premiar to reward; to give a prize to

premio prize; **Premio Nobel** Nobel Prize

prender to turn on, light (*the light*); to catch; to arrest; **prender fuego** to set fire

prensa press (*news*); **Prensa asociada** Associated Press

preocupación *f.* concern, worry

preocupado/a worried

preocupar to worry; to cause (*someone*) to worry; **preocuparse (de)** to be worried (about)

preparación *f.* preparation

preparar to prepare

preparativos *pl.* preparations

preparatoria junior college (*in some countries*) (*offers lower division requirements for university-bound students*)

preposición *f.* preposition

prescindir to do without

presencia presence

presentación *f.* presentation; introduction

presentar to present; to introduce (*one person to another*)

presente *n. m.; adj.* present; **tener presente** to have/keep in mind

preservar to preserve

presidente, presidenta president

presión *f.* pressure

presionado/a pressured, pressed

preso prisoner

prestar to lend; **prestar atención** to pay attention

prestigioso/a prestigious

pretérito preterite (*verb tense*)

prevenir (*like* **venir**) to prevent

prever (**preveo**) (*p.p.* **previsto/a**) to foresee

previo/a prior; previous

primario/a primary; **(escuela) primaria** elementary school

primavera *n.* spring (*season*)

primaveral *adj.* spring

primer, primero/a first; **en el primer plano** in the forefront; **en primer lugar** first of all; **por primera vez** for the first time

primitivo/a primitive

primo/a cousin; **primo/a hermano/a** first cousin

primordial fundamental

principal principal; **papel** (*m.*) **principal** main role

principio beginning; **a principios de** at the beginning of; **al principio** at the beginning

principito (*dimin. of* **príncipe**) little prince

prioridad *f.* priority

prisa hurry, haste; **estar de prisa** to be in a hurry; **tener prisa** to be in a hurry

privado/a private

privilegiado/a privileged, favored

pro: en pro de on behalf of

probabilidad *f.* probability

problema *m.* problem

problemático/a problematic

proceder (de) *verb* to come (from); to originate (in)

proceder *n. m.* procedure, manner of doing

proceso process; trial

producción *f.* production

producto product; **producto lácteo** dairy product

productor(a) *adj.* producing

profesión *f.* profession

profesional professional

profesor(a) professor

profesorado faculty

profundizar (**c**) (**en**) to delve deeply (into)

profundo/a deep; profound

programa *m.* program

progresar to make progress; to progress

progresivo/a progressive

progreso progress

prohibir (**prohíbo**) to prohibit

prolongado/a prolonged; lengthy

promedio average (*GPA*)

promesa promise

prometer to promise

prometido/a fiancé(e)

promover (**ue**) to promote

pronombre *m.* pronoun; **pronombre de complemento/objeto directo/indirecto** direct/indirect object pronoun (*grammar*); **pronombre demostrativo** demonstrative pronoun (*grammar*)

pronto *adv.* soon; **de pronto** soon; **hasta pronto** see you soon

pronto/a *adj.* ready;

pronunciación *f.* pronunciation

pronunciar to pronounce

propagar (**gu**) to propagate (*disseminate an idea*)

propina tip (*for a service*)

propio/a (*one's*) own

proponer(se) (*like* **poner**) (*p.p.* **propuesto/a**) to propose

propósito aim, purpose; **a propósito** by the way, incidentally

propuesta proposal

prosa prose

protagonista *m., f.* protagonist

protección *f.* protection

proteger (**j**) to protect

proteína protein

protesta protest

protestar to protest

proveer (**y**) to provide

provincia province, region

provocar (**qu**) to provoke

próximamente shortly, soon

próximo/a next, following

proyecto project; plan

proyector *m.* projector

prueba test

psicológico/a psychological

psicólogo/a psychologist

publicación *f.* publication

publicar (**qu**) to publish

publicidad *f.* publicity

público *n.* public

público/a *adj.* public; **bienestar** (*m.*) **público** public well-being; **salud** (*f.*) **pública** public health; **teléfono público** telephone booth

pudiente well-to-do

pueblo town; people, nation

puente *m.* bridge

puerta door

puerto (sea)port

puertorriqueño/a *n., adj.* Puerto Rican

pues well, well then

puesto *n.* position, job

puesto/a (*p.p.* of **poner**) placed, put; **puesto que** because, since

punto point; **anotar puntos** to score points; **en punto** exactly (*time*); **punto culminante** high point; **punto de vista** point of view

puntual prompt; punctual

pupitre *m.* student's desk

purificar (**qu**) to purify

Q

que that, which; than; **a medida que** at the same time as; **a menos que** unless; **ahora que** *conj.* now that; **así que** so (that), with the result of; **de modo que** so that; **lo que** that which, what; **mientras que** *conj.* while; **nada menos que** nothing less than; **para que** *conj.* so that **puesto que** because, since; **ya que** *conj.* since

qué: sin qué ni para qué without rhyme or reason

¿qué... ? what . . .?; **¿qué tal?** what's new?; **¿qué te/le parece...?** what do you think of . . .?

qué bueno que how great that; **¡qué gusto!** what a pleasure!

quebradita *type of dance*

quechua *m.* Quechua (*language*) (*indigenous to Ecuador; Bolivia, and Peru*)

queda: toque (*m.*) **de queda** curfew

quedar(se) to remain, stay; to fit; to be; **no quedar más remedio** not to have any other choice

quehacer *m.* chore

quejarse (**de**) to complain (about)

quemado/a burned

quemar to burn

querer (*irreg.*) to want, wish; to love; **querer decir** to mean

querido/a dear; beloved; **scr** (*n. m.*) **querido** loved one

quien(es) who, whom; **sean quienes sean** whoever they may be

¿quien(es)? who?, whom?

quinto/a fifth

quitar(se) to take away, remove;

quitarse la ropa to undress, take off clothing

quizá(s) perhaps

R

radical *n. m.* root (*of a verb*)

radicarse (**qu**) (**en**) to live (in)

radio *m.* radio (*receiver*); *f.* radio (*medium*)

radiografía X-ray; **técnico/a de radiografías** X-ray technician

raíz *f.* (*pl.* **raíces**) root (*plant or tree*)

rama branch

ranchero rancher, farmer

rápido *adv.* fast; quickly

rápido/a *adj.* rapid, fast

raqueta racket

raramente rarely

raro/a strange

rasgo feature, characteristic

rato (short) time, while

rayo ray; **técnico/a de rayos X** X-ray technician

raza race (*of people*)

razón *f.* reason; **con razón** understandably, with good reason; **no tener razón** to be wrong; **tener razón** to be right

razonable reasonable

reabrir (*p.p.* **reabierto/a**) to reopen

reacción *f.* reaction

reaccionar to react

reafirmación *f.* reaffirmation

reafirmar to reaffirm

real real; royal; **Real Academia de la Lengua Española** Royal Academy of the Spanish Language

realidad *f.* reality

realizar (**c**) to attain, achieve a goal; to carry out

rebelde rebellious

rebonito/a very pretty

rebueno/a very good

recámara bedroom

recaudación *f.* recovery; collection

recaudar to recover; to collect

recelo fear; mistrust, suspicion; **con recelo** suspiciously

recepción *f.* reception; front desk

receta recipe

rechazar (**c**) to reject, refuse

recibir to receive; **recibirse** to graduate (*Mex.*)

reciclaje *n. m.* recycling

reciclar to recycle

recién + *p.p.* recently, newly (+ *p.p.*)

reciente new, recent

recipiente *m.* container

recíproco/a reciprocal

reclinarse to lean (back); to recline

reclutar to recruit; to round up

recobrar to recover

recoger (**j**) to collect; to pick up; to take in

recomendación *f.* recommendation

recomendar (**ie**) to recommend

reconciliación *f.* reconciliation

reconciliarse to make peace

reconocer (**zc**) to recognize

reconocimiento recognition

reconstruir (**y**) to reconstruct

recordar (**ue**) to remember

recrear to recreate

recreativo/a recreational

recreo: patio de recreo playground

recuerdo memory; remembrance; souvenir

recuperar to recover, retrieve

recurrente recurring

recurrir (**a**) to appeal (to); to resort (to)

recurso resource; **recurso natural** natural resource

redacción *f.* editorial office

redactor(a) editor

redondo/a round

reducir (*like* **conducir**) to reduce

reemplazar (**c**) to replace

reescribir (*p.p.* **reescrito/a**) to rewrite

reexaminar to reexamine

refácil very easy

referencia reference

referirse (**ie, i**) (**a**) to refer (to)

refinar to refine

reflejar to reflect

reflexionar to reflect on, think about

reflexivo/a reflexive

reforestación *f.* reforestation

reforestar to reforest

reforma *n.* reform

refresco soft drink

refrigeración *f.* refrigeration

refugiado/a *n.* refugee

refutar to refute

regalar to give as a gift

regalo gift

regañar to scold

regar (**ie**) (**gu**) to water

regatear to bargain

región *f.* region

registrar to record

regla rule; **por regla** as a rule

reglamento *sing.* rules; regulations

regresar to return

regreso: de regreso *adj.* return

regular fair, so-so; regular; average

regularidad *f.* regularity

reír(se) (i, i) (de) to laugh (at)

relación *f.* relationship

relacionado/a (con) related (to)

relacionar to relate

relativo/a *adj.* relative

relato account, story

religión *f.* religion

religioso/a religious

relleno/a stuffed

reloj *m.* clock; watch

remedio remedy; **no quedar más remedio** not to have any other choice

remolacha beet

remoto/a remote

renacimiento rebirth; Renaissance

renombrado/a renowned

renta income

renunciar a to renounce; to give up on

reorganizar (c) to reorganize

reparación *f.* repair

reparar to repair, fix

repartir to distribute, hand out

repente: de repente suddenly

repertorio repertoire

repetición *f.* repetition

repetido/a repeated

repetir (i, i) to repeat

repleto/a (de) full (of)

repollo cabbage

reporte *m.* report, piece of news

reportero/a reporter

reposar to rest, repose

represa dam; reservoir

representación *f.* representation

representante *m. f.* representative

representar to represent

representativo/a *adj.* representative

reprimir to repress

reproducir (zc) to reproduce

república republic; **República Dominicana** Dominican Republic

requisito *n.* prerequisite

res *f.*: **carne** (*f.*) **de res** beef

rescatar to redeem; to rescue

rescate *m.* recovery; rescue

reseña outline, sketch

reserva reserve

reservación *f.* reservation

resfriado *n.* cold (*illness*); **tener un**

resfriado to have a cold

resfrío *n.* cold (*illness*)

resguardar to preserve

residente *n. f.* resident; *adj.* residing

residir to reside

resistir to resist

resolver (*p.p.* **resuelto/a**) to solve

respectivo/a respective

respecto: con respecto a with respect to; **respecto a** with respect to

respetar to respect

respeto respect

respetuoso/a respectful

respirar to breathe

responder to answer

responsabilidad *f.* responsibility

responsable responsible

respuesta answer

restante *adj.* remaining

restar to deduct, subtract

restaurante *m.* restaurant

restaurar to restore

resto rest, remainder

resultado result

resultar to result; to prove to be

resumen *m.* summary

resumir to summarize

retener (*like* **tener**) to retain

retirado/a secluded, remote

reto challenge

reunión *f.* meeting

reunir (reúno) to unite, assemble; **reunirse** to meet, get together

reusar to reuse

revalidación *f.* revalidation

revelar to reveal

reventar (ie) to explode

reverdecer (zc) to grow green again

revisar to check; to review

revista magazine

revolución *f.* revolution

rey *m.* king; **Día** (*m.*) **de los Reyes Magos** Epiphany, Jan. 6 (*literally,* Day of the Magi)

rico/a *n.* rich person; *adj.* rich

ridículo/a ridiculous

riel *m.* track (*train*)

riguroso/a severe, harsh

rincón *m.* corner

riña quarrel

río river

riqueza *sing.* riches, wealth

rítmico/a rhythmic

ritmo rhythm

rito rite, practice

ritual *n. m.; adj.* ritual

rizado/a curly

robar to rob, steal

robo hold-up, mugging

rock *m.* rock music

rodante: teatro rodante traveling theater troupe

rodear to surround

rodeo round-up: **Rodeo de cognados** Round-up of Cognates

rogar (ue) (gu) to ask; to beg

rojo/a red

romance *m.* ballad; **romance fronterizo** *poetry from a border region*

romancero collection of poems

romano/a *n.* Roman

romántico/a romantic

romper(se) (*p.p.* **roto/a**) to break

ropa clothing; **ponerse la ropa** to dress, put on clothing; **quitarse la ropa** to undress, take off clothing

roquero rock musician

rostro face

roto/a (*p.p.* of **romper**) broken

rotundo/a categorical, firm, absolute

rubio/a *n., adj.* blond

ruido noise

ruidoso/a noisy

ruina ruin

rumba *type of dance*

rumbo direction; **rumbo a** bound for

rumor *m.* murmur

ruptura break

ruta route

rutina routine

S

sábado Saturday

saber (*irreg.*) to know; to find out about; **saber + *infin.*** to know how to (*do something*); **saberse** to be known

saber *n. m.* knowledge

sabio/a wise

sabor *m.* flavor, taste

sabroso/a delicious, tasty

sacar (qu) to take out; to get, receive (*grade*); **sacar buenas/ malas calificaciones/notas** to get good/bad grades; **sacar la basura** to take out the trash

sacrificar (qu) to sacrifice

sacrificio sacrifice

sagrado/a sacred, holy

sal *f.* salt
sala room
salario salary
salida exit, exodus; departure
salir (*irreg.*) to leave, to go out; to appear; **salir a** + *infin.* to go or come out to (*do something*); **salir a bailar** to go out dancing; **salir al mercado** to appear on the market; **salir de gira** to go on tour
salón *m.* room; **baile** (*m.*) **de salón** ballroom dance; **salón de clase** classroom
salsa salsa (*music*)
salsero/a salsa music player
saltar to jump
salto jump; **salto de trampolín** dive
salud *f.* health; **salud pública** public health; **tener buena salud** to be in good health
saludable healthy
saludar to greet, say hello
saludo greeting
salvación *f.* salvation
salvadoreño/a *n., adj.* Salvadoran
salvar to save (*from danger*)
samba *type of dance*
san, santo/a saint; **día** (*m.*) **del santo** saint's day; **Día** (*m.*) **de Todos los Santos** All Saints' Day; **Semana Santa** Holy Week (*Easter Week*); **Viernes Santo** Good Friday
sandía watermelon
sangre *f.* blood
sano/a healthy
sarabanda *type of dance*
satisfacción *f.* satisfaction
satisfacer (*irreg.*) to satisfy
satisfactorio/a satisfactory
satisfecho/a (*p.p.* of **satisfacer**)
se one; *refl. pron.* herself, himself, itself, themselves, yourself (*pol. sing.*), yourselves (*pol. pl.*)
sea: o sea that is; **sea como sea** be that as it may; **sean quienes sean** whoever they may be; **ya sea...** whether it be ...
sección *f.* section
seco/a dry
secretario/a secretary
secreto *n.* secret
sector *m.* sector
secuencia sequence
secundario/a secondary; **argumento secundario** subplot; (**escuela**)

secundaria high school
sed *f.* thirst; **tener sed** to be thirsty
seda silk
sede *f.* seat; headquarters
seducir (*like* **conducir**) to seduce
seguida: en seguida immediately
seguidilla *flamenco dance and musical form*
seguir (**i, i**) (**g**) to follow (*one's partner*); to continue; **seguir** + *present participle* to go on (*doing something*)
según according to
segundo *n.* second
segundo/a *adj.* second
seguridad *f.* safety; assurance
seguro/a sure; safe; **seguro que** surely, certainly
seiscientos/as six hundred
selección *f.* selection, choice
seleccionar to select
selecto/a select
selva jungle
semáforo traffic light
semana week; **a la semana** per week; **cada semana** each/ every week; **fin** (*m.*) **de semana** weekend; **la semana pasada** last week; **Semana Santa** Holy Week (*Easter Week*)
semanal weekly
sembrar (**ie**) to sow
semejanza similarity
semestre *m.* semester
semiactivo/a semiactive
senador(a) senator
sencillo/a simple; **habitación** (*f.*) **sencilla** single room
sendero path; track
sensación *f.* sensation
sensible sensitive
sensiblero/a overly sensitive
sentado/a seated; **estar sentado/a** to be seated, sitting down
sentarse (**ie**) to sit down
sentencia verdict, judgment
sentido sense; meaning; **sentido común** common sense; **tránsito de doble sentido** two-way traffic
sentimiento sentiment, feeling
sentir(se) (**ie, i**) to feel; to be sorry; **lo siento** I'm sorry
seña mark
señal *f.* sign; signal; mark
señalar to point out
señor (**Sr.**) *m.* sir; gentleman; Mr.; master

señora (**Sra.**) woman; Mrs.; wife; mistress of the house
señorita (**Srta.**) young woman; Miss
separación *f.* separation
separado/a seperated
separar to separate
septiembre *m.* September
sequía drought
ser *n. m.* (*human*) being, creature; **ser humano** human being; **ser querido** loved one
ser (*irreg.*) *verb* to be; **llegar a ser** to become; **no es cierto** it is uncertain; (**no**) **es claro** (**que**) it is (not) clear (that); **o sea** that is; **sea cual sea** whatever might be; **sean quienes sean** whoever they may be; **ser listo/a** to be smart, clever; **ser originario/a de** to originate from, be a native of; **ya sea...** whether it be ...
serenata serenade
serenidad *f.* serenity
serie *f. sing.* series
serio/a serious
servicio service
servilleta napkin
servir (**i, i**) (**de**) to serve (as), be useful (as)
sesenta sixty; **años sesenta** the sixties
setenta seventy
sexo sex
sexto/a sixth
si if
sí yes
sí *pron.*: **en sí** in itself; **sí mismo/a** oneself, itself
sicología psychology
sicológico/a psychological
sidra cider
siembra *n.* sowing, planting
siempre always; **para siempre** forever
sierra mountain range
siesta nap; **dormir la siesta** to take a nap
siglo century
significado meaning
significar (**qu**) to mean
significativo/a significant
siguiente following, next
silenciador *m.* muffler
silenciar to silence
silencio silence
silencioso/a silent
silla chair
sillón *m.* armchair
silvicultura forestry

simbolizar (c) to symbolize
símbolo symbol
simpático/a friendly, nice
simplemente simply
simultáneo/a simultaneous
sin without; **sin duda** without a doubt; **sin embargo** however; **sin lugar a dudas** without a doubt; **sin que** *conj.* without; **sin qué ni para qué** without rhyme or reason
sincero/a sincere
sinfín *m.* endless number
sinfónico/a symphonic
singular singular, exceptional
sino (que) but, rather
sinónimo *n.* synonym
sinónimo/a *adj.* synonymous
síntoma *m.* symptom
sinusitis *f.* sinusitis
siquiera: ni siquiera not even
sistema *m.* system
sitio place, location
situación *f.* situation
situado/a located
sobras *pl.* leftovers
sobre upon, on; above; **sobre todo** above all, especially
sobreutilización *f.* overuse
sobrevivir to survive
sociedad *f.* society
sociología sociology
sociopolítico/a sociopolitical
sofisticado/a sophisticated
sol sun; **hace (mucho) sol** it's (very) sunny
solamente only
soldado soldier
soledad *f.* solitude
soler (ue) + *infin.* to be in the habit of, be accustomed to (*doing something*)
solicitar to ask for, request
sólido/a solid
solitario/a lonely
sólo *adv.* only
solo/a *adj.* alone; lonely; sole; by itself; **a solas** alone, by oneself
soltar (ue) (*p.p.* **suelto/a**) to release, let go
solución *f.* solution
solucionar to solve
sombra shadow
sombrero hat; **sombrero de tres picos** three-cornered hat
someter to submit
sonar (ue) to sound

sonido sound
sonreír (i, i) to smile
sonrisa smile
soñar (ue) (con) to dream (about)
sopa soup
soprano *n. f.* soprano
Sor Sister (*religious order*)
sorprendente surprising
sorprender to surprise
sorprendido/a surprised
sorpresa *n.* surprise
sorpresivo/a surprising
sostener (*like* **tener**) to support
Sr. (*abbrev.* for **señor**) Mr.
Sra. (*abbrev.* for **señora**) Mrs.
Srta. (*abbrev.* for **señorita**) Miss
su *poss.* his, her, its, their, your (*pol. sing., pl.*)
subir to go up, climb; to get on
subjuntivo subjunctive (*verb mood*)
subrayar to underline
subtema *m.* subtheme
suceder to happen, come to pass
sucesión *f.* succession
suceso event, happening
sucio/a dirty
sucursal *f.* branch office
Sudamérica South America
sueco/a *n.* Swedish
suegro/a father-in-law, mother-in-law
suelo ground, soil; surface
suelto/a loose
sueño sleep; dream; **tener sueño** to be sleepy
suerte *f.* luck; **buena/mala suerte** good/bad luck; **por suerte** luckily; **tener suerte** to be lucky
suéter *m.* sweater
suficiente sufficient
sufijo suffix
sufrir to suffer; to bear, put up with
sugerencia suggestion
sugerir (ie, i) to suggest
suma sum; essence
sumamente extremely
superar to surpass; to overcome
súper great
superintendente *m. f.* superintendent
superior upper; higher; top
superlativo *n.* superlative (*grammar*)
supervisar to supervise
supervisor(a) supervisor
supervivencia survival
suponer (*irreg.*) (*p.p.* **supuesto/a**) to suppose
supremo/a supreme
supuesto/a: por supuesto of course

sur *m.* south
sureño/a southern
sureste *m.* southeast
surgir (j) to spring up, arise
suroeste *m.* southwest
surrealista *n. m., f.* surrealist
suspenso suspense
sustancia substance
sustantivado/a transformed into a noun
sustantivo noun
sustentable viable, sustainable
sustituir (y) to substitute
sustituto/a *n., adj.* substitute
suyo/a *poss.* his, of his, her, of hers; your, of yours (*pol. sing., pl.*)

T

tabaco tobacco
tabla table, chart
tablao flamenco show
tacaño/a stingy
tachar to cross out
tacón *m.* heel; **zapato de tacón alto** high-heeled shoe
tal such (a); **con tal (de) que** provided that; **¿qué tal?** what's new?; **tal como** such as; **tal vez** perhaps
talar to cut down (*trees or wood*)
talento talent
talentoso/a talented
tallar to carve
tamaño size
también also
tambor *m.* drum
tamborilero/a drummer
tampoco neither, not either
tan so; **tan... como** as . . . as; **tan pronto como** as soon as
tango *type of dance from Argentina*
tanque *m.* tank
tanto *adv.* such; *adv.* so much; so; **mientras tanto** meanwhile; **ni tanto** not so much, not so well; **no es para tanto** it's not that important; **por lo tanto** therefore, for this reason; **tanto como** as much as; as often as; **tanto... como . . .** as well as . . . **tanto(s)/tanta(s) . . . como** as much/many . . . as
tapa cover
tapar to cover
taquilla box office
taquillero/a successful (*at the box office*)

tardar + *time* **en** + *infin.* to take (*time*) to (*do something*); **a más tardar** at the latest

tarde *n. f.* afternoon; *adv.* late; **de/por la tarde** in the afternoon; **llegar tarde** to arrive/be late; **más tarde** later

tarea task; homework

tarjeta card

tatarabuelo/a great great-grandfather, great great-grandmother

taza cup

te *d.o.* you (*inf. sing.*); *i.o.* to/for you (*inf. sing.*); *refl. pron.* yourself (*inf. sing.*)

teatral theatrical

teatro theater; **teatro rodante** traveling theater troupe

techo roof

técnica technique

técnico/a *n.* technician; *adj.* technical; **técnico/a de rayos X (radiografías)** X-ray technician

tecnología technology; **alta tecnología** high technology

tecnológico/a technological

tejano/a *n., adj.* Texan

tela cloth

telefónico/a *adj.* telephone; **cabina telefónica** telephone booth; **llamada telefónica** telephone call

teléfono telephone; **por teléfono** on the telephone, by telephone; **teléfono público** telephone booth

telegrama *m.* telegram

televidente *m., f.* television viewer

televisión *f.* television

telón *m.* curtain (*theater*)

tema *m.* theme, topic

temática collection of themes/ subjects

temblar (ie) to tremble

temer to fear, be afraid of

temible fearful, terrible

temperatura temperature

tempestad *f.* storm

tempestuoso/a stormy

templo temple

temporada season

tenacidad *f.* tenacity

tendencia tendency

tener (*irreg.*) to have; **no tener razón** to be wrong; **tener... años** to be ... years old; **tener buena salud** to be in good health; **tener buena/mala**

suerte to have good/bad luck; **tener calor** to be warm, feel warm; **tener celos** to be jealous; **tener cuidado** to be careful; **tener derecho (a)** to have the right (to); **tener dolor (de cabeza, de muelas, etcétera)** to have a headache, toothache, etc.; **tener en cuenta** to have in mind, keep in mind; **tener éxito** to be successful; **tener frío** to be cold; **tener ganas de** + *infin.* to feel like (*doing something*); **tener gripe** to have the flu; **tener hambre** to be hungry; **tener la culpa** to be at fault, be blamed; **tener lástima (de)** to feel pity (for); **tener lugar** to take place; **tener miedo** to be afraid; **tener presente** to have/keep in mind; **tener prisa** to be in a hurry; **tener que ver con** to have to do with; **tener razón** to be right; **tener sed** to be thirsty; **tener sueño** to be sleepy; **tener suerte** to be lucky; **tener tiempo** to have time; **tener trato con** to have a relationship/dealings with; **tener un resfriado** to have a cold; **tener vergüenza** to be ashamed

tenis *m.* tennis

tenista *m., f.* tennis player

tenor *m.* tenor

tensión *f.* tension

tentado/a tempted; **estar tentado/a** + *infin.* to be tempted to (*do something*)

teoría theory

terapia therapy

tercer, tercero/a third

terco/a obstinate, stubborn

terminación *f.* ending

terminado/a (en) ending (in)

terminar to end; to finish; **terminar en** to end in

terminología terminology

ternura tenderness

terremoto earthquake

terreno: ganar terreno to make progress

terror *m.* terror

tertulia social gathering, get-together

tesis *f.* thesis

tesorería treasury

tesorero/a treasurer

tesoro treasure

testimoniar to testify to, bear witness to

testimonio testimony, evidence

textil *adj.* textile

texto text

ti *obj. of prep.* you (*inf. sing.*)

tiempo time; weather; verb tense (*grammar*); **a tiempo** on time; **al mismo tiempo** at the same time; **con el correr del tiempo** with the passage of time; **¿cuánto tiempo hace que... ?** how long has it been since ...?; **de tiempo parcial** part-time; **hace (muy) buen tiempo** it's (very) nice weather; **hace (muy) mal tiempo** it's (very) bad weather; **llegar a tiempo** to arrive/be on time; **pasar tiempo** to spend time; **tener tiempo** to have time

tienda store

tierno/a tender

tierra earth; land; ground; **por mar y tierra** high and low, everywhere

tigre *m.* tiger

tímido/a timid

tío/a uncle, aunt

típico/a typical

tipificar (qu) to characterize

tipo type, kind

tipografía typography

tira cómica comic strip

tirar to throw

titulado/a entitled

titularse to be called

título title, degree (*academic*); **obtener un título** to graduate

toalla towel

tobillo ankle

tocar (qu) to touch; to play (*a musical instrument, music*)

todavía still, yet

todo/a *n. m.* all, everything; **con todo** nevertheless; **sobre todo** above all, especially

todo/a *adj.* all, every; **de todas maneras** whatever happens; by all means; **de todos modos** anyway; **Día** (*m.*) **de Todos los Santos** All Saints' Day; **en todo momento** at every moment; **por todas partes** everywhere; **por todos lados** everywhere; **todo el año** all year long; **todo el día** all day long; **todo el mundo** everybody; **todos los**

años every year; **todos los días** every day

tolerante tolerant

tomar to take; to drink; **tomar apuntes** to take notes; **tomar café** to drink coffee; **tomar conciencia** to become aware; **tomar medidas** to take steps (*to solve a problem*); **tomar una decisión** to make a decision

tono tone

tontería foolishness

tópico topic

toque *m.*: **toque de queda** curfew

torcer(se) **(ue)** **(z)** to twist, wring

tormenta storm

torneo tournament

toro bull; **corrida de toros** bullfight

torre *f.* tower

tortuga turtle

tos *f.* cough

tostada fried tortilla (*Mex.*); toast (*Sp.*)

total *m.* total; **en total** in all

totalmente completely, totally

tóxico/a toxic; **niebla tóxica** smog

trabajador(a) *n.* worker; *adj.* hardworking; **trabajador(a) migrante** migrant worker

trabajar to work

trabajo job; work; paper (*academic*)

tradición *f.* tradition

tradicional traditional

traducción *f.* translation

traducido/a translated

traducir (*like* **conducir**) to translate

traductor(a) translator

traer (*irreg.*) to bring

traficante *m., f.* trafficker

tráfico traffic

tragar **(gu)** to swallow

tragedia tragedy

traje *m.* suit (*of clothing*)

trama plot

trampa cheat; trick

trampolín *m.*: **salto de trampolín** dive

tranquilidad *f.* tranquility, calm

tranquilizar **(c)** to soothe, calm, reassure

tranquilo/a calm, peaceful

transferir **(ie, i)** to transfer

transformación *f.* transformation

transformar to transform

transición *f.* transition

transitar to travel

tránsito traffic; **tránsito de doble sentido** two-way traffic

transmisión *f.* transmission

transmitir to transmit; to broadcast

transnacional transnational

transparente transparent

transporte *m.* transportation; **medio** (*sing.*) **de transporte** means of transportation

trapo rag; **muñeco de trapo** rag doll

tras *prep.* after, behind

traspasar to cross over

tratado/a handled, dealt with

tratar to treat; handle, deal with; **se trata de** it's a question of; **tratar de** + *infin.* to try to (*do something*); **tratar de** + *noun* to deal with + (*noun*); **tratarse de** to be a question of, be about

trato relationship; treatment; **tener trato con** to have a relationship/dealings with

través: **a través de** through, across

trazar **(c)** to trace

trecho length, distance

treinta thirty

tren *m.* train

tribu *f.* tribe

trigo wheat

trimestre *m.* trimester; quarter

tripulación *f.* crew

triste sad

tristeza sadness

triunfar to triumph

triunfo triumph

trompeta trumpet

tropezar **(ie)** **(c)** **(con)** to bump (into)

trova *type of music*

trovador *m.* troubadour

tu *poss.* your (*inf. sing.*)

tú *sub. pron.* you (*inf. sing.*)

tubérculo tuber

tumba tomb

turismo tourism

turista *n. m., f.* tourist

turístico/a *adj.* tourist

turnarse to take turns

tuyo/a *poss.* your, of yours (*inf. sing.*)

U

u or (*used instead of* **o** *before words beginning with* **o** *or* **ho**)

ubicarse **(qu)** to be located

ulterior farther, further

últimamente lately

último/a last; final; **la última vez** the last time; **por último** finally

un, uno/a *indefinite article* a, an;

one; **cada uno/a** each one; **unos/as** some; **unos/as cuantos/as** a few

único/a only; unique; **hijo/a único/a** only child

unidad *f.* unity; unit

unido/a united; attached; **Estados Unidos** United States

uniforme *m.* uniform

unión *f.* union

unir to unite, join

universalmente universally

universidad *f.* university

universitario/a *n.* university student; *adj.* of or pertaining to the university

urbano/a urban

urgencia urgency

urgente urgent

urgir **(j)** to urge

usar to use

uso use

usted **(Ud., Vd.)** *sub. pron.* you (*pol. sing.*); *obj. of prep.* you (*pol. sing*); **ustedes** **(Uds., Vds.)** *sub. pron.* you (*pol. pl.*); *obj. of prep.* you (*pol. pl.*)

útil useful

utilería *sing.* props

utilidad *f.* utility, usefulness

utilizar **(c)** to utilize, use

uva grape

V

vaca cow

vacaciones *f. pl.* vacation; **estar de vacaciones** to be on vacation; **ir de vacaciones** to go on vacation

vacilación *f.* hesitation

vacío/a empty

vacuna vaccination

vagabundo tramp

vaivén *m.* doubt, hesitation

vajilla *sing.* dishes, china

valer (*irreg.*) to be worth; to cost; **vale la pena** it is worthwhile

válido/a valid

valiente brave; strong

valioso/a valuable

valle *m.* valley

vallenato *type of music from Colombia*

valor *m.* value

vals *m. sing.* waltz

vampiro vampire

variado/a varied

variante *f.* variant

variar (**varío**) to vary
variedad *f.* variety
varios/as *pl.* several, various
varoncito *m.* (*dimin.* of **varón**) young male
vasco/a *n., adj.* Basque
vaso glass (*drinking*)
vecindad *f.* neighborhood
vecindario neighborhood
vecino/a *n.* neighbor
vehículo vehicle
veinte twenty
vejez *f.* old age
velo veil
velocidad *f.* speed
venado deer
vencer (**z**) to conquer
vencido/a: darse por vencido/a to give up, surrender
vender to sell
veneración *f.* veneration
venezolano/a *adj.* Venezuelan
venganza vengeance
venia: hacer una venia to bow (*to the public*)
venir (*irreg.*) to come
venta sale
ventaja advantage
ventana window
ver (*irreg.*) (*p.p.* **visto/a**) to see; to watch; **tener que ver con** to have to do with; **verse** to see oneself; to look, appear
verano summer; **campamento de verano** summer camp
veras: ¿de veras? really?
verbal *adj.* verb, verbal
verbo *n.* verb
verdad *f.* truth; **en verdad** really, truly; **¿verdad?** right?
verdadero/a true, truthful
verde green
verduras *pl.* vegetables; greens
vergüenza shame; **tener vergüenza** to be ashamed
verificar (**qu**) to check
versión *f.* version
verso line (*of a poem*); verse
vestíbulo vestibule
vestido dress, garment
vestido/a dressed
vestir (**i, i**) to wear; **vestirse** to get dressed
vestuario wardrobe
veterinario/a veterinarian
vez *f.* (*pl.* **veces**) time; occasion; instance; **a la vez** at the same time; **a veces** sometimes; **alguna**

vez once; ever; **algunas veces** sometimes; **cada vez que** whenever, every time that; **de vez en cuando** once in a while, from time to time; **en vez de** instead of; **la última vez** the last time; **muchas veces** many times; **otra vez** again; **por primera vez** for the first time; **tal vez** perhaps; **una vez** once
vía road, route; method; **en vías de desarrollo** *adj.* developing
viajar to travel
viaje *m.* trip; **agente** (*m., f.*) **de viajes** travel agent; **¡buen viaje!** have a nice trip!; **estar de viaje** to be on a trip
vibrante vibrant
viceversa vice versa
víctima *m., f.* victim
victorioso/a victorious
vida life; **modo de vida** way of life
vidrio window; glass
viejo/a *n.* old person; *adj.* old; **Año Viejo** New Year's Eve; **Noche** (*f*) **Vieja** New Year's Eve
viento wind; **hace** (**mucho**) **viento** it's (very) windy
vientre *m.*: **baile** (*m.*) **del vientre** belly dance
viernes *m. inv.* Friday; **Viernes Santo** Good Friday
vigor *m.* energy; health
vigoroso/a vigorous
villa town
vincularse to link, connect
vino wine
violador(a) rapist
violar to rape
violencia violence
violín *m.* violin
violinista *m., f.* violinist
visión *f.* vision
visita visit; **de visita** visiting
visitante *m., f.* visitor
visitar to visit
vista view; **punto de vista** point of view
visto/a: por lo visto evidently
visualizar (**c**) to visualize
viudo/a widower, widow
vivacidad *f.* vivacity
vivas: dar vivas to cheer
vivienda dwelling, housing
vivir to live
vivo/a alive; lively; quick-witted
vocablo word
vocabulario vocabulary

vocal *f.* vowel
volador(a): objeto volador no identificado (**OVNI**) unidentified flying object (UFO)
volar (**ue**) to fly
volcán *m.* volcano
volcánico/a volcanic
volcar (**qu**) to overturn, knock over
voleibol *m.* volleyball
volumen *m.* volume
voluntad *f.* will, desire; suggestions; persuasion
voluntario/a *n.* volunteer; *adj.* voluntary
volver (*p.p.* **vuelto**) to return, come back; **volver a** + *infin.* to (*do something*) again; **volverse** + *adj.* to become, turn (+ *adj.*)
vosotros/as *sub. pron.* you (*inf. pl. Sp.*); *obj. of prep.* you (*inf. pl. Sp.*)
votante *m., f.* voter
votar to vote
voz *f.* (*pl.* **voces**) voice; **en voz alta** out loud; **voz narrativa** narrative voice
vuelo flight
vuelta *n.* turn; **dar vueltas** to spin/ turn around
vuestro/a *poss.* your (*inf. pl. Sp.*), of yours (*inf. pl. Sp.*)

Y

y and; plus
ya already; now; **ya no** no longer; **ya que** *conj.* since, because; **ya sea...** whether it be …
yacer (**zg**) to lie; **aquí yace...** here lies …
yerno son-in-law
yo *sub. pron.* I
yuca yucca

Z

zanahoria carrot
zanco stilt
zapatear *to dance with intricate heel-tapping steps*
zapateo *n. heel-tapping sequence in Spanish dances*
zapato shoe; **zapato de tacón alto** high-heeled shoe
zarabanda *type of dance*
zarzuela *type of light opera*
zócalo plaza, town square (*Mex.*)
zona zone
zoológic *adj.* zoo; **jardín** (*m.*) **zoológico** zoo
zurdo/a left-handed

ÍNDICE

Readings and Realia: Page 80 Reprinted with permission of Foro por la Emancipación e Identidad de América Latina; 162 Reprinted with permission of *El Nuevo Día*. San Juan, Puerto Rico; *247* Nancy © United Feature Syndicate. Reprinted by permission; *267 TV & Novelas.*

Photographs: *Page 1* Mas de Dos, María Riquelme; *2* © Tony Freeman/Photo Edit; *24* © Macduff Everton/The Image Works; *25* © Jay Thomas/International Stock Photo; *27* © Sharon Chester/Comstock, Inc.; *37* © Eric Carle/Superstock, Inc.; *38 Guernica* de Pablo Picasso, Centro de Arte Reina Sofia, Madrid, Spain. Copyright 1998 Estate of Pablo Picasso/Artists Rights Society (ARS), NY.A.K.G., Berlin/Superstock, Inc.; *41* © 1993 Time Inc., Reprinted by permission; *50* © Larry Mangino/The Image Works; *51* © Robert Fried/DDB Stock Photo; *53* courtesy of Melba Kirkham; *67 (left)* © J.P. Courau/DDB Stock Photo; (right) © Tom Till/International Stock Photo; *75* © Stephen Simpson/FPG International; *76* © Owen Franken/Stock, Boston; *77 (left)* © Daniel Pardon; *(right)* courtesy of Melvyn Pérez; *79* © AP/Wide World Photos, Inc.; *92* courtesy of Ilia Rolón; *103* © Patrick O'Donnell; *104 (left)* courtesy of Amy Keller; *(right)* © Archive Photos/PNI; *107* © Owen Franken/Stock, Boston; *115* © Cindy Charles/PhotoEdit; *118* © Bill Aron/PhotoEdit; *129* © Chuck Savage/The Stock Market; *130* © Bob Daemmrich/Stock, Boston; *131* © Jeff Isaac Greenberg/Photo Researchers; *140* © Suzanne Murphy-Larronde/DDB Stock Photo; *159* © Timothy Ross/The Image Works; *160* © Hal Kern/International Stock Photo; *173* © Photonews/The Gamma Liaison Network; *185* © International Development Research Centre; *186* © Douglass Stinson; *187* © Gary Retherford/Science Source/Photo Researchers Inc.; *192* © Jorge Provenza; *200* © Tom Bean/Tony Stone Images; *212* © Manoocher/SIPA Press; *213* © Myrleen Ferguson/PhotoEdit; *216* © Jeff Greenberg/PhotoEdit; *225* © Frank Siteman/PhotoEdit; *237* © Mario Brossa/Tourist Office of Spain/Los Angeles; *238* © Tourist Office of Spain/Los Angeles; *239* © Robert Frerck/Odyssey/Chicago; *242 (left)* © Ontanon/Tourist Office of Spain/Los Angeles; *(right)* © Tourist Office of Spain/Los Angeles; *249* © F. Ontanon Tourist Office of Spain/Los Angeles; *253* © Ruth Dixon/Stock, Boston; *262* © Fred Prouser/Reuters/Corbis-Bettman; *263* © Tom Prettyman/PhotoEdit; *274* © David Warren/Superstock, Inc.; *285* © Denise Marcotte/Stock, Boston; *286* © Inga Spence/DDB Stock Photo; *287 (left)* © Natasha Lane/AP/Wide World Photos Inc.; *(right)* © Pictor/Uniphoto Picture Agency; *300* © Robert Fried/DDB Stock Photo; *316* "Fuenteovejuna" by Lope de Vega, Bilingual Foundation of the Arts, Los Angeles; *317* © Michael Krasowitz/FPG International; *326* "The Oxcart" by Rene Marques, photo by Peter Krupenye/Puerto Rican Traveling Theatre/Foundling President and Artistic Director Miriam Colon-Valle.